Karl Mays Illustrierte Werke

aus dem Verlag
H. G. Münchmeyer.
Dresden.

Karl May
Eine deutsche Sultana

Karl May

Deutsche Herzen-
Deutsche Helden

I

1976

Olms Presse
Hildesheim · New York

Karl May

Eine deutsche Sultana

Mit einem Vorwort
von
Ekkehard Bartsch

1976

Olms Presse
Hildesheim · New York

Die Vorlage befindet sich im Besitz von
Gerhard Klussmeier, Hamburg,
Karl-May-Gesellschaft.

Anmerkungen zu dieser Faksimileausgabe.
In der großformatigen Ausgabe war dieser Roman unter dem Titel „Deutsche Herzen-Deutsche Helden" in Lieferungsheften im Verlag Münchmeyer, Dresden, erschienen. In der illustrierten Ausgabe erschien 1901 bzw. 1902 der gleiche Roman in Lieferungsheften unter dem Titel „Deutsche Herzen und Helden" (35 Lieferungen), gleichzeitig in 5 Bänden unter Einzeltiteln. Diese Ausgabe wurde dem Nachdruck zugrundegelegt. Bei späteren Ausgaben des Verlages Münchmeyer (Fischer) wurde dann auch der Reihentitel wieder hinzugefügt.

Das Format des Nachdruckes ist gegenüber der Vorlage minimal verkleinert worden.

Nachdruck der Ausgabe Dresden 1901
Printed in Germany
Herstellung: fotokop wilhelm weihert KG, Darmstadt
ISBN 3 487 08117 2

VORWORT

Spannende Abenteuerhandlung in exotischer Ferne — das verbindet die Vorstellung der breiten Leserschar mit dem Namen Karl May. Und keiner der fünf für H. G. Münchmeyer geschriebenen Lieferungs-Romane Mays ist so geeignet, diese Erwartung zu erfüllen, wie DEUTSCHE HERZEN, DEUTSCHE HELDEN. Das Thema mußte einen Mann von der Phantasiebegabung Karl Mays faszinieren: eine deutsche Familie wird durch eine Schurkentat in alle Welt zerstreut und findet auf abenteuerlichen Wegen wieder zusammen, quer durch den ganzen Vorderen Orient, durch den amerikanischen wilden Westen und den nicht minder wilden Osten Sibiriens.

Daß May trotz des verheißungsvollen Konzepts scheiterte, daß der Roman „den absoluten Tiefpunkt in Karl Mays Schaffen als Erzähler kunstvoll-geschickt verschlungener, buntbewegter Handlung"[1] bildete, nimmt ihm nichts von seiner Bedeutung als biographisch wie schaffensgeschichtlich beachtenswertes Dokument.[2]

Als die „Olms-Presse" vor mehr als sechs Jahren die Faksimiledrucke der fünf Kolportageromane Mays ankündigte, ließ sich nicht absehen, wie schwierig es

---

1 Walther Ilmer, Mißratene Deutsche Helden. Ungedr. Manuskript (1976). Veröffentlichung als Sonderheft der Karl-May-Gesellschaft, Hamburg.
2 Deutung ausführlich bei Ilmer a. a. O.

sein würde, die Druckvorlagen zu erhalten. Das WALDRÖSCHEN ist durch seine Riesenauflagen noch in allen Ausgaben mehrfach erreichbar; DER WEG ZUM GLÜCK war durch seinen lokalen bayerischen Bezug in der Stadtbibliothek Augsburg zu finden; der Roman DEUTSCHE HERZEN, DEUTSCHE HELDEN war in der Urausgabe jedoch trotz intensiver jahrelanger Bemühungen nicht auffindbar. Keine öffentliche Bibliothek der Bundesrepublik führte ihn in ihren Beständen, und auch aus Privatsammlungen war uns kein Exemplar zugänglich. So haben wir uns nach reiflicher Überlegung entschlossen, statt der Heftausgabe von 1885—87 die erste Buchausgabe aus dem Jahre 1901 nachzudrucken.

Die wechselvolle Geschichte der fünf „Münchmeyer-Romane" Karl Mays ist schon häufig und ausführlich geschildert worden.[3] Nachdem Münchmeyers Witwe im Jahre 1899 trotz der Proteste Karl Mays den Verlag mitsamt den angeblich mit allen Rechten erworbenen May-Romanen an Adalbert Fischer (1855 — 1907) verkaufte, machte der neue Verleger sich (unter altem Verlagsnamen) sofort an die Neuausgabe dieser Romane, die ihm offensichtlich die wichtigsten Objekte des ganzen Verlags waren. Im Jahre 1900 erschien in der „Allgemeinen Unterhaltungs-Bibliothek" (und anschließend in Buchform) der May-Roman DIE LIEBE DES ULANEN[4]. Im nächsten Jahr folgte dann das umfassendere Unternehmen: „Karl May's illustrierte Werke" in

---

3 Bisher ausführlichste Darstellung bei Klaus Hoffmann: Nachwort zur Faksimile-Ausgabe „Waldröschen", Bd. 6 (Olms-Presse, Hildesheim 1969-71), S. 2619 ff.

4 Faksimile-Druck dieser Ausgabe: Olms-Presse, Hildesheim (1972).

25 Bänden. Die erste Serie — sie erschien, wie damals üblich, zuerst in Lieferungen, dann als gebundene Bücher — sollte den „spannenden, humorvollen Reiseroman ‚Deutsche Herzen, deutsche Helden' " umfassen:

„Deutsche Helden sind es, die Tausende von Gefahren zu überwinden haben, und deutsche Herzen von edlem Charakter machen den Roman von Anfang bis Ende spannend. Von Abenteuer zu Abenteuer ernster und heiterer Art wird der Leser in die Sitten und Gewohnheiten fremder Länder, Geheimnisse des orientalischen Haremslebens usw. eingeführt. Der Roman gewinnt von Lieferung zu Lieferung an Spannung, ebenso werden die Illustrationen immer packender und origineller."

Dieser enthusiastische Text stammt aus einem Prospekt der späteren Jahre. In der hier vorliegenden ersten Buchausgabe fehlt der Reihentitel DEUTSCHE HERZEN, DEUTSCHE HELDEN, der zwar in den Verlagsankündigungen[5], nicht aber im Buch selbst zu finden war. Erst mit der zweiten Serie DAS WALDRÖSCHEN und dann bei Nachdrucken der ersten Serie erschien auch der Haupttitel des Romans auf dem Titelbogen.

Die Buchausgaben Adalbert Fischers waren kein wortgetreuer Nachdruck der ersten Heftausgaben. Vielmehr ließ Fischer die Romane überarbeiten. Die beiden Serien DEUTSCHE HERZEN, DEUTSCHE HELDEN und DAS WALDRÖSCHEN bearbeitete der Schriftsteller Paul Staberow (1855 — 1926), einst selber im Verlag Münchmeyer Autor von Kolportage-Romanen.[6] Als dann umfangreiche Presse- und Prozeß-Streitigkeiten aus

---

5 vgl. Buchhändler-Börsenblatt vom 8. 2. 01 (Faksimile bei Hoffmann a. a. O., 2633)
6 vgl. Hoffmann a. a. O., 2653 f.

den Neuausgaben erwuchsen, kündigte Staberow seine weitere Mitarbeit auf und ging als Chefredakteur der „Neuen Saarbrücker Zeitung" nach St. Johann (Saar).

Auf eine Anfrage Mays hin gab Staberow diesem später offen Auskunft über den Umfang seiner Bearbeitungen. „Meine Correkturen", heißt es in einem Brief vom 25. 5. 1902, den May zu den Prozeßakten des Gerichts reichte[7], „haben sich nur auf stilistische Verbesserungen, Streichungen von heiklen Stellen, die leicht Anstoß hätten erregen können, und ganz kurze Ergänzungen dieser gestrichenen Stellen erstreckt. — Seiten sind mit dieser Correktur nicht gefüllt worden..."

Zu der Frage der Wahrscheinlichkeit, daß die in den frühen Heftausgaben tatsächlich enthaltenen schlüpfrigen Passagen Einfügungen von fremder Hand sein könnten, hat Klaus Hoffmann interessante Überlegungen und Vergleiche angestellt.[8] Staberows Beurteilung dieser Frage dürfte nicht minder von Wichtigkeit sein:

„Die Umarbeitungen sind vorgenommen worden, nicht etwa um den früheren Text interessanter zu machen, sondern weil in der Tat sich in der ersten Ausgabe Ihrer im Münchmeyerschen Verlag erschienenen Werke große stilistische und orthographische, ja sogar grammatische Fehler und vielfach auch sehr obscöne Stellen vorfanden. Die von mir corrigierten Ausgaben machten auf mich den Eindruck, als wenn ihr Autor verabsäumt hätte, die Correktur derselben selbst zu lesen und als wenn letztere einem völlig ungebildeten Menschen, wahrscheinlich dem unterdessen verstorbenen Herrn Walther, anvertraut

---

7 Briefzitate lt. frdl. Auskunft von Klaus Hoffmann, Dresden.
8 Hoffmann a. a. O., 2657 ff.

gewesen sei. — Ich bin jederzeit sehr gern bereit, die Wahrheit dieser meiner Angaben eidlich zu erhärten und mit überzeugenden Beispielen und Beweisen zu belegen..."

Die Handlungsfolge des Romans ließ Staberow völlig unangetastet, so daß die vorliegende Faksimile-Ausgabe im Rahmen der „Quellen zur Trivialliteratur" absolut brauchbar und zitierbar ist. Und sollte einmal doch noch die Urausgabe von 1885—87 allgemein zugänglich werden, so gewinnt diese Zweitfassung zusätzlich an biographischer Bedeutung. Denn in den Prozessen von Mays Altersjahrzehnt und im Pressestreit (Hermann Cardauns, Ansgar Pöllmann u. a.) spielte stets die Frage eine Rolle, wieweit die damals im Handel befindliche Ausgabe textlich von der Urausgabe abweicht.

Der Haupt-Urheberrechtsprozeß Mays richtete sich gegen die Witwe Pauline Münchmeyer, während er im Prozeß gegen Adalbert Fischer stets schwankend blieb. Zuerst zögerte er überhaupt lange mit der öffentlich angekündigten Klage; 1903 kam es zu einem ersten Vergleich, der sich nur auf gegenseitige Ehrenerklärungen beschränkte; 1907 (nach Fischers Tod) dann zum endgültigen Vergleich, der es dem Verlag ermöglichte, die Romane — wenn auch anonym (aber damals wußte ohnehin jedermann den Verfasser) — weiterzudrucken[9].
So gibt es auch von DEUTSCHE HERZEN, DEUTSCHE HELDEN verschiedene Ausgaben: die farbige (auch da gibt es Varianten: blaues, rotes, braunes oder grünes Leinen) mit buntem Titelbild und Karl May als Verfasserangabe; ab 1907 (bis ca. 1914) dann die schlichte Aus-

---

9 vgl. Hoffmann a. a. O., 2633 ff.

stattung in blauem Leinen und ohne jeden Verfasserhinweis. Auch Interims-Ausgaben tauchen auf, in denen das Titelblatt mit dem Verfassernamen nachträglich herausgetrennt wurde; schließlich sei noch erwähnt, daß auch die Anordnung der Illustrationen Abweichungen aufweisen kann.

Die Illustrationen der Buchausgaben sind — bei allem Kitsch und aller Gefühlsseligkeit — ohne Zweifel gekonnter als die naiven Zeichnungen der Heftausgaben. Auf eine interessante Einzelheit machte Anton Haider schon vor Jahren[10] aufmerksam. Er stellte fest, daß der Zeichner verschiedentlich Hauptpersonen die Gesichtszüge Mays verlieh, wie wir sie von den Kostümfotos der 90er Jahre kennen. Dies vor allem im Roman DAS WALDRÖSCHEN (z. B. Bd. VI, 273). Aber „auch aus dem auf Seite 201 befindlichen Bild im Band III (,Der Fürst der Bleichgesichter' I) des Romans DEUTSCHE HERZEN, DEUTSCHE HELDEN kann man eine Ähnlichkeit zwischen dem Abschied nehmenden Martin Adler und Karl May feststellen, die allerdings geringer ist als im WALDRÖSCHEN". Und Haider vermutet, „daß es sich nicht nur um einen Jux des Zeichners handelt, sondern es liegt der Gedanke nahe, daß Herr Adalbert Fischer diese Identifizierung des Verfassers mit den Romanhelden wünschte, um beim Publikum den Eindruck zu erwecken, daß niemand anderer als Karl May der Verfasser der Romane sei. . .".

Die Handlung des Romans DEUTSCHE HERZEN, DEUTSCHE HELDEN (zumindest der Orient-Teil) ist,

---

10 Veröffentlicht von Ludwig Patsch im „Karl-May-Rundschreiben" Nr. 136 vom 8. 2. 57.

wie Klaus Hoffmann ermitteln konnte[11], exakt auf das Jahr 1880 zu datieren: Die Spannungen auf dem Balkan nach Beendigung des russisch-türkischen Krieges (1877/78); der Khedive Tewfik Pascha, seit 1879 an der Macht, kämpft gegen Aufstände im Innern seines Landes; Tunis ist noch frei, die französische Okkupation des Frühjahres 1881 hat noch nicht stattgefunden. — Als Quelle für diesen historischen Hintergrund entdeckte Hoffmann die einstmals so beliebte „Gartenlaube"[12], ebenso wie für die Gestalt des historischen „Krüger Bey", Oberst der Leibwache des Bei von Tunis[13]:

„...Als Curiosum sei hier bemerkt, daß der Oberst der Leibgarde aus unserer Mark Brandenburg stammt; er heißt Krüger und ist der Sohn eines Bierbrauers: schon im Jahre 1831 kam er nach Tunis, trat zum Islam über und ist mit seinem Loose sehr zufrieden; einen komischen Eindruck macht es, den alten Herrn in seiner goldstrotzenden Uniform das echte märkische Plattdeutsch mit consequenter Verwechslung des ‚Mir' und ‚Mich' sprechen zu hören; denn gänzlich hat er die Muttersprache nicht vergessen, obwohl er des Lesens und Schreibens unkundig ist."

Franz Kandolf hatte in Mays Bibliothek einst einen Jahrgang von Lehmanns „Magazin für die Literatur des Auslandes" 1845 entdeckt und darin einen Aufsatz über

---

11 Klaus Hoffmann, Karl Mays „Deutsche Herzen, deutsche Helden". Ungedr. Manuskript (1972).
12 A. Ebeling, Zum Verständnis der Ereignisse in Ägypten, in: Die Gartenlaube, Leipzig, Nr. 31 – 32 (1882).
13 P. R. Martini, Ein Spaziergang durch Tunis, in: Die Gartenlaube, Leipzig, Nr. 25 (1881). (Ermittlung K. Hoffmann.)

einen „deutschen Renegat in Nordafrika" namens Krüger.[14] Kandolf hielt dies für die einzige Quelle Karl Mays zu Krüger Bey und alles, was darüber hinausging, für phantasievolle Hinzufügungen Mays (Brauerbursche, märkischer Dialekt); dies läßt sich nun nach der neuen Quelle ebenfalls belegen.

Zum literarischen Aufbau des Romans textkritisch Stellung zu nehmen, würde den Umfang dieser Einleitung sprengen, und es sei hier vorerst nur die erwähnte umfangreiche Arbeit Walther Ilmers angekündigt. Ilmer weist nach, wie sich bei May (nach der jahrelangen Schriftstellerei im Hetztempo) Ermüdungs-Erscheinungen bemerkbar machen. Trotz des großen Konzepts bleibt es „ein heruntergehaspeltes Garn — Schilderungen ohne inneren Tiefgang — eine Geschichte, in der vorn und hinten nichts zusammenstimmt, die -zig Fragen aufwirft und keine beantwortet. . ."[15] Vor allem bleibt der Verfasser dem Leser die Begründung für die das ganze Familienverhängnis auslösenden Schurkentaten schuldig.

Allen kritischen Einwänden zum Trotz liest sich das weltumspannende Kolportage-Epos jedoch packend und unterhaltsam und erinnert streckenweise an Mays Reiseerzählungen der späteren Jahre. Und wer nach dem reißerischen Titel ein deutsch-nationales Heldenstück der wilhelminischen Ära erwartet, sieht sich getäuscht: Mays ethisch-moralisch und in ihrer Haltung anderen Rassen gegenüber vorbildliche „deutsche Helden" heben sich recht erfreulich von den chauvinistisch ge-

---

14 Franz Kandolf, Krüger Bei und der „Vater der Fünfhundert", in: Karl-May-Jahrbuch 1924 (Radebeul), S. 90 ff.
15 Ilmer a. a. O.

prägten Vertretern dieses Literaturgenres ab. So charakterisiert der Titel der tschechischen Ausgabe DURCH DREI ERDTEILE[16] den Inhalt des Romans auch weit treffender: eine atemberaubend abenteuerliche Jagd von der Türkei über Tunis und Ägypten nach Nordamerika und schließlich durch Sibiriens Eiswüsten zurück nach Deutschland.

Kulmbach, Januar 1976   EKKEHARD BARTSCH

---

16 Dr. Karel May, Třemi dily světa (Durch drei Erdteile), Verlag Alois Hynek, Prag (1904). (Ermittlung K. Hoffmann.)

Eine deutsche Sultana.

Eine deutsche Sultana.

Roman

von

Karl May.

Illustrierte Ausgabe.

Verlag und Druck von
H. G. Münchmeyer, Dresden.

Einleitung.

An einem mit kostbarem Marmor eingefaßten Grabe, das eine goldverzierte Tafel mit der Inschrift trug:

"Hier schläft Melek Pascha, ermordet am sechzehnten des heiligen Monates Moharrem. Allah verderbe den Mörder!"

stand ein in reiche, türkische Tracht gekleideter junger Mann und betete:

"Im Namen des allbarmherzigen Gottes! Lob und Preis sei Gott, dem Weltenherrn, dem Allerbarmer, der da herrschet am Tage des Gerichtes. Dir wollen wir dienen, und zu Dir wollen wir flehen, auf daß Du uns führest den rechten Weg, den Weg derer, die Deiner Gnade sich freuen und nicht den Weg derer, über welche Du zürnest, auch nicht den Weg der Irrenden!"

Diese Worte enthalten die erste Sure aus dem Koran, der die heilige Schrift der Muhammedaner ist. Sie erklangen laut und scharf über den Kirchhof hinüber, und es war, als ob vor ihnen sich die Cypressen und die Wipfel der immergrünen Cedern beugten.

Er hatte dabei den Säbel gezogen und die Klinge tief in das Grab gestoßen. Während des Gebetes ruhte seine Rechte wie beschwörend auf dem goldenen, mit Diamanten verzierten Griffe des Säbels.

An der anderen Seite des Grabes stand ein alter, unbeschreiblich hagerer Mann in der rauhen Tracht der heulenden Derwische. Er hatte die Hände andächtig gefaltet, sein fanatisch glühendes Auge richtete sich auf den Gegenüberstehenden, und er begann nun in salbungsvollem Tone:

"Du bist Ibrahim Effendi, der weise, reiche und

tapfere Liebling des Sultans, welcher der Beherrscher der Gläubigen ist. Du bist zu mir gekommen, damit ich Zeuge sei des Schwures, den Du an diesem Grabe ablegen willst. So höre die Worte des heiligen Gesetzes, welches lautet: ‚Die Hand des Schwörenden soll verdorren, wenn er sein Gelübde nicht erfüllt, sein Leib soll austrocknen, sein Herz zu Stein werden, und seine Seele soll wandern in ewigem Grauen und unendlicher Qual!' Und nachdem Du dies vernommen hast, frage ich Dich, Ibrahim Effendi, ob Du noch immer bereit bist, den Schwur am Grabe Deines ermordeten Vaters abzulegen?"

„Ich will es," ertönte die feste Antwort.

„Nun wohlan! Der Mörder Deines Vaters war ein Christ. Fluch ihm!"

„Ja, Fluch ihm!"

„Er war ein Deutscher. Allah möge ihm keine Ruhe gönnen!"

„Keine Ruhe in alle Ewigkeit!"

„Du gelobst hiermit bei dem Propheten, bei allen heiligen Khalifen und bei der abgeschiedenen Seele des Ermordeten, daß Du den Mörder aufsuchen wirst, um ihn zu verderben, ihn und alle, die seinen verruchten Namen tragen?"

„Ich gelobe es!"

„Du wirst keine Beschwerden und keine Leiden scheuen, Du wirst Deine Habe, Dein Blut und Dein Leben opfern, wenn dies nötig ist, um Dein Gelübde zu erfüllen?"

„Bei Allah, das werde ich!"

„So ist Dein Schwur gesprochen, und ich nehme ihn entgegen, um ihn zu verzeichnen in den Büchern der Geister, welchen Allah befohlen hat, dem Rächenden zu dienen. Auge um Auge, Blut um Blut, Zahn um Zahn, Leben um Leben! Wenn Du diesen Schwur vergissest, so soll die Luft Dich ersticken, das Wasser Dich ersäufen und das Feuer Dich verbrennen.

Und nun laß uns den Namen des Mörders übergeben den bösen Geistern, welche wohnen in der Hölle, wo sie am tiefsten ist. Wie lautet er?"

„Es ist ein deutscher Name und nicht für die Lippen der Gläubigen gemacht. Seine verfluchten Silben lauten ‚Adlerhorst'."

Der Derwisch brachte ein Stück Papier und einen Schreibstift aus der Tasche, schrieb, so gut es ihm möglich war, den ihm fremden Namen auf, grub mit dem Messer ein Loch in das Grab, that den Zettel hinein und scharrte das Loch wieder zu. Hierauf kniete er nieder, legte die Linke auf das Grab, erhob die Rechte gen Himmel und murmelte unverständliche Worte. Dann aber stand er auf und sagte laut:

„Es ist geschehen! Du bist Ibrahim Effendi, der glorreiche Sohn Melek Paschas. Er war kein träger Türke, sondern er stammte aus dem wilden Kurdistan, welches auch meine Heimat ist. Dort gelten noch die Gesetze des Blutes, und nach diesen Gesetzen wirst Du handeln. Da, wo das Herz des Toten ruht, ist auch der Name seines Mörders vergraben. Wenn Melek über die Brücke geht, welche in das ewige Leben führt, wird er diesen Namen hinabschleudern in die Schluchten und Abgründe der Hölle, und alle Unterthanen des Teufels werden sich aufmachen, um jeden zu verderben, der diesen Namen trägt. Ich bin zu Ende. Ist auch Dein Rachewerk beendet, so weißt Du, wo Du mich findest. Allah sei mit Dir!" —

Er entfernte sich, und nach kurzer Zeit verließ auch Ibrahim Effendi den Gottesacker.

Nach zwei Jahren standen diese beiden wieder an demselben Grabe, der Sohn des Ermordeten hüben und der Derwisch drüben, und wiederum betete Ibrahim Effendi die Worte der ersten Sure des Koran. Dann sagte der Derwisch:

„Du hast mich gerufen an den Ort, an welchem

Dein Gelübde geboren wurde. Soll ich suchen nach dem Namen des Mörders?"

"Suche ihn!"

Da zog der Derwisch sein Messer hervor und grub da nach, wo er vor zwei Jahren den Zettel vergraben hatte. Das Papier war verschwunden.

"Was ich Dir verhieß, das ist geschehen," sagte er. "Der Name des Mörders fuhr zur Hölle. Daraus ersehe ich, daß Deine Rache gelungen."

"Sie ist gelungen," stimmte Ibrahim Effendi bei, indem seine Augen unheimlich leuchteten. "Der Mörder ist eines unbeschreiblich qualvollen Todes gestorben; sein Weib hat die Zunge und die Hände verloren, seine Söhne und Töchter, alle seine Verwandten sind verachtet, verfolgt, in alle Welt zerstreut, ohne Heimat, ohne Ruhe, hungernd und dürstend, seufzend und schmachtend in fluchbeladener Armseligkeit."

"So entbinde ich, der Zeuge Deines Schwures, Dich jetzt Deines Gelübdes. Allah gebe Dir viele glückliche Jahre hier auf Erden und hernach das ewige Leben mit allen Freuden und Wonnen des Paradieses." — — —

Diese beiden Scenen am Grabe des ermordeten Pascha mußten geschildert werden, denn sie bilden den Schlüssel zu all' den geheimnisvollen Rätseln, welche unsere ‚deutschen Herzen und Helden' zu lösen haben werden.

1. Kapitel.

Alle Rechte vorbehalten.

Weit über ein Jahrzehnt war seit den in der Einleitung geschilderten Scenen vergangen. Ein schöner, nicht zu heißer Sommertag lag warm auf den schlanken Türmen von Konstantinopel. Tausende von Anhängern aller Nationen erfreuten sich, über die beiden Brücken gehend, des zauberischen Panoramas, das die Stadt von außen her bietet. An den Quais lagen die Dampf- und Segelschiffe aller seefahrenden Völker, und auf den glitzernden Wogen wiegten sich die eigentümlich geformten türkischen Gondeln und Kähne, zwischen denen zuweilen ein kühner Delphin lustig aus dem Wasser emporschnellte oder eine Gesellschaft fliegender Fische eine schwirrende Luftpartie machte.

Von Osten her, aus der Gegend des schwarzen Meeres, kam eine kleine, allerliebste Dampfjacht geschossen, leicht und graziös zur Seite biegend, wie eine Tänzerin, die sich am Arme ihres Tänzers, das schöne Köpfchen neigend, den berauschenden Tönen eines Straußschen Walzers hingiebt.

Das schmucke, außerordentlich schnelle Fahrzeug bog um die Spitze des Stadtteiles Galata herum, ging unter den Brücken hindurch und legte sich bei Pera vor Anker. Pera ist derjenige Stadtteil von Konstantinopel, der vorzugsweise von den Europäern und ihren Gesandten und Konsuln bewohnt wird.

Die erwähnte Dampfjacht hatte eine Eigentümlichkeit, die bereits in europäischen Häfen auffallen mußte, hier aber, unter Orientalen, noch viel drastischer wirkte. Nämlich am Vordersteven, wo gewöhnlich der Name des Schiffes angebracht zu sein pflegt, erhob sich ein wohl zwei Meter hoher, sehr starker, aus Holz geschnitzter Rahmen, der ein ganz eigentümliches Gemälde umfaßte.

Das Bild stellte einen Mann in Lebensgröße dar. Alles, was er trug, Hose, Weste, Rock, Schuhe, sogar der hohe Cylinderhut, war grau und schwarz karriert, und zwar mit ziemlich großen Karrees! Selbst der riesige Sonnenschirm, den er in der Hand hatte, war ebenso karriert. Das Gesicht des Mannes war außerordentlich lang und schmal. Eine Adler= oder Habichtsnase hätte dazu gepaßt, statt dessen aber saß in diesen Zügen ein kleines, breites Stumpfnäschen, fast geformt wie eine große Fußzehe. Das gab dem Gesicht einen wunderbar komischen Ausdruck. War dieses Bild das Porträt eines wirklich existierenden Menschen, so mußte derselbe einen ungewöhnlichen Grad von Gutmütigkeit und Wohlwollen besitzen.

Ueber diesem Bilde stand in großen, goldenen Lettern der Name der Jacht: ‚Eagle-nest'.

Als der kleine Dampfer in den Hafen einlenkte, wurde das Bild von den am Lande stehenden Orientalen mit Staunen betrachtet. Nahe am Quai stand ein alter Derwisch, dessen große, dunkle, fanatisch blickende Augen ebenfalls verwundert auf dasselbe gerichtet waren. Er sah die Schrift und versuchte, sie zu entziffern. Ein eigentümliches Zucken ging über sein Gesicht. Er blickte sich suchend um, und als er unweit von sich einen griechisch gekleideten Mann sah, der das Abzeichen eines Dragoman (Dolmetschers) trug, schritt er auf denselben zu, verneigte sich grüßend und sagte:

„Verzeihe, Herr! Bist du in den Sprachen der Abendländer wohl bewandert?"

„Ja. Das ist mein Beruf."

„Welcher Sprache gehören die Worte unter diesem Bilde dort an?"

„Der Sprache der Engländer."

„Willst du mir wohl sagen, wie sie klingen und was sie zu bedeuten haben?"

„Sie werden ausgesprochen „Ihglnest" und bedeuten so viel wie Adlernest oder Adlerhorst."

„So muß es bei den Seligen sein." (Seite 38.)

Der Derwisch fuhr einen Schritt zurück, faßte sich aber schnell und sagte unter einer höflichen Verbeugung:

„Ich danke dir. Ich bin arm. Allah mag dich bezahlen."

Dann schritt er wieder dahin, wo er vorhin gestanden hatte, nahm die Jacht scharf in die Augen und murmelte:

„Adlerhorst! Das ist ja jener verfluchte Name! Ist er denn nicht ausgerottet? Der Mörder war ein Deutscher, dieses Schiff aber kommt aus England. Giebt es auch dort diesen Namen? Ich werde hier bleiben, um zu beobachten. Das Weib jenes Deutschen beschimpfte mich. Mein war die Rache, und Ibrahim Effendi war nur mein Werkzeug. Sollte es noch Angehörige jener Familie geben? Ich werde forschen!"

Die Maschine des Dampfers hatte gestoppt, und der Kapitän war von der Kommandobrücke gestiegen. Da öffnete sich die Kajütenthür, und heraus trat — dieselbe Gestalt, wie sie vorn auf dem Bilde zu sehen war, ganz genau so. Sehr lang und hager, war sie in grau und schwarz karrierten Stoff gekleidet. Der übermäßig hohe Cylinderhut, der riesige Regenschirm, den sie in der Hand hatte, auch diese beiden waren karriert. An einem über die Achsel gehenden Riemen hing ein unendlich langes Fernrohr, das bereits vor der Sintflut existiert zu haben schien, und aus der linken, äußeren Brusttasche ragten zwei Gegenstände hervor, über die man sich schier zu verwundern hatte, nämlich — ein gewaltiger Streichriemen und ein Rasiermesseretui. In der Rechten hielt dieser höchst ungewöhnliche Mann ein Buch, auf dessen Umschlag in deutscher Sprache der Titel zu lesen war:

„Textbuch. Die Entführung aus dem Serail. Große Oper von Wolfgang Amadeus Mozart."

Auch das Gesicht glich ganz demjenigen auf dem Bilde, es war sehr lang gezogen, äußerst gutmütig und hatte die erwähnte große Fußzehe anstatt der Nase, und darauf saß eine rundglasige Hornbrille, die den komischen Eindruck um das doppelte verstärkte.

Der Kapitän verneigte sich und fragte:

„Wollen Eure Lordschaft an Land gehen?"

„Ja. Wohin sonst? An's Land natürlich! Oder soll ich etwa auf dem Wasser laufen, he, wie?"

Er hatte das scherzend gesagt und lachte dabei mit dem ganzen Gesichte. Auch der Kapitän lachte und antwortete:

„Das würde schwerlich möglich sein. Aber warum so schnell an Land gehen? Konstantinopel muß von hier aus betrachtet werden. Von hier aus wirkt es großartig, im innern aber ist es eng, schmutzig und winkelig. Der Türke nennt seine Hauptstadt ‚Wangenglanz des Weltantlitzes', und er hat recht, nämlich von hier aus, wo wir uns befinden."

„Wangenglanz? Unsinn! Weltantlitz? Blödsinn! Hat die Welt Wangen oder Backen? Horrende Dummheit! Diese Türken sind Esel. Das einzig Vernünftige an ihnen sind ihre Frauen und Mädchen."

Ueber das Gesicht des Kapitäns ging ein ironisches Zucken. Er verbeugte sich zustimmend und fragte:

„Haben Eure lordschaftliche Herrlichkeit bereits eine türkische Frau oder ein türkisches Mädchen gesehen?"

„Ja, natürlich! Zwar nicht hier, aber in Berlin. Famose Oper, die Entführung aus dem Serail von Mozart! Ich gehe nicht eher fort, als bis ich mir so eine aus dem Harem geholt habe. Hier, sehen Sie, Kapitän, da ist das Textbuch dazu! Es fehlen nur noch Frau und Harem. Aber beide sind sehr leicht zu finden, denn Weiber und Harems giebt es hier in Masse. Jetzt adieu!"

„Wann darf ich Eure Lordschaft erwarten?"

„Gar nicht. Ich komme, wenn es mir beliebt."

Er turnte mit langen Schritten über den schmalen Landungssteg hinüber und gebrauchte dabei den großen, zugeklappten Regenschirm wie ein Seiltänzer seine Balancierstange.

Als er an dem Derwisch vorüberging und dessen Augen so prüfend auf sich gerichtet sah, spuckte er verächtlich aus und murmelte vor sich hin:

„Ein Derwisch! Fatales Gesicht! Ominöse Physiognomie! Könnte ihm einen Fußtritt geben, dem Kerl!"

Der Kapitän hatte ihm lächelnd nachgeblickt. Der Steuermann kam herbei und fragte, auch lächelnd:

„Spukt die Entführung noch immer?"

„Natürlich! Er sucht nach einem Harem."

„Wird aber wie überflüssiger Dampf abgepfiffen werden."

„Gott bewahre! Er schwärmt nur, bis er etwas anderes findet. Es fällt ihm gar nicht ein, sich die Finger zu verbrennen, aber er ist einmal so, er muß irgend eine abenteuerliche Idee haben. Für uns ist das nur vorteilhaft, und da er außer seinen Schrullen ein enorm reicher und auch seelensguter Herr ist, so bin ich ganz und gern bereit, mit ihm auf unserem kleinen Dinge zehnmal rund um den Erdball herumzudampfen. Für so einen Master wagt man schon etwas. Es giebt keinen zweiten!"

Der, von dem die Rede war, spazierte durch Pera langsamen Schrittes und ganz vergnüglich alles beobachtend, was sich seinen Blicken bot. Daher kam es, daß er sich zuweilen umschaute und den Derwisch bemerkte, der sich stets hinter ihm hielt.

„Was will der Mensch von mir?" fragte er sich. „Werde gleich mit ihm fertig sein!"

Er trat hinter einer Gassenkrümmung in einen Winkel und blieb da stehen. Der Derwisch kam, er hatte den Engländer weit vor sich geglaubt und besaß nicht so viel Selbstbeherrschung, wie nötig war, seine Ueberraschung zu verbergen.

"Warum läufst Du mir nach, Dummkopf?" schnauzte ihn der Karrierte an, natürlich in englischer Sprache.

Der Derwisch kannte die Bedeutung dieser Worte nicht. Er antwortete türkisch:

"Agnamaz-im (ich verstehe nicht)!"

"Agnamaz? Ja, Matz, fliege fort, sonst helfe ich nach!"

Der Derwisch merkte aus den Geberden des Engländers, daß er vorwärtsgehen solle. Aber er wollte ihm doch folgen, nicht vor ihm hergehen. Darum blieb er stehen. Da machte der Karrierte kurzen Prozeß. Er hielt den riesigen Regenschirm vor sich hin und spannte ihn mit solcher Kraft und Schnelligkeit auf, daß die starken Fischbeinstäbe dem Derwisch in das Gesicht schlugen. Das war eine Beleidigung, zumal von einem Europäer, aber der Derwisch kannte die Macht und den Einfluß des englischen Gesandten, er schritt also weiter und rief dem Briten drohend zu:

"Köpek, intikamyny alarim (Hund, ich werde mich rächen)!"

"Was faselt er?" brummte der Lord vergnügt vor sich hin. "Dieses Türkisch ist doch eine dumme Sprache. Man möchte sie erst lernen, ehe man sie versteht. Die englische Sprache habe ich sogleich verstanden, schon als Kind."

Er ging weiter, in ziemlicher Entfernung hinter dem Derwisch. Dann bog er um eine Ecke und abermals um eine und war nun ziemlich sicher, daß er dem Türken nicht wieder begegnen werde.

Indem er so dahinschritt, hörte er plötzlich Gesang. Die Töne kamen aus einem Hause, an dem er eben vorüber wollte. Er blieb stehen und horchte. Das war keine türkische Musik, das war vielmehr eine abendländische Melodie. Da bemerkte er über der Thür ein Schild und ersah aus der französischen Inschrift derselben, daß er vor einem europäischen Kaffeehause stehe. Er trat ein.

In dem Hausgange, der nicht viel versprach, war es ganz finster. Es gab da links eine Thür, die er mehr mit der Hand fühlte, als sah.

„Eine hübsche Budike!" brummte er. „Aber vielleicht giebt es ein Abenteuer."

Er öffnete die Thür und fühlte sich angenehm überrascht, als er in ein geräumiges Zimmer trat, in welchem so viele Lampen brannten, daß es tageshell erleuchtet war. Fenster aber gab es hier nicht, sondern hoch oben an der Decke nur zahlreiche Oeffnungen, durch welche der Tabaksrauch abzog.

Er sah eine große Anzahl von Gästen. Die einen waren orientalisch gekleidet, die anderen europäisch. Die ersteren saßen tief am Boden auf weichen, niedrigen Kissen, rauchten schweigend ihre Tschibuks oder ihre Wasserpfeifen, und hatten auf ganz kleinen Tischchen winzige orientalische Kaffeetassen stehen. Die letzteren aber saßen an hohen Tischen auf Stühlen, tranken den Kaffee aus größeren Tassen und rauchten Cigarren oder Cigaretten.

Das Erscheinen des seltsam gekleideten Engländers erregte ungemeines Aufsehen.

„Müdschüzatly, tschok müdschüzatly (wunderbar, höchst wunderbar)!" murmelten die erstaunten Türken.

Auch die Unterhaltung, die an den Tischen der Europäer geführt wurde, stockte augenblicklich. Die Aufmerksamkeit aller richtete sich auf den Lord, und über manches Gesicht flog ein munteres Lächeln, wobei Worte wie „Engländer — verrückt — Spleen — Hanswurst" leise von Mund zu Mund herüber- und hinüberflogen.

Ihn aber ließ diese Aufmerksamkeit sehr gleichgültig. Er steuerte auf den einzigen Tisch zu, an welchem noch ein Sitz zu finden war, und nahm dort gemütlich Platz, nachdem er den Herrn, welcher da saß, höflich um Erlaubnis gebeten hatte. Denn der Lord gehörte keineswegs zu jenen Engländern, die sich über alle Nationalitäten erhaben dünken, alle Rechte nur für sich in Anspruch nehmen und es für eine große Ehre halten, wenn sie einem anderen einmal ein Wort gönnen.

Mehrere Negerknaben huschten mit Pfeifen, Tabak, glühenden Kohlen und Kaffee hin und her, um die Gäste zu bedienen. Der Lord bestellte sich in französischer Sprache Kaffee, wurde verstanden und augenblicklich bedient. Er nahm das Fernrohr vom Rücken und lehnte es nebst dem Regenschirm an die Wand, streckte behaglich die langen Glieder aus und zog ein gut gefülltes Cigarrenetui aus der Tasche. Dabei warf er einen prüfenden Blick auf sein Gegenüber.

Dieses war ein vielleicht vierundzwanzigjähriger junger Mann von hoher, kräftiger Gestalt und einem wahren Adoniskopfe. Seine Züge waren ernst. Es lag ein Hauch von Weh- oder Schwermut über sie ausgebreitet, der sie noch interessanter machte. Er hatte eine Cigarre zu Ende geraucht, schob den Rest von sich und stand im Begriff, in die Tasche zu greifen. Da streckte ihm der Engländer sein Etui entgegen und sagte:

„Bitte, nehmen Sie von mir!"

Der andere blickte überrascht auf und zögerte. Jetzt langte der Karrierte in die Westentasche, zog ein Kärtchen hervor, gab es ihm und sagte:

„Nun dürfen Sie doch zulangen?"

Auf der Karte stand ‚Lord Eagle-nest.' Der junge Mann machte eine Bewegung des Erstaunens und schien einen Ausruf auf den Lippen zu haben, unterdrückte ihn aber, nahm eine von den angebotenen Cigarren und holte dann auch seine Karte hervor, um sie zu überreichen.

„Ah, Sie haben auch Karten?" fragte der Lord. „Ich dachte, so weit sei die Civilisation hier noch nicht vorgeschritten!"

„Ich bin kein Türke, wie Eure Lordschaft sehen."

Auf seiner Karte stand: „Paul Normann, Maler," und zwar in deutscher Sprache.

„Wie? Ein Deutscher sind Sie?" fragte der Lord im reinsten Hochdeutsch. „So lassen Sie uns deutsch sprechen. Ich habe in Deutschland Verwandte, zwar sehr entfernt, doch führen sie meinen Namen, nicht Eagle-nest natürlich, sondern Adlerhorst. Ich habe jüngst nach ihnen gesucht, aber leider alle Spuren verweht gefunden."

„Kaum glaublich," meinte der andere. „Verwandte eines Lords von England können doch nicht spurlos verschwinden!"

Dabei warf er einen erwartungsvollen Blick hinüber.

„Hätte es auch nicht für möglich gehalten. Die Besitzungen waren in anderen Händen, sämtliche Glieder der Familie verschwunden. Eigentümliche Schicksale, hm! Brennen Sie doch an. Es ist eine Peru, habe sie selbst in Amerika geholt. Habe acht oder neun Tausend bei mir."

„Hier in Konstantinopel?"

„Ja. Bin nämlich auf eigener Jacht hier. Habe mich mit meiner Lieblingscigarre gut versorgen müssen, weil ich nicht weiß, wann ich wieder nach Hause komme."

„So haben Sie kein bestimmtes Ziel?"

„Nein. Suche Abenteuer."

„Die sind leicht und auch schwer zu haben, je nachdem das Glück einem günstig ist oder nicht."

„Mir ist es nicht günstig. Da, lesen Sie einmal."

Er zog das Textbuch hervor, das er unterwegs eingesteckt hatte. Der Maler las den Titel.

„Eine Mozartsche Oper," sagte er. „Ich kenne sie."

„Ich auch. Aber damit bin ich nicht zufrieden. Ich will nicht nur Publikum sein, ich will selbst entführen."

„Selbst?" lachte Normann. „Wen denn?"

„Eine Türkin."

„Ah! Und wo?"

„Hier in Konstantinopel."

„Sie scherzen!"

„Warum sollte ich scherzen? Es ist mein Ernst. Ich bin Mitglied des Travellerclub in London, in welchen nur der aufgenommen wird, der mindestens eine Reise von fünftausend englischen Meilen gemacht hat.

Ich war weit, sehr weit und habe viele Reiseerinnerungen mitgebracht. Jetzt nun will ich eine Türkin mitbringen. Die Oper ist gut, sie hat mir gefallen. Was den Schauspielern möglich ist, das bringe ich auch fertig. Ich entführe eine, aber schön muß sie sein."

Normann lächelte still, fast mitleidig vor sich hin. Er faßte die Meinung, daß der Lord an einer fixen Idee laboriere, die jedoch für andere glücklicherweise ganz ungefährlich sei. Ein mit dem Spleen Behafteter nimmt sich vieles vor, was er nicht ausführt.

„Sie lächeln?" meinte der Engländer. „Sie täuschen sich in mir. Ich fahre seit drei Wochen die Dardanellen und den Bosporus auf und ab, um irgend einen Harem aufzugabeln, in den ich mich des Nachts einschleichen könnte."

„Um den Kopf zu verlieren!" fiel der Maler ein.

„Oho! So schnell geht das nicht! Werde ich dabei erwischt, so bezahle ich das entführte Frauenzimmer. Die Paschas pflegen sich doch ihre Frauen zu kaufen, können sie also auch wieder verkaufen. Uebrigens bin ich Engländer und stehe unter dem Schutze der Königin von Großbritannien und Irland."

Der Maler schien eine Entgegnung auf der Zunge zu haben, hielt sie aber zurück. Sein schönes, offenes Gesicht nahm einen eigentümlichen Ausdruck der Spannung an, und wie unter einem plötzlichen Entschlusse sagte er:

„Wenn Sie in Wirklichkeit eine Entführung beabsichtigen, so geht das keineswegs in der Weise, wie Sie es für möglich zu halten scheinen."

„Wie denn?"

„Hm! Darüber läßt sich nur schwer sprechen."

„Reden Sie, reden Sie! Sie gefallen mir, und es wäre mir lieb, Ihre Meinung zu hören."

„Ich meine, daß Sie sich vor allen Dingen mit einem gewandten Manne, der die hiesigen Verhältnisse ganz genau kennt, in Verbindung setzen müßten."

„Ganz recht! Aber ich kenne eben keinen solchen

Die Insassinnen schrieen aus Leibeskräften um Hilfe.
(Seite 47.)

Mann. Ich will eine Entführung, und ich zahle tausend Pfund Sterling, wenn das Abenteuer zu stande kommt. Sind Sie etwa hier genauer bekannt?"

„Ich bereise bereits seit drei Jahren die Türkei und befinde mich seit neun Monaten hier."

„Famos, famos! Sagen Sie, hätten Sie vielleicht Lust und Zeit, bei einer Entführung mitzuhelfen?"

„Hm! Unter Umständen, ja."

„Welche Umstände meinen Sie?"

„Um darüber zu sprechen, müßte ich Sie besser kennen lernen. Man trägt bei so einem gewagten Abenteuer sehr leicht den Kopf zu Markte. Ich bin keineswegs mutlos, ich liebe im Gegenteil die Gefahr und habe sie schon sehr oft aufgesucht, nur zu dem Zweck, meine Kräfte zu üben und zu prüfen — —"

Er wollte fortfahren, aber der Lord fiel ihm in die Rede:

„Kräfte üben und prüfen! Ganz richtig! Ich werde die meinigen auch hier in Konstantinopel üben und prüfen. Man muß da vieles können: über Mauern springen, Thüren einschlagen, Frauen fortschleppen und so weiter. Hören Sie, Sie sind mein Mann. Geben Sie mir eine Gelegenheit. Sie sollen sich gar nicht dabei beteiligen. Ich führe die ganze Geschichte allein aus. Sind Sie reich?"

„Leider nein."

„Das freut mich!"

„Mich aber nicht."

„Verstehen Sie mich recht! Es freut mich, weil es mir möglich ist, Ihnen dankbar sein zu können. Spüren Sie einen Harem auf, in dem sich eine wirklich schöne Frau, oder ein wirklich schönes Mädchen befindet. Weiter sollen Sie nichts thun. Das übrige besorge ich alles selbst. Aber sehen muß ich das Frauenzimmer erst."

Der Maler blickte nachdenklich vor sich nieder. Nach einiger Zeit spielte ein überlegenes Lächeln um seine Lippen.

„Sie sind ein Nobelmann," entgegnete er, „und ich will Ihnen vertrauen. Ich verspreche Ihnen, nachzudenken und nachzuforschen. Sagen Sie mir also, wie lange Sie hier zu bleiben gedenken?"

„Wie lange? Natürlich, bis ich eine Türkin habe!"

„Schön! Und wo kann ich Sie finden?"

„Auf meiner Jacht, welche unten im Hafen von Pera liegt. Sie kennen sie gleich heraus. Sie trägt meinen Namen und mein genaues Porträt."

„Doch nicht so, wie Sie hier sitzen?

„Ganz genau so!"

„Ah! Das ist interessant," lächelte der Maler.

„Ja, ich bin sehr gut getroffen. Was sind Sie, Herr Normann? Landschafter? Porträtist?"

„Porträtist."

„Das paßt ja herrlich! Wollen Sie mich malen?"

„Hm! Wenn Sie es ernstlich wünschen, ja."

„Schön! Wir können gleich morgen beginnen. Und da ist es meine Eigenheit, einen Teil des Honorars pränumerando zu bezahlen. Erlauben Sie mir das?"

„Gern allerdings nicht, es liegt das nicht in meiner Gewohnheit."

„Aber in der meinigen. Gestatten Sie mir also, diese Angelegenheit gleich jetzt in Ordnung zu bringen."

Er zog aus einer seiner vielen Taschen ein großes, dickes Portefeuille hervor, nahm daraus ein Couvert und klebte es zu, nachdem er etwas hineingesteckt hatte. Dann reichte er es dem Maler hinüber. Dieser griff nur zögernd zu, mußte es aber doch nehmen, da der Lord über die Weigerung ernstlich bös werden wollte.

„Also morgen," sagte der letztere. „Kommen Sie am Vormittage. Und heute könnten wir — wie gesagt, ich finde Wohlgefallen an Ihnen. Haben Sie jetzt Zeit?"

„Nur wenig mehr. Ich habe eine Sitzung."

„Auch ein Porträt?"

„Ja. Und da Sie in dieser Weise freundlich mit

mir sind, so will ich aufrichtig sein. Ich habe eine Dame zu malen."

„Wie? Was? Etwa eine Türkin?"

„Eine Tscherkessin."

„Das ist ja ganz egal! Donner und Doria! Ist sie schön?"

„Einzig, sage ich Ihnen, unvergleichlich!"

„Wenn Sie sie malen sollen, so müssen Sie sie doch auch sehen und sprechen!"

„Sehen wohl, aber sprechen darf ich sie nicht."

„Aber wie kommt es, daß Sie, ein Fremder, ein Ungläubiger, die Frau oder das Mädchen sehen und malen dürfen?"

„Das ist sehr einfach und dennoch hoch interessant. Sie wissen, daß der Sklavenhandel verboten ist. Dennoch währt er noch heimlich fort. Noch immer kommen die schönsten tscherkessischen Mädchen nach Konstantinopel, um da an die Großen des Reiches verkauft zu werden. Da kenne ich nun drüben im tscherkessischen Viertel einen alten, berühmten Mädchenhändler, der nur Schön=heiten ersten Ranges führt. Kürzlich hat er eine junge Tscherkessin erhalten, von einer Schönheit, wie er noch nie eine gehabt hat. Er will sie nur gegen die höchste Summe verkaufen, und darum hat er sie für den Sultan bestimmt. Er hat sich an den Obersten der Eunuchen gewendet und von diesem gehört, daß dies nicht so leicht und schnell zu ermöglichen ist. Der kürzeste und sicherste Weg sei, dem Sultan das Porträt des Mädchens vor=zulegen. Da es nun keine muhammedanischen Maler giebt, so ist der Alte gezwungen, sich an einen Europäer zu wenden, und seine Wahl ist auf mich gefallen."

Der Lord hatte mit der größten Spannung zugehört. Er zappelte förmlich vor Vergnügen und fragte:

„Sie hatten also bereits Sitzungen mit ihr?"

„Bereits fünf."

„Und sie ist wirklich so schön?"

„Wunderbar schön!"

„Verteufelt, verteufelt! Wollen wir sie entführen?"

„Sie ist ja in keinem Harem!"

„Kann man sie sehen?"

„Ja. Wer ein Mädchen kaufen will, muß es doch sehen."

„Und es sind noch mehrere da?"

„Gegen zwanzig."

„Verteufelt, verteufelt! Wo wohnt der alte Kerl? Ich gehe augenblicklich hin. Aber ist man gezwungen, zu kaufen?"

„Nein. Man muß natürlich sagen, daß man zu kaufen beabsichtigt. Gefällt einem keine, oder ist der Preis zu hoch, so geht man eben wieder fort."

„Wollen wir hin? Jetzt gleich?"

„Mit einander nicht. Ich möchte den Alten nicht wissen lassen, daß ich Ihnen Mitteilungen gemacht habe."

„Gut, so gehe ich allein hin, und zwar sofort. Sagen Sie mir nur die Adresse."

„Ich führe Sie. Wir nehmen eine Gondel, das ist das bequemste. Während Sie sich dann die Mädchen ansehen, warte ich in einem nahen Kaffeehause, wohin Sie kommen, um mir zu sagen, wie Sie sich amüsiert haben."

„Schön, schön! Verteufelt, verteufelt. Das ist höchst interessant. Sie haben recht gehabt. Man muß sich an einen wenden, welcher die Verhältnisse kennt, dann gehen die Abenteuer auf der Stelle los. Also kommen Sie!"

Sie bezahlten und gingen fort. Als sie aus dem Hause traten, stand der Derwisch, seine zuckerhutähnliche Kopfbedeckung weit im Nacken, wartend in der Nähe.

„Hat er es doch gemerkt, wo ich stecke!" sagte der Lord.

„Wer?"

„Jener Derwisch. Er ist mir heute nachgelaufen, weshalb, das weiß ich nicht."

„Es ist ein Heulender. Ekelhafte Kaste! Jedenfalls will er Sie anbetteln. Beachten Sie ihn gar nicht."

Sie gingen an das Wasser hinab und nahmen sich ein zweirudriges Kaik. Zwischen Tophana und Fonduki stiegen sie aus. Der Maler führte den Engländer, der auch hier wieder allgemeines Aufsehen erregte, durch einige Gassen und sagte dann, auf ein Café deutend:

„Da drinnen warte ich. Gehen Sie weiter. Sie treten in die Thür linker Hand und sagen, daß Sie eine Sklavin kaufen wollen. Der Alte heißt Barischa und versteht so viel Französisch, daß Sie mit ihm sprechen können."

Der Lord folgte dieser Anweisung und verschwand bald hinter der angegebenen Thür. Normann aber setzte sich in das Café, um auf ihn zu warten. Hier öffnete er das Couvert. Es enthielt hundert Pfund, also zweitausend Mark.

„Das ist Gottes Schickung," dachte der glückliche, junge Mann. „Unsere Kasse war beinahe gesprengt. Ich hätte dem Eunuchen nichts geben und infolge dessen auch nicht mehr mit Tschita sprechen können. Dieser Lord ist mir trotz seiner Eigenheiten außerordentlich sympathisch. Ich könnte ihn lieb haben. Was wird Hermann sagen, wenn ich ihm von diesem wunderbaren Zusammentreffen erzähle!"

Es verging über eine halbe Stunde, ehe der Lord wiederkam. Er hatte den grauschwarzen Hut ,auf dem Pfiff' sitzen und die große Brille auf die Stirn hinauf gerückt. Sein Aussehen war dasjenige eines Mannes, der aus einer Gesellschaft kommt, wo er sich köstlich amüsiert hat. Er setzte sich zu dem Maler und ließ sich Kaffee geben.

„Nun, haben Sie die Schönheiten gesehen?" fragte Normann.

Der Gefragte brannte sich eine Cigarre an und antwortete:

„Na, und ob! Das war ja eine Bildergalerie, und zwar eine lebende! Achtzehn Stück! Eine immer schöner als die andere. Ich wollte, ich wäre ein Türke. Da hätte ich mir längst eine Frau genommen oder gekauft. Vielleicht hätte ich gar einige Dutzend oder einige Hundert!"

„Sie sind also nicht vermählt?"

„Nein. Ich war allen, aber auch allen zu schön!"

„Ja, die Engländerinnen haben Geschmack!" lachte Normann.

„Hole sie der Teufel! Kann ich für mein Gesicht oder etwa gar für meine Nase? Ich bin häßlich, das weiß ich, aber ich bin steinreich und ein guter Kerl. Das wiegt diese ganze Nase wieder auf. Aber diese Ladies bissen nicht an, und unter den Waschfrauen suchen, das wollte ich nicht. So bin ich also unverheiratet geblieben und brauche keine Putzmacherin zu bezahlen. Aber wäre ich ein Türke, so kaufte ich mir die schönsten Weiber, und sie müßten mir den Bart streicheln nach Noten."

„Welche hat Ihnen am meisten gefallen?"

„Alle haben mir gefallen, alle! Und die Preise waren nicht zu hoch. Da gab es eine Georgierin, die war zum malen; sie sollte einen halben Beutel in Gold kosten, das sind zweitausendfünfhundert Mark. Eine Lesbierin, die schöner war als selbst Kleopatra, kostete fünfzig Beutel in Silber, das sind 4000 Mark. Dann gab es eine Schwarze aus dem Sudan, schlank wie eine Tanne und die Gestalt wie aus Ebenholz, zwanzig Beutel in Silber, also 1800 Mark.

„Hat man Ihnen den Namen einer jeden gesagt?"

„Ja."

„War Tschita dabei?"

„Nein."

„So haben Sie die Krone der Schönheiten doch nicht gesehen."

„Dieser Schurke! Er sagte mir, daß er mir nun alle gezeigt habe."

„Er hat bemerkt, daß Sie keine kaufen, und zwar Tschita am allerwenigsten."

„Was heißt Tschita?"

„Blume."

„Nun, wenn diese noch schöner ist, als die anderen, so ist es sehr gut, daß er sie mir nicht gezeigt hat; ich würde sonst vielleicht Renegat und träte zum Islam über. Aber das steht fest, daß ich mir eine von denen, die ich gesehen habe, entführe. Vielleicht die Schwarze. Als sie mich erblickte, drehte sie die Augen heraus wie eine Schnecke die Hörner und zeigte mir ein Gebiß, mit dem man Kieselsteine zermalmen könnte. Ich scheine also Eindruck auf sie gemacht zu haben. Sie waren überhaupt alle höchst freundlich mit mir, wurden mir vorgeführt, eine nach der anderen, und jede lachte mich an. Also eine von ihnen wird entführt, das ist gewiß."

„Ich glaube es nicht."

„Warum nicht?"

„Ein Mädchen, das man kaufen kann und das sich nicht im Harem befindet, entführt man nicht. Eine solche Entführung wäre erstens unnötig und zweitens kein Wagstück."

"Das ist freilich wahr. Ich werde mich also bis zu einer anderen Gelegenheit gedulden müssen und verlasse mich da ganz auf Sie. Dennoch aber bin ich Ihnen großen Dank schuldig für die Adresse dieses Händlers. Lassen Sie sich die Tasse wieder füllen."

"Danke! Ich möchte aufbrechen. Die bestimmte Zeit ist gekommen, und ich muß pünktlich sein."

"So darf ich Sie nicht halten und werde nun allein nach Pera zurückkehren müssen. Also Sie kommen morgen vormittags nach meiner Jacht?"

"Ganz gewiß."

"Ich gestehe Ihnen aufrichtig, daß ich mich herzlich auf diese Sitzung freue. Leben Sie also wohl, ich bleibe zunächst noch ein weilchen hier sitzen, bis die Cigarre alle ist."

Das war gar nicht die Art und Weise eines hohen, englischen Aristokraten. Der Maler fühlte sich daher von diesem Manne außerordentlich eingenommen und wäre gern länger bei ihm geblieben, aber mußte, wie er eben gesagt hatte, pünktlich sein.

Das Haus des Sklavenhändlers war, wie die meisten Häuser Stambuls, aus Holz gebaut. Es hatte nach der Straße zu keine Fenster, aber nach dem Hofe zu lagen Gemächer, die von da aus Licht und auch Luft erhielten. Der Eingang war unverschlossen, der Flur eng und niedrig. Man bemerkte rechts und links eine Thür. Normann klopfte an die erstere. Ein Riegel wurde zurückgeschoben und eine lange Nase kam zum Vorschein. Nachdem diese sich wieder zurückgezogen hatte, wurde geöffnet.

Die Nase gehörte in das Gesicht des Eigentümers dieses Hauses. Er erwiderte den Gruß des Malers mit erzwungener Höflichkeit, der Künstler wurde ja nur geduldet und bezahlt, weil ohne ihn das Portrait nicht fertig geworden wäre.

"Ich habe das Bild wieder angesehen," sagte der

Alte. „Es ist bisher ge=
lungen, doch wie lange hast
du daran zu thun?"

„Das weiß ich nicht
bestimmt. Die Farben trock=
nen zu schlecht, weil es in
deiner Wohnung zu feucht
ist."

Daß er nur langsam
arbeitete, um mit dem Ori=
ginal des Portraits so lange
wie möglich beisammen sein
zu können, das durfte er
natürlich nicht sagen.

„Je schneller du fertig
wirst, desto größer wird
das Bakschisch, das ich dir
außer der Summe gebe,
die wir ausgemacht haben.
Gehe nun weiter. Der Schwarze wartet schon auf dich.
Du kommst heute später als sonst."

Durch eine Thür gelangte Normann in einen Gang,
der an der einen Seite des Hofes hinlief. Dort hockte
ein dicker Neger auf einem Teppiche. Es war der
Eunuche, der den Maler während der Sitzung zu be=
obachten hatte. Er mußte aufpassen, daß Normann weder
ein Wort mit der Tscherkessin sprach, noch sie etwa gar
berührte.

Und doch war es Normann gelungen, sich das Herz
des Schwarzen zu öffnen, und zwar mit dem Schlüssel
des Goldes. Er hatte ihm begreiflich gemacht, daß er
Tschita sprechen müsse, damit er ihr Gesicht in den ver=
schiedenen Bewegungen studieren könne. Der Eunuche
hatte sich anfangs geweigert, dann aber endlich seine Zu=
stimmung unter mehreren Bedingungen gegeben. Er
verlangte nämlich für jede Sitzung fünfzig Piaster, also
zehn Mark Trinkgeld; sodann durfte sein Herr nichts

erfahren, und endlich durften die gesprochenen Worte nichts Verfängliches an sich haben. Normann war auf diese Bedingungen eingegangen, indem er hoffte, daß der Schwarze nach und nach sich weniger streng zeigen werde.

Als er jetzt in den Gang trat, erhob sich der Wächter langsam unter schmerzlichen Stöhnen von seinem Sitze und erwiderte den Gruß des jungen Mannes mit einem freundlichen Zähnefletschen.

"Was ist dir? Hast du Schmerz?" fragte Normann.

"Frage nicht hier, sondern komme herein," antwortete der Eunuche. "Der Herr könnte lauschen."

Dann öffnete er eine Thür, und sie traten in einen hellen, freundlichen Raum, dessen blau bemalte Wände mit goldenen Sprüchen aus dem Koran verziert waren. An der einen Wand stand eine rote Ottomane, und ihr gegenüber die Staffelei mit dem Bilde, das von einem ganz feinen Shawl verhüllt war.

"Jetzt können wir sprechen," sagte der Schwarze. "Was würdest du thun mit einem Manne, der dich schlägt?"

"Ich würde ihn zum Zweikampf fordern und töten."

"Das kann ich nicht. Ich bin sein Sklave, er hat mich gekauft; ich darf nicht mit ihm kämpfen und ihn auch nicht töten."

"So bist du geschlagen worden?"

"Ja."

"Von Barischa, deinem Herrn?"

"Von ihm. Von einem anderen würde ich mich doch nicht schlagen lassen."

"Weshalb hat er das gethan?"

"Weil ich einen Mann eingelassen habe, den ich nicht hätte einlassen sollen. Er war ein Engländer, trug fränkische Kleider mit lauter Vierecken, hatte einen Regenschirm und ein Buch in der Hand und ein ledernes Flintenrohr auf dem Rücken."

"Warum solltest du ihn nicht einlassen?"

"Ich soll überhaupt keinem Franken öffnen, weil

ein Franke sich keine Frau kauft. Aber da noch niemand Einlaß begehrt hat, seit ich hier bin, so wußte ich es nicht. Vorhin war der viereckig Gefleckte hier. Mein Herr war freundlich mit ihm, weil die Engländer mächtig sind, aber zornig auf mich. Als der Fremde fort war, ergriff er die Peitsche, und ich mußte mich auf den Bauch legen und erhielt so viel Hiebe, daß mir das Fleisch aufgesprungen ist."

„Das bedaure ich sehr. Ich werde dir morgen eine Salbe mitbringen, welche deine Wunden heilt und deine Schmerzen lindert."

„Thue das! Ich werde es dir danken. Ich darf den Herrn nicht wieder schlagen, aber ich werde mich an ihm rächen."

„Nimm dich nur in acht. Du könntest dir abermalige Schläge zuziehen."

„Ich werde es sehr klug anfangen, und du sollst mir helfen bei dieser Rache."

„Ich? Wieso?"

Der Schwarze war wirklich zornig. Seine quiekende Stimme, die ja alle Eunuchen haben, war zu einem halblauten, zornigen Knirschen herabgesunken. Er antwortete:

„Du hast mir immer fünfzig Piaster gegeben, um mit Tschita sprechen zu dürfen. Ich habe dir bisher erlaubt, nur Worte zu reden, die keine Gefahr haben. Ich will mich an dem Herrn rächen, indem ich dir jetzt noch mehr erlaube. Ist dir das recht oder nicht?"

Dem Maler hüpfte das Herz vor Entzücken. Er hatte mit Tschita kein Wort über sich selbst, oder sie selbst, über ihre oder seine Verhältnisse sprechen dürfen. Der Schwarze hatte beider Blicke und Mienen bewacht, wie der Teufel eine Seele, die man ihm entreißen will, bewachen würde. Normann wußte von dem herrlichen Wesen nichts, gar nichts. Er wußte nur, daß er die Unvergleichliche liebe und daß er sein Leben hingeben würde, wenn das sie glücklich machen könne. Darum antwortete er schnell:

„Ich will dein Verbündeter sein."

„Du willst also mit ihr sprechen, wie ein Bruder mit seiner Schwester spricht?"

„Ja."

„O, du willst sogar mit ihr reden, als ob sie deine Geliebte sei! Willst du?"

„Ich weiß nicht, ob sie das dulden würde."

„Gewiß, sie duldet es. Ich weiß, daß sie an dich denkt und daß sie dein Kommen mit großer Sehnsucht erwartet. Aber sage mir auch, ob du Geld bei dir hast."

„Ich habe welches."

„Wenn du mir hundert Piaster giebst, anstatt fünfzig, so sollst du sie auch berühren dürfen."

„Ist das dein Ernst?"

„Es ist mein Ernst und meine Rache. Du sollst bei ihr auf dem Diwan sitzen und ihre Hände in den deinigen haben. Du sollst sie küssen dürfen und mit ihr sprechen von allem, was du willst."

„Und wenn dein Herr uns überrascht?"

„Das kann er nicht. Ich werde hier an der Thür stehen und Wache halten. Ich werde nicht sehen, was ihr thut, denn ich werde euch meinen Rücken zeigen. Wenn der Großherr sich diese schöne Sultana kauft, so soll sie vorher von einem Ungläubigen umarmt und geküßt worden sein. Das ist meine Rache an dem Herrn. Bist du einverstanden?"

„Ja."

„So gieb mir hundert Piaster."

Das waren zwanzig Mark. Normann hätte mehr, viel mehr gegeben, er hätte alles, was ihm gehörte, hingegeben für die Erlaubnis, die er jetzt gegen eine so geringe Summe erhielt. Er nahm daher schnell das Goldstück aus der Tasche und gab es dem Schwarzen. Dieser betrachtete es mit gierigen Augen, steckte es ein und sagte dann:

„Ich danke dir! Nun werde ich Tschita holen."

Er ging, und Normann trat an die Staffelei. Seine Hand zitterte, als er die Hülle von der Arbeit nahm.

Denn es war ein Meisterstück, das ihm hier entgegenblickte, ein Meisterstück der Schöpfung und zugleich ein Meisterstück des Künstlers. Er hatte mit liebeglühendem Herzen gearbeitet. Als sein Auge jetzt den herrlichen Kopf betrachtete, konnte er nicht anders, er bog sich auf die Leinwand und küßte den Mund, der doch nur sein eigenes Werk war. Da, gerade als er mit seinen Lippen das Gemälde berührte, erklang eine wunderlieblich, wohltönende Stimme:

„Allah grüße dich!"

Er fuhr zurück, und sein schönes Gesicht erglühte in flammender Röte. Dort an der Thür stand der Schwarze mit grinsendem Gesicht, und in der Mitte des Zimmers Tschita, die ganze Gestalt und selbst den Kopf in den weiten, weißen Schleiermantel gehüllt, der nur eine Oeffnung für ein Auge hatte!

Der weiche Teppich hatte ihre Schritte gedämpft, und beide hatten den Kuß gesehen, das war sicher. Doch faßte sich der Maler schnell und erwiderte den Gruß möglichst unbefangen. Tschita aber trat zur Ottomane und legte den Schleier und die übrigen Hüllen ab. Dann entfesselte sie das Haar, drehte sich zu ihm um und fragte:

„Ist es nun so richtig?"

So hatte sie stets gefragt, mit genau denselben Worten, und doch war es heute so ganz, ganz anders! Auf ihrem feenhaft schönen Antlitz lag die Scham wie holde Morgenröte, und in ihrer Stimme vibrierte der Kuß, den sie absichtslos beobachtet hatte.

Er nickte bejahend und wandte sich zu seinen Farben, um während dieser Zeit seine Selbstbeherrschung wieder zu erlangen. Als er sich dann ihr wieder zukehrte, hatte sie auf der Ottomane Platz genommen.

Sie war nur ganz leicht bekleidet. Das Porträt hatte ja den Zweck, ihre Schönheit zur möglichsten

Geltung zu bringen. Sie trug Hosen von reinster gelber Seide und ein kurzes Jäckchen von demselben Stoffe, aber in tief rosaer Färbung. Dieses Jäckchen, halb ge=

öffnet, ließ das schneeweiße Hemd aus dem zartesten Ge= webe von Musselin glänzend hervortreten. Die Aermel waren aufgeschnitten und hingen weit herab, so daß die

Plastik der alabasternen Arme bis hinter die Ellbogen zu bewundern war. Das kleine, nackte Füßchen stak in blauseidenen Pantöffelchen, die einem sechsjährigen Kinde anzugehören schienen.

Das Herrlichste aber war der Kopf dieses entzückenden Wesens. Tschita war blond, und zwar von jenem seltenen Aschblond, über dessen dunkleren Ton der Glanz des Silbers zittert. Ein solches Gesicht mit Worten zu beschreiben, ist eben eine Unmöglichkeit. Es lag über demselben eine ganze Fülle von Unschuld und reiner, unbewußter Jungfräulichkeit, und dazu kam ein rührender Anflug von Kümmerniß und Seelenleid, der den weichen, kindlichen Zügen bestimmtere Konturen verlieh. Und von diesem Engelsköpfchen wallte eine fast nicht zu bändigende Fülle reichen Haares in natürlichen, neckischen Wellen herab, so daß die kleinen, weißen Händchen nur immer zu thun hatten, um eine völlige Umhüllung des ganzen, unaussprechlich reizenden Wesens zu verhüten.

Auf all' diese Pracht und Herrlichkeit glotzten die Augen des Negers mit einer erklärlichen Gleichgültigkeit, während Normann seine ganze Beherrschung anstrengen mußte, um wenigstens scheinbar ruhig zu bleiben.

Er hatte Pinsel und Palette in die Hände genommen.

"Willst du nicht den Kopf etwas tiefer senken?" fragte er, um doch etwas zu sagen.

"So?" entgegnete sie, ihm gehorchend.

"Noch ein wenig."

"Wie jetzt?"

"Das ist zu viel. Warte."

Er legte Pinsel und Palette wieder fort und trat zu ihr, um ihr die Hand leise an die zarte Schläfe zu legen und so dem Köpfchen die gewünschte Lage zu geben. Da aber fuhr dieses Köpfchen hoch empor. Aus ihren Augen blickte der helle Schreck, und mit vor Angst zitterndem Tone fragte sie:

„Allah il Allah! Willst du sterben?"

„Nein, nicht sterben," antwortete er.

„Du mußt ja sterben, du berührst mich ja."

„Willst du denn, daß ich da sterbe?"

„Nein, o nein. Aber wenn es der Herr erfährt!"

„Niemand wird es ihm sagen."

„Hier Ali auch nicht?"

„Er wird schweigen."

Da floh die Angst aus ihren Zügen, ihr Auge begann zu leuchten, und mit erwartungsvollem Tone fragte sie:

„Hast du mit ihm gesprochen?"

„Ja. Siehst du nicht, daß er sich abgewendet hat? Er mag nichts hören und nichts sehen."

„Allah segne ihn, den Guten, den Barmherzigen!"

„So hast du es gern, wenn ich mit dir spreche?"

„O, so gern," antwortete sie. „Ich denke an dich am Tage, und ich träume von dir des Nachts. Dann bist du ein reicher Pascha und kommst, mich zu kaufen."

Da kniete er vor ihr nieder, nahm ihre Hände in die seinigen und fragte in jenem Tone unendlicher Zärtlichkeit, dessen die menschliche Stimme nur ein einziges Mal im Leben fähig zu sein scheint:

„Würdest du denn gern mit mir gehen, wenn ich dich kaufte?"

„Ueber alle, alle Maßen gern. Der Herr sagt mir immer, daß der Sultan mich kaufen werde, daß ich da kostbare Gewänder und herrliches Geschmeide tragen und über seinen Harem herrschen werde. Doch ich will nicht zum Sultan, nicht zum Padischa, nicht zum Großherrn. Du, du, nur du allein sollst mich kaufen, und da mag ich kein Geschmeide, sondern nur dein Lächeln, und da will ich auch nicht herrschen, sondern nur dich lieben und dir dienen all mein Leben lang. Aber kannst du mich auch kaufen? Der Herr will viel, sehr viel für mich haben. Bist du reich?"

„Nein," gestand er traurig. „Ich bin arm."

„Trotzdem bin ich lieber bei dir. Ich mag zu keinem anderen. Lieber möchte ich sterben!"

Und sich zu seinem Ohre niederbeugend, flüsterte sie ganz leise, so daß der Neger es nicht hören konnte:

„Entführe mich."

„Ja, ich thue es," flüsterte er zurück.

„Aber es kann dein und mein Leben kosten!"

„Ich gebe es gern für dich hin."

Sie sagte darauf kein Wort, aber sie nahm seinen Kopf in ihre kleinen Händchen und sah ihm in die Augen mit einem Blick voll Wonne und Entzücken, in dem sich ihre ganze Seele offenbarte.

Da erhob er sich von den Knieen, setzte sich neben sie, ergriff abermals ihre Händchen und sagte:

„Tschita, du bist mein Leben, du bist mir lieber als Himmel und Erde, als alles, was es giebt. Bin ich dir denn wirklich lieber als der Padischa?"

„Tausendmal lieber."

„So wird Allah helfen, das glaube mir!"

Sie blickte mit leuchtenden Augen zu ihm auf. Er aber bog sich nieder und legte seinen Mund auf ihre Lippen. Sie hatte ganz gewiß noch niemals geküßt, das fühlte er, aber sie ließ ihm den Mund, und als er ihn ihr endlich wieder frei gab, flüsterte sie leise, ihr schönes Köpfchen an seine Brust legend:

„So muß es im Himmel bei den Seligen sein. O, wie lieb, wie lieb habe ich dich! Könnte ich doch stets, so wie jetzt, an deinem Herzen liegen!"

„Das sollst du!"

Und leise setzte er hinzu:

„Ich hole dich ganz sicher, ich entführe dich."

„Und meine Mutter mit?" fragte sie. „Ohne diese würde ich nicht gehen, obgleich ich ohne dich sterben möchte."

Er drückte sie an sich.

„Du hast eine Mutter?" fragte er nun wieder laut.

„Ja. Sie kann ohne mich nicht sein, denn man

hat ihr die Zunge herausgerissen und die Hände ab=
gehackt."

Er schauderte zusammen und starrte sie voller Ent=
setzen an.

„Ist das wahr?" fragte er.

„Ach ja!"

„Wer hat das gethan?"

„Ich weiß es nicht, ich war damals noch so klein,
daß sie mich auf den Armen tragen mußten. Man wollte
mich oft von ihr trennen, aber man that es doch nicht,
weil man fürchtete, daß ich vor Sehnsucht sterben werde.
Und auch jetzt gehe ich nicht von ihr, lieber töte ich mich.
Wer mich kauft, der muß auch sie kaufen."

„Hast du keinen Vater?"

„Nein, keinen Menschen auf der Erde als nur die
Mutter."

Da überkam ihn eine unendliche, mit Mitleid ge=
paarte Zärtlichkeit. Er schlang beide Arme um sie
und sagte:

„Deine Mutter soll stets bei dir bleiben, und —"

In diesem Augenblicke drehte sich der Eunuche zu
ihnen um und flüsterte:

„Schnell fort von einander! Der Herr kommt!"

Im Nu stand Normann mit dem gleichgültigsten
Gesicht vor der Staffelei und strich die erste beste Farbe
auf. Da trat auch schon Barischa ein.

In rücksichtslosem Tone sagte er zu dem Maler:

„Du kannst jetzt gehen. Komm morgen wieder."

Normann drehte sich langsam zu ihm um.

„Ich bin für heute noch nicht fertig," antwortete er.

„Dafür kann ich nicht. Es ist einer da, der Tschita
sehen und sprechen will. Vielleicht wird sie von einem
gekauft, der gerade so viel bezahlt wie der Sultan."

Dann wandte sich Barischa zu dem Mädchen, musterte
sie mit dem Blicke eines Kenners und sagte:

„Gerade so, wie du jetzt bist, soll er dich sehen.

Ich werde ihn hierher führen. Also, Franke, komm morgen wieder. Ali mag dich hinausführen."

Normann folgte dieser Weisung, um keinen Verdacht zu erwecken, möglichst schnell. Er warf nicht einmal der Geliebten noch einen Blick zu, verhing das Porträt und ging. Draußen in dem vorderen Raume stand der Wartende. Zum Erstaunen des Malers war es jener Derwisch, auf den ihn der Lord aufmerksam gemacht hatte.

Welche Absichten hatte dieser Mensch? Sollte er sich doch mit mehr als nur mit Betteln abgeben? Normann fühlte plötzlich eine Beklemmung, über die er sich keine genügende Rechenschaft zu geben vermochte.

Rasch ging er nach dem Landungsplatze und nahm sich ein Kaïk, um sich nach Pera rudern zu lassen. Er hatte sich in einer der höheren Straßen dieses Stadtteiles eingemietet, besaß aber seine Wohnung nicht allein, sondern teilte dieselbe mit einem Freunde, der bei seinem Eintritte in Gedanken versunken am Fenster stand.

Dieser Freund war nicht so groß und stark gebaut, wie der Maler. Blonden Haares und von hellem, fast mädchenhaft zartem Teint, konnte er nichts anderes als ein Nordländer sein. Seine Züge hatten etwas ausgesprochen Aristokratisches, und als er sich jetzt umwandte, zeigte seine Bewegung jene anmutige Gewandtheit, die kaum anzuerziehen ist, wenn sie nicht angeboren wurde.

„Schon zurück?" meinte er. „Ich glaubte noch nicht, dich erwarten zu dürfen."

„Die Sitzung wurde leider unterbrochen, gerade als sie am interessantesten war."

Der andere blickte schnell auf und fixierte den Maler scharf. Dann sagte er im Tone der Spannung:

„Interessant? Du hast mit ihr gesprochen?"

„Ja."

„Sie liebt dich?"

„Ja, Hermann. Ich glaube, ich bin ein glücklicher Mensch, wenn Gott es zum guten fügt."

Der Freund gab ihm die Hand und sagte herzlich: „Ich gönne es dir und gratuliere."

„Wie? Ich denke, du bist ganz gegen diese romanhafte Schrulle, wie du es nanntest?"

„Hm," brummte Hermann verlegen, „ja, von einem gewissen Standpunkte oder vielmehr von vielen Stand=

punkten aus muß ich dagegen sein. So ein Mädchen besitzt keine Bildung, keine Kenntnisse, kurz, gar nichts; freien kann man es nicht, kaufen will man es nicht, also — und so weiter. Es ist auf alle Fälle eine Dummheit. Und dennoch bin ich seit vorgestern nachsichtiger geworden."

„Und wohl mit Grund?"

„Ja."

„Darf man diesen Grund erfahren?"

„Wenn du mir versprichst, mich nicht auszulachen."

„Natürlich verspreche ich es. Du pflegst dich nicht mit Lächerlichkeiten abzugeben."

„Hier aber doch wohl," sagte Hermann, indem sein sonst sehr ernstes Gesicht einen schalkhaft verlegenen Ausdruck annahm. „Was würdest du dazu sagen, wenn auch mir zwei Augen durch den Gesichtsschleier hindurch es angethan hätten?"

„Das kommt bei dir nicht vor."

„Nicht? Willst du vielleicht die Güte haben, einmal nachzusehen, was hier auf dem Sofa liegt?"

Normann trat zu dem genannten Möbel und prüfte die Kleidungsstücke, die auf demselben lagen.

„Was soll das?" fragte er. „Das ist ja ein vollständiger Straßenanzug für eine türkische Frau!"

„Allerdings. Ich werde ihn nachher anlegen, um damit auf die Straße zu gehen."

„Bist du toll, Hermann?"

„Nein. Ich gehe zu einem Stelldichein."

„Mit einer Dame?"

„Ja."

„Dann fällt geradezu der Himmel ein! Du hast noch nie das geringste Interesse für irgend eine Dame gehabt, obgleich es dir oftmals nahe gelegt worden ist. Und hier, in Stambul, fängst du an, Allotria zu treiben?"

„Alle Teufel, eine Mannsperson!" (Seite 71.)

„Vielleicht sind es nur Allotria, vielleicht aber berührt mich die Sache auch tiefer. Und das ist sehr schnell, ganz überraschend schnell gekommen. Ich kenne mich selbst nicht mehr."

„Darf man erfahren, um was oder wen es sich handelt? Natürlich ist es auf alle Fälle ein Mädchen?"

„Das weiß ich nicht. Es kann auch eine Frau sein."

„Bist du des Teufels?"

„Höre mich an! Ich habe nie gewußt, welch dummes, unüberlegtes, eigenwilliges Ding das Menschenherz ist. Jetzt traue ich mir selbst nicht mehr, denn ich habe meine bisherige Gewalt über das Herz vollständig verloren. Komm, ich will dir erzählen. Brenne dir — — ah, du rauchst schon. Und zwar was für eine Sorte! Das ist ja etwas ganz Hochfeines. Wo giebt es die?"

„Es ist geschenkte Ware."

„Von wem?"

„Von deinem Cousin," antwortete der Maler, indem er den Freund von der Seite her beobachtete.

„Cousin? Sprich deutlicher!"

„Schön. Also ohne alle Einleitung: Ich habe heute Lord Eagle-nest getroffen."

Da sprang Hermann von dem Stuhle, auf den er sich gesetzt hatte, wieder auf und rief:

„Willst du mich etwa zum Narren halten?"

„Nein. Höre, lieber Freund."

Er erzählte ihm auf das ausführlichste seine Begegnung mit dem seltsamen Engländer. Hermann ging dabei außerordentlich erregt im Zimmer auf und ab. Als der Freund geendet hatte, fragte er:

„Du hast doch nicht gesagt, daß ich ein Adlerhorst bin?"

„Von dir ist gar nicht die Rede gewesen. Ich reise mit dir, um jenen fürchterlichen Menschen zu entdecken, dessen Spur nach der Türkei führt, und dabei vielleicht die verlorenen deinigen wiederzufinden; aber von unseren Geheimnissen sprechen, das thue ich nicht."

„Gott sei Dank! Ja, dieser letzte Sproß des englischen Zweiges unseres Stammes soll ein gar wunderlicher Heiliger sein. Also er will partout eine Entführung haben?"

„Ja."

„Lächerlich und unbegreiflich, wenn er nicht ein Eng-

länder wäre. Hoffentlich ist es nur eine Schrulle?"

„Es ist ihm im Gegenteile sehr ernst, und vielleicht

kann ich ihm den Willen thun. Es ist möglich, daß ich ihn in meiner Angelegenheit mit Tschita eine Rolle spielen lasse, natürlich aber, ohne ihn in Gefahr zu bringen. Doch, warten wir das ab und beschäftigen wir uns jetzt lieber mit deiner Herzensangelegenheit."

„Bei welcher du jedoch eine Rolle zu spielen hast, und zwar noch heute."

„Gern. Erteile mir nur die nötige Instruktion."

„Du sollst unser Stelldichein bewachen."

„Ganz gern; aber ich hoffe, daß sie ein solches Wagnis auch wert ist."

„Ich möchte es wünschen. Also höre!"

Er setzte sich nun wieder nieder, steckte sich eine Cigarette an und erzählte:

„Du weißt, daß das Thal der süßen Wasser ein bevorzugter Ausflugs= und Belustigungsort der hiesigen Bevölkerung ist. Vorzüglich gern wird er von Frauen besucht, die auf den bekannten, verhüllten Ochsenwagen hinausfahren, um sich einmal ohne Zwang im Freien zu bewegen. Kürzlich warst du beschäftigt, und ich wußte nichts Besseres, als dieses Thal zu besuchen. Ich durch= streifte es nach allen Richtungen und kam dabei in ein Platanenwäldchen, in dem ich von lauten, lustigen Frauenstimmen und fröhlichem Gelächter überrascht wurde. Ich hätte mich zurückziehen sollen, aber ich will aufrichtig gestehen, daß die Neugierde siegte. Ich wollte einmal muhammedanische Damen beobachten. Ich schlich mich also vorsichtig näher, von Baum zu Baum, und erblickte endlich einen offenen Tummelplatz, der von weiblichen Gestalten belebt war. Die Damen hatten die verun= zierenden, sackförmigen Oberhüllen abgelegt und bewegten sich in den leichten Hausgewändern, die die Schönheit der Formen so gut hervortreten lassen."

„Hm! Wie bei Tschita."

„Bald hing mein Auge nur noch an Einer. Ich sage dir — doch, ich kann eben nichts sagen, kurz und gut, sie war ein herrliches Wesen, voller Anmut und

Zierlichkeit, und doch eine Juno von Plastik und Körperfülle. Besonders fielen mir die kleinen Füßchen auf und das weiße, zarte Händchen, an dem ein Solitär blitzte, wie ich genau sah, als sie mir einmal näher kam, ohne zu ahnen, daß ein Franke hinter dem starken Baumstamme verborgen sei. Ich war so enthusiasmiert, daß ich das Versteck erst verließ, als sie aufbrachen und zu den Wagen gingen, die am Rande des Haines gewartet hatten. Ich mußte einen Umweg einschlagen, holte aber dann doch die Wagen ein. Als ich an ihnen vorüberging, wurde das Gespann eines derselben scheu. Der Führer wurde niedergerissen, und die beiden dummen Tiere rannten mit dem Wagen davon, ich natürlich hinterher. Die Insassinnen schrieen aus Leibeskräften um Hilfe. Es gelang mir, das eine Tier zu fassen. Ich bin nicht von herkulischem Gliederbau, aber du weißt, daß ich eine Muskelstärke besitze, die man mir nicht zutraut. Ich brachte die Ochsen zum Stehen. Die Gardinen des Wagens hatten sich gelüftet, so daß also Retter und Gerettete sich gegenseitig erblicken konnten. Ich grüßte und wollte mich entfernen, da aber streckte die eine der Verhüllten ein feines, weißes Händchen aus dem Mantel mir entgegen, und eine süße Stimme sagte:

‚Du bist ein Franke, nimm meinen Dank nach der Sitte deiner Heimat!'

An diesem Händchen blitzte der Solitär. Ich küßte es ein — zwei — dreimal — erst beim dritten Male entzog sie es mir unter dem leisen Kichern der anderen. Später trennten sich die Wagen in der Stadt. Ich hatte nicht auffällig beobachten wollen, wurde also irre und konnte die Wohnung der betreffenden nicht erspähen."

„Jammerschade!"

„Vorgestern nun war ich im Bazar der Musselinhändler. Ich kaufte mir eine Kleinigkeit. Da trat eine Verhüllte herein, um sich Proben vorlegen zu lassen. Das war ganz dieselbe Stimme und auch ganz dasselbe Händchen mit dem Diamantringe. Natürlich konnte ich nicht mit ihr sprechen. Gestern jedoch, da ich sie im Gewühl verloren hatte, verfiel ich auf den Gedanken, wieder nach dem Bazar zu gehen, und kaum war ich eingetreten, so kam auch sie."

„Ah! Sie interessiert sich also für dich!"

„Ich empfand eine Freude, eine Wonne, ein Glück, wie ich es dir gar nicht beschreiben kann. Ich habe die Seligkeit eines solchen Gefühls nicht für möglich gehalten. Das Herz besitzt wirklich Tiefen, die man selbst noch gar nicht kennt. Dir wird es mit Tschita ganz ebenso ergangen sein?"

„Natürlich. Eine Schilderung ist da nicht nur überflüssig, sondern geradezu ein Frevel. Worte können eben an die Göttlichkeit der Liebe unmöglich hinanreichen. Aber, bitte, weiter! Ich bin ganz außerordentlich gespannt. Hast du dieses Mal mit ihr gesprochen?"

„Ja. Freilich kostete es mich eine nicht ganz unbedeutende Ausgabe, um den Kaufmann für einige Augenblicke bis in den letzten Winkel seines Lokales zu entfernen. Da wir beide jetzt Gütergemeinschaft haben, so befürchte ich fast, daß du über diese Ausgabe zornig sein wirst."

„Fällt mir nicht ein. Ich habe dir ja gesagt, welche Summe ich von dem Lord erhielt. Weiter!"

„Du bist die Rose vom Thale der süßen Wasser?' flüsterte ich ihr leise zu.

„‚Nein,' antwortete sie.

„‚O doch!'

„‚Nein, nein.'

„‚Laß mich auf einen Augenblick dein Antlitz sehen.'

„‚Du bist kühn, Fremdling.'

„‚Ich kam nur deinetwegen hierher. Eine Ahnung sagte mir, daß auch du kommen werdest. Ich werde dir heute folgen, um zu sehen, wo du wohnst.'

„‚Um Allahs willen, thue das nicht.'

„‚Ich werde es unterlassen, wenn du wiederkommen willst.'

„‚Ich komme.'

„‚Dürfte ich doch einmal mit dir sprechen! Sei barmherzig. Meine Seele schmachtet nach dir.'

„In diesem Augenblicke kam der Kaufmann wieder herbei. Wir hatten unsere Worte ganz leise und in fliegender Eile gewechselt, und doch war die Zeit zu kurz gewesen. Ich hatte keine bestimmte Antwort erhalten. Ich konnte nicht bleiben, ich mußte bezahlen und gehen. Draußen aber beim Nachbar blieb ich stehen, mir scheinbar die ausgelegten Waren betrachtend. Da trat auch sie heraus, erblickte mich und ging nun ganz hart an mir vorüber. ‚Komme nicht nach!' flüsterte sie. Jetzt mußte ich hinter ihr her und raunte ihr zu: ‚Wenn du mir morgen sagst, wo ich dich treffen kann!' Und als ich dann stehen blieb und sie an mir vorüber ließ, antwortete sie: ‚Ich werde es dir sagen.' Also hielt ich Wort und folgte ihr nicht. Natürlich war ich außerordentlich gespannt, ob nun auch sie worthalten werde, und wirklich, sie kam. Aber der Kaufmann hatte Lunte gerochen, er gab uns keine Gelegenheit, ein Wort zu sprechen. Sie aber hatte sich darauf vorbereitet und ließ so, daß ich es sehen mußte, einen Zettel fallen. Natürlich entfiel mir nun mein Taschentuch, und ich hob beides auf."

„Was enthielt der Zettel?"

„Hier ist er. Lies!"

Hermann schob dem Freunde den Zettel hin. Darauf stand in lateinischen Lettern, aber türkischer Sprache:

„Hermann Wallert Effendi! Komm' heute um zehn Uhr nach dem großen Begräbnisplatz zwischen Mewlewi Hane und Topdschiler Keui. Ich bin in der Ecke nach Nordwest unter dem Epheu."

„Wie? Sie kennt deinen Namen? Das heißt den Namen, den du hier führst?"

„Nicht wahr, rätselhaft?"

„Äußerst. Doch das wird sich aufklären. Um zehn Uhr ist nach türkischer Zeitrechnung zwei Stunden vor Sonnenuntergang. Du willst in Frauenkleidern gehen?"

„Nein. Als Frau allein über den Meeresarm zu setzen und dann den weiten Weg bis zum Begräbnis= platze zu gehen, das würde auffallen. Wir besuchen einfach den Kirchhof und nehmen den Anzug mit. Geht es ohne Gefahr, so bleibe ich in dieser meiner Kleidung; ist es aber geratener, so ziehe ich dort den Frauenanzug an. Der Begräbnisplatz gleicht einem Walde. Da giebt es allemal eine verborgene Ecke, um sich dort unbemerkt umkleiden zu können."

„Auf alle Fälle halte ich Wache. Wenn wir jetzt aufbrechen, kommen wir gerade kurz vor der angegebenen Zeit hin. Denkst du nicht?"

„Ja. Rollen wir also den dünnen Anzug wie ein Plaid zusammen; dann läßt er sich ganz unauffällig an einem Riemen tragen."

Bereits nach einigen Minuten saßen sie in einem Kaif, um sich über das Goldene Horn setzen zu lassen.

Diese Kaïks sind lange, schmale, sehr leicht und schnell ruderige Boote, in denen man meist nur nach orientalischer Gewohnheit, das heißt mit untergeschlagenen Beinen, sitzen kann. Der Kahn, den die beiden Freunde nahmen, war für mehrere Personen eingerichtet und zufälliger Weise der einzige, den es hier an dieser Stelle des Ufers gab.

---

2. Kapitel.

Eben tauchten die beiden Kaïktschi, wie die Ruderer genannt werden, ihre Ruder in das Wasser, um vom Lande zu stoßen, als ein Mann mit beschleunigten Schritten sich ihnen näherte. Er winkte zu warten und fragte, als er die Landungsstelle erreicht hatte:

„Meine Herren, würden Sie mir wohl gestatten, mit einzusteigen? Ich möchte gern überfahren, und dies ist nur der einzige Kaïk, den ich in diesem Augenblick hier sehe."

Er trug einen vollständig türkischen Anzug. Darum wunderten sich die beiden beinahe, daß er seine Bitte im reinsten Französisch ausgesprochen hatte. Seine hohe, breitschultrige Gestalt ließ auf eine große Körperkraft schließen. Sein Anzug war mit echten Borten verziert, und aus seinem Gürtel sahen die goldbesetzten Kolben zweier Pistolen und der mit edlen Steinen ausgelegte Griff eines Messers. Er schien also reich zu sein. Man konnte ihn auf vielleicht dreißig Jahre schätzen. Sein Gesicht war bleich, aber nicht von einer krankhaften Farblosigkeit. In den großen, dunklen Augen lag Geist und Leben, und ein starker, sehr gut gepflegter Schnurrbart gab ihm ein kriegerisches Aussehen. Der Fremde konnte als ein seltenes Beispiel männlicher Schönheit gelten. Er trug keine Handschuhe, und so sah man am kleinen Finger seiner rechten Hand einen Solitär von bedeutender

Größe glänzen. Dieser Diamant allein repräsentierte ein nicht unbeträchtliches Vermögen.

Seine Bitte wurde natürlich erfüllt, und er stieg ein.

Während der Fahrt wurde kein Wort gesprochen, aber es war zu bemerken, daß der Blick des Fremden eigentümlich forschend auf Hermann Wallert ruhte.

Als sie jenseits ankamen, hatte er bereits eine Börse gezogen und bezahlte die Kaiktschis. Wallert wollte eine Einwendung dagegen erheben, doch der andere wies sie mit einer energischen Handbewegung ab.

Das Boot hatte so angelegt, daß Normann und Wallert zuerst aussteigen mußten. Im selben Augenblick trat, als letzterer eben den Fuß an das Land gesetzt hatte, ein wie ein gewöhnlicher Arbeiter gekleideter Mensch an ihn heran und fragte:

„Bist du Wallert Effendi?"

„Ja," antwortete der Gefragte, darüber erstaunt, daß dieser unbekannte Türke seinen Namen kannte.

„Ich habe dir zu sagen, daß du dich in acht nehmen sollst."

Mit diesen Worten wollte er sich entfernen; aber Wallert ergriff ihn schnell beim Arme.

„Wo soll ich mich in acht nehmen?" fragte er rasch.

„Ich weiß es nicht. Vielleicht auf dem Kirchhofe."

„Wer läßt es mir sagen?"

„Sie!"

Gleich darauf riß er sich los und lief davon. Das war in der That befremdend.

Der als Türke Gekleidete war hinter Wallert ausgestiegen. Auch er hatte das kurze Gespräch gehört, obgleich der geheimnisvolle Bote nicht die Absicht gehabt hatte, laut zu sprechen. Es zuckte wie ein fröhliches Lächeln über sein schönes Gesicht. Schnell trat er näher an Wallert heran.

„Entschuldigung, mein Herr, wenn ich mich zum zweiten Male an Ihre Güte wende, nachdem ich Sie bereits einmal belästigt habe. Dieser Mensch nannte einen deutschen Namen. Ist es etwa der Ihrige?"

„Ja. Ich heiße Wallert."

„So sind Sie also ein Deutscher?"

„Allerdings."

„Dann mache ich mir das Vergnügen, Sie als Landsmann zu begrüßen. Darf ich mich Ihnen vorstellen?"

Sie waren während dieses Gespräches keineswegs am Ufer stehen geblieben, sondern langsam fortgeschritten. Der Sprecher griff jetzt in ein kleines, goldgesticktes Saffiantäschchen, das an seinem Gürtel hing, und zog eine Karte heraus, die er Wallert überreichte. Auf derselben war der einfache Name ‚Oskar Steinbach' zu lesen.

Wallert verbeugte sich und stellte Normann vor. Alle drei begrüßten sich durch einen herzlichen Händedruck.

„Wer hätte in Ihnen einen Deutschen vermuten dürfen," meinte Normann. „Sie tragen sich ja wie ein Stocktürke."

„Ich pflege mich den Gewohnheiten und Gebräuchen desjenigen Landes, in dem ich mich befinde, anzubequemen."

„Ah, so reisen Sie also viel?"

„Allerdings. Ich habe das Schicksal des ewigen Juden, nirgend Ruhe zu finden."

Bei diesen Worten glitt es wie ein Schatten über seine Züge, doch fuhr er sogleich in munterem Tone fort:

„Landsleute sollen sich nicht nur kennen lernen, sondern sich auch einander zur Verfügung stellen. Ich thue das hiermit."

„Danke herzlich!" antwortete Wallert in seiner einfachen aber vornehmen Weise. „Wir sind Ihnen sehr verbunden. Vielleicht will es der Zufall, daß wir uns einmal wieder begegnen."

„Der Zufall? Wollen Sie es nur diesem überlassen? Der Mensch soll Herr seines Geschickes sein. Ich hänge außerdem mit vollstem Herzen und mit ganzer Seele an dem Vaterlande und fühle mich stets erfreut, wenn ich in der Ferne ein Kind der heimatlichen Erde erblicke. Darum soll der Zufall keine Geltung haben. Ich bin hier vielleicht besser eingewurzelt als Sie. Sollten Sie daher in die Lage kommen, irgend einer Hilfe, eines Freundes zu bedürfen, so haben Sie nur die Güte, sich nach dem alten Kutschu Piati zu bemühen und dort den Pferdeverleiher Halef nach meinem Namen zu fragen."

„Das klingt ja sehr geheimnisvoll!" lächelte Normann.

„Ist aber sehr einfach. Noch einfacher freilich wäre es wohl, wenn Sie mir jetzt erlauben wollten, an Ihrem gegenwärtigen Spaziergange teilzunehmen."

Er sagte das so unbefangen, als ob es sich ganz von selbst verstehe, aber in seinem Augenwinkel bildete sich dabei ein kleines Fältchen, aus dem die Schalkhaftigkeit blickte.

Die beiden Freunde befanden sich in einer kleinen Verlegenheit. Sie konnten den liebenswürdigen Landsmann unmöglich mitnehmen, wollten ihm aber die ebenso höfliche wie wohlgemeinte Bitte auch nicht abschlagen.

Er fühlte das sofort heraus und fügte daher, ohne eine Antwort abzuwarten, hinzu:

„Ich habe keineswegs die Absicht, Ihnen meine Person aufzuzwingen, aber ich empfinde das Gefühl, daß Sie meiner vielleicht bedürfen werden."

„Welchen Ursprung könnte dieses Gefühl haben?"

„In dem Menschen, der mit Herrn Wallert sprach. Ich glaube gehört zu haben, daß Sie gewarnt worden sind."

„Die Warnung gehörte wohl an eine andere Adresse," versuchte Wallert auszuweichen.

„O, der Mensch nannte doch Ihren Namen! Sie sollen sich in acht nehmen, und zwar auf dem Kirchhofe. Der Warner nannte das Wort ‚sie'; sein Auftrag stammt also von einer weiblichen Person. Das ist hier gefährlich. Der Abendländer hat die Gewohnheit, den Orient in romantischem Lichte zu sehen, leider aber zerfällt diese Romantik bei näherer Betrachtung in gewöhnlichen Staub, und es bleibt nichts zurück, als die Gefahr, der der Fremde verfällt, weil er entweder von derselben gar keine Ahnung hat oder doch wenigstens ihre Größe unterschätzt. Ich darf Sie natürlich nicht bitten, mich in Ihre Geheimnisse einzuweihen, aber ich erlaube mir wenigstens, Sie zu fragen, ob Sie bewaffnet sind."

„Man geht hier ja nie unbewaffnet aus."

„So bedienen Sie sich nötigenfalls nicht eines Schießgewehres. Eine Pistole macht zu viel Lärm. Ein Messer ist da viel vorteilhafter. Es arbeitet im stillen, man kann sich in Sicherheit bringen, bevor andere bemerken, daß man gezwungen war, sich zu verteidigen."

„Ach, auf so bösem Wege gehen wir nun freilich nicht!"

„O! Hm!" lächelte Steinbach nachdenklich. „Bitte, wollen Sie mir gestatten, mir Ihre Wohnung zu notieren?"

Wallert nannte und beschrieb sie ihm. Jener machte darauf, als er die Notiz in sein Taschenbuch eingetragen hatte, eine sehr höfliche aber doch einigermaßen gönnerhafte Verbeugung.

„Es soll mich freuen, Sie wiederzusehen, denn ich betrachte einen jeden Landsmann, so lange er mir nicht feindlich gegenübergetreten ist, als Freund, und Freunde pflegt man ja doch nicht zu vergessen. Leben Sie wohl, meine Herren!"

Dann wandte er sich ab und schritt weiter, einem nahen Gebäude zu, hinter dem er verschwand. Dort aber hemmte er seinen Schritt, und während sein Gesicht einen ernsten, sinnenden Ausdruck annahm, flüsterte er vor sich hin:

„Wo habe ich nur ganz genau dieselben Gesichtszüge schon gesehen, die dieser Wallert hat? Ich habe sie gesehen, das ist gewiß, und zwar unter eigentümlichen, ungewöhnlichen Umständen. Ich fühle das, obgleich es mir augenblicklich unmöglich ist, mich zu erinnern. Diese beiden jungen Leute scheinen einem Abenteuer nachzugehen, und Abenteuer sind hier immer mit mehr oder weniger Gefahr verbunden, besonders, wenn eine weibliche Person dabei die Hand im Spiele hat. Sie haben unbedingt eine Heimlichkeit vor. Einen Landsmann weist man nicht so unmotiviert ab. Sie wollten mich nicht bei sich haben, und doch interessiere ich mich für sie auf eine nicht ungewöhnliche Weise. Ich erfahre da einmal wieder, wie schnell man für ganz fremde Personen eingenommen werden kann. Ich werde ihnen unbemerkt folgen. Es ist mir ganz so, als ob sie mich sehr gut brauchen könnten."

Die beiden Freunde schritten indessen die Mauer entlang, die sich von dem Palaste Konstantins hinab nach Jeni Bagtsche zieht. Dort liegt der Kirchhof, der das Ziel ihres Spazierganges war.

"Eine eigentümliche Begegnung," meinte Wallert. "Scheint es dir nicht auch so?"

"Ganz gewiß. Dieser Mann macht einen imposanten Eindruck. Nicht nur seine Gestalt ist eine königliche, sondern sein ganzes Auftreten läßt darauf schließen, daß man es mit einem ungewöhnlichen Geiste zu thun habe. Dieses dunkle Auge hat wirklich die Macht, in das Innere anderer zu dringen."

"Er hat uns sofort durchschaut. Warum teilte er uns aber seine Adresse nicht mit? Warum sagte er uns nicht, wer er ist und was er hier thut?"

"Das ist auch mir unverständlich! Er verglich sich mit dem ewigen Juden. Vielleicht haben wir es hier mit einem geistreichen Abenteurer, mit einer neuen Auflage von Cagliostro, Casanova, oder Graf von Saint Germain zu thun."

"Diesen Eindruck macht er nicht. Doch schau dir einmal die Gestalt an, die dort an der Wasserleitung hinschreitet. Wenn das nicht ein Engländer ist, und zwar ein höchst verrückter, lasse ich mich fressen."

Da, wo die Wasserleitung aus Eberne Kapussi kommt, um nach dem Wege von Redosto zu führen, lief eine lange, hagere Gestalt. Sie war nur von hinten zu sehen, doch erkannte man deutlich, daß Cylinderhut, Rock, Hose und Fußbekleidung aus einem sehr auffälligen, grau und schwarz gestreiften Zeuge bestanden.

„Ah, wie kommt der Mensch hierher?" meinte der Maler lachend. „Gestatte mir, daß ich dir deinen Cousin vorstelle, Lord Eagle-nest!"

„Wie? Das ist er?"

„Wie er leibt und lebt."

„Dann ist es allerdings wahr, was ich von ihm gehört habe. Er ist verrückt."

„Nicht verrückt, aber ein Sonderling."

„Du sprachst von vorstellen. Wir können ihn ja gerade jetzt gar nicht gebrauchen."

„Das weiß ich. Ich stelle ihn dir also nur aus der Ferne vor. Du wirst ihn ja bald genug Auge in Auge zu sehen bekommen. Dort verschwindet er hinter den Bäumen. Wir aber biegen rechts ab, um zum Thore zu gelangen."

Der Kirchhof umfaßt ein sehr weites, bedeutendes Areal und hat mehrere Thore, die als Ein- und Ausgänge dienen. Es war der Haupteingang, durch den sie jetzt traten. Dort stand ein ernster Türke, der sie mit mißtrauischen Augen betrachtete. Als sie an ihm vorbeigingen, erhob er die Hand.

„Halt! Ich bin der Wächter dieses Ortes. Ihr seid Franken?"

„Ja," antwortete der Maler. „Das siehst du doch wohl an unserer Kleidung."

„Allerdings, und deshalb habe ich die Pflicht, Euch zu warnen."

„Wovor denn?"

„Es ist eigentlich gegen das Gesetz des Propheten, daß Ungläubige die Stätte betreten, an der die Bekenner des Islam dem ewigen Leben entgegenschlummern, und wenn auch der Großherr in seiner unendlichen Güte gestattet hat, daß die Franken eintreten dürfen, um zu sehen, wie die wahrhaft Frommen ihre Abgeschiedenen ehren, so ist ihnen doch dabei gar mancherlei verboten."

„Schön, mein Freund! Was ist uns denn verboten?"

„Wenn Ihr es wissen wollt, will ich es Euch sagen."

„Natürlich! Ich denke, wir müssen es sogar wissen?"

„Zweifellos! Aber meine Zeit ist kostbar, und wenn ich meine Stimme erhebe, um zu Euch zu sprechen, so seid Ihr verpflichtet, meine Güte mit Dankbarkeit zu lohnen."

„Ah! Du willst ein Bakschisch?"

„Ja."

Bakschisch heißt so viel wie Trinkgeld. Es ist dasjenige Wort, das man im Orient am häufigsten zu hören bekommt. Normann zog eine Münze hervor und gab sie ihm. Der Wächter nickte vergnügt.

„Euer Verstand ist groß und Euer Herz ist voller Einsicht," sagte er, „darum will ich Euch nicht mit den zahlreichen Verordnungen quälen, die Ihr eigentlich wissen müßtet, sondern Euch nur zweierlei sagen: Wenn Ihr einen Gläubigen am Tage beten seht, so achtet seine Andacht, ohne ihn zu stören. Und wenn Ihr an die Abteilung der Frauen kommt, so schließt Eure Augen und wendet Euch von dannen, denn für Euch sind die Schönheiten unserer Weiber und Töchter nicht vorhanden. Wer gegen diese Verordnung sündigt, der hat eine strenge Strafe zu erleiden."

Dann wendete er sich ab.

„Das wußten wir vorher," lachte Normann. „Es war nur auf das Trinkgeld abgesehen. Der Gute ahnt nicht, daß wir gerade einer dieser verbotenen Schönheiten wegen gekommen sind. Also nach Nordwest müssen wir uns wenden und Epheu soll es dort geben. Werden sehen!"

Gleich darauf schlugen sie einen Weg ein, der zwischen Gräbern und Cypressengruppen nach der angegebenen Richtung führte. An diesem Wege stand eine

Bank, eine Seltenheit auf einem orientalischen Kirchhof, und auf ihr saß ein reich gekleideter Türke, der die Kommenden mit scharfem, stechenden Blicke musterte.

„Schau den Kerl!" sagte Wallert. „Dieses Gesicht kannst du dir merken. Vielleicht hast du einmal einen Räuberhauptmann, einen Massenmörder oder überhaupt einen schrecklichen Menschen zu malen."

„Ja, der hat eine wahre Galgenphysiognomie, ein wirkliches Mephistophelesgesicht. Und wie er uns anschaut! Gerade so, als ob er hier säße, um auf uns aufzupassen."

Sie schritten vorüber und bemerkten nicht, daß der Genannte mit einem befriedigten Nicken seines Kopfes leise vor sich hinflüsterte:

„Der eine ist's — der Blonde. Auf ihn paßt die Beschreibung ganz genau. Aber **er** kommt nicht allein. Warum bringt er den anderen mit? Ist dieser vielleicht der Maler, mit dem er die Wohnung teilt? Gut! So werden wir also zwei Missethäter ergreifen, anstatt nur einen."

Er erhob sich darauf von der Bank und folgte den beiden langsam bis nach einer Baumgruppe, unter der eine Anzahl bärbeißig aussehender Männer stand, um diese zu fragen:

„Habt ihr die beiden Franken gesehen, die hier **vorübergingen**?"

„Ja, o Herr!" antwortete einer.

„Der Kleine von ihnen war es. Ihn sollt ihr ergreifen. Hilft ihm der andere, so nehmt ihr auch ihn fest. Zwei von euch gehen nach dem Eingange der Epheulauben, warten auf das Zeichen, das verabredet worden ist, und sobald es gegeben ist, treten sie ein und ergreifen ihn. Die anderen mögen die Ausgänge besetzen für den Fall, daß es ihm doch gelingen sollte, aus den Lauben zu entkommen. Ich kehre jetzt zu meiner Bank zurück."

Die Freunde waren inzwischen an der Baumgruppe vorübergekommen. Sie hatten die Männer wohl bemerkt.

„Das sind Polizeisoldaten," sagte der Maler. „Mir kommt dies sehr auffällig vor!"

„Mir auch. Was wollen sie hier?"

„Zufällig sind sie jedenfalls nicht da. Sie können unmöglich die Absicht haben, die Seelen der Abgeschiedenen zu arretieren. Darum steht zu vermuten, daß sie es auf eine Person abgesehen haben, die noch nicht abgeschieden ist."

„Sapperment! Etwa auf mich?"

„Man sollte es nicht für möglich halten. Aber mir klopft das Herz. Ist das eine Ahnung, oder nur die Folge unseres bösen Gewissens? Vielleicht wäre es doch besser, das Abenteuer ganz aufzugeben."

„Fällt mir nicht ein! Ich muß mit ihr sprechen. Ich verzichte nicht."

„Da hat man es. Erst hast du über mich den Kopf geschüttelt, und nun kann ich ihn über dich schütteln. Aufrichtig gestanden, sehe ich auch jetzt noch gar keine Veranlassung, zu verzichten. Die Anwesenheit dieser Polizisten wird uns mahnen, doppelt vorsichtig zu sein. Freilich, die Warnung da unten am Wasser. Das ist immerhin bedenklich."

„Sollte sie zurückgehalten worden sein, weil man ihre Absicht entdeckt hat?"

„Pah! Wie sollte man sie entdeckt haben!"

„Vielleicht hat sie zu einer Mitbewohnerin des Harems davon gesprochen?"

„Das wäre unvorsichtig."

„Aber doch sehr möglich. Diese hat es dann verraten, und nun will man mich in flagranti ertappen."

„Diese Vermutung hat allerdings einiges für sich. Wenn deine Ahnung richtig ist, so hätte deine Angebetete Gelegenheit gefunden, dich heimlich warnen zu lassen."

„Es scheint so zu sein."

„Nun, es ist ratsam, uns auf den schlimmsten Fall gefaßt zu machen; tritt er nicht ein, so ist es um so besser. Also nehmen wir an, diese Polizisten sind nur deinetwegen da, so wissen sie ganz sicher, was du hier willst."

„Natürlich."

„Sie werden dir also nach dem Kirchhofswinkel folgen, wohin du bestellt bist, um dich dort zu ergreifen."

„Donnerwetter, das wäre eine verteufelte Sache. Der Muhammedaner versteht keinen Spaß, wenn es sich um ein hübsches Frauengesicht handelt. Wir haben zwar unseren Gesandten, aber — aber — hm!"

„Ah, ich vermute, deine Liebe wird schon kühler!"

„O nein! Die Gefahr kann mich nicht abschrecken, der Einladung zu folgen. Aber vorsichtig werde ich sein. Weißt du, Paul, man kann mich doch nicht ergreifen, ohne mich vorher zu beobachten —"

„Das ist gewiß."

„Nun, Gleiches mit Gleichem. Wenn sie kommen, um mich zu beobachten, so beobachte du sie. Du wirst sogleich merken, daß sie es auf mich abgesehen haben, und in diesem Falle giebst du mir ein Zeichen."

„Schön! Worin soll das Zeichen bestehen?"

„In einem Pfiffe."

„Das ist nicht zuverlässig. Vielleicht pfeifen diese Kerle auch. Ueberhaupt weiß ich ja gar nicht, ob ich dir so nahe sein kann, um dich durch einen Pfiff zu warnen. Wollen erst einmal die Örtlichkeit rekognoszieren. Im schlimmsten Falle werden wir uns möglichst unserer Haut wehren."

„Na, ergreifen lasse ich mich nicht. Du weißt, daß ich mich vor einigen Gegnern nicht fürchte, obgleich ich kein Riese bin, und zudem habe ich Messer und Revolver — da, da ist die erwähnte Ecke."

Sie hatten den Ort erreicht, der im Briefe angegeben worden war. Von der Ecke aus war die eine Mauer außerordentlich dicht mit Epheu bewachsen. Die Ranken desselben waren über Stützen gezogen und bildeten eine ganze Anzahl zusammenhängender Lauben, unter denen man an heißen Tagen wohlthätigen Schutz vor der Sonne fand. Aber welche der Lauben war gemeint?

„Es ist jedenfalls nicht verboten, hineinzugucken," sagte Normann. „Siehe einmal nach, ob du deinen Engel irgendwo erblickst, dann werden wir —"

Er hielt inne, denn gerade vor ihnen erschien eine schlanke, aber tief verhüllte Frauengestalt zwischen dem grünen Blätterwerke, legte die Hand auf die Brust und trat dann rasch wieder zurück.

„Das ist sie, das ist sie!" sagte Wallert, sofort ganz begeistert.

„Erkennst du sie denn?"

„Ja, ja."

„O, diese Frauen sehen in ihren sackartigen Umhüllungen einander höchst ähnlich!"

„Sie ist es. Ich schwöre darauf."

„Gut. So gehe. Aber nimm dich in acht. Teile ihr vorläufig nichts von mir mit. Weißt du, hier giebt es eine solche Menge von Aasgeiern, daß der Schrei eines solchen gar nicht auffallen kann. Sehe ich, daß die Polizisten es auf dich abgesehen haben, so ahme ich den schrillen Schrei dieses Vogels nach, zweimal hinter einander. Dann weißt du, woran du bist und kannst entfliehen."

„Aber wohin?"

„In's Innere der Lauben, immer an der Mauer hin. Vielleicht findest du dabei Zeit, das Frauengewand anzuziehen. Hose, Mantel und Frauenturban über deine fränkischen Kleider anzulegen, erfordert ja nur eine Minute. Den Schleier darüber, und kein Mensch wird eine Hand nach dir ausstrecken."

„Und sie? Soll ich sie verlassen?!"

„Pah! Du kannst sie ja nicht jetzt am hellen, lichten Tage entführen. Und wenn man dich nicht bei ihr findet, so kann man ihr auch nichts thun. Also vorwärts! Spring' nur immer frisch hinein, das Wasser wird so tief nicht sein. Ich warte dann in der Nähe des Haupteinganges auf dich. Jetzt aber werde ich beginnen, deine Vorsehung zu sein."

Normann kehrte eine kleine Strecke zurück. Dort gab es ein Grab, an dem eine Traueresche stand, die ihre Zweige bis auf die Erde über und um den Hügel hinabgesenkt hatte. Sie war so dicht belaubt, daß man gar nicht durch die Blätter zu sehen vermochte. Der Deutsche schob mit den Händen einige der Zweige auseinander und bemerkte, daß diese dichte Blätterkuppel ein ganz herrliches Versteck bildete. Er sah sich um. Er war jetzt vollständig unbemerkt, und — husch, kroch er hinein und legte sich auf den ziemlich eingesunkenen Hügel. Der Ort war für seine Absicht geradezu wie geschaffen. Wenn er mit der Hand nachhalf, so konnte er nach allen Richtungen blicken, ohne daß man ihn selbst bemerkte.

Lebhaft gespannt, ob sich eine Gefahr nahen werde oder nicht, wartete er, und sie nahte allerdings.

Nach bereits kurzer Zeit hörte er Schritte. Rasch machte er eine kleine Oeffnung zwischen den Zweigen und blickte hinaus. Da standen zwei der Polizisten hinter einer großen Cypresse. Von der Epheulaube aus konnten sie nicht gesehen werden, aber Normann sah es ihren Blicken und Gestikulationen an, daß sie es auf dieselbe abgesehen hatten. Jetzt zog der eine von ihnen einige lederne Riemen aus der Tasche und steckte sie sich in den Gürtel.

„Ah!" dachte Normann. „So ist es also doch wahr! Sie wollen ihn gefangen nehmen. Hier sind zwei, die anderen werden die verschiedenen Ausgänge besetzt haben. Ich werde also das Zeichen geben."

Und gleich darauf ließ er zweimal den Schrei des Aasgeiers erschallen, und es gelang ihm so vortrefflich, die Stimme dieses Vogels nachzuahmen, daß die beiden Polizisten die Köpfe nach allen Richtungen drehten, um das Tier zu erblicken.

Seit Wallert in die Laube getreten war, waren nicht mehr als fünf Minuten verflossen. Es vergingen wenigstens noch ebenso viele, dann ertönte von der Laube her ein Pfiff, und die beiden Polizisten sprangen hinzu und hinein!

„Himmelelement!" murmelte Normann. „Jetzt bin ich neugierig, wie es abläuft. Haben sie ihn, so ist es ihm nicht gelungen, meiner Warnung zu folgen!"

Er brauchte nicht lange zu warten, da erschien die Frauengestalt unter dem Eingange. Der Schleier war beseitigt. Normann sah ganz deutlich das Gesicht.

„Alle Wetter!" fuhr er fort. „Das ist ja gar kein Mädchen! Das ist ein Knabe, jedenfalls so ein Eunuche, der nur Mädchenformen hat. Wirklich, man hat es auf Hermann abgesehen gehabt. Möchte er glücklich fort sein! Jetzt muß ich mich auch salvieren. Finden sie mich hier, so merken sie jedenfalls, daß ich den Wächter gemacht habe, und dann geht es mir schlecht. Ich werde mich so heimlich durch die Anlagen pirschen wie ein Indianer= häuptling durch den Urwald. Wo aber sind die zwei Polizisten? Jedenfalls sind sie im Inneren der Lauben längs der Mauer fort, denselben Weg, den Hermann geflohen sein wird. Ah, da säuselt die Liebliche vorüber! Wahrlich, wenn ich ihr einen Fußtritt oder einen tüchtigen Faustschlag geben könnte, so würde ich mich freuen."

Der verkappte Knabe hatte inzwischen den Schleier wieder vor das Gesicht gelegt und ging vorüber dem Ausgange zu.

Da überzeugte Normann sich erst, daß sein Versteck unbeobachtet sei, und kroch dann heraus. Nach allen Seiten spähend, schlich er sich zwischen Platanen, Akazien, Cypressen, Trauerweiden und allerlei Sträuchern, mit denen die Gräber bepflanzt waren, weiter, um ja von dieser Ecke so weit wie möglich fortzukommen. Er ge=

langte dabei an einen breiten, offenen Gang, der nicht zu vermeiden war, und lugte vorsichtig hinaus. Da er= blickte er einen Polizisten, der von rechts daherkam, während links ein zweiter stand, der auf den ersteren zu warten schien.

„Soll ich zurück, damit sie mich nicht sehen?" fragte er sich. „Nein! Einmal muß ich mich doch sehen lassen, und da ist es besser, ich thue es gleich. Man kann mir nichts nachweisen, und ich brauche daher keine Angst zu haben. Also jetzt, nehmen wir eine Maske vor!"

Damit entblößte er den Kopf und kniete an dem Grabe nieder, bei dem er stand. Es lag ganz nahe am Rande des Weges, sodaß er die Schritte des Polizisten wohl vernehmen konnte, jedoch er that ganz unbefangen.

Da blieb der Mann stehen. Er erkannte den, den er suchen sollte, und war ganz erstaunt, ihn, den Christen, hier am Grabe eines Muhammedaners beten zu sehen.

„Was thust du hier?" fragte er nach einer kleinen Weile.

Normann wandte schnell den Kopf, als ob er erschrocken sei, und antwortete:

„Siehst du das nicht?"

„Ich glaube gar, du betest."

„Natürlich bete ich."

„Aber das darfst du nicht."

„Warum nicht?"

„Die Andacht eines Ungläubigen schändet die Ruhestätte des Gläubigen. Was hast du überhaupt hier auf dem Kirchhofe zu suchen?"

„Bist du vielleicht der Wächter desselben?"

„Nein. Aber du siehst, daß ich Khawaß (Polizist) bin!"

„Das sehe ich wohl; aber was habe ich damit zu schaffen? Gehe du deines Weges, und ich wandle den meinen!"

„Das magst du thun, wenn es dir gelingt. Vorher aber werde ich dich zu dem Pascha bringen."

„Zu welchem Pascha?"

„Du wirst es sehen. Komm!"

„Soll das ein Befehl sein?"

„Ja. Geh voran! Ich habe keine Zeit!"

„Weißt du auch, was es heißt, einen Franken zum Gehorsam zu zwingen? Was habe ich gethan, daß du wagst, mit mir wie mit einem Verbrecher zu sprechen?"

„Der Pascha mag es dir sagen. Gehe jetzt!"

Normann weigerte sich nun natürlich nicht länger, dem Gebote Folge zu leisten, und so wurde er zu der Bank geführt, auf der der Türke mit dem Spitzbubengesicht saß — jedenfalls der Pascha, von dem der Polizist gesprochen hatte. Ein wenig zurseite stand der Knabe, der die Frauenumhüllung abgelegt hatte. Normann erkannte ihn sogleich wieder.

Als der Pascha ihn erblickte, zogen sich seine Brauen finster zusammen.

„Warum nur diesen?" fuhr er den Polizisten an. „Wo ist denn der andere?"

Der Gefragte kreuzte die Arme über der Brust, verneigte sich fast bis zur Erde und antwortete:

„Dein unwürdigster Diener hat nur ihn gesehen und ihn festgenommen. Meine Kameraden werden auch den anderen sehen und ergreifen."

„So passe auf diesen auf, damit er uns nicht entkommt!"

Sofort stellte sich der Polizist neben Normann, der jetzt mit den Worten vortrat:

„Man hat mich gezwungen, hierher zu gehen. Wer bist du, und wer giebt dir das Recht, mir Zwang anzuthun?"

„Schweig!" fuhr ihn der Pascha an.

„Ich werde nicht eher schweigen, als bis ich weiß, weshalb man sich an mir vergreift!"

„Du weißt es, Hund, Verführer!"

„Wie? Du schimpfst mich? Gut, ich gehe, damit du nicht wegen Beleidigung des Unterthanen eines mächtigen Herrschers bestraft werdest."

Mit diesen Worten wandte sich Normann zum Gehen; aber der Polizist ergriff ihn am Arme, und der Pascha brüllte ihn an:

„Wage es nicht, zu entfliehen! Wenn du noch einen Schritt thust, so lasse ich dich binden!"

Normann wollte antworten, schwieg aber, als sein

Auge auf einen Mann fiel, den er hier nicht erwartet hatte. Nämlich Lord Eagle=nest kam in diesem Moment zum Thore herein und stolzierte, als er den Maler er= blickte, in langen, eiligen Schritten, wie ein riesiger Storch, herbei. —

Wenden wir uns nun zu Wallert! Als dieser in die Laube getreten war, hatte das vermeintliche Mädchen in einer Ecke derselben gestanden. Dort hingen die Zweige des Epheus in so langen und reichen Festons hernieder, daß man sich vollständig hinter denselben verbergen konnte.

„Komm hierher!" flüsterte sie ihm zu. „Da kann man uns nicht entdecken."

Nur zu gern folgte er dieser Aufforderung und ließ sich von ihr unter die Zweige ziehen, wo ein trauliches Halbdunkel herrschte. Dann ergriff sie seine Hand, und er hielt ihre Finger fest und fühlte und erblickte den Brillantring, den er so wohl kannte. Sie war es also.

Und doch überkam ihn ein gar eigentümliches Ge= fühl. Es war ihm gar nicht so, wie es einem in der Nähe der Geliebten sein soll.

„Wie danke ich dir, daß du gekommen bist!" flüsterte sie, indem sie sich an ihn schmiegte.

Wozu dieses Flüstern? Warum sprach sie nicht lauter? Sie waren ja allein. Sie brauchte ja nicht gerade so laut zu sprechen, daß man es meilenweit hörte!

„Wie lange bist du bereits hier?" fragte er daher in ziemlich kaltem Tone.

„Ueber eine Stunde. Mein Herz sehnte sich nach dir. Fast befürchtete ich, daß du nicht kommen werdest."

„O, du konntest sicher darauf rechnen."

„Nicht alle Franken haben den Mut, sich einer solchen Gefahr auszusetzen. Du hast doch meinen Brief keiner anderen Person gezeigt?"

„Keiner. Wer hat ihn geschrieben?"

„Ich selbst."

„So verstehst du dich auf die Schrift der Franken?"

„Nimm die Hand vom Gürtel! Das kann ich nicht vertragen!"
(Seite 79.)

„Gewiß, es wird uns jetzt vieles Fränkische gelehrt. Aber warum bist du nicht allein gekommen?"

„Mein Freund begleitete mich, ohne zu wissen, was ich hier auf dem Friedhofe —"

Dann hielt er plötzlich inne, denn eben jetzt hatte Normann das verabredete Zeichen gegeben.

„Was horchst du?" fragte sie. „Ein Geier ließ sich hören. Was wolltest du sagen?"

„Ich wollte sagen, daß wir uns in Gefahr befinden."

„O nein! Fürchtest du dich?"

„Für mich kenne ich keine Furcht, wohl aber für dich."

„Ich habe keine."

„Aber du bist ja verloren, wenn man mich hier bei dir findet."

„Wer soll uns finden?"

„Die Khawassen, die draußen unter den Bäumen standen."

„Hast du sie gesehen? O, die haben wir nicht zu fürchten."

„Doch! Ich muß dich schnell verlassen. Sehe ich dich wieder auf dem Bazar der Musselinhändler?"

„Ja, aber nur, wenn du jetzt da bleibst."

„Ich kann nicht. Mein Leben ist in Gefahr und das deinige auch. Lebe wohl!"

Wallert hatte bis zu diesem Augenblick noch nicht ein einziges, liebevolles Wort gesagt oder eine zärtliche Bewegung gemacht. Jetzt wollte er fort; sie aber hielt ihn mit der Hand unter fühlbarer Anstrengung ihrer Kräfte fest.

„Wenn du mich lieb hast, so bleibe!" sagte sie in dringlichem Tone.

Dann legte sie ihre Finger noch fester um sein Handgelenk und streckte auch die andere Hand unter dem Mantel hervor. Da brach ein verirrter, heller Sonnenstrahl durch den Epheu und fiel auf ein kleines, metallenes Pfeifchen, das sie in der Hand hielt. Jetzt erst beim

Anblick dieses Gegenstandes wurde es Wallert klar, woran er war. Er durfte sie weder pfeifen noch rufen lassen. Sie hatte ihn hierher gelockt; er brauchte keine Rücksicht auf den Umstand zu nehmen, daß das weibliche Geschlecht das zartere genannt wird. So faßte er denn ihre Hand, die die Pfeife hielt, und rief wütend:

„Verräterin! Das gelingt dir nicht!"

Dann fuhr er ihr mit der anderen Hand unter den Gesichtsschleier und legte ihr die Finger um den Hals. Ein kräftiger Druck, ein Röcheln — sie verlor den Halt und sank auf den Boden nieder!

„Ein so herrliches Geschöpf und doch eine so niederträchtige Verräterin!" dachte er, aber kaum hatte er den Schleier entfernt, um wenigstens ihr Gesicht noch schnell zu sehen, da fuhr er betroffen zurück.

„Alle Teufel! Eine Mannsperson!"

Im höchsten Zorn schlug er dem Verkleideten die Faust an die Schläfe, daß er das Bewußtsein verlor.

Dann blickte er sich um. Die Nachbarlaube war leer; die nächste auch. Rasch eilte er dorthin. In der vierten oder fünften Laube gab es eben so dicke Epheugehänge wie in der ersten. Schleunigst steckte er sich dahinter. Man konnte hier ganz gut vorübergehen, ohne ihn zu bemerken.

Hierauf nahm er den Riemen von der Schulter und schnallte den Frauenanzug los. Die weiten Pumphosen waren schnell angelegt und unten zugebunden. Darüber kam der Mantel, die turbanartige Kopfbedeckung und zuletzt der Schleier. Jetzt verließ er das Versteck, schritt durch die Nachbarlaube und trat aus dieser in das Freie hinaus.

Hier, gar nicht weit von ihm, stand ein Polizist mitten auf dem Wege, doch mit dem Gesicht abgekehrt. Schnell huschte Wallert zwischen die Sträucher hinein, gelangte auf einen Seitenweg, der nach dem Hauptgange führte, erreichte diesen und schritt von da in aufrechter, würdevoller Haltung langsam dem Thore zu, wo der

Wächter mit einem Polizisten stand. Aber keiner von beiden ließ es sich einfallen, die weibliche Gestalt aufzuhalten oder ihr auch nur ein fragendes Wort vorzulegen. Wallert gelangte also glücklich hinaus und wandte sich nunmehr schleunigst einem nahe liegenden Olivengarten zu, um unter dem Schutze von dessen Bäumen die Kleider wieder abzulegen.

Er war aber noch nicht weit gekommen, so trat unter den erwähnten Bäumen die schwarz und grau karrierte Gestalt des Lords hervor.

„Wunderschön!" lachte Wallert. „Da will ich mich gleich dem Herrn Cousin vorstellen, aber freilich ganz anders, als ich es vor kurzem noch vermutete."

Schnell schritt er auf ihn zu.

„Good day, Mylord — Guten Tag, Lord!" grüßte er.

Sofort blieb der Lord stehen. Er war ganz starr vor Erstaunen, sich von einer Türkin gegrüßt zu hören und noch dazu in seiner Muttersprache.

„Good day, Sir!" wiederholte Wallert.

„Your servant! How do you do — Ihr Diener! Wie geht es Ihnen?" entfuhr es da dem Lord, und er merkte gar nicht, wie dumm es eigentlich war, diese Worte auszusprechen.

„Ich danke," antwortete Wallert mit Fistelstimme. „Sind Sie bereits lange von London fort?"

„Sehr lange. Wo haben Sie mich dort gesehen?"

„In der Paulskirche."

„Bei welcher Gelegenheit?"

„Sie traten während des Orgelspieles die Blasebälge."

Der gute Lord riß den Mund auf, so weit er konnte.

„Ich? —"

„Ja."

„Sie irren. Sie scheinen mich für einen anderen zu halten."

„O nein. Sie sind Lord Eagle=nest."

Das Erstaunen des Lords wuchs in's Ungeheuere.

„Der bin ich allerdings," stammelte er, „aber die Blasebälge habe ich noch niemals in Bewegung gesetzt."

„Nicht? Ich hätte geglaubt, es beschwören zu können."

„Aber, Mylady, sind Sie etwa Engländerin?"

„Nein."

„Was dann?"

„Ich bin eine Türkin und wollte Sie bitten, mich aus dem Harem zu entführen."

In den Augen des Lords leuchtete es freudig auf.

„Verteufelt, verteufelt!" rieb er sich vergnügt die Hände. „Sind Sie schön und jung?"

„Beides."

„Bitte, zeigen Sie mir doch einmal Ihr Gesicht."

„Nicht eher, als bis ich Sie den Meinigen nennen darf. Bei dem ersten Kusse sollen Sie sehen, daß Sie gar keine Schönere entführen konnten."

„Beim ersten Kusse? Verteufelt, verteufelt! Sind Sie verheiratet oder ledig? Soll ich Sie Ihrem Manne entführen oder Ihrem Vater?"

„Meinem Vater. Es hat mich noch kein Mann berührt. Sie sollen der erste sein, der mich umarmen darf."

„Wirklich? Wie aber steht es mit der Entführung? Wo wohnen Sie denn, und wann soll ich kommen?"

„Das wird Ihnen Herr Normann sagen."

„Normann? Sapperment! Meinen Sie etwa den Maler?"

„Allerdings."

„Was? Sie kennen ihn?"

„Ich weiß, daß Sie miteinander eine Türkin entführen wollen; darum freue ich mich, daß ich Sie hier treffe. Sie können das Nötige gleich mit ihm besprechen. Ich warte auf Sie."

Der Engländer wußte nicht, ob er wache oder träume. Da kam ihm die Entführung aus dem Serail ja geradezu entgegengelaufen! Ganz aufgeregt fragte er:

„Gleich mit ihm besprechen? Wo denn?"

„Da auf dem Friedhofe, wo er sich befindet. Sie werden ihn bald sehen. Sagen Sie ihm, daß ich unten am Wasser, da, wo wir ausgestiegen sind, auf ihn warten werde. Wenn Sie ihn mitbringen, können wir zu dreien in dem Kaik überfahren."

„Was? Ueberfahren? Ich auch mit?"

„Versteht sich."

„Wohin denn?"

„In meine Wohnung."

„Verteufelt, verteufelt! Geht das rasch! Und von dort sollen wir Sie entführen?"

„Wenn Sie die Güte haben wollen, ja."

„Ob ich die Güte haben will! Na, da brauchen Sie gar nicht erst zu fragen. Aber, mein schönes Kind, dann wäre es ja viel klüger, Sie blieben gleich jetzt bei mir. Warum erst wieder in Ihre Wohnung und dann Sie entführen?"

„Nun, sonst wäre es ja keine Entführung!"

Der Engländer starrte Wallert betroffen an.

„Ah, ja!" sagte er dann. „Daran habe ich gar nicht gedacht. Sie haben recht, vollständig recht. Ich will Sie ja entführen. Aber wenn wir beide dabei mitwirken, ich und der Maler, wer kriegt Sie dann? Er oder ich?"

„Sie wechseln ab. Eine Woche er und eine Woche Sie."

„Verdammt!" meinte der Karierte. „Das ist nun freilich nicht nach meinem Geschmack."

„So machen Sie es sich schmackhafter, ganz wie Sie wollen. Sie können sich ja mit ihm besprechen."

„Gut, das lasse ich mir eher gefallen! Also ich werde ihn jetzt auf dem Friedhof treffen, um ihm zu sagen, daß er dahin kommen soll, wo Sie ausgestiegen sind?"

„Ja, so ist es."

„Und dann werden Sie mit uns beiden überfahren, um sich entführen zu lassen?"

„Sehr gern!"

Die kleinen Augen des Lords blitzten vor Freude durch die Gläser der mächtigen Hornbrille. Er blinzelte der Türkin vertraulich zu.

„Könnte man denn da nicht etwas auf Abschlag erhalten?" fragte er zärtlich.

„Was denn?"

„Nun, eine Umarmung ungefähr."

„Ah, Sie verlangen wirklich zu viel."

„Nun, dann wenigstens einen Handkuß. Das ist doch bescheiden."

„Ja, den lasse ich mir eher gefallen."

„Also bitte."

Der Lord nahm den Regenschirm in die linke Hand und streckte die Rechte verlangend aus.

„Nicht so schnell. Wir müssen uns doch vorher überzeugen, ob wir unbemerkt sind."

„O, keine Angst! Ich sehe niemand. Es ist kein Mensch in der Nähe, keine Seele. Also bitte, Ihre Hand."

Da streckte Wallert bereitwillig seine Hand aus den Falten hervor und sagte:

„Es ist der erste Handkuß, den ich von einem Manne erhalte. Möge er Ihnen gut bekommen."

Der Karierte küßte die Hand zwei=, dreimal.

„Sie machen mich zum glücklichsten Sterblichen," rief er ganz entzückt. „Auch ich erfahre erst jetzt, wie ein Handkuß schmeckt."

„Nun, wie schmeckt er denn, Mylord?"

„O, ganz unvergleichlich! Es läßt sich dieser Ge=

schmack nicht mit Worten beschreiben. Wie herrlich muß da erst ein Kuß auf Ihre Granatlippen sein! Wie brenne ich vor Verlangen, dies kennen zu lernen!"

"So eilen Sie, den Maler zu holen! Je schneller Sie jetzt handeln, desto eher kommen Sie zum herrlichen Ziele. Einstweilen leben Sie wohl, Mylord!"

Wallert wandte sich darauf um und verschwand in langsamer Gangart und selbstbewußter Haltung unter den Bäumen. Der Lord aber war stehen geblieben und blickte ihm nach, bis er verschwunden war.

"Zum herrlichen Ziele!" wiederholte er ganz entzückt. "Ja, die entführe ich, diese und keine andere. Dieser Gang, diese Haltung! Diese Manier, diese Stimme und dieses zarte Händchen! Verteufelt, verteufelt! Selbst die herrliche Tschita des Malers Normann kann nicht so schön sein, wie diese Türkin. Mein muß sie werden, mein, mein, mein! Und wenn man sie hundertmal in einen Sack steckt und in das Meer wirft und ersäuft, ich hole sie mir doch alle hundertmal wieder heraus. Ha, was wird der Maler sagen! Ich muß sogleich zu ihm."

Rasch wandte er sich dem Friedhof zu, und als er den Eingang desselben passierte und den Gesuchten erblickte, schritt er direkt auf ihn zu und sagte:

"Siehe da, Master Normann, gut, daß ich Sie treffe. Ich habe Ihnen eine wichtige Mitteilung zu machen, über die Sie staunen werden."

Mit diesen Worten streckte er ihm die Hand entgegen, erhielt aber dabei von dem Polizisten einen Stoß.

"Geri=tschek!" gebot der Mann.

Der Brite blickte den Maler erstaunt an.

"Wie war das?" fragte er. "Geri und Schecke? Was will dieser Kerl von mir?"

"Er sagte geri=tschek. Das heißt: geh' zurück!"

"Was? Das klingt ja gerade so, als ob man mir etwas befehlen wollte."

"So ist es auch. Das ist ein Polizist."

"Pah, was mache ich mir aus der Polizei!"

„O, o! Ich aber bin Gefangener."

„Sie? Nicht möglich! Weshalb?"

Sie hatten englisch gesprochen. Der Pascha hatte ihnen schweigend zugehört. Jetzt sagte er zu dem Lord, und zwar auf englisch, wenn auch in gebrochener Aussprache:

„Was haben Sie mit meinem Gefangenen zu schaffen?"

„Geht Sie das etwas an?"

„Ja. Ich bin hier der Gebieter. Wer sind Sie?"

„Ich bin Lord Eagle-nest. Verstanden?"

„Verstanden, ja! Aber ich mache mir ebenso wenig daraus, wie Sie sich aus der Polizei!"

„Oho! Spricht man so mit einem Peer von Großbritannien und Irland? Ich werde mir Genugthuung zu verschaffen wissen und — ah, wer ist denn das?"

Die Thür zum Wächterhäuschen hatte sich geöffnet, und Steinbach trat heraus. Er mochte sich bereits seit längerer Zeit im Inneren des Gebäudes befunden und die Vorgänge von da aus beobachtet haben. Jetzt kam er herbei, nickte dem Maler freundlich zu und wandte sich dann fragend an den Pascha.

„Warum ist der Mann gefangen?"

„Was geht das dich an?"

„Vielleicht mehr als dich!"

„Allah 'l Allah! Kennst du mich?"

„Ja, du bist Ibrahim Pascha, der Sohn von Melek Pascha."

„So wirst du wissen, daß man mir zu gehorchen hat."

„Deine Diener haben dir zu gehorchen, sonst aber kein anderer Mensch!"

„Das wagst du, mir zu sagen? Wer bist du?"

„Du kennst mich nicht?"

„Nein."

„So höre meinen Namen."

Steinbach neigte sich zu dem Sitzenden nieder und flüsterte ihm etwas in das Ohr. Da erhob sich der Pascha sofort von der Bank, und sein Gesicht legte sich in höfliche Falten. Er machte eine Verbeugung und sagte:

„Verzeihe, daß ich das Glück noch nicht hatte, dein Angesicht zu sehen! Um dir meine Handlungsweise zu erklären, will ich dir mitteilen, daß ich mir heute eine Abteilung Polizisten geben ließ, um eine Schmach zu bestrafen, die meinem Hause widerfahren sollte."

Der geheimnisvolle Deutsche lächelte ihm überlegen in das Gesicht.

„Welche Schmach meinst du?" fragte er.

„Man wollte mir mein Lieblingsweib verführen."

„Wer wollte das thun? Etwa dieser Mann?"

Er deutete dabei auf Normann.

„Nein, er nicht, aber sein Freund."

„Er nicht? Und doch hast du ihn ergreifen lassen?"

„Er ist mit ihm gekommen. Er ist mitschuldig."

„Kannst du das beweisen?"

„Ich beschwöre es!"

„Wo ist sein Freund?"

„Wir suchen ihn."

„Und wo ist dein Weib?"

„Daheim im Harem."

„Ich denke, man hat sie verführen wollen."

„Ja, so ist es auch."

„Wo denn? Hier vielleicht?"

„Ja."

„Und sie ist nicht da? Sie ist nicht gekommen?"

„Nein. Sie weiß nichts davon."

„Ah, das ist sonderbar! Man hat sie hier verführen wollen, sie aber weiß nichts davon, und sie ist gar nicht gekommen! Wo hast du denn deine Gedanken? Wenn sie nicht da ist, kann sie doch nicht verführt werden, und man darf also auch keinen Menschen deswegen festnehmen."

Der Pascha hatte ein solches Argument nicht erwartet. Er zog die Brauen zusammen und legte die Stirn in Falten. Der Zorn regte sich in ihm.

„Der Freund dieses Menschen heißt Wallert," sagte er. „Er hat mit meinem Weibe gesprochen, draußen im Thale der süßen Wässer. Ich habe es erfahren, ihm an ihrer Stelle einen Brief geschrieben, um ihn hierher zu bestellen, und er ist gekommen. Auch legte ich diesem Sklaven Frauenkleider an; damit er für mein Weib gehalten werde, und richtig hat Wallert mit ihm in der Laube gesteckt! Fürwahr, er hätte sie verführt, auch wenn der Sklave wirklich mein Weib gewesen wäre. Daher suche ich ihn und werde ihn festnehmen, und er soll seine Strafe bekommen!"

„Ja, bestraft muß der Schuldige werden. Aber das ist nicht er, sondern du bist es."

„Ich? Beim Propheten, das darf mir niemand sagen!"

Der Pascha hatte die Hand an seinen Gürtel gelegt. Steinbach machte jetzt ein ernsteres Gesicht.

„Nimm die Hand vom Gürtel!" rief er drohend. „Das kann ich nicht vertragen. Du sagst, Wallert habe dein Weib verführen wollen; das ist nicht wahr, das ist unmöglich, da sie gar nicht hier gewesen ist. Du hast vielmehr ihn verführen wollen, um ihn zu verderben. Du hast ihn hierher gelockt, also bist du es, der Strafe verdient hat. Du hast mein Angesicht noch nicht gesehen. Es pflegt mild und freundlich zu sein. Hüte dich, daß es sich in zornige Falten lege. Ich will dir keinen Befehl geben, aber ich rate dir, nach Hause zu gehen und an Klügeres zu denken, als daran, unschuldige Fremdlinge in das Verderben zu stürzen. Kommen Sie, Normann. Kommen Sie, Lord Eagle=nest! Wir haben hier nichts mehr zu suchen."

Mit diesen Worten wandte er sich schnell ab und schritt zum Thore hinaus. Der zurückbleibende Pascha aber ballte die Fäuste und brummte ihm einige Worte nach, die allerdings nicht wie Segenswünsche klangen.

Als die drei draußen vor dem Thore angekommen waren, blieb Steinbach stehen und fragte lächelnd den Maler:

„Nun, hatte ich nicht recht, als ich sagte, daß Sie meiner Hilfe sehr bald bedürfen würden?"

„Wer konnte das ahnen!"

„Und daß Sie sich in Gefahr befanden? Nun, ich freue mich, daß ich auf den Gedanken gekommen bin, Ihnen zu folgen. Glauben Sie mir: Wer in die Hände Ibrahim Paschas fällt, der hat alle Ursache, zu klagen. Seien Sie froh, so losgekommen zu sein!"

„Aber Wallert! Der befindet sich noch im Friedhof!"

„Nein. Er ist bereits fort."

„Ah, Gott sei Dank! Haben Sie ihn gesehen?"

„Ja. Sagen Sie ihm, daß ich ihn an den Stiefeletten erkannt habe. Ich stand in der Wohnung des Wächters, als er durch das Thor entkam. Er hat viel gewagt. Hat er übrigens gewußt, um wessen Frau es sich handelte?"

„Nein. Er hat sie für ein Mädchen gehalten."

„Das ist sie auch. Der Pascha hat sie noch nicht berühren dürfen. Es liegen da sehr eigentümliche Verhältnisse vor, über die ich jetzt nicht sprechen will. Wo hat er sie gesehen?"

Normann erzählte in aller Kürze, was er vom Freunde erfahren hatte. Steinbach nickte.

„Also ihren Namen kennt er nicht?"

„Nein."

„Nun, er soll ihn wissen. Sie heißt Zykyma. Das würde auf deutsch heißen, die Blüte des Oleanders."

„Könnte man wohl erfahren, wo dieser Ibrahim Pascha wohnt?"

„Warum oder wozu?"

„Nur so!"

„Pah! Ihre Gedanken sind leicht zu erraten. Sie wünschen zu wissen, wo er wohnt, um zu erfahren, wo sie zu finden ist. Aber dabei können Sie sich verrechnen. Sie wohnt nämlich gar nicht bei ihm."

„O weh!"

„Gerade das Gegenteil von O weh. Da ich mich für Sie interessiere, so will ich Ihnen den Ort, wo sie sich aufhält, beschreiben. Kennen Sie vielleicht den Judenkirchhof jenseits des Stadtteiles Khalidschi Oghli?"

„Ja."

„Es giebt da zwei Wasser, die sich vereinigen, um dann dem Hafen zuzufließen. Gerade in dem Winkel, der durch ihre Vereinigung gebildet wird, steht ein Haus, das mitten in einem Garten gelegen ist. Dort hält der Pascha den wertvollsten Teil seines Harems verborgen."

„Und diese Zykyma auch?"

„Ja. Aber denken Sie beileibe an keinen Verkehr mit ihr oder gar an eine Entführung! Die Mauern des Gartens sind nämlich unübersteiglich und stoßen mit zwei Seiten an das Wasser. Außerdem hält der Pascha sehr streng Wache. Ich warne Sie!"

„Danke Ihnen verbindlichst. Aber, Herr Steinbach, woher wissen Sie denn das alles so genau?"

„Ich verdanke meine Kenntnisse nur dem Zufall."

„O nicht doch! Ich glaube, Sie sind ein anderer, als Sie scheinen!"

„Denken Sie? Hm!"

„Wenn ich sehe, daß ein Pascha Ihnen gehorcht, so muß er doch wohl unter Ihnen stehen."

„Dieser Schluß kann immerhin falsch sein."

„Oho!" meinte da der Lord. „Mich, einen Peer von Altengland, hat dieser Türkenhund behandelt wie eine Feldmaus. Sobald aber Sie kamen, gab er klein zu. Nein, nein, Sie sind kein Weichensteller oder Windmüllerlehrjunge, sondern etwas ganz anderes. Haben Sie übrigens nicht vorhin meinen Namen genannt?"

„Ja."

„Woher kennen Sie mich denn?"

„Ich hatte das Vergnügen, Sie in London zu sehen."

„Nicht möglich! Wo? Bei wem?"

Steinbach zuckte die Achseln.

„Vielleicht sprechen wir später einmal hiervon," antwortete er lächelnd. „Jetzt aber muß ich mich verabschieden. Es dämmert stark, und in dieser Gegend bricht die Nacht schnell herein. Gute Nacht also, meine Herren. Grüßen Sie mir Herrn Wallert."

Er wandte sich rasch ab und bog scharf um die nächste Friedhofsecke.

„Ein geheimnisvoller Mann!" sagte der Maler.

„Werden das Geheimnis schon ergründen!" entgegnete der Lord. „Also mich hat er auch gesehen! Sollte es vielleicht auch in der Paulskirche bei den Blasebälgen gewesen sein?"

„Wie kommen Sie auf diese Bälge?" fragte Normann verwundert.

„Weil — ah, sapperment, Herr Normann, mir ist da vorhin etwas passiert, worüber Sie sich freuen werden."

„Ich bin sehr gespannt auf Ihre Mitteilungen, doch sagen Sie mir zunächst, wie Sie hierher nach dem Kirchhof kommen, Mylord!"

„Nun, auf diesen meinen Beinen."

„Pah, das kann ich mir auch ohne Ihre Antwort denken."

„Nun, so hören Sie! Sie wissen bereits, daß ich eine Entführung beabsichtige. Da habe ich nun gehört, daß die türkischen Damen die Kirchhöfe gern besuchen, daß sie sogar dort ihre Gesellschaften und Klatschgevatterschaften feiern, und infolgedessen kam ich hierher, um mich nach einer umzusehen, die ich entführen könnte."

„So, so! Ihre Mühe ist natürlich vergeblich gewesen?"

„Oho! Was denken Sie von mir!"

Der Lord hatte sich in Positur gestellt und eine Miene angenommen, wie sie etwa ein römischer Triumphator gehabt haben würde.

„Also doch etwas gefunden?" fragte der Maler ungläubig.

„Allerdings."

„Wo denn?"

„Dort, rechts, unter den Bäumen."

„Ah, da hätte ich horchen mögen."

„Nun, Verehrtester, dann hätten Sie Ihr blaues Wunder gehört. Wir sind nämlich einig."

„Wir? Wer sind diese Wir?"

„Na, wer denn anders als ich und sie!"

„Hopphopp!" lachte der Maler, dem es nicht recht glaubhaft erscheinen wollte, daß der Lord hier eine weibliche Bekanntschaft gemacht habe.

„Zweifeln Sie etwa?"

„O nein! Aber haben Sie sie denn gesehen?"

„Herrgott! Ich werde sie doch sehen, wenn ich sie spreche und mit ihr verabrede, daß ich sie entführen soll."

„Hm, hm! War sie hübsch?"

„Die reine Venus, sage ich Ihnen, obgleich ich ihr Gesicht nicht gesehen habe."

„Nicht? Und doch wissen Sie, daß sie eine Venus ist?"

„Allerdings. Ich durfte ihr ja die Hand küssen."

„Ah, dann sind Sie freilich sehr schnell avanciert. Wissen Sie auch ihren Namen?"

„Leider nicht."

„Und ihre Wohnung?"

„Auch nicht."

„Aber ich denke, Sie wollen sie doch entführen?"

„Natürlich."

„Nun, so müssen Sie doch wissen, wo sie wohnt?"

„Allerdings, aber das ist nicht notwendig, denn sie selbst wird uns jetzt hinführen."

„Uns? Wen meinen Sie damit?"

„Das sind natürlich wir, Sie und ich."

„Ach so! Also sie will uns jetzt wirklich in ihre Wohnung führen?"

„Natürlich; sie hat es mir ja versprochen."

„Wo treffen wir sie denn?"

„Da, wo Sie ausgestiegen sind. Sie will dort warten."

Jetzt begann im Kopfe des Malers eine Ahnung zu dämmern.

„Wie kamen Sie denn mit ihr zu sprechen?" fragte er gespannt.

„Nun, sie kam aus dem Friedhof und ging nach den Oliven zu. Ich begegnete ihr, und da grüßte sie mich in englischer Sprache. Dann fragte ich sie, ob sie mich kenne, und sie behauptete, mich in der Paulskirche gesehen zu haben, wo ich während des Orgelspiels die Blasebälge getreten habe."

Da konnte sich Normann nicht länger halten. Er brach in ein lautes, herzliches Lachen aus. Das ärgerte natürlich den Engländer, und er stieß mit dem Regen= schirm zornig auf die Erde.

„Was feixen Sie denn?" rief er pikiert. „Ich denke nicht, daß eine Entführung etwas Lächerliches ist. Man riskiert doch allemal ein Stückchen Haut dabei."

„Allemal! Hahaha! Also Sie haben ihr die Hand geküßt?"

„Natürlich! Und was für ein Händchen! Ich sage Ihnen, sie war eine richtige, echte Türkin. Das sah ich schon daraus, daß sie keinen Begriff von einer wirklichen, ordentlichen Ehe hatte. Sie machte mir nämlich den Vorschlag, daß wir beide, Sie und ich, uns in sie teilen sollten, nachdem wir sie entführt haben würden. Jeder sollte sie immer acht Tage zur Frau haben."

Normann brach abermals in ein lautes Lachen aus.

„Ja, jetzt können Sie lachen," meinte der Lord, „dagegen habe ich nichts, denn das kommt mir nun selbst ungemein spaßhaft vor. Aber wenn ich nicht irre, sagte doch dieser Deutsche, der ein Pascha zu sein scheint, daß Ihr Freund sich entfernt habe."

„Ja, wir treffen ihn am Wasser. Kommen Sie, Mylord."

Als sie an das Ufer kamen, hielt ein Kaik da, in dem Wallert wartend saß. Seine Augen leuchteten lustig auf, als er den Engländer erblickte. Normann stellte beide vor. Der Lord nahm den Deutschen sehr genau in Augenschein.

„Wunderbar!" sagte er zu ihm. „In meiner Galerie habe ich das Porträt eines Verwandten, dem Sie sehr genau gleichen. Aber bitte, Herr Normann," wandte er

sich dann an den Maler, „der Kaiktschi will ja schon fort!"

„Soll er nicht?"

„In keinem Falle! Sie wissen ja, auf wen wir warten."

Wallert gab sich Mühe, eine unbefangene Miene zu zeigen.

„Soll noch jemand mit überfahren?" fragte er.

„Ja, eine Dame," antwortete der Lord sehr ernsthaft.

„Das wäre interessant! Sie meinen natürlich eine abendländische Dame?"

„Nein, eine Türkin, die wir heute abend entführen werden."

„Ah, ist es das? Da würden wir vergeblich warten. Es kam nämlich vorhin ein verschleiertes Frauenzimmer hierher und sagte mir, daß Lord Eagle=nest kommen und sie hier erwarten werde. Ich solle ihm aber mitteilen, daß die Entführung heute unmöglich sei."

„O weh! Hat sie keine andere Zeit genannt?"

„Nein."

„Auch keine Adresse? Ihren Namen, ihre Wohnung?"

„Nein."

„Da schlage doch der Teufel drein! Wie unvorsichtig von ihr! Wie kann ich sie entführen, wenn ich nicht weiß, wer sie ist und wo sie wohnt! Nun sitzt sie in ihrem Harem, fängt Grillen und kann nicht heraus. Schade, jammerschade! Es war eine Schönheit, eine pikante Schönheit. Ihr Händchen duftete so eigentümlich, halb nach Cigarre und halb nach Ricinusöl und einem Tropfen Bergamottengeist. Das war vielversprechend, denn der Cigarrengeruch deutet auf einen festen Charakter und der Ricinusölduft auf ein weiches, elastisches Gemüt. So fällt einem die schönste Freude in den Brunnen."

Er senkte den Kopf und schüttelte ihn langsam und mißmutig hin und her.

Als sie am jenseitigen Ufer ausgestiegen waren und den Weg nach ihrer Wohnung einschlugen, strich der junge Mensch an ihnen vorüber, der Wallert vorhin gewarnt hatte. Normann erkannte ihn sofort wieder und hielt ihn am Arme fest.

„Halt!" sagte er. „Du bist uns einmal entwichen, wirst es aber nicht zum zweiten Male."

Der Betreffende mochte vielleicht neunzehn Jahre alt sein. Er trug sich, wie bereits gesagt, wie ein gewöhnlicher Arbeiter, doch hatte es beinahe der Anschein, als ob dies eine Verkleidung sei. Er lächelte den Maler freundlich aber selbstbewußt an:

„Willst du mich halten?"

„Ja."

„Du wirst es nicht können, wenn ich es nicht will."

„Du giebst doch zu, heute dort drüben mit diesem Herrn gesprochen zu haben?"

„Ja."

„Wer hatte dich gesandt?"

„Das darf ich nicht sagen."

„Hier, nimm!"

Normann zog ein Geldstück aus der Tasche und reichte es ihm hin, der Türke aber trat zurück.

„Herr, beleidige meine Seele nicht. Ich nehme kein Bakschisch. Ich thue, was mir die Herrin befiehlt, aber ich thue es, weil sie es will, nicht um Geld."

Da reichte Wallert ihm die Hand und sagte:

„Das ist brav von dir. Jetzt kenne ich dich wieder. Du warst mit im Thale der süßen Wasser, als dein Gespann scheu wurde?"

„Ja, ich war es. Du hieltest damals die wütenden Stiere auf und errettetest die Herrin aus großer Gefahr. Sie hat dir ihre Hand gereicht, und ich danke dir auch."

„Darfst du von ihr mit mir sprechen?"

„Nein."

„Sie hat es dir verboten?"

„Sie gebot mir, dich zu warnen, aber sie befahl mir, weiter nichts zu thun."

„Wie konnte sie mich warnen lassen? Wußte sie denn von dem Streiche, den man mir spielen wollte?"

„Ich kann und darf nichts sagen."

„Auch ihren Namen nicht?"

„Nein."

„Auch nicht, wo sie wohnt?"

„Das sollst du niemals erfahren."

Da röteten sich Wallerts Wangen. Gerade das reizte seinen Widerstand.

„Ich werde es doch erfahren," sagte er.

„Du wirst nie wieder von ihr hören. Sie will es so."

„Nun, so will ich dir etwas sagen, mein Freund!" meinte jetzt Normann. „Wenn du zu Zykyma kommst, dann grüße sie wenigstens von — —

„Allah! Du kennst den Namen!" rief erschrocken der Türke.

„Ja, ich kenne ihn. Sage ihr, daß wir nach dem Kirchhofe der Juden spazieren und an der Mauer sein werden."

„Beim Propheten! Thut das nicht! Es könnte euer Leben kosten und auch noch dasjenige anderer Leute."

„Willst du uns verraten?"

„Dann würde ich auch die Herrin verraten, und das thue ich nicht."

„So haben wir nichts zu besorgen. Höre, was ich dir sage. Man hat uns in eine Falle gelockt. Ich muß erfahren, wie das geschehen konnte. Davon gehe ich nicht ab. Wir werden also am Abend draußen beim Wasser erscheinen. Was du thun willst, das ist deine Sache, wir werden auch zu handeln wissen."

„Du kennst den Herrn nicht. Er ist grausam. Er würde euch nicht schonen, wenn er bemerkte, daß ihr sein Haus umschleicht."

„Er hat uns schädigen wollen. Wir werden ihn auch nicht schonen, wenn er uns in die Hände gerät.

„Hat der Derwisch dir gesagt, was ich will?" fragte der Pascha.
(Seite 117.)

Das ist es, was ich dir zu sagen habe. Vielleicht gelingt es mir also doch, mit deiner Herrin zu sprechen."

„Das ist unmöglich. Das Wasser ist tief und breit, die Mauern sind hoch, die Thüren fest, und die Wächter werden niemals öffnen."

„Auch nicht mit dem Schlüssel des Goldes?"

„Nein. Sie fürchten die Strenge des Herrn. Er würde sie aus dem Lande der Lebendigen verschwinden lassen."

„Darfst du denn mit deiner Herrin sprechen?"

„Nein, denn ich bin kein Eunuche, aber zuweilen darf ich heimlich die Sonne ihres Angesichts schauen und ihre leise Stimme hören. Sie hat mir das Leben gerettet, und ich lausche dafür nun ihren Wünschen, um dieselben zu erfüllen."

„Du bist gut und treu. Gehe in Allahs Namen heim. Wir werden uns wiedersehen."

„Nicht eher, als bis die Herrin es will!"

„Sage ihr, daß hier mein Freund das Leben wagen wird, um sie zu sehen und mit ihr zu sprechen. Sie mag thun, was sie für gut hält, er aber wird auf die Stimme seines Herzens hören."

Der Bote entfernte sich, indem er in eine Seitengasse einbog, und die drei gingen in die Wohnung der beiden Freunde. Dort angekommen, sagte Wallert zu Normann:

„Ich bin auf's freudigste überrascht, daß du den Namen und die Wohnung kennst, nach denen ich so vergeblich geforscht habe. Woher weißt du beides?"

Normann teilte ihm seine Unterredung mit Steinbach mit. Dies erhöhte natürlich den Eindruck, den jener auf die Freunde gemacht hatte.

„Jetzt möchte ich aber nur wissen, mit wem du im Bazar der Musselinhändler gesprochen hast," meinte dann der Maler.

„Wohl nicht mit ihr."

„Ah, du glaubst, daß es der Kerl gewesen ist, der sich heute als Frauenzimmer sehen ließ?"

„Jedenfalls. Wer kann denn in dieser verteufelten Umhüllung einen weiblichen Körper von einem männlichen unterscheiden!"

„Aber der Solitär! Der Diamantring! Sie trug ihn, und er hatte ihn doch auch, wie du sagst."

„Das ist allerdings ein Rätsel. Aber ich werde es schon lösen. Ich sage dir, daß ich deine Worte wahr machen werde, du magst sie im Ernst oder im Scherz gesagt haben. Ich gehe heute abend hinaus, und sollte es auch nur sein, um zu rekognoscieren."

„Rekognoscieren?" fragte spöttisch der Engländer. „Unsinn. Fällt keinem Menschen ein, zu rekognoscieren."

„Weshalb denn nicht?"

„Rekognoscieren ist doch viel zu wenig. Heraus muß sie, heraus, sie mag wollen oder nicht."

„Wenn sie nicht will, bleibt sie eben drin," lachte der Maler.

„Oho! Ich will aber eine Entführung! Ich will sie, und ich werde sie fertig bringen, so glänzend, daß die größten Komponisten sich um das Recht streiten sollen, eine Oper darauf zu komponieren. Da erscheine ich dann mit ihr in eigener Person auf der Bühne. Ich singe den Heldentenor, und sie singt den Verlobungsdiskant oder den Hochzeitssopran mit allen möglichen Läufern und Trillern. Ja, man soll mich kennen lernen und auch sie, wenn sie nämlich schön genug ist, sich neben mir sehen zu lassen."

Die beiden Freunde stimmten herzlich lachend in seine gute Laune ein. Doch meinte der Maler sehr bald wieder ernsthaft:

„Es ist vor allen Dingen nötig, daß du dich prüfst, lieber Hermann. Hat ihr Anblick nur vorübergehend auf dich gewirkt, so wäre es ja lächerlich, tolle Wagnisse zu unternehmen. Ist aber der Eindruck, den sie machte, ein tieferer, ein dauernder, so bin ich der allerletzte, der dich darob schmähen möchte. Ich habe hier ja auch erfahren, was Liebe ist, und bin bereit, mit dir durch dick und dünn zu gehen."

„Ja, ich auch," fiel der Lord ein. „Ich gehe sogar viel lieber durch dick als durch dünn mit Ihnen. Auch ich weiß nun, was Liebe ist, ich habe sie hier kennen gelernt, und darum reiße ich alles um, was sich mir in den Weg stellt."

„Sie haben hier die Liebe kennen gelernt?" fragte Normann verwundert. „Hier in Konstantinopel?"

„Ja, draußen vor dem Friedhofe unter den Olivenbäumen. Als ich ihr das süße Händchen küßte, da zuckte so ein Stoß durch meine Seele, so ein Stoß, gerade als ob ich mich mit dem Knaufe einer Reitpeitsche — —"

Er hielt mitten in seiner Erklärung inne. Sein Mund blieb weit geöffnet, und seine Augen waren mit einem unbeschreiblichen Ausdruck auf Wallers Hand gerichtet.

„Weiter, weiter!" sagte Normann.

„Alle tausend Himmel und Wolken — —!" entfuhr es endlich dem Engländer.

„Was giebt es denn? Was haben Sie?"

„Herr Wallert, haben Sie eine Zwillingsschwester?"

„Warum diese Frage?"

„Eine Zwillingsschwester, die in London in der Paulskirche beim Blasebälgetreter gewesen ist und sich jetzt hier in Konstantinopel entführen lassen will?"

„Nein."

„Nicht? Welch eine Ähnlichkeit dann! Ihre Hand gleicht nämlich ganz genau derjenigen, welche mir die Holde reichte. Sie hatte auch so eine kleine, allerliebste Narbe auf der oberen Seite des Mittelfingers, wie von einer Blatter oder einer kleinen Verletzung. Während des Handkusses erblickte ich das Närbchen sehr genau. Und der Ring, der Ring! Genau auch so!"

„O, Sie täuschen sich wohl!"

„Nein, nein. Ich habe doch meine Augen."

„Dann ist es ein Zufall."

„Anders ist es nicht zu erklären. Ich befinde mich förmlich in Aufregung und ich muß meinen Gefühlen Luft machen, muß irgend eine entführen, ganz egal, welche! Darum schlage ich vor, wir machen uns heute abend auf und versuchen, diese Zykyma über die Mauern herüber zu bringen. Nicht wahr?"

„Nicht so sanguinisch!" meinte der Maler. „Solche Sachen wollen gute Weile haben und reiflich überlegt sein. Bei einer Entführung ist auch die Zustimmung derjenigen nötig, welche entführt werden soll."

„Zustimmung? Unsinn! Das Mädchen wird gar nicht erst gefragt, sondern angefaßt, aufgeladen und fortgeschafft. Eine Entführung mit Einwilligung ist keine Heldenthat."

„O, sie ist auch mit Einwilligung schwierig und gefährlich genug. Was thun Sie mit einer Person, die gegen ihren Willen entführt worden ist?"

„Hm! Na, was thun Sie denn mit einer, die eingewilligt hat, Master Normann?"

„Heiraten natürlich!"

„Das können Sie ja mit der andern auch thun!"

„Wenn sie nicht will?"

„Pah! Wir alle drei sind hübsch genug. Ich möchte das Mädchen sehen, das einen von uns nicht haben möchte."

„Selbst wenn Sie recht hätten, müßten wir diejenige, um welche es sich handelt, erst fragen. Wir dürfen nicht unüberlegt vorgehen."

„Das versteht sich ganz von selbst. Wir befinden uns ja hier, um zu überlegen. Kennen Sie den Ort, wo das Haus steht?"

„So genau nicht, wie es nötig wäre. Auf dem Judenkirchhof bin ich allerdings gewesen und habe dabei das betreffende Haus wohl auch gesehen. Das ist aber alles."

„Und das Wasser? Die beiden Bäche, die sich an der Gartenmauer vereinigen? Sind sie breit?"

„Das weiß ich nicht. Mir ist nur bekannt, daß das Wasser bei den alten Kanonenschmiedereien in den Hafen mündet."

„Sapperment! Wenn das Wasser breit genug wäre!"

„Was wäre da?"

„Ich habe einen herrlichen Gedanken. Ich ließe meine Dampfjacht heizen; wir führen bis an das Grund= stück, legten an der Mauer an, kletterten hinüber, holten das Mädchen und dampften dann zurück, irgend wohin, wo man uns nicht erwischen könnte."

Die beiden andern lachten, und Wallert meinte:

„Sie stellen sich die Entführung freilich sehr bequem vor. Doch bleiben wir ernst. Ich habe die feste Absicht, heute hinaus zu gehen und mir wenigstens die Gegend anzusehen."

„Gut, ich gehe natürlich mit," sagte der Lord. „Aber wir müssen uns doch dazu vorbereiten!"

„Inwiefern?"

„Inwiefern? Welche Frage! Wenn wir so gehen, wie wir hier sind, da sehen wir einen Bach und eine Mauer, über die wir nicht können, weiter nichts. Wir müssen uns also etwas mitnehmen, was als Brücke dienen kann, und eine Leiter dazu."

„Die Leiter könnte ja zugleich als Brücke benutzt werden."

„Richtig! Also nur die Leiter! Von der Mauer aus können wir uns dann den Garten und das Haus ansehen."

„Sehr schön, Mylord! Wir nehmen also eine Leiter auf die Schultern und traben mit derselben durch die Straßen, um die Leute aufmerksam zu machen, daß wir irgendwo einbrechen wollen. Nein. Das geht nicht. Wir werden heute zunächst nur rekognoscieren. Bevor wir uns nicht mit Zykyma in Verbindung gesetzt haben, können wir ja überhaupt gar keinen Entschluß fassen.

Und um zu rekognoscieren, bedarf es nicht dreier Personen. Da ist eine genug."

„Was! Ich soll vielleicht nicht mit?"

„Je weniger Personen, desto unauffälliger ist die Sache."

„Meinetwegen! Aber ich bin nach Konstantinopel gekommen, um ein Mädchen aus dem Harem zu holen, und da werden Sie mir doch nicht zumuten, daß ich andern dieses Vergnügen überlasse. Nein, ich gehe mit."

„Aber, bedenken Sie."

Er warf ihm einen bezeichnenden Blick zu.

„Was soll ich bedenken?"

„Ihr Äußeres."

„Mein Äußeres? Sakkerment, ist das etwa zu einer Entführung nicht geeignet?"

„So nicht. Ihre Gestalt — — —"

„Meine Gestalt ist lang genug, um über eine Mauer zu klettern und im Harem einzusteigen."

„Ihre Kleidung."

„Was haben Sie gegen meinen Anzug? Soll ich etwa in Tricots gehen oder in Badehosen?"

„Das verlangt kein Mensch, mein bester Sir; aber Sie werden zugeben, daß Ihr Anzug zu auffällig ist. Sie könnten sich nur dann bei so etwas beteiligen, wenn Sie sich anders kleideten."

„Nun gut, so kleide ich mich eben anders."

„Damit man nicht sofort den Engländer in Ihnen erkennt."

„In Ihnen würde man aber auch sofort den Franken erkennen. Ich kann also auch Ihnen raten, einen türkischen Anzug anzulegen."

„Sie haben gar nicht unrecht. Das ist aber auch wieder ein Grund, daß wir nicht alle drei heute abend gehen."

„Warum?"

„Wir müßten drei Anzüge kaufen."

„Natürlich! Handelt es sich etwa um das Geld?"

„Wir sind keine Millionäre."

„Aber ich bin einer. Verstanden? Ich habe gesagt, daß ich tausend Pfund Sterling bezahle, wenn Sie mir eine Entführung aus dem Serail oder aus dem Harem ermöglichen. Dabei versteht es sich ganz von selbst, daß ich alle dabei erforderlichen Ausgaben auf mich nehme. Ich hoffe, daß Sie einverstanden sind?"

„Wir haben keinen Grund, Ihnen da zu widersprechen."

„Gut, es werden also drei Anzüge gekauft, aber was für welche?"

„Einfache, ganz einfache. Wir müssen uns so kleiden, daß wir keine Aufmerksamkeit erregen."

„Ganz meine Ansicht. Ich schlage also vor, wir gehen gleich jetzt nach dem Kleiderbazar, um diese Angelegenheit in Ordnung zu bringen. Dann machen wir uns sofort auf den Weg nach dem Judenkirchhofe."

„Ist nicht indessen einmal Ihre Anwesenheit an Bord nötig?"

„Nein. Mein Kapitän weiß, woran er ist. Ich habe ihm gesagt, daß ich zu unbestimmter Zeit zurückkehren werde. Am liebsten käme ich erst dann, wenn ich eine Türkin mitbringen könnte. Also, gehen wir!"

Sie brachen auf.

Als sie aus dem Hause traten, war der Engländer der vorderste. Er zog den Fuß zurück und blieb innerhalb der Thür stehen.

„Hole der Teufel den Kerl!" brummte er.

„Welchen Kerl?" fragte Normann.

„Diesen Derwisch. Da drüben steht er wieder und gafft hier an dem Hause in die Höhe."

„So möchte ich nur wissen, in welcher Absicht er uns beobachtet."

„Wollen wir ihn fragen?"

„Er wird sich hüten, es zu sagen."

„Den Kerl sollte ich in London auf der Spionage erwischen! Ich jagte ihm den Regenschirm durch den Leib. Wollen wir uns das gefallen lassen?"

„Was können wir dagegen thun?"

„Oho! Ich bin ein Engländer und habe keine Lust, mir von einem heulenden Derwisch auf den Stiefeln herumtreten zu lassen. Ich werde ihm zu verstehen geben, daß er seine Augen da aufsperren soll, wo ich mich nicht befinde. Passen Sie auf, was ich machen werde!"

Mit diesen Worten schritt der Lord auf den Derwisch zu und fragte ihn, natürlich in englischer Sprache:

„Was machst du da?"

„Ich verstehe dich nicht," antwortete der Derwisch.

„Packe dich fort."

„Allah inhal el Kelb!" brummte der Türke.

„Was sagt er da?" fragte der Brite seine beiden Begleiter, die dabei standen.

Normann antwortete:

„Was er sprach, war arabisch und heißt ‚Gott verdamme den Hund'."

„Was, Hund nennt er mich? Mich, einen echten, richtigen Englishman? Hier, die Antwort!"

Im nächsten Augenblick holte er aus und gab dem Derwisch ein paar so kräftige Ohrfeigen, daß dieser mit dem Kopfe an die Mauer flog, an der er stand.

„So! Jetzt hat er sie und kann sie ohne Quittung behalten. Gehen wir weiter!"

Der Getroffene stand ganz bewegungslos, er sagte kein Wort und rührte keine Hand, aber in seinem Innern kochte es. Er wußte, daß er sich rächen werde, blutig rächen. Ein Ungläubiger hatte es gewagt, den gläubigen Sohn des Propheten zu schlagen!

„Das war zu rasch gehandelt!" tadelte Normann, der neben dem Engländer herging.

„Wirklich? Sollte ich ihm die Ohrfeigen langsamer geben? Etwa im Tempo eines Trauermarsches?"

„Gar nicht!"

„Gar nicht? Alle Teufel! Er hat mich einen Hund genannt und mir die Verdammnis angewünscht."

„Das that Ihnen nichts. Es ist für einen Christen gefährlich, in Konstantinopel einen Moslem zu schlagen."

„Soll ich etwa warten, bis ich den Hallunken einmal in London oder Liverpool treffe?"

„Scherzen wir nicht. Es ist geschehen, und so können wir es nun nicht ändern."

3. Kapitel.

Der Derwisch stand allerdings nicht ohne Absicht auf seinem Platze. Wie bereits erwähnt, war ihm schon am Tage der Name der englischen Jacht aufgefallen. Er hatte ja aus diesem Grunde den Lord nicht aus den Augen gelassen. Indem er diesem folgte und ihn beobachtete, hatte er bemerkt, daß er zu dem Sklavenhändler gegangen war, zu dem sich dann auch Normann, der Begleiter des Lords, begeben hatte. Der Derwisch hielt es für nötig, zu erfahren, wer Normann sei und was er bei dem Händler wolle. Darum trat er bei letzterem ein und klopfte an dieselbe Thür, durch welche der Maler eingelassen worden war.

Als der Händler ihn bemerkte, öffnete er sofort die Thür. Die Derwische stehen nämlich im Geruche der Heiligkeit und werden, wenigstens in den unteren Volksklassen, stets mit Ehrfurcht behandelt.

„Sei willkommen!" begrüßte ihn Barischa. „Hast du mir einen Befehl Allahs zu überbringen?"

„Nein. Ich komme in einer anderen Angelegenheit. Bist du gegenwärtig reich an schönen Sklavinnen?"

„Ich habe immer die schönsten, die du in Stambul treffen kannst. Willst du dir einen Harem gründen?"

„Nein. Du weißt, daß mein Orden mir dies verbietet. Aber ich habe von einem hohen Herrn den Auftrag erhalten, ihm eine Sklavin zu suchen, an der sich sein Auge erfreuen kann. Darum komme ich zu dir."

Das war nicht wahr, aber er erhielt dadurch Gelegenheit, mit dem Alten zu sprechen und sich in dessen Hause umzusehen.

„Ist dieser Herr reich?"

„Sehr. Er rechnet stets nach goldenen Beuteln, nicht nach silbernen."

„Verbietet dir nicht dein Orden, das Angesicht eines Weibes zu sehen?"

„Meine Augen gehören nicht mir, sondern dem, für den ich die Sklavin besichtige, nicht ich sehe sie also, sondern er ist es, der sie sieht."

„So kannst du mir folgen. Ich werde dir alle zeigen, die vorhanden sind."

Der Derwisch wurde nun in ein größeres Zimmer geführt, wo die Mädchen versammelt waren. Er betrachtete sie mit innerem Vergnügen, behielt aber eine sehr ernste, würdevolle Miene bei. Er hatte geglaubt, Normann hier zu finden und fragte sich jetzt im stillen, wo derselbe wohl stecken möge. Er vermutete, daß wohl noch mehr Mädchen vorhanden seien, bei denen er den Gesuchten finden werde. Darum sagte er, als er sämtliche Sklavinnen mit dem Blicke eines Kenners betrachtet hatte, zu dem Händler:

„Sind das alle, welche du hast?"

„Ja."

„Das bedaure ich sehr."

„Warum?"

„Der Pascha, der mich sendet, hat mir genau beschrieben, wie diejenige sein muß, die er kaufen würde. Unter diesen hier befindet sich aber keine solche."

„Wie soll sie denn sein?"

„Ich habe nicht die Erlaubnis erhalten, von dem Mädchen des Herrn zu sprechen. Wenn du weiter keine Mädchen hast, so muß ich gehen."

Der Händler überlegte einen Augenblick; dann sagte er:

„Ist dieser Pascha wirklich sehr reich?"

„Sehr. Er erfreut sich der ganz besonderen Gnade des Großherrn, der ihn mit Ehren und Kostbarkeiten überhäuft."

„Ist er geizig?"

„Nein. Er hat eine offene Hand."

„So will ich dir sagen, daß ich allerdings noch eine Sklavin besitze, eine einzige. Sie ist die allerschönste, die ich jemals gehabt habe, und ich wollte sie dem Großherrn anbieten."

„Allah segne den Padischa! Aber warum soll gerade er diese Sklavin haben? Besitzt er nicht bereits die besten aller Länder? Soll ein anderer sich nicht auch eines schönen Weibes erfreuen?"

„Du vergissest, daß der Großherr am allerbesten bezahlt. Er handelt niemals einen Para vom Preise ab."

„Du hast recht. Er handelt niemals. Entweder er bezahlt, was verlangt wird, oder er bezahlt gar nichts. Wenn ihm die Sklavin gefällt und er dir den Preis nicht giebt, kannst du ihn nicht beim Kadi verklagen. Hast du das noch nicht erfahren?"

„Bereits einige Male."

„So thue, was dir dein Verstand gebietet. Zeige mir die Sklavin, damit ich wenigstens sehen kann, ob ich zu meinem Pascha von ihr sprechen darf."

„Ich werde dich zu ihr führen. Aber warte draußen, bis ich zurückkehre; ich werde sie benachrichtigen."

Barischa ging, und der Derwisch kehrte einstweilen in die vordere Stube zurück. Dort befand er sich, als Normann gezwungen war, die Geliebte zu verlassen. Beide betrachteten sich im Vorübergehen nicht gerade mit sehr freundlichen Blicken. Als dann der Händler wiederkam, fragte der Derwisch:

„Kaufen auch Franken Sklavinnen?"

„Nein, nur Anhänger des Propheten haben die Erlaubnis, die Freuden der Seligkeit bereits auf dieser Erde zu genießen."

„Aber du siehst doch Ungläubige bei dir?"

„Zuweilen. Sie kommen aus verschiedenen Gründen. Warum fragst du?"

„Ich sah den Franken gehen, der jetzt bei dir war."

„Er befand sich bei der Sklavin, die ich dir zeigen werde."

„Hat er sie gesehen?"

„Ja."

„Etwa gar entschleiert?"

„Er mußte sie ohne Schleier sehen."

„Ist das möglich? Hat Allah dir den Verstand genommen, daß du eine Sklavin, deren Anblick einen Pascha erfreuen soll, den Augen eines solchen Hundes preisgiebst?"

„Ich weiß, was der Prophet und das Gesetz mir gebietet; aber ich muß die Vorteile meines Geschäftes berücksichtigen. Die Sklavin ist für den Großherrn bestimmt. Er kann nicht kommen, sie zu betrachten, und so wollte ich ihm ihr Bildnis senden. Dieser Franke ist ein Maler, der das Bild anfertigt."

„Es ist dennoch eine Sünde, ihm zu erlauben, das Angesicht einer Tochter des Propheten zu sehen."

„Sage mir, ob ein Tier, ein Hund ein Weib ansehen kann, ohne daß es eine Sünde ist?"

„Das ist keine Sünde."

„Nun, dieser Christ ist ja auch nur ein Hund."

„Diese Entschuldigung will ich gelten lassen. Aber, darf der Maler mit der Sklavin sprechen?"

„Kein Wort, ich habe den Wächter bei ihnen stehen."

„So will ich nicht berücksichtigen, daß das Auge eines Unberufenen auf ihr geruht hat. Zeige sie mir!"

Der Händler führte ihn in das Zimmer, in dem Normann sich vorher befunden. Tschita saß noch auf dem Diwan, doch hatte sie den Schleier vor das Gesicht genommen. Der Derwisch konnte das Porträt nicht sehen, da der Maler es verhüllt hatte.

„Erhebe dich vor dem Manne der Frömmigkeit und entferne den Schleier!" gebot der Händler.

Tschita stand auf und enthüllte ihr Angesicht. Da stieß der Derwisch, als sein Auge auf sie fiel, einen lauten Ruf aus, er wich rasch zurück, und sein Gesicht zeigte den Ausdruck einer außerordentlichen Ueberraschung. Fast schien es, als ob er erschrocken sei. Es kostete ihm sichtlich eine bedeutende Anstrengung, seine vorherige Gleichgiltigkeit wieder zu zeigen.

Tschita errötete. Das Gesicht dieses Menschen war ihr widerwärtig. Sie ließ den Schleier über ihr Gesicht fallen; aber der Derwisch trat schnell zu ihr und hob ihn wieder auf.

„Was sagst du von ihr?" fragte der Händler.

„Sie ist so, wie der Pascha sie wünscht. Wirst du mir erlauben, sie zu prüfen?"

„Thue es."

Der Derwisch befühlte nunmehr die Arme, die

Schultern und den Busen der Sklavin; er umspannte die Taille, ließ sich ihre Zähne zeigen, kurz, er behandelte sie ganz wie eine Ware, die man ungeniert untersuchen kann. Sie war bleich, sehr bleich geworden, doch wagte sie nicht, ungehorsam zu sein; aber als er sich von ihr wandte, benutzte sie dies sofort, um aus dem Zimmer zu entfliehen.

Die dunklen Augen des Derwisches brannten förm=
lich. Es glühte in ihnen ein Feuer, das selbst dem Händler auffallen mußte. Darum fragte dieser:

„Sie hat dir gefallen?"

„Ja. Ich werde dem Pascha empfehlen, sie zu kaufen. Woher hast du sie erhalten?"

„Von jenseits des Kaukasus."

„Hast du selbst sie dort geholt?"

„Nein. Sie wurde zu Schiffe nach Stambul ge= bracht. Einer meiner Agenten hatte sie gekauft."

„Wie ist ihr Name?"

„Tschita."

„Heißt sie wirklich so?"

„Ich kenne keinen anderen."

„Wer ist ihr Vater, und wie heißt der Ort, in dem sie geboren wurde?"

„Ich weiß beides nicht. Der Agent sagte, er dürfe es mir nicht sagen."

„Sonderbar! Also der Christ hat sie gesehen, und ihr Bildnis gemalt! Wo ist es?"

„Hier. Es ist noch nicht ganz fertig, aber trotzdem außerordentlich ähnlich."

Damit entfernte Barischa die Hülle. Der Derwisch betrachtete aufmerksam das Porträt.

„Ja," meinte er, „es ist ihr ganz ähnlich. Sage mir den Preis, den du forderst!"

„Von dem Großherrn würde ich fünf Beutel in Gold verlangen."

„Er würde sie dir entweder voll geben oder gar

nichts. Ich biete dir vier Beutel, die du sofort empfangen wirst, ohne daß man einen Piaster abhandelt."

„Hast du Auftrag, mir diese Summe zu nennen?"

„Nein; aber ich weiß, daß der Pascha so viel bezahlen wird, wie ich biete."

„Er mag selbst kommen. Wenn er Tschita kaufen will, muß ich mit ihm selbst sprechen. Er kann sie nicht allein erhalten, sondern er muß ihre Mutter auch nehmen."

„Warum?"

„Weil die Sklavin ohne ihre Mutter sterben würde. Dann müßte ich das Geld zurückbezahlen."

„Wie kann eine Sklavin sterben, weil sie die Mutter nicht bei sich hat!"

„Tschita würde es thun. Ich kenne sie. Sie mag ohne ihre Mutter nicht leben. Sie würde nicht allein von hier fortgehen."

„Man wird sie zwingen."

„Dann tötet sie sich ganz gewiß. Sie hat es gesagt, und was sie sagt, das thut sie."

„Das erschwert den Handel sehr."

„Nicht so sehr, wie du denkst. Es soll ja für die Mutter gar nichts bezahlt werden."

„So ist sie wohl alt?"

„Das nicht, wohl aber unbrauchbar. Sie ist stumm."

„Das ist gut. Ein Weib, das nicht sprechen kann, hat doppelten Wert. Allah hat das gewußt, als er sie ohne Sprache schuf."

„O, sie ist nicht stumm geboren. Man hat ihr die Zunge ausgeschnitten."

Da ging ein blitzschnelles Zucken über das Gesicht des Derwisches; doch faßte er sich gleich wieder und sagte:

„Das thut man zuweilen dort, wo die Schwarzen wohnen. Die Mutter dieser Sklavin aber kann doch nicht etwa eine Negerin sein?"

„Nein. Sie ist eine Weiße."

„Warum also hat man sie so verstümmelt?"

„Ich weiß es nicht. Ich habe es nicht erfahren können."

„Ist sie sonst brauchbar? Kann sie kochen, braten?"

Der Blick des Sprechers war mit Spannung auf den Händler gerichtet. Dieser antwortete:

„Sie vermag leider keine Arbeit zu thun, da sie keine Hände hat. Auch diese sind ihr genommen worden."

„Allah 'l Allah! Sie muß eine große Verbrecherin sein, da man sie zu einer solchen Strafe verurteilt hat. Aber ihre Tochter gefällt mir, und so will ich dem Pascha raten, auch die Mutter zu behalten. Er wird sich entschließen, beide zu kaufen, wenn du mir erlauben wolltest, ihm das Bild zu zeigen."

„Du willst es mitnehmen? Ich kenne dich nicht."

„Willst du dich an Allah versündigen? Glaubst du, daß ein Sohn meines heiligen Ordens dich um ein Bild bestehlen werde?"

„Das glaube ich nicht. Kann ich jedoch erfahren, welcher Herr es ist, zu dem du es bringen willst?"

„Ibrahim Pascha, der Sohn des Kurden Melek Pascha."

„Den kenne ich. Er ist der Liebling des Sultans. Du sollst das Bild erhalten. Ali, der Eunuch, mag es dir dahin tragen, wohin du es haben willst, und es mir dann wieder bringen."

Damit hatte der Besuch des Derwisches eigentlich ein Ende. Er hatte hier mehr gefunden, als er gesucht hatte, unendlich mehr; aber er vergaß trotzdem nicht, was ihn hergeführt hatte und sagte im Tone der Unbefangenheit:

„Der Prophet hat verboten, daß der Gläubige sich ein Bildnis seines Körpers und Gesichtes anfertigen lasse. Dieses Bild wird also vernichtet werden müssen."

„Dann muß Ibrahim Pascha es bezahlen. Der Franke fertigt es mir nicht umsonst an."

„Ich werde vielleicht mit diesem Maler sprechen. Kannst du mir sagen, wo er wohnt?"

„Wie schön bist du! Viel schöner als ich!"
(Seite 139.)

„Hart neben dem Inger Postan=Platz in Pera. Sein Wirt ist ein Grieche und heißt Miledas."

„Ich werde ihn erfragen. Also gieb mir den Eunuchen mit. Vielleicht kommt der Handel schnell zu stande."

Der Derwisch war ganz aufgeregt, nur daß er es sich nicht merken ließ. Er verzichtete darauf, den Weg zu Fuß zurückzulegen — das hätte sehr lange gedauert —, nahm am nächsten Platze zwei Esel, einen für sich und einen für den Eunuchen, und ritt, so schnell ihnen der Treiber zu Fuße folgen konnte, über die Perabrücke hinüber nach Altstambul, wo Ibrahim Pascha seinen Palast hatte.

Dieser Pascha bekleidete zwar kein direktes Staats= amt; aber sein Vater war ein hoher Würdenträger ge= wesen. Das hatte man nicht vergessen, und so kam es, daß der Sohn sich in höheren Kreisen eines nicht un= bedeutenden Einflusses rühmen konnte. Es war bekannt, daß er neben seinem großen Reichtum eine ganze Anzahl der schönsten Frauen besaß, um die man ihn im stillen beneidete.

Leider aber fühlte er sich nicht so glücklich, als man es hätte denken sollen. Und das hatte seine Gründe. Ueber einen dieser Gründe dachte er eben nach, als er allein in seinem Zimmer saß, das lange Rohr der Wasser= pfeife in der Hand und vor sich das goldene Kaffeebrett mit der kleinen Tasse von der ungefähren Größe eines halben Eies.

Da wurde er gestört. Ein schwarzer Diener trat ein, neigte sein Haupt fast bis zur Diele herab und wartete nun der Anrede seines Herrn.

„Hund!" knurrte dieser. „Habe ich nicht gesagt, daß ich allein sein will? Soll ich dich peitschen lassen?"

Zu seiner Entschuldigung nannte der Sklave einen Namen: „Osman, der Derwisch."

Das finstere Gesicht des Herrn nahm sofort einer weniger grimmigen Ausdruck an.

„Was ist's mit ihm?" fragte er.

„Er bittet um die Gnade, dein Angesicht sehen zu dürfen, Pascha."

„Er mag hereinkommen. Aber horche nicht, Schakal, sonst lasse ich dir die Ohren abschneiden!"

Der Schwarze ging, und der Derwisch kam.

Der letztere zeigte keineswegs die Demut des ersteren. Er hatte zwar draußen seine grünen Pantoffel ausgezogen, veränderte aber nicht um einen Zoll seine stolze, aufrechte Haltung. Nur als er das verhüllte Bild, das er in den Händen trug, gegen die Wand lehnte, mußte er sich bücken. Keineswegs aber that er dies aus Unterwürfigkeit gegen den Pascha.

„Was bringst du da?" fragte er.

„Eine Ueberraschung."

„Weißt du nicht, daß es für den wahren Gläubigen keine Ueberraschung giebt? Allah bestimmt die Schicksale des Menschen, und was er sendet, muß in Ruhe und Ergebenheit entgegengenommen werden."

„Und doch sendet Allah zuweilen eine Gabe, die der Mensch für unmöglich gehalten hätte."

„Bei Allah ist alles möglich. Also sag', was du bringst."

„Ein Bild."

„Wie? Ein Bild? Bist du ein Christ geworden?"

„Nein. Ein Christ hat es aber gezeichnet. Erlaubst du, daß ich es dir zeige, Herr?"

„Blicke dich um! Darf ich hier ein Bildnis sehen, das Werk eines Ungläubigen?"

Der Pascha deutete nach den Wänden, deren himmelblauer Grund mit goldenen Koransprüchen verziert war. Der Islam erlaubt nur Arabesken, Ornamente und fromme Sprüche. Bilder verbietet er.

„Hältst du mich für einen untreuen Anhänger des Propheten?" sagte der Derwisch. „Was ich dir bringe, darfst du betrachten. Ich will mich überzeugen ob es für dich wirklich keine Ueberraschung giebt. Blicke her!"

Er zog bei diesen Worten den Schleier von dem Bilde. Kaum war der Blick des Paschas auf das Porträt gefallen, so stieß er einen lauten Schrei aus und sprang so hastig von seinem Kissen auf, daß er das Kaffeebrett eine ganze Strecke weit von sich fortschleuderte und die kostbare Phiole der Wasserpfeife zerbrach.

„O Himmel! O Hölle!" stieß er hervor. „Sehe ich recht?"

„Kennst du sie?" fragte Osman.

„Anna von Adlerhorst.

„Sie ist es! Schweig! Das ist ihr Gesicht, ihr Mund, ihr goldenes Haar! Das sind ihre Augen, die wunderbaren Sterne, für deren Blick ich meine Seligkeit gegeben hätte, wenn er mir hätte leuchten mögen!"

„Und doch ist sie es nicht. Es ist das Bild ihrer Tochter."

„Ihrer Tochter! Wie ist das möglich?"

„Könnte jenes deutsche Weib jetzt so aussehen? Wäre sie jetzt so jung?"

„Nein, nein. Du hast recht. Aber wie kann es hier in Stambul ein Bild ihrer Tochter geben?"

„Ich kann es mir auch nicht erklären. Aber es ist dennoch sicher, daß diejenige, deren Bild du hier erblickst, die Tochter derjenigen ist, die deine Liebe verachtete, und zugleich die Tochter des ungläubigen, deutschen Hundes, der deinen Vater tötete."

„Ja, es muß so sein, es kann nicht anders sein. Das kann nur das Bildnis einer Ad —— einer verfluchten Adlerhorst sein. Aber wo ist das Original? Wo ist es?"

Der Derwisch weidete sich an dem Eindrucke, den das Porträt hervorgebracht hatte.

„Nun, Herr, giebt es Ueberraschungen?" fragte er.

„Ja, ja; das ist allerdings eine, und zwar eine große! Antworte!"

„Willst du dieses Bild kaufen?"

„Ist es zu verkaufen?"

„Ja."

„Dann kaufe ich es. Ich bezahle, was dafür ge= fordert wird, sogleich, sogleich!"

Der Pascha gab sich gar keine Mühe, seine Auf=
regung zu verbergen. Er bemerkte den höhnischen Blick des Derwisches nicht; er sah überhaupt nichts, nichts als das Bild.

„Es soll fünf Beutel in Gold kosten."

„Fünf Beutel? Bist du toll? Das sind fast siebenundzwanzigtausend deutsche Mark!"

„Vielleicht erhältst du es auch für vier Beutel, wenn du sofort bezahlst."

„Ein Bild kann doch nicht so viel kosten!"

„Und doch sagtest du, daß du sogleich bezahlen werdest, was auch gefordert wird!"

„Konnte ich einen solchen Preis wohl für möglich halten?"

„Allerdings nicht. Ich habe aber eine Beruhigung für dich. So viel soll nämlich das Bild mit dem Originale zusammen kosten."

„Mit dem Originale? Also ist es hier in Stambul?"

„Ja."

„Meinst du etwa eine Sklavin?"

„Eine tscherkessische Sklavin bei dem Händler Barischa, den du ja auch kennst."

„Wie kommt die Tochter dieser — dieser — als Sklavin nach der Stadt des Großherrn?"

„Das ist ein Geheimnis, das wir wohl noch ergründen werden. Sie soll verkauft werden, und zwar nebst diesem Bilde und ihrer Mutter."

„Ihrer Mutter?" fragte der Pascha, indem er vor Erstaunen einen Schritt zurückwich. „Ist auch Anna da?"

„Anna?" lachte der Derwisch in fast diabolischer Weise. „Du nennst sie Anna! War sie so sehr deine Freundin?"

„Nein, nein! Aber antworte!"

„Ja, sie ist da, stumm und ohne Hände."

„O Allah! Hast du sie gesehen?"

„Nein. Sie soll mich nicht eher sehen, als bis sie sich in unserer Gewalt befindet. Dann wird ihr Entsetzen um so größer sein."

„Wie aber bist du auf den Gedanken gekommen, zu dem Verkäufer der Sklavinnen zu gehen?"

„Ich folgte einem Engländer, der bei Barischa war. Der Mensch sah schrecklich aus. Seine ganze Kleidung bestand aus viereckigen, grauen und schwarzen Flecken, und er hieß auch Adlerhorst."

„Wie? Ein Engländer hatte diesen deutschen Namen?"

„Er hatte ihn in englischer Sprache. Ein Dolmetscher erklärte es mir. Durch diesen Namen wurde ich aufmerksam gemacht und ging hinter ihm her."

Er erzählte nun das ganze Erlebnis. Der Pascha hörte dem Berichte mit größter Aufmerksamkeit zu:

„Ich kaufe sie; ich kaufe sie natürlich," sagte er eifrig. „Ich werde sogleich zu dem Händler reiten, obgleich ich keine Zeit habe; denn ich muß hinüber nach dem Kirchhof — ah, das weißt du ja noch gar nicht. Ich muß dir auch ein Bild zeigen."

„Wie? Auch du hast Bilder?"

„Ein einziges."

„Du, ein gläubiger Moslem?"

„Ich brauche es heute noch, um den Mann zu erkennen; dann verbrenne ich es oder lasse es ihm heimlich wieder in seine Wohnung legen, damit er nicht bemerkt, daß es weg gewesen ist. Die Schickungen Allahs sind wunderbar. Hier ist das Bild; ich trage es bei mir. Kennst du den Mann?"

Er zog dabei eine Photographie aus der Tasche und hielt sie dem Derwische vor die Augen. Jetzt ging es dem letzteren genau so, wie vorhin dem Pascha. Er wich zurück und rief im Tone des Erschreckens.

„Alban von Adlerhorst! Den sendet der Teufel!"

„Ist er es?"

„Ja."

„Nein."

„Ja doch! Er ist es."

„Er ist es nicht! Könnte dieser Mensch jetzt so jung sein?"

„Nein. Du hast recht! Uebrigens ist er ja tot."

„Ja; er ist zur Hölle gefahren und zu allen Geistern der Verdammnis. Fluch über ihn!"

„So ist dieser hier sein Sohn."

„Ich denke es auch. Aber er trägt einen anderen Namen."

„Das ist leicht möglich. Wo ist er?"

„Hier in Stambul."

„So möge uns Allah beschützen!"

„Er weiß ja nichts von uns."

„Wie kamst du zu diesem Bilde?"

„Ich habe es mir stehlen lassen. Das Original wird heute noch im Gefängnisse sitzen, und ich werde Sorge tragen, daß dieser Hund die Freiheit nie wieder erblickt."

„Warum?"

„Er hat es auf meinen Harem abgesehen."

„Was sagst du? Ist das die Wahrheit?"

„Die lautere Wahrheit! Höre zu, wie alles gekommen ist. Also vor kurzem fuhren einige meiner Frauen mit ihren Freundinnen nach dem Thale der süßen Wasser. Dort gingen die Tiere des Wagens durch, in dem Zykyma, mein Lieblingsweib, saß. Da kam dieser elende Franke dazu, hielt die Stiere an, und sie reichte ihm die Hand zum Danke, die er küßte."

„Wie, das hat das Weib eines Pascha gethan, eines rechtgläubigen Anhängers des Propheten?"

„Ja," antwortete der Pascha grimmig. „Du warst nicht dabei, als ich Zykyma kaufte. Du hast sie nicht gesehen. Sie ist allerdings die Krone meines Harems; aber sie ist ein Teufel. Während jener Ungläubige ihre Hand küßte, darf ich sie nicht berühren."

„Das soll ich glauben, Herr?"

„Es ist so. Ein Mann darf nicht von seinen Frauen sprechen; aber du bist mein Helfer und Vertrauter; du kannst es wissen und wirst darüber schweigen. Zykyma hat einen kleinen Dolch, dessen Spitze vergiftet ist. Damit wehrt sie mich ab."

„So nimm ihr doch den Dolch!"

„Kann ich denn? Ich darf es ja nicht wagen, auch nur meine Hand nach demselben auszustrecken. Der kleinſte Riß mit der Spitze, nur in die Haut, genügt, das der Getroffene in wenigen Minuten tot zur Erde fällt. Dieſer Dolch ſtammt von einer Inſel, auf der wilde Menſchen leben, weit jenſeits des Landes Indien."

„So befiehl anderen, ihr die Waffe abzunehmen."

„Ich habe es bereits befohlen; aber keiner der Eunuchen und keine der Denerinnen hat den Mut, dieſem

Befehle zu gehorchen. Ich habe ſie peitſchen laſſen, vergebens. Sie laſſen ſich lieber totſchlagen, als daß ſie an dem fürchterlichen Gifte ſterben wollen —"

„Man mag warten, bis ſie ſchläft."

„Da kann niemand zu ihr, denn ſie ſchließt ſich ein. Als Tochter eines Häuptlings iſt ſie einmal in der Hauptſtadt der Ruſſen geweſen und hat da vieles geſehen, was die Frau eines Moslem eigentlich nicht ſehen ſollte.

Darum hat sie auch diesem fremden Hunde — er soll in alle Höllen fahren — ihre Hand gereicht und sie küssen lassen. Ich erfuhr es wieder und wurde aufmerksam. Und trotzdem ich das schöne Mädchen, das sehr leicht einen Franken verführen konnte, beobachten ließ, ist sie dennoch, als sie nach dem Bazar der Musselinweber ging, wieder mit ihm bei einem Händler zusammengetroffen. Sie durfte nun nicht wieder fort. An ihrer Stelle schickte ich meinen Eunuchen nach dem Bazar, und bald war es mir klar, daß der Fremde sie nur an dem Ringe erkannt haben konnte, den sie an ihrer Hand trug. Ich fand einen Vorwand, ihn ihr abzufordern, und steckte ihn dem Eunuchen an. Meine List gelang. Der Fremde hat sich bethören lassen und ist zu einem Stelldichein mit Zykyma verführt worden. Er kommt zwei Stunden vor dem Untergange der Sonne nach dem Kirchhof von Mewlewi Hane. Dort werde ich ihn ergreifen lassen. Die Polizisten sind bereits unterwegs."

"Ihm geschieht sein Recht. Er darf keine Gnade finden. Wie aber hast du sein Bild erlangt?"

"Nachdem ich seine Wohnung erfahren hatte, bestach ich den Wirt, der ihm heimlich das Bild wegnahm. Dieser Wirt ist ein Grieche und heißt Miledas."

"Wie? Miledas? Wohnt er etwa in der Nähe von Inger Boston?"

"Ja, ganz nahe dabei."

"Welch ein Zusammentreffen! Dort wohnt auch der Maler, der dieses Bild gefertigt hat."

"Allah! Ein Maler wohnt allerdings bei ihm, das weiß ich. Der Fremde nennt sich Wallert, und der Maler heißt Normann; das sind zwei deutsche Namen. Ob Bruder und Schwester wohl von einander wissen?!"

"Nein."

"Wieso vermutest du das?"

"Der Bruder würde sie sofort aus den Händen des Händlers entrissen haben. Weißt du überhaupt, ob er selbst seinen eigentlichen Namen kennt?"

„Gewiß, er kennt ihn, darf ihn aber nicht nennen. Jedoch die Zeit vergeht. Sprechen wir später noch darüber. Jetzt eile ich zu dem Händler, um die Sklavin zu kaufen. Ich werde satteln lassen. Geh du voraus, ihm zu sagen, daß ich komme."

„Soll ich dort bleiben, bis du erscheinst?"

„Ja. Du sollst ja aufpassen, daß alles in Ordnung verläuft. Der Händler wird die Tochter mit der Mutter hinausschaffen in mein Haus am Wasser. Du folgst ihnen unbemerkt, um zu sehen, ob beide richtig abgeliefert werden. Dann begleitest du ihn hierher, um Zeuge zu sein, daß er das Geld erhält. Jetzt geh!"

„Und das Bild?"

„Das bleibt hier."

Der Derwisch entfernte sich. Als er fort war, trat der Pascha an das Porträt, betrachtete es einige Zeit und murmelte dann vor sich hin:

„Anna von Adlerhorst! Ich trug einen Himmel im Herzen. Du schufst eine Hölle daraus. Ich habe mich gerächt, fürchterlich gerächt. Der Schluß meiner Rache aber soll jetzt erst kommen: Du sollst Zeugin sein, wie deine Tochter, dein Ebenbild, meine Sklavin ist und mir die Liebe geben muß, die du mir versagtest."

Er hüllte darauf das Bild wieder ein und gab dann die nötigen Befehle. Einer der Diener mußte sofort hinaus nach dem Hause am Wasser, damit man sich dort auf den Empfang der neuen Sklavin vorbereite.

Als er dann bei Barischa vom Pferde stieg, empfing dieser ihn mit sklavischer Unterwürfigkeit.

„Hat der Derwisch dir gesagt, was ich will?" fragte der Pascha.

„Ja, o Herr. Möge dein Auge Wohlgefallen finden an der Blume, die du pflücken willst."

„Weiß sie bereits von mir?"

„Kein Wort."

„Sie darf auch nichts wissen, denn sie würde dir vielleicht nicht gehorchen. Wenn sie mir gefällt und ich

sie kaufe, so hast du sie und ihre Mutter an den Ort
ihrer Bestimmung zu schaffen, den der Derwisch dir be=
schreiben wird. Du lockst sie hinaus, indem du zu ihnen
sagst, du würdest sie nach dem Thale der süßen Wasser
spazieren fahren. Auf diese Weise umgehst du alle
Schwierigkeiten, die sie dir machen könnten. Auch ver=
biete ich dir, irgend einem anderen Menschen zu sagen,
wer sie gekauft hat."

„Dürfen es die anderen Sklavinnen erfahren?"

„Nein."

„Aber mein Eunuch wird es erfahren."

„Auch er darf es nicht wissen. Ich befehle es!
Jetzt aber will ich sie sehen."

Gleich darauf wurde der Pascha in das Zimmer
geführt, wo der Maler zu arbeiten pflegte, und der
Eunuch holte Tschita. Als der Pascha das schöne
Mädchen erblickte, konnte er sein Entzücken kaum be=
meistern.

„Sie ist schöner, tausendmal schöner, als ihre Mutter
war!" dachte er.

Dennoch gelang es ihm, kalt zu erscheinen. Ab=
weisend schüttelte er den Kopf und sprach so laut, daß
sowohl Tschita als auch der Eunuch es hören konnten:

„Man hat sie mehr gelobt, als sie verdient. Ich
kann sie nicht gebrauchen."

Dann ging er. In dem vorderen Zimmer aber
blieb er bei dem Händler stehen und sagte:

„Höre meinen Willen! Ich gebe dir vier Beutel in
Gold für das Mädchen und einen Beutel in Silber für
das Bild, keinen Para mehr. Im anderen Falle magst
du versuchen, ob der Padischa dich bezahlt. Willst du?"

„Wann erhalte ich das Gold?"

„Sogleich, nachdem du die beiden Frauen abgeliefert
hast. Der Derwisch wird dich zu mir begleiten, wo das
Geld schon jetzt bereit liegt."

„So nimm sie hin, Herr! Du wirst niemals ein
Weib sehen, das schöner ist als dieses Mädchen."

Somit war der Handel abgeschlossen. Der Pascha überließ jetzt sein Pferd dem Derwisch und begab sich an das Ufer, um sich in einem Kaik nach der anderen Seite übersetzen zu lassen, wo Wallert gefangen genommen werden sollte. Er kam dort noch vor demselben an. —

Der alte Mädchenhändler hatte ein sehr gutes Geschäft gemacht. Er freute sich darüber, verbarg jedoch diese Freude, als er zu Tschita zurückkehrte und machte ein zorniges Gesicht.

„Jetzt konntest du einen vornehmen Herrn erhalten und die Gebieterin eines hohen Pascha werden," sagte er vorwurfsvoll zu ihr. „Aber du machtest ein Gesicht, daß er sofort zurückgeschreckt ist. Bist du etwa krank?"

„O nein."

„Und doch bist du krank. Deine Wangen sind blaß. Hast du Schmerzen?"

„Nirgends,"

„Um so schlimmer. Wenn man blaß ist und trübselig, ohne wirkliche Schmerzen zu empfinden, so ist es sehr gefährlich. Ich glaube, du mußt Luft und Sonnenschein haben. Hast du einmal vom Thale der süßen Wasser gehört?"

„Wo die Frauen spielen?" fragte sie rasch.

„Ja, den Ort meine ich."

„Ich habe von ihm gehört."

„Möchtest du einmal hin?"

„O, gern, so gern."

Ihre Augen strahlten vor Entzücken.

„Nun, so will ich einen Wagen mieten. Du sollst hinausfahren."

„Heute? Jetzt, Herr?"

„Ja, jetzt sogleich."

„Allah danke es dir! Wer fährt noch mit?"

„Niemand. Die anderen sind nicht krank."

„O, eine ist doch krank, sehr krank, nämlich meine

Mutter. Willst du nicht die Gnade haben, zu erlauben, daß ich sie mitnehmen darf?"

„Ich will dir die Freude bereiten, hoffe aber, daß du um so munterer bist, wenn wieder ein Käufer kommt."

Das gab natürlich eine außerordentlich freudige Aufregung. Der Eunuch ging, um eine Araba zu bestellen, einen zweirädrigen, von Ochsen gezogenen Wagen, in den Mutter und Tochter stiegen, ohne zu ahnen, daß sie nicht wieder zurückkommen würden.

Die Vorhänge des Wagens wurden fest zugezogen. Niemand sollte die kostbare Perle sehen, die er enthielt. Der Händler schritt nebenher, und der Derwisch kam in einiger Entfernung stolz nachgeritten, gefolgt von den erstaunten Blicken der ihm Begegnenden, die noch nie in ihrem Leben einen Derwisch vom Orden der Heulenden auf einem so guten und kostbar gesattelten Pferde gesehen hatten.

Der Weg ging durch Sankt Dimitri und Piali Pascha. Als sie den letzteren Stadtteil hinter sich hatten, ritt Osman voran. Er wollte der erste sein, der Mutter und Tochter empfing und sich an dem Schreck der beiden weiden konnte.

Der Bote des Paschas war bereits dagewesen, und die Haremsdienerinnen hatten alles zum Empfange bereit gemacht. Kurze Zeit darauf knarrte der Wagen zum geöffneten Thore herein und hielt in dem Hof.

„Steigt aus!" gebot der Händler. „Wir sind an Ort und Stelle."

Das ganze, dem Pascha gehörige Grundstück bildete ein spitzwinkliges Dreieck, an dessen beiden langen Seiten die zwei Bäche flossen, die sich in dem spitzen Winkel vereinigten. Hart am Wasser, also von diesem bespült, stiegen die wohl sechs Meter hohen, starken Mauern empor. In derjenigen Mauer, welche die dritte Seite bildete und also von der einen bis zur anderen reichte, befand sich das Eingangsthor, aus starkem, mit Eisen be=

schlagenem Holze gearbeitet und mit schweren Riegeln und Schlössern versehen.

Durch dieses Thor gelangte man in den Hof und von diesem aus in das Gebäude, hinter dem dann der dreieckige Garten lag, der mit schattigen Bäumen bepflanzt und mit schön blühendem Buschwerk verziert war.

Also in diesem Hofe hielt der Wagen. Die beiden Frauen stiegen aus. Tschita blickte sich verwundert um.

„Ich denke, wir fahren nach dem Thale der süßen Wasser?" fragte sie befremdet den Händler.

„Ja, das thun wir auch," antwortete dieser mit einem befriedigten Lächeln.

„Das kann doch hier nicht sein!"

„Ganz recht. Ich habe euch vorher hierher gebracht, um euch zu Frauen zu führen, die mitfahren werden. Seht dort den Mann. Folgt ihm hinauf in die Gemächer. Er wird euch die Frauen zeigen. Ich warte hier, bis ihr wiederkommt."

Das beruhigte das Mädchen. Sie nickte ihrer Mutter aufmunternd zu und wandte sich mit ihr arglos nach der Thür, unter welcher der erwähnte Mann stand.

Derselbe hatte ein hageres, keineswegs Vertrauen erweckendes Gesicht, und in seinem Gürtel steckte eine Peitsche, das sichere Zeichen, daß er hier eines hervorragenden Amtes waltete. Er betrachtete die Nahenden mit scharfen Augen, trat zur Seite, um sie einzulassen, und sagte:

„Ich bin der Stellvertreter des Pascha, der Verwalter dieses Hauses. Ihr habt euch das zu merken. Folgt mir!"

Sein Gesicht hatte einen schadenfrohen Ausdruck angenommen. Er wandte sich jetzt kurz um und schritt mit Tschita und ihrer Mutter durch einen Gang, der nach einem Innenhofe führte. In der Mitte desselben befand sich ein von steinernen Sitzen umgebenes Wasserbassin. Der Hof wurde nicht durch Mauern, sondern durch einen viereckigen Säulengang gebildet, auf dem das Stockwerk ruhte. Die mit dichten Holzgittern versehenen Fensteröffnungen bewiesen, daß sich da die Frauengemächer befanden.

Kein Mensch war in dem Hofe anwesend. Der Mann geleitete die Frauen über denselben hinweg nach einer schmalen Holztreppe, die nach oben führte. Dort stand ein dicker Neger mit fettem, schwammigen Gesicht und außerordentlich wulstigen Lippen, der sich vor dem Verwalter tief verneigte. Letzterer deutete auf ihn.

„Das ist Omar, von jetzt an euer Wächter, dem ihr zu gehorchen habt. Er wird mir berichten, ob er mit euch zufrieden ist."

Tschita blickte den Neger durch die Schleieröffnung erstaunt an.

„Unser Wächter?" fragte sie verwundert. „Dem wir zu gehorchen haben? Höre ich recht?"

„Ich wiederhole meine Worte nie. Wenn ihr noch nicht wißt, woran ihr seid, so kommt hier einer, der es euch sagen wird."

In diesem Augenblick trat durch eine Thür der Derwisch ein. Er hatte die Worte des Verwalters wohl gehört.

„Wie es scheint," sagte er zu Tschita, „hat euch Barischa noch gar nicht gesagt, weshalb ihr euch hier befindet?"

Tschita erschrak. Sie erkannte in ihm sofort denjenigen, der heute bei dem Händler gewesen war und ihr Zusammensein mit dem Maler gestört hatte. Hatte sie schon aus diesem einen Grunde keine Veranlassung, ihm wohlgesinnt zu sein, so machte der lauernde, höhnische Ausdruck seines Gesichtes jetzt einen doppelt unangenehmen Eindruck auf sie.

„Er hat es mir gesagt," antwortete sie.

„Es scheint nicht so."

„Wir sollen hier Frauen abholen, um mit ihnen nach dem Thale der süßen Wasser zu gehen."

„So hat er euch getäuscht. Ihr werdet nicht an die Wasser gehen, sondern hier bleiben. Dieses Haus gehört dem mächtigen Ibrahim Pascha, der euch gekauft hat."

„Gekauft — — —?" hauchte Tschita, im höchsten Grade erschrocken.

„Ja. Das mußt du doch wissen. Er war doch vorhin bei dir, um dich anzusehen."

„Der? Ich habe ihm ja nicht gefallen!"

„Das war nur Scherz. Ihr werdet von jetzt an hier wohnen."

„O Allah!"

Tschita lehnte sich an die Wand, um nicht zusammenzubrechen. Dieser Schlag kam so unvorbereitet, so ungeahnt, daß er sie mit doppelter Stärke traf. Ihre Mutter trat schnell zu ihr und zog sie an sich.

„O Mutter, Mutter!" erklang es verzweifelt von den Lippen des jungen Mädchens.

Die Angeredete konnte kein Wort des Trostes, der Beruhigung sagen; ihr fehlte ja die Zunge. Sie ließ nur einen rauhen, unartikulierten Laut hören, der wohl als ein Ton des Mitleids gelten sollte.

Der Derwisch hatte ihn wohl gehört. Rasch trat

er an sie heran und bohrte den Blick in die Schleier=
öffnung der Bedauernswerten, als ob er durch diese dichte
Hülle sehen wolle.

„Alte," sagte er höhnisch, „du wirst dich nicht wundern,
daß ich euch hierher gebracht habe. Du kennst ja Ibrahim
Pascha, der damals noch Ibrahim Effendi genannt wurde."

Sie schüttelte den Kopf.

„Lüge nicht! Gestehe wenigstens, daß du mich
kennst!"

Sie gab dasselbe verneinende Zeichen.

„Oh, ich verstehe dich!" rief er da grinsend. „Du
willst mir den Triumph der Rache verkürzen. Ja, du
bist schlau, aber deine Schlauheit hilft dir nichts. Meine
Rache ist doch gelungen."

Und zu dem Verwalter und dem Neger gewendet,
fügte er hinzu:

„Dieses alte Weib ist voller Bosheit und Tücke.
Gebt ihr nicht nach; verwöhnt sie nicht durch unzeitige
Nachsicht. Laßt sie die Peitsche fühlen, wenn sie wider=
strebt!"

„Ungeheuer!" rief Tschita empört.

„Schimpfe immerhin," lachte er. „Gerade dieser Zorn
beweist mir, daß mein Pfeil getroffen hat. Ich werde
euch wohl nicht mehr wiedersehen, denn ihr tretet in
den Harem ein; aber ich bin überzeugt, daß ihr sehr oft
an mich denken werdet. Lebt wohl!"

Dann ging er und der Verwalter mit ihm. Draußen
klirrten die Riegel vor der Thür. Die beiden waren
eingeschlossen.

„O Gott, o Gott! O Allah!" weinte Tschita, indem
sie den Kopf an die Brust der Mutter legte.

Diese zog die Tochter mit ihren verstümmelten
Armen noch inniger an sich. Der Schwarze aber öffnete
eine andere Thür, deutete da hinein und sagte mit seiner
fetten, quiekenden Stimme:

„Geht! Ich werde euch eure Gemächer anweisen!"

Und als sie diesem Befehle nicht sofort folgten, zog

„Sie sticht, Herr, sie sticht!" rief er ängstlich.
(Seite 153.)

er die Peitsche, die auch er im Gürtel trug, schwang sie drohend und warnte:

„Gehorcht sofort, sonst folgt sogleich die Strafe!"

Da wankten die beiden hinaus in den Gang, auf den die Thür führte, und der Schwarze schob sie weiter und weiter bis in ein Zimmer, in dem sich nichts befand, als einige an den Wänden liegende Kissen.

„Hier habt ihr zu warten, bis ich euch weiter bringe," sagte er. „Nehmt die Schleier ab. Ich muß euch betrachten, damit ich euch kennen lerne."

Sie gehorchten. Ein unendlich widerliches, fast tierisches Grinsen zog über sein Gesicht, als er das schöne Antlitz des Mädchens erblickte. Frech legte er ihr die Hand an das Kinn und sagte:

„Du bist hübsch, sehr hübsch. Wenn du dem Pascha gern gehorchst und dir mein Wohlgefallen erwirbst, wirst du vielleicht das ganze Haus beherrschen. Lege nun aber auch den Mantel ab."

Jetzt wandte er sich zu der Mutter. Das Gesicht derselben war von Blatternarben zerrissen.

„Welch ein Kontrast!" rief er roh lachend aus. „Wenn der Gebieter dich erblickt, wird er vor Schreck krank werden, und ich erhalte die Bastonnade. Er darf dich gar nicht sehen. Ich muß dich verbergen und werde dir in einem anderen Teile des Hauses eine Kammer zur Wohnung geben. Du gehörst nicht dahin, wo die Schönheit und die Liebe herrscht. Folge mir!"

Er wandte sich nach der Thür.

„Halt!" sagte da Tschita. „Sie ist meine Mutter!"

„Das weiß ich!"

„Ich trenne mich nicht von ihr!"

„Du wirst gehorchen. Vorwärts, Alte!"

Tschita legte jedoch beide Arme um die Mutter und rief:

„Sie bleibt hier, oder ich gehe mit."

„Du bleibst, und sie geht! Siehst du die Peitsche?"

„Du wirst es nicht wagen, mich zu schlagen!"

„Ich werde schlagen. Noch bist du nicht die Lieblingsfrau des Paschas. Du bist keine Gebieterin, sondern eine Sklavin, die ich züchtigen darf. Ihr werdet also beide die Peitsche schmecken, wenn ihr nicht gehorcht. Ihr habt gehört, was der Derwisch sagte. Also du magst dich hier niedersetzen, und nun vorwärts mit der Alten!"

Er streckte bei diesen Worten die Hand nach der Mutter aus, die aber erschreckt vor ihm zurückwich. Da riß er ihr den Mantel vom Leibe, damit er besser zielen und treffen könne, und holte mit der Peische zum Schlage aus.

Das war für Tschita zu viel. Ihre Mutter mißhandeln lassen? Nein! Ein furchtbarer Zorn bemächtigte sich ihrer; sie fühlte einen ungeahnten Mut in sich und warf sich schnell auf den Eunuchen.

„Katze! Willst du beißen?" schrie dieser wütend, dann stieß er Tschita von sich und richtete die Peitsche nun gegen sie selbst. Jedoch er kam nicht dazu, den Hieb auszuführen, denn unter der Thür erschien plötzlich Hilfe. Zykyma war, von ihm unbemerkt, mit raschen Schritten herbeigeeilt und hatte ihm von hinten die Peitsche aus der Hand gerissen.

„Hund, du willst schlagen?" herrschte sie ihn an. „Das sollst du bleiben lassen! Hier, nimm selbst!"

Der Schwarze hatte sich zu ihr umgewandt. Im nächsten Augenblick erhielt er einen solchen Hieb über das Gesicht, daß er einen lauten Schmerzensschrei ausstieß und, die Hände an die getroffene Stelle haltend, gegen die Wand taumelte. Dort blieb er stehen, ohne ein Wort zu wagen.

Zykyma machte in ihrer Schönheit, die durch ihre gegenwärtige, gebieterische und drohende Haltung noch hervorgehoben wurde, einen mächtigen Eindruck auf die beiden Bedrängten.

Sie war eines jener dunklen, üppigen Wesen, die nur im Orient geboren werden können. Wie sie so da stand, ganz in rote Seide gekleidet, das aufgelöste, reiche Haar über die Schultern herab fast bis auf den Boden wallend, mit blitzenden Augen und hoch erhobener Peitsche, schien sie zur Königin geboren zu sein.

Ihre feinen, rosig angehauchten Nasenflügel zitterten unter der Erregung des Augenblicks; ihre Lippen hatten sich leise geöffnet, um die kleinen, schmalen, leuchtenden Zähnchen durchblicken zu lassen, und das eine, außerordentlich niedliche, nackt in einem seidenen Pantöffelchen steckende Füßchen war drohend vorgeschoben, als wolle sie sich auf den Neger werfen.

„Hat er euch bereits geschlagen?" fragte sie mit ihrer kräftigen, aber ungemein wohlklingenden Stimme.

„Noch nicht. Er wollte," antwortete Tschita.

„Seid ihr die beiden neuen?"

„Das weiß ich nicht. Wir kamen hierher, um Frauen zur Spazierfahrt abzuholen. Da hörten wir, daß Ibrahim Pascha mich gekauft habe."

„So seid ihr es. Warum aber antwortet die andere nicht?"

„Sie kann nicht. Man hat ihr die Zunge herausgeschnitten."

„O Allah! Und was sehe ich? Sie hat keine Hände!"

„Man hat sie ihr abgeschnitten. Sie ist meine Mutter."

Ein unendliches Mitleid glänzte aus Zykymas Augen, als sie auf die Verstümmelte zutrat, ihr die Hand auf die Schulter legte und dabei sagte:

„Habe keine Angst mehr! Du stehst unter meinem Schutze! Du Arme! Man ist grausam gegen dich gewesen, grausamer als Panther und Tiger sind. Und dieser Feigling wollte dich schlagen? Ah, er soll sofort den Lohn erhalten!"

Zwei rasche Schritte that sie zum Neger hin, dann holte sie aus, und Hieb um Hieb sauste und klatschte auf ihn nieder, ohne daß er es wagte, zu fliehen oder Widerstand zu leisten.

„So," sagte sie endlich. „So wird es dir stets ergehen, wenn du es wagst, eine dieser beiden nur mit einem Worte zu beleidigen. Du bist weder Mann, noch Weib, sondern nur ein feiges, verächtliches Geschöpf. Du wagst dich nur an Schwache und Wehrlose. Armseliger Sklave eines ebenso armseligen Herrn, wer hat dir befohlen, die Peitsche zu gebrauchen?"

„Der Derwisch und der Verwalter," wimmerte er.

„So werde ich mit diesem letzteren ein ernstes Wort reden. Sage ihm, daß er sich vor mir in acht nehmen soll. Wo werden meine Freundinnen wohnen?"

„Drüben auf der vorderen Seite des Hofes."

„Nein, das gebe ich nicht zu. Sie werden hier bei mir wohnen. Sie stehen unter meinem Schutze."

„Der Pascha hat es so befohlen."

„Der Pascha? Was geht mich sein Wille an? Du magst vor ihm im Staube kriechen, armseliger Wurm; ich aber thue es nicht. Bist du auf ihren Empfang vorbereitet?"

„Ja. Die neue Sklavin soll ein Bad nehmen und sich Kleider auswählen; dann wird der Pascha kommen, sie zu begrüßen."

„Sie wird das Bad bei mir nehmen. Hier mag sie sich auch kleiden und schmücken. Bringe alles zu mir, sogleich!"

Er zögerte. Da erhob sie abermals die Peitsche.

„Gehorchst du oder nicht?"

„Der Herr wird mir zürnen und mich strafen!"

„Das ist dir zu gönnen! Nimm nur die Bastonnade hin und lecke ihm dafür dankbar die Hand! Jetzt aber eile!"

Der Schwarze schlich sich wie ein ertappter Sünder von dannen. Zykyma aber ergriff Tschita bei der Hand und sagte:

„Kommt! Ich will euch in meine Gemächer führen. Ich bewohne die ganze Seite dieses Hauses und habe genug Raum für euch übrig."

Sie führte darauf Tschita in ein nach orientalischer Weise prächtig eingerichtetes Frauengemach. Beide mußten sich hier neben einander auf einen seidenen Diwan nieder= lassen, während die schöne Wirtin sich mit unterschlagenen Beinen auf ein niedriges Kissen setzte. Sie hatte die Peitsche noch immer in der Hand.

„Ihr werdet glauben, daß ich ein recht böses, schlimmes Wesen sei," sagte sie, vergnügt lächelnd, „aber ihr sollt mich bald besser kennen lernen. Wo man die Männer zu Weibern macht, da müssen eben die Frauen zu Männern werden. Wie ist dein Name?"

„Tschita."

„Das heißt Blume. Ja, eine Blume bist du, eine schöne, süß duftende Blume. Es ist, als sei die Sonne über dich hinweggegangen und habe ihre schönsten und wärmsten Strahlen bei dir zurückgelassen. Dein Auge ist dasjenige des Himmels, wenn er keine Wolke hat. Ich fühle, daß ich dich lieb haben werde. Wir sind jetzt allein. Der Neger wird in den Kleidern wühlen und lange Zeit brauchen, das Passende auszuwählen. Kein Mensch hört uns. Darum wollen wir einander mitteilen, was uns zu wissen not thut. Hattest du bereits einen Herrn?"

„Nein."

„Hast du den Pascha gesehen?"

„Ja. Er war bei dem Händler, mich zu besichtigen."

„Hast du Wohlgefallen an ihm gefunden?"

„O nein. Ich — ich — ich — hasse ihn!"

Tschita stieß das mit plötzlicher Leidenschaftlichkeit hervor, während ihre Augen sich mit Thränen füllten.

„Hat er dich beleidigt?"

„Nein; aber — aber —"

Tschita hielt errötend inne. Was sie hatte sagen wollen, das durfte sie ja nicht aussprechen. Da wandte sich Zykyma, die ihre dunklen Augen prüfend auf Tschita hatte ruhen lassen, mit einem siegesgewissen Lächeln zu ihr und sagte:

„Ich habe dich erst seit Minuten gesehen, und der Worte, die wir gesprochen haben, sind nur wenige, aber ich kenne dich dennoch bereits. Willst du aufrichtig mit mir sein?"

„O, gern!"

„Du liebst?"

Tschita blickte auf, zögerte zu antworten, schlug dann die Hände vor das Gesicht und brach in ein herzzerreißendes Schluchzen aus. Das war ihre einzige Antwort.

Die Stumme aber legte die verstümmelten Arme um sie und zog sie sanft an sich; auch ihre Augen füllten sich mit Thränen.

Zykyma fragte jetzt nicht weiter. Sie benagte die Unterlippe mit den kleinen Zähnchen, als ob auch sie einen Schmerz zu verbeißen hätte. Plötzlich sprang sie von ihrem Sitze auf und trat an das Gitterwerk, um lange und lautlos hinaus in den stillen, einsamen Garter zu blicken, auf den sich bereits die Schleier der Dämmer= ung niederzusenken begannen.

Dann wandte sie sich wieder nach dem Zimmer zurück, schlug mit der Peitsche durch die Luft, als ob sie irgend eine Person treffen wolle, und sagte:

„O Allah, ich zürne dir, obgleich ich nur eins deiner Geschöpfe bin! Warum läßt du so viele, viele Unglückliche geboren werden! Du bist nicht so gütig, wie in den Büchern steht!"

Die Peitsche in den Winkel schleudernd, setzte sie sich neben Tschita auf den Diwan.

„O, sage mir," bat sie darauf in liebevoll flüsterndem Tone und ergriff ihre Hände, „sage mir, daß du meine Freundin, meine Schwester sein willst!"

„Soll ich denn?"

„Ja, du sollst. Ich wünsche es, ich bitte dich darum. Und nun sprich, bist du noch in keinem Harem gewesen?"

„Nie."

„So weißt du nicht, was ein Harem ist. Ein Harem ist eine Hölle für das Weib, das ein Herz im Busen trägt. Im Harem herrscht die elendeste Knechtschaft, im Harem gähnt der fürchterlichste Tod; das Elend, das Unglück, der Jammer grinsen dir im Harem aus allen Ecken und Winkeln entgegen. Dort gebietet ein Mensch, dem dein Leib gehört, während deine Seele nach Freiheit schmachtet. Im Harem — o, was soll ich sagen! Es ist ja nicht zu sagen. Aber als der Prophet von den Stufen der Hölle sprach, kannte er die entsetzlichste Tiefe der Verdammnis noch nicht, denn der tiefste Winkel derselben heißt — Harem!"

Zykyma schwieg. Ihr Busen wogte, und ihr Atem ging hörbar.

„Bist auch du unglücklich?" fragte Tschita.

„Unglücklich und elend wie keine andere. Aber ich bin nicht gemacht zu stillem Dulden, zu ergebenem Leiden. Ich widerstrebe, ich wehre mich, ich verteidige mich. Man hat mich zwar verkauft, verschachert, aber ich bin dennoch Herrin geblieben. Ich herrsche hier, ich bin Gebieterin, und alle die elenden Sklaven zittern vor mir. Das wird so sein, und so bleiben, bis —"

Sie brachte ihren Mund nahe an Tschitas Ohr und fuhr leiser fort:

"Bis ich frei bin. Ich bleibe nicht hier."

"Um Gott! Willst du fliehen?"

"Ja. Ich sage es dir. Und nun verrate mich!"

"Verraten? Nein, o nein! Nimm mich mit, o, nimm mich mit! Ja, laß uns Freundinnen, Schwestern sein. Ich bin so unglücklich, daß ich sterben möchte."

"Sterben? Nein, das werden wir nicht. Mein Leben ist in Elend getaucht, aber es ist dennoch zu kostbar, als daß ich es nicht verteidigen möchte. Wo bist du geboren?"

"Ich weiß es nicht."

"Wie? Du weißt es nicht? Das kann ich nicht glauben."

"Es ist dennoch so. Ich habe meine Heimat nie gekannt."

"Von woher bist du nach Stambul gekommen?"

"Von jenseits des Meeres."

"Welchen Meeres? Es giebt Meere mit verschiedenen Namen."

"Ich weiß es nicht. Ich lebte mit der Mutter in einem kleinen Dorfe. Wir waren nicht immer da gewesen. Ein finsterer, strenger Mann gab uns zu essen und zu trinken. Dann kam ein Schiff und brachte uns hierher."

"Konntest du nicht von deiner Mutter erfahren, wo ihr früher gewesen waret?"

"Nein. Sie kann ja nicht sprechen."

"Auch nicht schreiben?"

"O ja! Sie zeigte mir einmal, daß sie schreiben wolle. Sie hatte dem Manne, bei dem wir wohnten, heimlich Papier weggenommen und einen Bleistift. Diesen mußte ich ihr an den rechten Arm binden, und dann schrieb sie."

„Was?"

„Das ist mir nicht bekannt, denn man hat mich nicht lesen und schreiben gelehrt, aber dessen erinnere ich mich noch genau, daß der Mann uns überraschte, und als er die Schrift sah, diese zerriß und meine Mutter so schlug, daß sie lange Zeit krank gewesen ist. Seitdem hat sie nicht wieder geschrieben."

„Wie hieß das Dorf, wo ihr wohntet?"

„Ich weiß es nicht."

„Und der Mann?"

„Auch das kann ich dir nicht sagen. Ich mußte ihn Herr nennen."

„So hat man dich wohl gar mit keinem Menschen sprechen lassen?"

„Mit keinem. Ich durfte nur mit der alten Mutter des Mannes reden, und die hat mir niemals eine Frage beantwortet. Sie war so grausam wie er."

„Arme, arme Freundin! Hat man dich beten gelehrt?"

„Ja."

„Zu wem?"

„Zu Allah."

„So bist du also auch Muhammedanerin. Betest du oft?"

„Sehr oft, und meine Mutter auch. Aber sie mag es nicht leiden, daß ich die Gebetkügelchen dazu nehme."

„Ah! Wirklich? Hm! Wendet sie ihr Gesicht nach Mekka, wenn sie betet?"

„Nein. Sie betet nach allen Richtungen."

„Allah! Deine Mutter ist eine Christin."

Tschita erschrak. Sie wußte es nicht anders, als daß der Christ ein zur Verdammnis bestimmtes Wesen sei.

„Was sagst du?" fragte sie voller Angst. „Eine Christin? Das möge Allah verhüten!"

„Sorge dich nicht. Du kennst weder unseren Glauben, noch denjenigen der Franken. Der Gott der Franken ist weiser, gütiger und barmherziger als Allah, zu dem wir beten. Gehe auf die Straße und blicke auf die Christen, wie stolz und froh sie einherschreiten. Sehen sie aus, als ob sie für die Hölle bestimmt seien?"

Tschita dachte an den Maler.

"Du hast recht," antwortete sie. "Ich kenne einen Franken, der — der — der —"

Sie stockte. Fast hätte sie von ihm gesprochen!

"Was war mit ihm?"

"Er war — war — auch nicht verdammt."

Zykyma ergriff mit beiden Händen das schöne Köpfchen der neuen Freundin und blickte ihr forschend in die blauen Augen.

"Tschita, liebst du einen Franken?"

Die Gefragte schlang anstatt der Antwort die Arme um sie und verbarg das erglühende Gesicht an ihrer Schulter.

"Ist es so?" flüsterte Zykyma zärtlich.

"Ja," hauchte Tschita. Und entschlossener setzte sie hinzu: "Jetzt sage ich dasselbe wie vorhin du: Nun verrate mich!"

"Und ich antworte wie du: Nein, nein! Höre, was ich dir sagen werde. Ich kenne gleichfalls einen Franken."

"O Allah! Liebst auch du ihn?"

"Meine ganze Seele ist sein Eigentum. Alle meine Gedanken fliegen zu ihm. Jetzt weißt du, daß ich dich nicht verraten werde. Aber sage um Gottes willen keiner anderen davon!"

"Sind denn noch viele andere hier?"

"Ja, und sie sind feig, falsch, boshaft und klatschsüchtig. Sie sehnen sich nach einem Blicke des Paschas, wie sich der Halm nach dem Tropfen sehnt. Sie bieten ihm ihre Schönheit dar, um eines elenden Geschenkes willen. Sie sind keine Frauen, keine Menschen, sie haben keine Seelen, keine Herzen. Sie sind nur Leiber — Leiber! Wenn sie unser Geheimnis ahnten, würden sie uns verraten, und wir wären verloren."

"Sind sie nicht deine Freundinnen?"

„Nein. Sie hassen mich."

„Warum? Hast du sie beleidigt?"

„Ich spreche nicht mit ihnen und kann sie also nicht beleidigen. Aber ich habe etwas gethan, was die Bewohnerin eines Harems niemals verzeiht."

„Darf ich es erfahren?"

„Ich habe das Herz des Gebieters erobert."

„Ah, er liebt dich also?"

„Ja, er liebt mich, nicht wie er die anderen liebt, sondern mehr, weit mehr. Ich weiß nicht, ob ich schöner bin als sie, aber das weiß ich, daß er sie alle verkaufen oder verschenken würde, wenn ich ihn unter dieser Bedingung erhören wollte."

„Bist du nicht sein Weib?"

„Nein."

„Mußt du ihm nicht gehorchen?"

„Er hat allerdings nicht das Recht, Gehorsam von mir zu fordern. Würdest aber du ihm gehorchen?"

Diese Frage hatte Tschita nicht erwartet. Das war überhaupt ein Gegenstand, über den sie noch gar nicht nachgedacht hatte. Sie hatte so einsam, so verlassen gelebt, sie kannte das Leben gar nicht. Sie wußte nur, daß sie verkauft werden sollte, um dem zu gehören, der den Preis für sie bezahlte. Was aber dieses Gehören zu bedeuten habe, davon hatte sie bisher noch keine Ahnung gehabt. Sie war eben noch Kind, noch körperlich und seelisch rein, eine Jungfrau in der schönsten Bedeutung dieses Wortes.

„Muß ich nicht gehorchen?" fragte sie jetzt.

„Weißt du denn, was er von dir fordern wird?"

„Nein, was ist es?"

„Kind, Kind! Du bist so unwissend, als ob du erst jetzt geboren seiest. Er verlangt, daß du ihn umarmst."

„O nein!" sagte Tschita ganz erschrocken.

„Daß du ihn sogar küssest!"

„Nie, nie!"

„Siehst du! Du willst ihm also nicht gehorchen?"

„Ich werde ihn niemals küssen."

„Wenn er dich aber zwingt, es zu thun?"

„Lieber sterbe ich."

„So ist es recht. Aber du brauchst keine Sorge zu haben. Du stehst unter meinem Schutze. Er soll es nicht wagen, auch nur ein Haar deines Hauptes zu berühren."

„Hast du denn eine so große Macht über ihn?"

„Ja. Er fürchtet sich vor mir. Warum, das wirst du sehr bald erfahren. Aber weiß deine Mutter, daß du den Franken gesehen hast und ihn liebst?"

„Ja. Ich habe es ihr gesagt."

„War sie zornig?"

„O nein. Sie war ganz entzückt."

„So habe ich recht vermutet. Paß auf!"

Zykyma wandte sich jetzt an die Mutter und fragte:

„Nicht wahr, du bist eine Christin?"

Die Gefragte hatte natürlich jedes Wort des Gespräches vernommen. Ihr Gesicht zeigte den Ausdruck einer unbeschreiblichen Spannung, und ihr Auge glänzte unter einer tiefen, seelischen Erregung. Jetzt, bei dieser Frage, nickte sie hastig und mehrere Male und gab durch bekräftigende Laute ihre Freude zu verstehen, sich endlich einmal mitteilen zu können.

„Bist du als Christin geboren?" fragte Zykyma weiter.

Die Mutter nickte.

„In welchem Lande? An welchem Orte?"

Die Verstümmelte deutete unter lebhafter Bewegung nach Westen.

„Ah, sie ist im Lande der Franken geboren! Sie freut sich, daß sie es mir sagen kann. Sie kann nicht sprechen und auch unsere Schrift nicht schreiben, aber ich werde dennoch alles von ihr erfahren, alles, was wir wissen wollen. Damit aber müssen wir noch warten. Wir müssen erst von dem Notwendigsten sprechen. Wo hast du deinen Franken gesehen, Tschita?"

„Bei dem Händler Barischa."

„So hat er auch dich gesehen? Mit entblößtem Gesicht?"

„Ja."

„Hat er dir ein Zeichen gegeben, daß er dich liebt?"

„O, noch mehr, noch viel mehr."

Tschita nahm sich den Mut, der neuen Freundin jetzt alles zu erzählen. Auch die Mutter hörte dieses Geständnis.

„Du armes Kind!" meinte Zykyma, als der Bericht zu Ende war. „So wird er dich also nicht wiedersehen, wenn er morgen kommt."

„Gott, was wird er thun?"

„Er wird forschen und suchen, dich jedoch nicht finden."

„So sterbe ich vor Jammer. Aber vielleicht wird Ali, der Eunuch, ihm sagen, wer mich gekauft hat."

„Es ist möglich, daß Ali es auch nicht weiß. Aber sei getrost, der Maler soll dennoch erfahren, wo du dich befindest."

„Wer soll es ihm sagen?"

„Darüber sprechen wir später. Es ist zuvor notwendig, zu wissen, wie er heißt und wo er wohnt. Hat er dir seinen Namen genannt?"

„Ja. Dieser Name klingt fremd. Ich hatte Mühe, ihn zu behalten. Er heißt Paul Normann. Paul ist sein Name und Normann heißt seine Familie."

„Das ist bei den Franken so üblich. Sie haben zwei Namen, einen für die Person und einen für die Familie. Wo aber wohnt der Maler?"

„Danach habe ich ihn nicht gefragt."

„Wie schlimm! Du hättest es nicht vergessen sollen."

„Ich glaubte doch, daß ich ihn wiedersehen werde."

„Nun, wir werden ihn dennoch finden. Der Händler weiß sicherlich seine Wohnung. Bei ihm muß man also nachfragen."

„Wer aber soll dies thun?"

Zykyma wollte eben antworten, da ließen sich draußen Schritte hören. Der Eunuch kam, von mehreren Knaben begleitet, die alle die Gegenstände trugen, die für Tschita bestimmt waren.

Jetzt hatte natürlich die vertrauliche Unterredung ein Ende. Auf das Bad wurde zwar verzichtet, nicht aber auf die Toilette. Es gab da Gewänder aus Stoffen, deren Kostbarkeit das Herz entzückte, und prächtiges Geschmeide, wie es nur im Harem getragen wird, denn da die Bewohnerinnen der Frauengemächer von der Außenwelt abgeschlossen sind und mit dem Leben kaum oder wenigstens nur in sehr geringe Berührung kommen, haben sie allein die Aufgabe, ihrem Herrn zu gefallen, und verbringen ihre Zeit zumeist mit Beschäftigungen, die sich eben nur auf diese Aufgabe beziehen.

Es war auch eine Vasenlampe mitgebracht worden, da sich inzwischen der Abend eingestellt hatte. Bei dem Scheine dieser kleinen Lampe begannen nun die beiden Mädchen die für Tschita passenden Gegenstände auszuwählen.

Der Eunuche hatte sich mit seinen Knaben wieder entfernen müssen.

Auch die Mutter nahm an dieser Beschäftigung teil. Es gab ja keine andere für sie. Ihre Wünsche und Absichten mußten freilich auf etwas ganz anderes gerichtet sein.

Tschita hatte eine Frauenhose von rosa Seide angelegt, darüber ein goldverziertes Jäckchen von demselben Stoffe. Zykyma befestigte ihr nun auch einen aus venetianischen Goldmünzen zusammengesetzten Schmuck im Haar und legte ihr eine eben solche Kette um den schimmernden Nacken. Dann trat sie einige Schritte zurück, um sie zu betrachten und rief bewundernd aus:

„Wie schön bist du! Viel, viel schöner noch als ich!"

„O nein!" antwortete Tschita errötend. „Die Schönste von uns beiden bist du!"

„Das darfst du nicht glauben! Ich bin nicht neidisch

auf dich. Ich freue mich vielmehr der herrlichen Gaben, die Allah dir verliehen hat. O, du wirst dem Pascha viel Sorgen machen!"

„Wieso?"

„Je größer der Schatz ist, den man besitzt, desto mehr wacht man über ihn. Wenn er dich sieht, wird er bezaubert sein."

„Er mag mich lieber gar nicht ansehen!"

„Er wird es dennoch und zwar sehr bald thun."

„Doch nicht etwa noch heute?"

„Jedenfalls noch heute. Er wird kommen, sobald er vom Friedhofe zurückgekehrt ist."

„Ist er auf dem Friedhofe?"

„Ja. Er will — doch, das werde ich dir später erzählen. Ich freue mich wirklich sehr auf die Leiden, die du ihm verursachen wirst."

„Ich will ihm durchaus nichts verursachen, weder Freuden noch Leiden. Er mag sich gar nicht um mich bekümmern."

„Du bist ein Kind, ein liebes, schönes, kleines Kind, das gar nicht ahnt, warum und wozu es lebt. Weißt Du nicht, daß uns Frauen eine Gabe verliehen ist, wie es kostbarer keine zweite giebt, die Gabe, das Herz des Mannes gefangen zu nehmen für alle Zeit, für das ganze Leben? Ja, wir können dem Manne die größte Seligkeit bieten, ihm aber auch die Hölle bereiten. Und so wird auch der Pascha, wenn er dich erblickt, ganz glühend nach dieser Seligkeit verlangen, aber er soll nur Qual empfinden. Er soll nach dir hungern und dürsten — doch horch!"

Zykyma schwieg plötzlich, denn unten im Garten hatte es eben wie ein leiser Vogelruf geklungen. Der Ton wiederholte sich.

„Ah, er ist da! Allah sei Dank!"

„Wer?"

„Du wirst ihn sehen. Ich weihe dich jetzt in ein Geheimnis ein, das mir das Leben kosten kann. Und du wirst mich nicht verraten, da es auch dir großen Nutzen bringen wird. Warte!"

Zykyma trug die Lampe in das Nebengemach, damit es hier bei ihnen dunkel sein möge. Dann entfernte sie das hölzerne Gitterwerk vom Fenster und ließ eine Schnur hinab, an der sie ein ziemlich starkes Seil heraufzog.

„Was bedeutet das?" fragte Tschita ängstlich.

„Ich erhalte Besuch."

„Wer kommt?"

„Mein Vertrauter."

„Gott! Ein Mann?"

„Ein Knabe, oder vielmehr Jüngling, der uns helfen wird, diesen Ort zu verlassen."

„Wenn man ihn erwischte!"

„O, er ist klug. Er wird sich nicht ergreifen lassen. Zweifellos hat er sich vorher überzeugt, daß kein Lauscher vorhanden ist."

Zykyma hatte während dieser Worte das Ende des Seiles an einen der eisernen Haken, in denen das Gitter ruhte, befestigt und gab nun das Zeichen. Einige Augenblicke später erschien der Genannte in der Fensteröffnung und sprang in das Zimmer.

„Sind wir sicher?" fragte ihn Zykyma.

„Ja, Herrin," antwortete er. „Allah! Du bist ja nicht allein!"

„Habe keine Sorge. Diese beiden Freundinnen werden dich nicht verraten. Ich habe im stillen große Angst ausgestanden. Ist er gefangen?"

„Nein."

„Also gerettet! Allah sei Lob und Dank! Gelang es dir denn, ihn zu warnen?"

„Ja, aber leider nicht so eindringlich, wie ich wollte. Ich hätte länger mit ihm sprechen müssen, aber es befanden sich zwei Fremde bei ihm, so daß ich weiter nichts sagen konnte, als daß er sich in acht nehmen solle."

„Und weißt du gewiß, daß er gerettet ist?"

„Ja. Ich habe nachher mit ihm gesprochen. Da

war allerdings wieder jemand anderes bei ihm, ein Franke in einem Anzuge, wie ich noch keinen gesehen habe. Die drei sprachen von dir. Ich soll dir sagen, daß sie heute abend hierherkommen werden."

„Wie? Verstehe ich recht? Hierher? So wissen sie also, wo ich mich befinde?"

„Ja."

„Ah! Du hast es ihnen verraten!"

„Nein, Herrin! Ich habe kein Wort gesagt, es scheint, als ob sie es auf dem Friedhofe erfahren haben."

„Wer sind die Personen, welche bei ihm waren?"

„Ich weiß es nicht; ich konnte doch nicht danach fragen."

„Nein; aber du hättest sie beobachten sollen."

„Das war unmöglich. Ich sah den Derwisch kommen, der mich nicht bei ihm sehen durfte, und entfernte mich."

„Deine Botschaft macht mir Sorgen. Er will also nicht allein, sondern zusammen mit den anderen kommen?"

„Ja. Ich bat sie zwar, es nicht zu thun, aber sie befahlen mir, dir zu sagen, du könntest thun, was dir beliebt, sie aber würden auch nach bestem Ermessen handeln."

„Das ist unvorsichtig, im höchsten Grade unvorsichtig! Sie werden sich in's Verderben stürzen und mich dazu."

„Soll ich sie warnen?"

„Du hast es doch bereits gethan!"

„Ja, aber wenn du willst, so wiederhole ich meine Warnung und warte, bis sie kommen."

„Wie willst du denn hinaus zu ihnen?"

„O, das ist nicht schwer. Der Verwalter ist ein harter und grausamer, aber kein kluger Mann. Ich werde einen Vorwand finden, hinaus zu dürfen. Was soll ich ihnen also sagen, wenn ich sie treffe?"

Zykyma sann einige Augenblicke nach, dann antwortete sie:

„Sage ihnen, und vor allem ihm, daß er morgen

kommen soll, um Mitternacht, ganz allein. Ich weiß zwar nicht, auf welche Weise es ihm möglich sein wird, an der Gartenecke über das Wasser und die Mauer zu gelangen, aber ich werde ihn dort erwarten. War

übrigens der Derwisch nur zufällig dort, wo ihr euch befandet?"

„Nein. Ich beobachtete ihn. Er stellte sich absichtlich in der Nähe der Wohnung des Franken auf."

„Etwa, um ihn zu beobachten?"

„Ja."

„Dann warne den Franken. Für jetzt habe ich keine andere Botschaft für dich. Nimm dich in acht, daß du nicht entdeckt wirst!"

„Selbst wenn man mich ergriffe, würde ich dich nicht verraten, o Herrin. Du weißt, daß dir mein Leben gehört, daß ich es gern für dich hingeben würde."

„Ich weiß es. Du bist ein guter und treuer Verbündeter, Allah wird mir Gelegenheit geben, es dir zu danken."

Zykyma gab ihrem Vertrauten die Hand, auf die er voll Inbrunst seine Lippen drückte. Dann schwang er sich wieder in den Garten hinab. Sie aber band das Seil los, warf es ihm nach und verschloß dann die Fensteröffnung wieder mit dem Gitterwerke.

„Das ist ein großes Wagnis!" sagte Tschita. „Wenn man euch dabei bemerkt, müßt ihr beide sterben."

„O, ich würde mich nicht so leicht töten lassen. Ich würde mich meines Lebens wehren," antwortete Zykyma, indem sie die Lampe wieder holte.

„Du? Gegen Männer?"

„Ja. Ich fürchte sie nicht."

„Wie könnten deine Kräfte gegen sie ausreichen?"

„Hast du nicht gesehen, daß ich den Neger peitschte, ohne daß er Widerstand versuchte? Es hat hier noch kein Mensch gewagt, mich auch nur mit der Spitze eines Fingers zu berühren. Ich habe einen Retter, einen Talisman. Hier ist er."

Zykyma griff bei diesen Worten in den breiten, seidenen Gürtel, der um ihre schlanke Taille geschlungen war, und zog einen kleinen Dolch hervor. Die zierliche Waffe hatte eine feine, zweischneidige Klinge und einen Griff, der aus massivem Golde bestand und oben eine große, kostbare Perle trug.

„Ein Dolch!" sagte Tschita. „Glaubst du, daß man diese kleine Waffe fürchten werde?"

„O gewiß! Schau, ich halte die Klinge an das

Licht. Siehst du, daß die Spitze eine etwas dunklere Farbe hat?"

„Ja."

„Sie ist vergiftet."

„Ah! Da ist sie wohl gefährlich?"

„Sehr. Der Mensch, dem ich nur die Hand ein ganz klein wenig ritze, sinkt nach wenigen Augenblicken tot vor mir nieder. Er ist rettungslos verloren. Man weiß das. Ich brauche nur nach diesem Dolch zu greifen, so fliehen alle vor mir."

„Hast du ihnen schon bewiesen, daß deine Waffe wirklich so gefährlich ist?"

„Ja. Ich stach damit einen Hund, so, daß er es kaum fühlte. In drei oder vier Sekunden streckte er seine Glieder zu meinen Füßen aus und war tot."

„Dann ist allerdings die Waffe von sehr großem Werte für dich. Halte sie ja fest, daß man sie dir nicht nimmt!"

„Man hat es bereits versucht; es soll aber keinem Menschen gelingen. Sie ist und bleibt in meinem Besitz, denn sie ist mir teuer, nicht nur des Giftes wegen, sondern weil sie ein köstliches Andenken ist an — — ihn."

„Ihn? Du meinst den Franken?"

„Ja."

„Ah, er also hat dir den Dolch geschenkt?"

„Ja, er gab ihn mir. Er hatte ihn im fernen Indien von einem Fürsten geschenkt erhalten. Ich würde diesen Dolch wie mein Leben verteidigen."

Da hörten sie draußen die schlürfenden Tritte des Eunuchen. Jetzt trat er unter die Thür und sagte:

„Der Pascha kommt. Er befindet sich bereits vor dem Hause. Er wird die neue Sklavin sehen wollen. Mache dich also fertig, ihn zu empfangen."

Ibrahim Pascha kam in der That vom Friedhofe. Der Fang war ihm mißglückt, und so befand er sich in einer sehr übellaunigen Stimmung. Das bemerkte der Verwalter, der ihn vor dem Eingange empfing, sofort.

„Hat man die neue Sklavin gebracht?" erkundigte sich der Herr.

„Sie ist gekommen mit ihrer Mutter, o Herr."

„Wo wohnt sie?"

„In den Räumen, die du ihr angewiesen hast."

Das war nun freilich nicht wahr. Der Eunuch hatte eben noch nicht den Mut gefunden, zu melden, was ihm durch Zykyma widerfahren war.

Infolgedessen begab sich der Pascha nach der anderen Seite des ersten Stockwerkes, wo ihm der Schwarze vor Angst zitternd entgegentrat.

„Öffne!" gebot der Pascha.

„Nicht hier, o Herr," sagte der Sklave. „Sie ist drüben bei Zykyma."

„Bei dieser? Wer hat das befohlen?"

„Zykyma."

„Ah! Hund, wer ist hier Herr und Gebieter, ich oder diese Tscherkessin?"

„Du, o Herr. Aber sie trat hinzu, als ich die neue Sklavin brachte, und ich mußte ihr gehorchen."

„Ihr also, aber nicht mir! Dafür sollst du jetzt — — her mit deiner Peitsche!"

Der Pascha wollte, wie er zu thun gewohnt war, den Schwarzen mit dessen eigener Peitsche züchtigen. Da stammelte dieser voller Angst:

„Gnade, Herr! Die Peitsche ist fort."

„Fort? Wohin?"

„Zykyma hat sie."

„Zykyma und wieder diese Zykyma! Wie kannst du ihr sogar die Peitsche geben!"

„Sie entriß sie mir und schlug mich damit."

„Feiger Hund! Du sollst nachher dafür zwanzig Streiche auf die Fußsohlen erhalten!"

Zwanzig Hiebe auf die nackten Sohlen, das war eine außerordentlich schmerzhafte Strafe.

„Gnade, Gnade, o Herr!" bat daher der Eunuch,

sofort in die Kniee fallend. „Sollte ich mich denn von ihr vergiften lassen! Sie hat ja den Dolch."

„So nimm ihr ihn."

„Das vermag keiner."

„Weil ihr alle feige Hunde seid. Ob ich dir die Strafe erlasse, das soll jetzt auf die neue Sklavin ankommen. Wie hat sie sich in ihre Lage gefügt?"

„Sie weinte anfangs."

„Und dann?"

„Dann war sie guter Dinge. Ich hörte sie mit Zykyma ganz laut und munter sprechen. Sie befindet sich in dem gelben Gemach."

„Ist sie freundlich, so ist es dein Glück, sonst mußt du die Hiebe erdulden. Das merke dir!"

Ibrahim begab sich jetzt nach dem angegebenen Gemache. Er befand sich in außerordentlicher Spannung, wie das schöne Mädchen ihn empfangen werde.

Als er bei Tschita eintrat, lag diese leicht hingegossen auf dem Diwan. Das Licht der Lampe beleuchtete ihre weiche, herrliche Gestalt. Rasch zog er die Thür hinter sich zu und schob den Riegel vor, um bei der beabsichtigten Liebesszene nicht etwa gestört zu werden. Dann betrachtete er sie, an der Thür stehen bleibend, eine Zeit lang.

Zykyma hatte recht gehabt. Er fühlte sich bezaubert. Er hatte diese lichte Mädchengestalt zwar bereits beim Händler gesehen, aber nur für einen kurzen Augenblick. Und jetzt war sie noch ganz anders gekleidet als am Tage. In diesem Moment war er sofort und fest entschlossen, sie zu seiner Lieblingsfrau zu erwählen.

„Tschita!" begann er leise.

„Herr!" antwortete sie einfach und erhob sich keineswegs aus ihrer ruhenden Stellung, sondern blieb gemächlich liegen, ganz als ob sie gar keine Rücksicht auf ihn zu nehmen habe, oder als ob sie wisse, daß sie in dieser Stellung am allerschönsten sei.

„Ich heiße dich willkommen!" fuhr er fort.

„Ich dich auch."

„Wirklich?"

„Muß ich nicht? Du bist ja der Gebieter, der Herr des Hauses."

„Ich wünsche aber, daß du mich nicht als Gebieter willkommen heißest."

„Als was dann?"

„Als den, den du liebst."

„Ich — liebe nicht."

„Aber du wirst lieben!"

„Vielleicht. Damit hat es noch lange Zeit."

„Meinst du?"

„O doch. Ich bin auch häßlich."

„Nein. Du bist im Gegenteile schön, schön wie die Jungfrauen des Paradieses."

„Du sagtest vorhin selbst, ich sei nicht schön genug."

„Ich durfte aus einem guten Grunde nicht die Wahrheit sprechen. Hier aber kann ich dir gestehen, daß ich noch nie ein so herrliches Weib gefunden habe, wie du bist. Ich setze mich jetzt zu dir und werde allen meinen Dienern befehlen, dich als die Gebieterin dieses Hauses zu betrachten. Jeder Wunsch soll dir erfüllt werden, und man wird sich bemühen, ihn dir von den Augen abzulesen. Komm, reiche mir deine Hand."

Er war hinzugetreten, hatte sich neben sie gesetzt und wollte nun ihre Hand ergreifen. Da aber schnellte sie empor und wich bis an das Ende des Diwans vor ihm zurück.

„Wie? Du fliehst mich?" fragte er erstaunt. „Warum denn?"

„Du willst Liebe, und ich habe keine."

„Sie wird sich schon finden."

„Zu dir? Niemals."

„Ah! Hassest du mich etwa?"

„Ja."

„Beim Barte des Propheten, du bist aufrichtig."

„Ich halte es nicht für nötig, dich zu belügen."

„Du versagst mir also alle Liebe?"

„Ja."

„Ah, du bist nicht nur aufrichtig, sondern sogar beherzt. Weißt du auch, daß ich dich gekauft habe?"

„Ja."

„Daß du mein Eigentum bist?"

„Nein."

„Ich habe dich bezahlt, folglich gehörst du mir!"

Er sprach ruhig, denn die Art und Weise, wie sie ihn zurückwies, machte ihm Spaß und erzürnte ihn nicht etwa, im Gegenteil, der Widerstand dieses schönen, noch ganz und gar kindlichen Wesens reizte ihn. Er versprach sich von ihr eine höchst angenehme Veränderung des ewigen, alltäglichen Einerlei und daher lächelte er nur, als sie antwortete:

„Du irrst. Daß du Geld für mich bezahlt hast,

ist noch lange kein Grund, daß ich dir gehöre. Der Großherr hat die Sklaverei verboten. Ich bin frei."

„Thörin! Ich höre, daß du mit Zykyma gesprochen hast. Das sind ganz dieselben Worte, die ich auch aus ihrem Munde vernommen habe. Laß dich nicht von ihr verführen. Ich habe ihr Glück gewollt; sie aber war nicht klug genug, es von mir anzunehmen. Nun mag sie Sklavin bleiben, um diejenige zu bedienen, der ich meine Zärtlichkeit schenke. Mein Herz gehört jetzt nur dir. Willst du meine Sultana sein?"

„Nein."

„Scherze nicht!"

„Ich scherze auch nicht. Ich sage dir aufrichtig meine Gedanken."

Jetzt aber zog er die Stirn in Falten und hüstelte ungeduldig vor sich hin. Er begann nun doch, sich zu ärgern.

„Ich rate dir, klug zu sein. Es ist besser, freiwillig zu bieten, was man sonst gezwungen geben muß."

„O, niemand kann mich zwingen, dich zu lieben."

„Nein; aber ich kann dich zwingen, mir meine Wünsche zu erfüllen."

„Niemals."

„Was wolltest du dagegen thun?"

„Ich verteidige mich!"

„Hast du etwa auch einen Dolch? Das ist lächerlich. Kleine, ich hoffe noch immer, daß du bis jetzt nur im Scherze gesprochen hast. Komm her und küsse mich."

Er streckte die Arme nach ihr aus. Da sprang sie vom Diwan auf und entwich bis an die entgegengesetzte Wand.

„Lieber sterben!" sagte sie entschlossen.

„Bist du toll? Du gehörst mir und hast mir zu gehorchen! Komm herbei, hierher, neben mich!"

Sie blieb stehen.

„Wisse, daß ich das Recht und die Macht habe, den Ungehorsam zu bestrafen. Ich könnte dich herbei=

Der Lord schmauchte behaglich und betrachtete sich das bewegte Panorama. (Seite 190.)

holen; aber das widerstrebt meiner Würde. Um dich zum Gehorsam zu bringen, habe ich meine Diener. Was du jetzt verschmähst, wirst du dann von mir erflehen. Also ich biete dir meine Liebe, mein ganzes Herz. Du sollst mein Weib sein, die Mutter meiner Söhne. Du sollst über mich herrschen, und ich will nichts sein, als der oberste deiner Diener. Aber deine Liebe will ich dafür eintauschen. Ich sage dir noch einmal: Komm, sei meine Sultana!"

„Nie!"

„Warum nicht?"

„Ich hasse dich. Du hast kein gutes Auge und kein gutes Gewissen. Wer dein Gesicht erblickt, der wendet sich von dir. Wähle dir eine andere Sultana!"

„Meinst du? Du bist ein Wurm in meiner Hand und wagst es doch, mir zu widerstreben! Ich glaubte zuerst, es sei ein kindlicher, launenhafter Trotz; jetzt aber sehe ich ein, daß Zykyma dich unterrichtet hat. Ich werde dafür sorgen, daß diese böse Saat keine ferneren Früchte bringt. Du verschmähst mich? Gut, du wirst es später für die größte Gnade halten, mich mit Zärtlichkeiten überschütten zu dürfen. Du nennst mich einen bösen Menschen; das habe ich zu bestrafen, und die Strafe sollst du sofort erhalten."

Ibrahim Pascha ging zur Thür und öffnete sie. Draußen stand der Eunuch, der Befehle seines Gebieters gewärtig. Er gab ihm einen Wink, hereinzukommen. Dann befahl er:

„Führe diese Sklavin hinab zur Prügelbank und laß ihr auf jede nackte Fußsohle fünf Streiche geben, aber so, daß die Sohle aufspringt!"

Der Dicke verzog sein Gesicht zu einem breiten Grinsen und trat zu Tschita.

„Komm! Fort!"

Er wollte sie fassen, sie aber entschlüpfte ihm bis in die Ecke. Er folgte ihr auch dorthin, fuhr aber er=

schrocken und mit einem lauten Schrei vor ihr bis an die Thür zurück.

„Was giebt's, Kerl?" fragte der Pascha ärgerlich.

„Dort! Sie hat ihn!" stieß der Schwarze ängstlich hervor.

„Was hat sie?"

„Den Dolch."

Erst jetzt erblickte der Pascha das gefährliche Werkzeug in der Hand des Mädchens.

„Verdammnis über dich, Memme!" zürnte er. „Schnell, nimm ihr denselben!"

„Ah! O! Sie sticht!"

„Hund, wirst du gehorchen!"

Er streckte den Arm gebieterisch aus. Der Schwarze raffte jetzt all seinen Mut zusammen und näherte sich Tschita wieder. Vielleicht war sie doch nicht so entschlossen, wie Zykyma, vor der er wahre Todesangst empfand.

„Thu ihn weg! Thu ihn weg!" bat er. „Stecke ihn in den Gürtel oder wirf ihn fort. Wenn du dich stichst, bist du des Todes!"

„Ich werde nicht mich, sondern dich stechen," antwortete sie.

„Das wirst du nicht thun! Du bist ein gutes Kind, ein schönes Kind! Du thust es nicht!"

Und einen Fuß langsam vor den anderen setzend, trat der Schwarze ihr näher und immer näher.

„Schnell, Schurke!" gebot nun der Pascha.

„Ja, schnell!" wiederholte der Eunuch, indem er die ausgespreizten Finger vorstreckte, als ob er Blindekuh spiele. „Schnell, wirf ihn weg und komm mit mir."

Schon war er ihr ganz nahe; da erhob sie die Hand mit dem Dolche, und im Augenblick floh er wieder zurück nach der Thür.

„Sie sticht, Herr; sie sticht!" rief er ängstlich.

„Feiger Schakal! Vorwärts! Schnell!"

„Nein, nein! Versuche es selbst, Herr!"

„Gut, ich werde sie selbst entwaffnen; aber bann bohre ich dir den Dolch in's Fleisch, du Schuft!"

Jetzt ging auch Ibrahim Pascha auf Tschita zu. Er traute es ihr doch nicht zu, daß sie nach ihm stechen würde.

„Her mit dem Dolche!" gebot er. „Solch ein Spielzeug ist nicht für dich!"

Dann griff er nach ihrem Arme.

Da, eine blitzschnelle Bewegung ihrer Hand, und im nächsten Augenblick, der Pascha hatte kaum Zeit, einen Sprung zurück zu thun, hatte ihm der Dolch den Ärmel aufgeschlitzt! Es hatte nur eine Kleinigkeit gefehlt, so war der Angreifende eine Leiche.

„Schlange, giftige!" knirschte er. „Du willst deinen Herrn ermorden? Das sollst du büßen! Können wir dir nicht nahe kommen, so sollst auch du nicht zu uns dürfen. Wir werden dich einschließen, bis du verschmachtend um Gnade bittest! Der Hunger soll deinen Leib zerreißen und der Durst deine Seele verzehren. Dann wirst du gern Gehorsam leisten, um dein Leben zu erhalten."

„Ganz so wie bei mir!" ertönte es da plötzlich von der Seite her, wo Zykyma jetzt unter der geöffneten Thür des Nebenzimmers erschien. „Schließt uns immerhin ein. Wir werden es euch danken, denn dann haben wir die Freude, dich nicht sehen zu müssen."

„Du bist die Schwester des Teufels!" antwortete er wütend.

„Ja. Diese Schwester des Teufels versteht es, die verschlossenen Thüren von innen zu öffnen. Du hast die Summe, die du für Tschita bezahltest, umsonst ausgegeben, o Pascha. Ich habe einen Bund mit ihr geschlossen. Sie ist meine Freundin, meine Schwester, und folglich kann sie nie dein Weib sein."

„Ah, ihr werdet alle beide noch gehorchen! Ich habe die Mittel, euch zu bezwingen. Jetzt aber soll einstweilen dieser Hund seine Strafe erhalten. Marsch! Ich will dir eine Lehre geben, die dich sicher veranlassen wird, meine Befehle in Zukunft besser zu respektieren."

Mit diesen Worten stieß Ibrahim Pascha den Eunuchen vor sich her, um ihm die Bastonnade geben zu lassen. Bereits nach kurzer Zeit tönte das Gebrüll des Gezüchtigten durch alle Räume des Hauses. —

---

4. Kapitel.

Nachdem Normann, Wallert und der Lord sich auf dem Kleiderbazar die Anzüge gekauft hatten, begaben sie sich mit denselben nach der Dampfjacht, weil diese ihnen recht bequem und nahe lag, und der Lord diese Gelegenheit benutzen wollte, sich seinen Leuten zu zeigen. Sie hatten hinlänglich Zeit, dort ein Abendessen zu sich zu nehmen. Als sie damit zu ende waren, kleideten sie sich um und machten sich dann auf den Weg.

Sie schlugen ganz dieselbe Richtung ein, der am Tage der Ochsenwagen mit Tschita gefolgt war. Als sie Haskeui hinter sich hatten, von wo der Weg nach Hermannbachis führt, hörten die regelmäßigen Gassen auf, und sie konnten die Lichter auslöschen. Die Laternen wurden also zusammengelegt und in die Taschen gesteckt.

Dann kamen sie an die beiden Bäche, denen sie bis zu dem Punkte, wo dieselben sich vereinigten, folgten. Es war heute dunkel, doch so, daß man einige Schritte weit zu sehen vermochte.

Vor ihnen floß das Wasser, jenseits dessen sich die Mauer dunkel emporhob. Aber wie breit der Bach eigentlich war, ließ sich doch nicht ganz deutlich erkennen. Der Lord meinte:

„Hätte ich meinen Regenschirm mit, dann könnte ich die Breite und auch die Tiefe messen. Will einmal genauer nachsehen."

Er trat ganz nahe an das Wasser und kauerte sich

da nieder. Dann streckte er den Oberkörper so weit vor, als thunlich war, und gab sich Mühe, das jenseitige Ufer zu sehen.

„Nun?" fragte Normann.

„Tief ist's," berichtete der Lord.

„Woraus schließen Sie das?"

„Ich halte die Hand in das Wasser und fühle, daß es sehr ruhig und ohne Wellenschlag fließt. Da muß es tief sein."

„Und wie breit ist es?"

„Hm! Es ist zu finster, um das zu erkennen."

„Ungefähr?"

„Na, ich beuge mich schon genug nach — nach — ich habe die Balance, die Ba— Ba—"

„Fallen Sie nicht hinein."

„Nein, das fällt mir gar nicht ein. Ich behalte die Balance, denn wenn man einmal die Balance — die Bal— Balan— Sakferment!"

Gleich darauf that es einen gewaltigen Plumps, und der gute Lord war von der Erde verschwunden!

„Er ist hinein!" rief Wallert bestürzt. „Es ist tief, und er kann ertrinken."

„Herunter also mit den Kleidern! Wir müssen nach. Horch!"

Es plätscherte gerade vor ihnen.

„Sind Sie es, Mylord?" fragte Normann.

Es schnaufte und pustete.

„Sir, hören Sie uns?"

Es hustete ein wenig, und dann fuhr der Verunglückte ganz genau da, wo er seine Rede unterbrochen hatte, in derselben fort:

„Bal— Ba— Balance verliert, dann ist sie auch ganz zum Teufel!"

„Gott sei Dank! Sind Sie beschädigt?"

„Nein."

„Also auch nicht ertrunken?"

„Ertrunken? Nein, ertrunken bin ich nicht, aber eingeweicht und zwar ganz gehörig."

„Aber wie konnten Sie doch nur —"

„Die Balance verlieren? Ja, wovon man spricht, darauf pflegt man am allerwenigsten achtzuhaben, und ich sprach ja von der Balance."

„Sie dehnten sich zu weit hinüber."

„Ja. Ich dachte, ich könnte die Nase drüben auf das andere Ufer legen. Na, Gott sei Dank, wie tief es ist, das weiß ich nun."

„Wirklich?"

„Ja, es geht mir genau bis an das Kinn."

Alles dieses sprach der Lord noch im Wasser.

„Und wie breit ist es?"

„Ueber drei Meter."

„Kann man drüben Fuß fassen?"

„Nein, aber Wasser."

„So steigt die Mauer direkt aus dem Wasser empor?"

„Ja. Eine Brücke, etwa ein Brett, läßt sich da gar nicht auflegen."

„Unangenehm, höchst unangenehm! Horch!"

„Dort kommt jemand."

„Schnell heraus, Mylord!"

„Wozu denn?"

„Wir müssen hier fort. Man darf uns doch nicht hier erblicken."

„Nun gerade darum steige ich nicht heraus, sondern bleibe im Wasser. Da sucht man am allerwenigsten einen Entführer aus dem Serail. Laufen Sie nur nicht gar zu weit fort."

Die beiden verschwanden, und der Lord verhielt sich ganz ruhig.

Die Schritte näherten sich, langsam, als käme ein Mensch herbei, der sich aufmerksam umblickt, und schon wollte der Fußgänger an dem Lord vorüber, da erkannte letzterer, dessen Kopf sich in gleicher Höhe mit dem Fuß= boden befand, und der daher die Gestalt des Betreffenden sehr genau gegen den Sternenhimmel sehen konnte, zu seiner Freude den jungen Burschen, der Wallert am Nachmittage gewarnt hatte.

„Pst!" machte der Lord.

Der Jüngling blieb stehen.

„Pst! Heda!"

Er blickte sich um, sah aber keinen Menschen, ob= gleich die Laute in nächster Nähe erklungen waren, fast wie aus dem Boden heraus.

„He! Du! Kleiner!"

Jetzt bückte er sich nieder und sah den Kopf über dem Wasser.

„Allah 'l Allah!" sagte er. „Wer bist du und was thust du da drin?"

„Nicht wahr, ein tüchtiger Frosch? Wollte sehen, wie tief es ist. Aber Schlamm giebt's! Pfui Teufel! Ich bringe die Beine nicht heraus."

„Wer du bist, will ich wissen."

Der eine sprach englisch und der andere türkisch. Darum verstanden sie einander nicht. Da zog der Lord mit einer letzten Anstrengung die Beine aus dem Schlamme und stieg hervor.

„Ich weiß nicht, was du meinst, Kleiner," sagte er. „Pst! Heda! Normann! Wallert!"

Er hatte die beiden Namen vorsichtig, in gedämpftem Tone ausgesprochen, trotzdem wurden sie vernommen. Die Freunde hatten sich nämlich nur so weit entfernt, als unumgänglich nötig war, und sich dann auf die

Erde niedergelegt. So hörten sie das Gespräch und dann auch ihre Namen und kamen herbei.

„Sie rufen, Mylord?" fragte Normann. „Wer ist dort?"

„Es ist der kleine, wackere Kerl, der heute mit uns gesprochen hat."

„Ah, du bist es," sagte Wallert, der den Jüngling jetzt erkannte. „Das ist gut! Hast du mit ihr gesprochen?"

„Ja."

„Was sagte sie?"

„Du sollst morgen um Mitternacht kommen, aber ganz allein."

„Schön, sehr schön! Und wohin?"

„Hier in diese Ecke des Gartens. Wie du da hineinkommst, das wissen wir allerdings nicht. Da mußt du selbst ein Mittel finden."

„Ich soll kommen, und ich komme also, und wenn ich mich durch die Mauer bohren sollte."

„Und vor dem Derwisch sollst du dich in acht nehmen. Er beobachtet dich, ich selbst habe es gesehen."

„Wir wissen es bereits. Hast du noch etwas zu sagen?"

„Nein. Ich habe bereits zu viel Zeit versäumt. Der Pascha wartet."

„Auf wen? Auf dich?"

„Ja, und auf den Esel, den ich ihm vom nächsten Platze holen soll."

„Ah, der Pascha ist hier im Hause?"

„Ja. Er will nach seinem Palaste zurück und nicht laufen, sondern reiten. Ich bin geschickt worden, ihm das Tier und den Treiber zu bringen. Also stelle dich morgen abend ein. Ich werde Wache halten, daß dich niemand entdeckt."

Damit eilte der Jüngling fort, nach der Stadt zu.

„Verteufeltes Türkisch," meinte der Lord. „Wer diese Sprache nicht kann, der versteht kein Wort davon. Was sagte der Kerl?"

Wallert erklärte es ihm.

Der Lord war hocherfreut.

„Prächtig, sehr prächtig!" rief er ganz aufgeregt. „Also endlich die Entführung und morgen bereits!"

„Nur erst die Unterredung. Noch weiß ich nicht, ob eine Entführung daraus wird."

„Was sollte denn sonst daraus werden?"

„Warten wir es ab!"

„Na, ich habe keine Lust, zu warten."

„So wollen Sie früher fort?"

„So meine ich es freilich nicht. Wir machen es so: Wir gehen mit einander —"

„Wie? Mit einander? Daraus wird nichts! Sie haben gehört, daß ich allein kommen soll."

„Ach, was ich höre und was ich thue, das ist zweierlei! Da hinein können Sie allein gehen; wir anderen aber bleiben hier außen, und nachher wird sich schon finden, was zu geschehen hat."

„Na, meinetwegen! Aber wie hineinkommen?"

„Ja, das ist die Geschichte. Eine Leiter ist allemal das beste."

„Freilich! Aber es ist zu auffällig."

„Auffällig? Weshalb? Wer die Nase zu weit herstreckt, der bekommt einfach einen Klapps darauf und — Himmel, da kommt mir ein Gedanke!"

„Dürfen wir ihn erfahren?"

„Gewiß. Riechen Sie mich einmal an!"

„Danke! Ich bin kein Freund solchen Parfüms."

„Ich auch nicht, muß es mir aber doch gefallen lassen, daß ich hineingefallen bin. Da wird jetzt ein Esel für den Pascha geholt. Er muß hier vorüber. Wie wäre es, wenn wir ihn auch parfümierten?"

„Eine tolle Idee!" lachte Wallert.

„Es kann ihm nichts schaden. Er hat Ihnen heute eine so miserable Falle gestellt, da müssen wir ihm auch einen Streich spielen."

„Es kann unangenehm für uns werden."

„Inwiefern?"

„Wir machen ihn nur auf uns aufmerksam."

„Pah! Wir tragen andere Kleider. Er kann uns nicht erkennen."

„Hm! Normann, was sagst du dazu?"

„Daß mir bei eurer Tollheit eine Idee gekommen ist! Nämlich, wie wäre es, wenn wir den Thorschlüssel hier erlangen könnten?"

„Sapperment! Das wäre prächtig! Aber wie sollte das möglich sein?"

„Vielleicht ist es gar nicht so schwer. Hier giebt es keine Portiers, die das Öffnen besorgen. Der Pascha passiert gewiß zu verschiedenen Stunden, auch zur Nachtzeit, ein und aus. Er hat also vermutlich einen Schlüssel bei sich."

„Das ist möglich. Meinst du etwa, daß wir ihm denselben abnehmen sollen?"

„Ja."

„Wir?"

„Gewiß, wir spielen ganz einfach ein bischen Rinaldo Rinaldini. Es ist wohl niemand als der Eselstreiber bei ihm. Mit diesen beiden werden wir doch wohl fertig werden."

„Jedenfalls. Finden wir keinen Schlüssel, so haben wir den Kerl wenigstens in Schreck versetzt. Kommt aber jetzt beiseite, damit wir nicht gesehen werden. Ich glaube, Schritte zu hören."

Nach wenigen Augenblicken kam Zykymas Vertrauter mit einem Eselsjungen und seinem Tiere vorüber. Als die Schritte verklungen waren, fragte der Engländer:

„Wie heißt Schuft im Türkischen?"

„Tschapkyn."

„Und Schurke?"

„Chowarda."

„Schön! Ich danke! Jetzt kann er kommen!"

Sie hatten nicht lange zu warten, so hörten sie das Hufgetrappel des Esels. Der Junge lief mit einer an einem Stabe hängenden Papierlaterne in der Hand voran; hinter ihm trollte der Esel, der so klein war, daß die Füße des Paschas fast die Erde berührten. Der Herr befand sich in einer grimmigen Stimmung. Er hatte heute einen sehr unglücklichen Tag gehabt. Er dachte aber nicht, daß der Schluß erst noch kommen werde. Da wurde er mit einem Male aus seinem finsteren Brüten auf das unangenehmste aufgeschreckt, denn plötzlich tauchte gerade neben ihm eine lange Gestalt empor und brüllte ihm in die Ohren:

„Tschapkyn! Chowarda! Hundsfott! Komm herab vom Esel!"

Dann fühlte er zwei Hände um den Hals. Er wollte einen Hilferuf ausstoßen, konnte aber nur stöhnen und röcheln und verlor dann gar die Besinnung.

Als der Eseljunge den Ruf des Engländers hörte und sich zurückwandte, bemerkte er sofort, daß es sich um einen räuberischen Ueberfall handle. Er erfaßte die Zügel, schwang sich blitzschnell in den Sattel und jagte davon, ohne auch nur einen einzigen Laut von sich zu geben.

„Den sind wir los!" lachte der Lord. „Nun hier zu diesem da. Ich glaube, er hat die Besinnung verloren."

„Sprechen Sie nicht!" flüsterte ihm Normann zu. „Wenn er noch hört, so merkt er an Ihrem Englisch, wer wir sind."

„Er ist ohnmächtig!" meinte Wallert. „Suchen wir in seinen Taschen!"

Bald fanden sie in der Hosentasche eine Börse, in der Weste die Uhr und in der Jacke einen mächtigen Schlüssel.

„Da ist er!" sagte Wallert erfreut. „Jetzt fort."

„Halt, nicht so schnell!" entgegnete Normann. „Wenn ihm nur der Schlüssel fehlt, so merkt er, daß es gerade auf diesen abgesehen war. Wir müssen ihm alles nehmen. Am besten, die ganze Jacke, damit er denkt, wir haben die Jacke gebrauchen können und den Schlüssel nur so nebenbei mit erwischt."

Das geschah.

"Wollen wir ihn ein wenig untertauchen?" fragte dann der Lord, als sie alles eingesteckt hatten.

"Nein; es ist das überflüssig. Jungenstreiche wollen wir doch nicht begehen."

"Mir auch recht. Gehen wir also!"

Nach etwas mehr als einer halben Stunde befanden sie sich wieder auf der Jacht, wo sie die Kleider wechselten. Dem Engländer hatte das unfreiwillige Bad nichts geschadet, da die Nacht eine sehr milde gewesen war. Als sie ihren Raub jetzt näher betrachteten, sahen sie, daß die Uhr ein kostbares, mit Brillanten besetztes Werk war. Sie öffneten den Deckel. Da stieß Wallert plötzlich einen Schrei aus, riß schnell die Uhr an sich und starrte in das Innere des Deckels. Die Augen schienen ihm aus dem Kopfe treten zu wollen.

"Mein Himmel! Was sehe ich!" rief er.

"Was giebt es denn?" fragte der Lord.

Beim Klange dieser Stimme fiel es Wallert ein, daß er sich beinahe verraten habe. Er faßte sich also gewaltsam und antwortete:

"Ich habe mir heute im stillen Ihren Siegelring mit dem eingravierten Wappen betrachtet. Jetzt sehen Sie sich einmal diese Uhr an."

Mit diesen Worten überreichte er dem Lord den Chronometer.

"Wohl auch ein Wappen drin?" meinte der Brite.

"Ja, und fast das Ihrige."

"Fast? Ah! Alle Teufel! Himmel und Hölle! Das ist ja ganz genau das Wappen der deutschen Adlerhorsts! Und darunter — Herrgott — da steht ja ganz deutlich der Name Alban von Adlerhorst! Was hat das zu bedeuten?"

Auch Normann griff jetzt nach der Uhr und betrachtete sie genau. Der Blick, den er dabei dem Freunde zuwarf, enthielt die stille Aufforderung, an sich zu halten. Dann sagte er zu dem Engländer:

„Der Name ist allerdings sehr richtig. Und wenn Sie dieses Wappen wirklich kennen, so —"

„Kennen? Natürlich kenne ich es! Ich bin ja selbst ein Adlerhorst! Wir stehen hier vor einem Rätsel!"

„Welches hoffentlich zu lösen ist. Sie erzählten mir, daß Sie in Deutschland nach Ihren Verwandten gesucht, sie aber nicht gefunden haben. Gab es darunter einen Alban?"

„Natürlich. Das Familienhaupt hieß so."

„Ihm hat diese Uhr gehört. Sie befindet sich im Besitze des Paschas. Dieser muß also wissen, woher er sie hat. Wir finden da unbedingt eine Spur von Ihren verschollenen Verwandten."

„Hier in Konstantinopel! Wer hätte das gedacht! Ich werde gleich früh den Pascha aufsuchen."

„Das werden Sie nicht thun!"

„So! Warum denn nicht?"

„Wollen Sie ihm etwa sagen, daß Sie ihm die Uhr geraubt haben?"

„Verflucht! Sie haben recht. Aber was soll ich denn anderes thun?"

„Das will überlegt sein. Thun Sie nichts, bevor Sie nicht mit uns gesprochen haben. Wir werden sehr zeitig zu Ihnen kommen."

„Ja. Aber hm! Da stecken Sie ja die Uhr ein, Master Wallert!"

„Ach so!" besann sich dieser. „Sie gehört ja Ihnen, wie die Verhältnisse liegen."

Er gab sie dem Lord hin.

„Danke!" meinte dieser. „Nun lassen Sie uns doch auch sehen, was sich in der Börse befindet."

Es wurde nachgezählt. Der Inhalt betrug einige hundert Piaster.

„Hätte nicht geglaubt, daß aus mir jemals ein Straßenräuber werden könne," lachte der Lord. „Aber

„Er ist ein Held, er kennt keine Furcht!" sagte
ihre Begleiterin. (Seite 212.)

ich bin mit meinem erften Erfolge fehr zufrieden. Schade nur, daß diefe Art des Broderwerbes gewöhnlich mit dem Galgen endet. Und hier ift der Schlüffel. Ein Riefenkerl, der — Himmelelement, find wir dumm ge= wefen!"

„Warum?"

„Ift's denn der richtige Schlüffel?"

„Hoffentlich!"

„Diefes ‚hoffentlich' kann mir aber nicht genügen. Wir hatten ja da draußen die allerbefte Gelegenheit, zu unterfuchen, ob er fchließt."

„Das ift wahr. Daß wir daran auch nicht gedacht haben!"

„Wir müffen es nachholen."

„Wie, wir follen wieder hinausgehen?"

„Ja. Ich laufe fofort hinaus."

„Nein, Sir. Bleiben Sie und ruhen fie fich für morgen aus. Wir beide werden uns diefen Spaziergang machen."

Bald darauf verabfchiedeten fie fich.

---

5. Kapitel.

Am nächften Morgen kam der Maler zu dem Lord und meldete, daß er und Wallert noch während der Nacht hinausgegangen feien und gefunden hätten, daß der dem Pafcha geraubte Schlüffel paffe. Dann zog er eine Nummer der Zeitung ‚Stambul' hervor und zeigte ihm, daß der Raubanfall auf den Pafcha bereits ver= öffentlicht fei. Es war fogar ein Preis auf die Ent= deckung der Thäter gefetzt. Und was das auffälligfte war — die Uhr war befchrieben und das Wappen er= wähnt.

„Haben Sie bereits etwas befchloffen?" fragte der Engländer.

„Noch nicht. Ich komme aber jedenfalls wieder, so bald wir einen Plan haben."

Damit ging Normann und ließ dem Lord die Zeitung zurück. Kaum hatte dieser den Bericht abermals gelesen und darin den Palast des Paschas als den Ort angegeben gefunden, wo etwaige Meldungen und Mitteilungen anzubringen seien, als er auch schon einen Entschluß gefaßt hatte.

„Hm!" meinte er. „Es ist jedenfalls am allerklügsten, gleich vor die richtige Schmiede zu gehen. Diese beiden jungen Leute erfahren noch zeitig genug, was ich thue. Sie sind ja nicht interessiert, sondern ich bin es."

Und rasch eilte er hinauf auf das Verdeck, wo der Steuermann saß, um sich von der Morgensonne ein wenig braten zu lassen.

„Master Smith," fragte er, „haben Sie Lust, spazieren zu gehen?"

„Warum nicht?" antwortete der Gefragte. „Soll ich etwa Eure Herrlichkeit begleiten?"

„Ja. Sie sind ein guter Boxer?"

„Na, ich denke!" entgegnete der Steuermann und zeigte dabei seine Hände, die allerdings ganz das Aussehen hatten, als ob er mit ihnen auf einen Hieb einen Ochsen totschlagen könne.

„Ich will nämlich zu einem Kerl, dem ich nicht traue."

„Ah! Na, mir können Eure Lordschaft schon trauen!"

„Das weiß ich. So hören Sie denn. Der Kerl ist nichts weniger als ein Pascha!"

„Schadet nichts! Soll ich ihm vielleicht einige Knochen zerquetschen oder einige Muskeln zusammenwickeln?"

„Nicht gleich im ersten Augenblick, sondern nur dann, wenn er unmanierlich wird. Sie bleiben bei mir und weichen keinen Moment von mir."

„Na, gut, er mag sich ein wenig in acht nehmen.

Ich habe noch keinen Pascha zwischen den Fingern gehabt, und ich bin wirklich neugierig, zu erfahren, wie lange er den Atem im Leibe behalten wird."

Kaum eine Viertelstunde später schritten die beiden über die Perabrücke, voran der Lord mit Regenschirm und Fernrohr und hinter ihm der Steuermann, die Hände in den Hosentaschen und den Südwester tief im Nacken.

Es war nicht schwer, den Palast zu finden. Der Eingang zu demselben war schmal. Einfahrten giebt es nämlich in Konstantinopel selbst bei solchen Palästen nicht. Innerhalb der Thür lag eine Strohmatte, auf der ein sonnverbrannter Kerl saß.

Kaum hatte er die beiden Männer erblickt, so sprang er auf und stellte sich ihnen entgegen.

„Halt! Nicht herein! Ich bin der Kapudschi!"

„Smith, haben Sie ihn verstanden?" fragte der Lord.

„Nein. Nur das Wort Kapudschi habe ich gehört. Was mag es zu bedeuten haben?"

„Hm! Wer weiß!"

„Kapudschi? Sollte gar etwas an ihm kaputt sein? Vielleicht der Verstand?"

„Möglich. Zurechnungsfähig sieht mir der Kerl nicht aus. Gehen wir weiter."

Aber der Kapudschi, das heißt Thürsteher oder Thorwärter, blieb im Wege stehen und sagte:

„Wer seid ihr, und was wollt ihr?"

„Smith, ich glaube wirklich, dieser Mann will uns nicht passieren lassen. He?"

„Es hat fast den Anschein so."

„So nehmen Sie ihn doch ein wenig auf die Seite."

„Sehr gut. Den muß ich aber sanft anfassen, sonst tropft ihm die Seele zu den Pantoffeln hinaus."

Mit diesen Worten streckte der Kapitän den gewaltigen, muskulösen Arm nach dem Kapudschi aus, faßte ihn an der Brust, hob ihn empor, über sich selbst und den Lord hinweg und setzte ihn dann hinter sich nieder, so daß nun vor ihnen die Passage frei war.

So etwas war dem Türken im ganzen Leben noch nicht widerfahren! Erstens diese Unverfrorenheit, ihm, dem wichtigen Manne gegenüber, und zweitens diese Riesenstärke, diese Elefantenkraft, mit der man ihn von hinten nach vorn gesetzt hatte! Er vermochte kein Wort zu sagen. Er stand da, mit weit offenem Munde und blickte verblüfft den beiden nach, wie sie weiter schritten.

„Der war beiseite geschafft," meinte der Steuermann behaglich. „Wenn der Pascha uns nicht mehr Mühe macht, so ist es jammerschade, daß ich mitgegangen bin. Es ist ärgerlich, sich auf eine Walkerei gefreut zu haben, aus der dann nichts wird!"

Sie gelangten in den Hof. Dort standen mehrere Schwarze, die bei dem Anblick des Engländers laute Rufe der Verwunderung ausstießen. Einen so gekleideten Menschen hatten sie ja in ihrem Leben noch nicht gesehen.

„Wo ist Ibrahim Pascha?" fragte der Lord einen dieser Leute.

Der Gefragte verstand nicht die Frage, wohl aber den Namen. Er deutete nach einer breiten Stiege, an deren Pfeilern zwei dicke Eunuchen lehnten, die den Lord aus ihren unförmlichen Gesichtern so anglotzten, wie ein Nilpferd irgend eine ihm unbekannte Erscheinung anstarrt.

„Macht Platz!" befahl ihnen der Brite.

Seine Worte hatten den Erfolg, daß sie stehen blieben und die Mäuler noch weiter aufsperrten.

„Wollen gleich Abhilfe schaffen!"

Bei diesen Worten faßte der Steuermann mit der Rechten den einen, mit der Linken den anderen, drehte sich wie ein Kreisel blitzschnell mehrere Male um seine eigene Achse und ließ sie dann plötzlich los. Beide wurden weit fortgeschleudert, dieser dahin und jener dorthin, wo sie noch eine Strecke weit im Sande fortkugelten.

Natürlich erhoben sie mit ihren quiekenden Stimmen einen außerordentlichen Lärm, und die anderen stimmten alle ein. Die beiden Urheber dieses Konzertes aber stiegen ruhig die Treppe empor und gelangten auf eine Art von Galerie, in die mehrere Thüren mündeten. Die eine derselben wurde gerade jetzt aufgerissen, und mit einem lauten Fluche trat der Pascha heraus, um sich nach der Ursache des ungewöhnlichen Lärms zu erkundigen. Er erblickte den Lord, und — machte es wie seine Dienerschaft: Er riß Mund und Augen auf, so weit es nur möglich war.

„Guten Morgen," grüßte Lord. „Sprechen Sie englisch?"

„Nein," antwortete er französisch.

Darum fuhr der Lord in dieser letzteren Sprache fort:

„Welche Sprache außer der türkischen sprechen Sie am geläufigsten?"

„Französisch und Deutsch."

„Ah, Deutsch? Hm! Oh! Sprechen wir also deutsch! Aber natürlich nicht hier! Ich bitte, uns in Ihr Empfangszimmer zu führen."

Der Pascha konnte sich noch immer nicht mit dem Gedanken befreunden, daß dieser Engländer sich hier vor ihm blicken ließ. Doch öffnete er die Thür und trat mit den beiden ein. Sie befanden sich in einem mit allem orientalischen Luxus ausgestatteten Raum, in dem der Besitzer des Palastes sich eben dem Genusse des süßen Nichtsthuns hingegeben hatte. Er ließ sich jetzt auf ein schwellendes Kissen nieder, forderte die beiden aber nicht auf, Platz zu nehmen.

Er hatte seine Fassung wiedergewonnen und musterte den Lord mit einem Blicke, in dem es wie von Haß, Verachtung und allem Ähnlichen glitzerte und leuchtete.

Der Brite seinerseits bemerkte dies sehr wohl, machte sich aber keinen Pfifferling daraus. Er betrachtete das finstere Gesicht des Paschas eine kleine Weile und sagte dann:

„Sie werden wohl gern wissen wollen, was ich eigentlich bei Ihnen will?"

„Natürlich!" antwortete der Gefragte kurz.

„Nun, es ist gar nicht etwas so wichtiges. Ich habe nur etwas gekauft, was ich Ihnen zeigen will."

„Wenn Sie mich nur deshalb in meiner Arbeit stören, so konnten Sie Ihren Besuch unterlassen."

„Arbeit? Hm! Ich sehe nichts, was darauf hinweist, daß Sie sehr beschäftigt gewesen sind. — Heute früh traf ich einen Handelsmann, der mir eine Uhr zum Kaufe anbot."

„Eine Uhr? Ah! Sie haben sie gekauft?"

„Ja."

„Was ist es für eine?"

„Eine goldene, von sehr guter Arbeit, mit Diamanten besetzt, und mit einem Wappen versehen."

„Haben Sie sie mit?"

„Vielleicht."

„Vielleicht? Sie werden doch wissen, ob Sie die Uhr bei sich haben! Darf ich sie einmal sehen?"

„Ja. Warum denn nicht? Hier ist sie."

Der Lord zog die Uhr aus der Tasche und übergab sie dem Pascha. Dieser hatte kaum einen Blick darauf geworfen, so sagte er:

„Sie ist es, sie ist es! Ich danke Ihnen!" und steckte sie ein. Der Lord sah dies sehr ruhig mit an und bemerkte nur lächelnd:

„Sie sagten eben, daß ich gar nicht nötig gehabt, Sie zu stören. Jetzt aber scheinen Sie ja ganz befriedigt zu sein."

„Natürlich. Ich konnte doch nicht wissen, daß Sie. die Uhr meinen, die mir gehört."

„Ihnen? Da gehen Ihre Ansichten nicht sehr parallel mit den meinigen. Ich denke vielmehr, daß diese Uhr mein Eigentum ist."

„O nein. Sie gehört mir, sie ist mir gestern abend gestohlen oder vielmehr geraubt worden."

„Was Sie da sagen! Ich habe sie aber doch gekauft und bezahlt."

„Das geht mich gar nichts an. Wer einen gestohlenen Gegenstand kauft, der verliert natürlich den Preis, den er dafür gegeben hat."

„Meinen Sie? Das wäre allerdings höchst unangenehm!"

„Es kann noch viel unangenehmer werden. Es ist ja sehr leicht möglich, daß ein Verdacht auf Sie fällt."

„Wie meinen Sie das?"

„Nun, Sie befinden sich im Besitze eines geraubten Gegenstandes. Können Sie beweisen, daß Sie auf rechtmäßige Weise zu ihm gekommen sind?"

„Das sollte mir wohl nicht schwer fallen. Aber

können Sie denn beweisen, daß die Uhr Ihnen gehört hat?"

„Sehr leicht."

„Ich bin neugierig, wie Sie das anfangen würden."

„Sehr einfach. Ich beschreibe die Uhr, die ich jetzt noch gar nicht geöffnet habe. Sie können nachsehen, ob alles genau stimmt."

„Das ist allerdings ein schlagender Beweis. Also wollen Sie die Uhr einmal beschreiben?"

„Ja. Hier öffnen Sie das Werk und sehen Sie nach. Zunächst also repetiert sie. Stimmt das?"

Der Pascha hatte dem Lord die Uhr in die Hand gegeben und erwartete nun, daß dieser sie öffnen und dann antworten werde. Der Engländer aber steckte sie rasch in die Tasche und machte dabei ein Gesicht wie einer, der sich herzlich freut, einen anderen überlistet zu haben.

„Nun, wollen Sie nachsehen?" fragte der Türke ungeduldig.

„Das ist nicht nötig. Ich habe sie bereits angesehen. Ja, sie repetiert."

„Das Wappen befindet sich auf der Innenseite der Kapsel?"

„Ganz richtig!"

„Aber so nehmen Sie die Uhr doch heraus! Was soll sie in Ihrer Tasche?"

„Stecken bleiben soll sie da. Das ist doch sehr einfach."

„Oho! Sie werden jedenfalls meine Uhr nicht in Ihrer Tasche behalten wollen?"

„Gerade das will ich. Sie haben sie vorhin eingesteckt, und jetzt habe ich dasselbe gethan. Ich freue mich außerordentlich, in Ihnen einen so klugen Mann kennen gelernt zu haben."

„Herr, ich soll doch nicht etwa annehmen, daß Sie mich beleidigen wollen?"

„Fällt mir gar nicht ein! Es ist kein großes Ver=

gnügen und auch keine große Kunst, einen Türken zu beleidigen."

„So geben Sie meine Uhr heraus!"

„Sie werden sie erhalten, sobald der Richter entschieden hat, wessen Eigentum sie eigentlich ist."

„Der Richter wird auch erfahren wollen, wie sie in Ihre Hand gekommen ist!"

„Durch Kauf!"

„Wie beweisen Sie das?"

„Sie scherzen! Ich möchte den Richter kennen lernen, der es wagen wollte, einem Lord von Altengland einen solchen Beweis abzuverlangen. Was ich sage, das gilt und damit basta! Vielleicht aber müssen Sie nachweisen, ob die Uhr Ihr rechtmäßiges Eigentum ist. Verstehen Sie?"

„Natürlich ist sie es!"

„Daran zweifle ich."

„Herr!"

„Ja, ich wiederhole es, daran zweifle ich, und zwar sehr. Diese Uhr ist ein altes, sehr wertvolles Familienstück und hat sich im Besitze einer adeligen Familie befunden. Wie ist sie in Ihre Hand gelangt?"

„Habe ich das etwa Ihnen zu beantworten?"

„Jawohl. Ich bin nämlich ein Glied dieser Familie. Ich heiße Eagle-nest, zu deutsch Adlerhorst, und die Uhr trägt nicht nur unser Wappen, sondern sogar die Buchstaben des Namens Alban von Adlerhorst."

Der Pascha gab sich Mühe, die Unruhe, die sich seiner bemächtigt hatte, zu beherrschen. Er antwortete:

„Ich begreife Sie nicht. Was geht mich Ihre Familie an? Ich habe weder von Eagle-nest noch von Adlerhorst etwas gehört."

„Aber Sie haben eine Uhr, die dieser Familie gehört! Wie sind Sie in den Besitz derselben gelangt?"

„Das habe ich Ihnen nicht zu sagen!"

„Nicht? Ich werde Ihnen beweisen, daß Sie es mir sagen werden. Die Angehörigen dieser Familie sind verschwunden. Diese Uhr ist eine Spur, die ich verfolgen werde, und da ist es mir gleich, ob ich dabei auf einen Pascha oder auf einen Kesselflicker stoße."

Da erhob sich Ibrahim Pascha von seinem Sitze. Seine Brauen zogen sich drohend empor, und seine Augen blickten zornig auf. Er trat auf den Lord zu und sagte:

„Hoffentlich wissen Sie, wo Sie sich befinden!"

„Ja, bei Ihnen."

„So vergessen Sie nicht, wer ich bin!"

„O, daran denke ich gerade sehr!"

„Ich bin ein gläubiger Anhänger des Propheten, und Sie sind ein Giaur, den ich eigentlich gar nicht bei mir empfangen sollte. Ich habe hier zu gebieten, und wer sich hier befindet, der hat zu gehorchen."

„Etwa ich auch?"

„Ja, Sie auch!"

„Verteufelt, verteufelt! Nun, so befehlen Sie also gefälligst einmal!"

„Geben Sie die Uhr heraus."

„Entschuldigen Sie, daß ich dazu ganz und gar keine Lust habe!"

„Ich werde Sie zu zwingen wissen!"

„Daran glaube ich nicht."

„Sie sollen sogleich sehen."

Der Pascha klatschte in die Hände. Gleich darauf öffnete sich hinter ihm ein Vorhang, durch den ein Sklave eintrat, ein langer, starker Kerl von kräftigem Aussehen.

„Der Mann da hat eine Uhr von mir eingesteckt; nimm sie ihm wieder!" befahl der Pascha.

Das Gesicht des Lords glänzte vor Freude. Er hatte zwar den in türkischer Sprache gegebenen Befehl nicht verstanden, sah aber den Kerl auf sich zutreten und ahnte, was geschehen solle.

„Gieb die Uhr!" meinte der Sklave, indem er die Hand nach ihm ausstreckte.

Da aber trat der Steuermann vor. Ein Griff,

und er hatte den Sklaven bei der Taille, hob ihn empor, trat an den Vorhang und schleuderte ihn da hinaus wie eine Puppe, mit der ein Kind spielt.

„Recht so, Steuermann!" lachte der Lord. „Sie sehen jetzt, Pascha, in welcher Weise wir mit uns reden lassen. Wollen Sie noch mehr von mir wissen?"

„Ich werde Sie festnehmen lassen!"

„Da fragen Sie nur vorher den Vertreter der Königin von Großbritannien um gütige Genehmigung! Vorher aber bitte ich Sie, mir gefälligst zu sagen, ob Sie vielleicht einmal in Deutschland waren?"

„Was geht das Sie an!"

„Sehr viel. Ich möchte nämlich zu gern wissen, ob Sie mit einem Adlerhorst zusammengetroffen sind."

Dies brachte den Pascha auf eine scheinbar sehr wohlgelungene Ausrede:

„Ich traf allerdings einmal einen Deutschen, der sich so oder ähnlich nannte."

„Wo?"

„Im Seebade, in Monaco."

„Ah, in dieser Spielhölle!"

„Ja. Er hatte leidenschaftlich gespielt und dabei alles verloren. Zuletzt setzte er die Uhr, die ihm allein noch übrig geblieben war, und ich gewann sie."

Der Lord lächelte sehr listig, blickte ihn von der Seite an und nickte anerkennend:

„Sie sind ein Pfiffikus, ein großer Pfiffikus!"

„Was meinen Sie?"

„So gleich auf diesen Einfall zu kommen! Das könnte wohl erklären, wie Sie in den Besitz der Uhr gekommen sind; leider aber hat man in Berlin ein sehr gutes Sprichwort, das lautet: Es jinge wohl, aber es jeht nicht. Ausgesonnen haben Sie sich die Sache gut, aber geglaubt wird sie nicht."

„Herr, pochen Sie nicht zu sehr auf Ihre Nationalität! Ich dulde keine Beleidigung, und wenn Sie tausendmal ein Engländer sind!"

„Schön! Das ist sehr deutlich gesprochen, und so will ich ebenso deutlich antworten. Sie nannten sich einen rechtgläubigen Anhänger des Propheten; ich aber möchte doch nicht darauf schwören, daß Sie ein ge-

borener Türke sind. Sie haben eine ausgesprochen französische Physiognomie; Sie sprechen ausgezeichnet französisch und deutsch; Sie befinden sich im Besitze deutscher Uhren — — verteufelt, verteufelt!"

„Ich bin sehr geneigt, Sie für vollständig verrückt zu halten, Mylord!"

„Dagegen habe ich ganz und gar nichts. Wir sprechen ja überhaupt so, als ob wir gar nichts von einander hielten. Ein Lord ist doch ein großer Kerl, und ein Pascha ist es auch; wir aber verkehren mit einander wie ein paar Packträger, die sich Feindschaft geschworen haben. Ich hoffe, daß dieser interessante Verkehr nicht so schnell abgebrochen werde. Was aber die Uhr betrifft, so meinen Sie wirklich, daß Sie dieselbe von einem Deutschen gewonnen haben?"

„Ja."

„So, so! Sehr geistreich ist diese Finte nicht; das muß ich Ihnen in aller Aufrichtigkeit sagen. Es ist ganz und gar unmöglich, daß Sie die Uhr von ihm gewonnen haben können!"

„Warum?"

„Wenn ein Spieler kein Geld mehr hat und darum anstatt des Geldes irgend einen Gegenstand setzt, so ist es allein Sache der Spielbank, diesen Einsatz anzunehmen oder nicht. Also kann nur die Bank die Uhr gewonnen haben, nicht aber Sie!"

„Und ich habe sie dann der Bank abgekauft!"

„Vorhin hatten Sie die Uhr gewonnen, und jetzt haben Sie dieselbe gekauft! Das ist die richtige Art und Weise, sich Glauben und Vertrauen zu erwerben. Nein. Ich bin Lord Eagle=nest und lasse mich nicht täuschen. Uebrigens wird sich die Bank dieses Falles noch erinnern. Solche Vorkommnisse werden notiert, und ich bin sehr gesonnen, mich zu erkundigen."

„Thun Sie, was Ihnen beliebt. Eins aber sage ich: Ich werde jetzt sofort zu dem Vertreter Englands gehen und mich über die Art und Weise beschweren, wie ein Unterthan dieses Landes den Paschas des türkischen Reichs seine Besuche abstattet!"

„Daran thun Sie sehr recht. Ich billige das so vollkommen, daß ich mich sogar erbiete, Sie zu begleiten

Es ist besser, wir erscheinen beide zugleich, damit die Angelegenheit vereinfacht wird."

„Ich zweifle wirklich an Ihrer Zurechnungsfähigkeit. Wäre dies nicht der Fall, so würde ich anders mit Ihnen sprechen. Ihr ganzes Auftreten ist gerade so wie Ihr Äußeres im höchsten Grade Bedenken erregend. Sie haben mich beleidigt; Sie haben sich an meinem Diener vergriffen; ich werde mir dafür die nötige Genugthuung geben lassen."

„Recht so. Bis dahin aber wollen wir uns lebewohl sagen."

„Ich sehe mich gezwungen, die Uhr in Ihrer Hand zu lassen, obgleich sie mein Eigentum ist."

„Und ich sehe mich gezwungen, sie mitzunehmen, weil sie das Eigentum meines Verwandten ist. Uebrigens stehe ich Ihnen gern zur Verfügung. Meinen Namen kennen Sie. Meine Jacht ankert im Hafen. Dort bin ich zu finden. Allah behüte Sie oder behüten Sie Allah; es ist mir alles recht. Kommen Sie, Steuermann!"

Sie gingen.

„Verfluchter Kerl!" brummte der Pascha grimmig in den Bart. „Ob er wohl von meiner Geburt und von meinen Verhältnissen etwas ahnt? Daß mir auch gerade diese Uhr abgenommen und von ihm gekauft werden mußte! Der hiesige Boden beginnt mir unter den Füßen warm zu werden!"

Der Lord stieg mit dem Steuermann die Treppe hinab. Unten im Hofe standen die Schwarzen, jetzt aber blieben sie nicht im Wege stehen, sondern sie stoben eiligst auseinander, als sie die beiden erblickten.

In dem Eingange saß der Thorwärter. Auch er erhob sich eiligst, als sie kamen, und drückte sich möglichst an die Mauer. Er wollte die Muskelkraft des Seemannes nicht zum zweitenmale kennen lernen.

„Was sagen Sie zu diesem Pascha?" fragte draußen der Lord seinen Begleiter.

„Der Kerl hat ein wahres Spitzbubengesicht."

„Ganz richtig! Und welch eine Unterhaltung! Was ich ihm gesagt habe, hätte ich keinem wirklichen Moslem, keinem echten Alttürken gegenüber wagen dürfen!"

Jetzt mußten sie einem kleinen, aber glänzenden Zuge ausweichen. Vier Träger brachten eine kostbare Sänfte, der zwei Vorläufer mit weißen Stäben in den Händen voranliefen. Die Vorhänge der Sänfte waren geschlossen, so daß man nicht sehen konnte, wer sich drinnen befand. Die Leute rannten in schnellem Tempo vorüber.

„Das muß ein vornehmer Kerl gewesen sein," bemerkte der Steuermann.

„Oder eine vornehme Dame. Es ist doch auch möglich, daß eine türkische Lady bringeseffen hat."

„Ich denke, daß dann Eunuchen nebenher gelaufen wären."

Der Steuermann hatte recht. Die Person, die in der Sänfte saß, war eine männliche.

---

6. Kapitel.

Als die Träger der Sänfte vor dem Thore des Palastes Ibrahim Paschas angelangt waren, machten sie halt. Ein Türke stieg aus und schritt langsam, in gravitätischer Haltung nach dem Hofe. Kaum hatte er denselben betreten, so rief einer der Schwarzen, der ihn erkannte: „O Allah! Der Großvezier!" warf sich demütig zur Erde, und die andern thaten dasselbe.

Daß derselbe in dieser unauffälligen Weise kam, mußte ganz besondere Gründe haben. Gewöhnlich bewegt sich dieser Allerhöchste aller Würdenträger mit eben solchem Pompe wie der Großherr selbst auf den Straßen. Er hatte jedenfalls die Absicht, keine Aufmerksamkeit zu erregen.

Als er über den Hof schritt, stieß er einen der daliegenden Sklaven mit dem Fuße an.

„Hund, ist dein Gebieter daheim?"

„Ja, o Herr!" antwortete der Sklave, ohne den

Kopf zu erheben. Dem Großvezier direkt in das Gesicht zu sehen, wäre ja ein sehr strafbares Verbrechen gewesen.

„Eile und sage ihm, daß ich komme."

Der Sklave sprang blitzschnell von der Erde empor und schoß davon. Der Vezier folgte langsam. Bald darauf kam ihm der Pascha eiligst entgegen und verneigte sich so tief, daß er mit dem Gesicht fast den Boden berührte.

„Allah segne deinen Eintritt, o Vezier!" grüßte er. „Er gebe dir tausend Jahre und glückliche Erfüllung aller deiner Wünsche!"

„Erhebe dich und führe mich!"

Ibrahim geleitete nunmehr seinen hohen Gast nicht in das Gemach, in dem er vorhin mit dem Lord gesprochen hatte, sondern in ein anderes, viel einfacher ausgestattetes.

Der Großvezier ließ sich hier auf ein Kissen nieder und zog ein kostbares Bernsteinmundstück aus der Tasche. Dies war das Zeichen, daß er eine Pfeife haben wolle. Ein Sklave brachte sofort einen Tschibuk, und der Minister schraubte höchst eigenhändig das Mundstück an. Als dann der Tabak in Brand gesteckt war, sagte er zu dem Pascha, welcher noch bemütig vor ihm stand:

„Setze dich zu mir und genieße auch du die Gabe Allahs. Die Wölkchen des Tabaks erquicken die Seele und stärken den Verstand. Ich habe mit dir zu sprechen."

Das war eine große Freundlichkeit, und der Pascha beeilte sich, ihr nachzukommen. Als dann die Tabakswolken sich duftend durcheinander mischten, nahm der Vezier einen Schluck des von einem Sklaven knieend dargereichten Kaffees und fuhr fort:

„Mein Kommen hat dich überrascht. Niemand darf es ahnen, daß ich bei dir bin, und du wirst zu keinem Menschen davon sprechen!"

„Befiehl, o Vezier, und ich lasse mir die Zunge aus dem Halse schneiden!"

„Das werde ich dir nicht befehlen, so grausam bin ich mit keinem meiner Sklaven, viel weniger mit einem so treuen Diener, wie du bist. Dein Vater, Melek Pascha, hat sich große Verdienste um das Wohl des Sultanats erworben, und du bist in seine Fußstapfen getreten. So werden auch dir große Ehren offen stehen, nachdem du noch eine Prüfung bestanden haben wirst. Ich komme nämlich, um dich in die Verbannung zu schicken."

Der Pascha erschrak, er wurde kreidebleich im Gesicht.

„Herr, ich bin mir keiner Schuld bewußt!" stammelte er.

„Ich spreche auch nicht davon, daß du die Verbannung verdient habest, ich sende dich nur deshalb fort, weil du uns da größere Dienste leisten kannst als hier. Da dir aber mein Wohlwollen gehört, so will ich dich vorher fragen, ob du vor einem Opfer nicht zurückbebst?"

„Befiehl, und ich gehorche."

„Das habe ich erwartet. Giebt es irgendwelche Bande, die dich hier in Stambul festhalten?"

„Nein."

„So wird das Opfer, das ich von dir fordere, nicht zu groß sein, denn das Bewußtsein, deine Pflicht zu erfüllen und dafür reichlich belohnt zu werden, wird dir die Entfernung von hier erleichtern. Ehe ich dir aber sage, um was es sich handelt, will ich deine Ansicht kennen lernen. Deine bisherige Thätigkeit hat dir Gelegenheit gegeben, unsere auswärtigen Beziehungen kennen zu lernen. Liebst du England?"

„Nein."

„Warum nicht?"

„Der Engländer ist niemals der Freund eines anderen. Er ist ein Krämer, der keinen anderen Zweck kennt als den, die Nationen für sich auszubeuten."

„Du magst recht haben. Liebst du den Franzosen?"

„Ich hasse ihn nicht. Er gleicht einem putzsüchtigen Weibe, das sich für die Schönste hält und sich doch schminken und pudern muß, um jung zu erscheinen."

„Und der Deutsche?"

„Der Deutsche ist ehrlich, schlägt sich aber gern mit seinen eigenen Brüdern herum und hat darum keine Zeit, anderen seine Stärke zu zeigen."

„Er wird diese Gelegenheit vielleicht sehr bald bekommen. Was ich dir mitteile, ist ein Geheimnis, von dem niemand etwas ahnen darf. Der Franzose beabsichtigt, mit dem Deutschen Krieg anzufangen."

„Er mag sich hüten!"

„Er verläßt sich auf seine Bundesgenossen. Er glaubt, daß Rußland und Italien ihm helfen werden. Das ist es, was mir Sorge macht. Ich habe gerade gegenwärtig Rußland, das sonst unser schlimmster Feind ist, gar nicht zu fürchten, desto schärfer aber muß ich Italien auf die Finger sehen. Der Franzose hat dem Italiener einen Preis, einen hohen Preis für die zu erwartende Hilfe versprochen. Kannst du dir denken, worin dieser Preis bestehen soll?"

„Ich vermute es. Aber soll sich der Großherr abermals eine Provinz seines Reiches nehmen lassen?"

„Du hast richtig geraten."

„Es handelt sich um Tunis?"

„Ja. Wie du weißt, gehörte ehemals die ganze Nordküste Afrikas uns. Dann verweigerte uns zuerst Marokko den Gehorsam. Darauf nahmen uns die Franzosen Algier weg, jetzt versprechen sie Tunis an Italien. Ich habe in Erfahrung gebracht, daß geheime Verhandlungen mit dem Bei von Tunis gepflogen werden. Er wünscht, um selbstständig zu werden, daß Italien Tripolis nehme. Er verschwört sich gegen uns, darum ist es für mich ganz notwendig, zu erfahren, welche Abmachungen getroffen werden."

„Wie willst du dies erfahren?"

„Durch dich."

„O Allah! Wäre ich nur allwissend!"

„Das brauchst du nicht zu sein. Du hast nur nötig, deine Augen und deine Ohren offen zu halten."

„So meinst du, daß ich eine heimliche Sendung übernehmen soll?"

„Ja. Ich will dich nach Tunis schicken, und du sollst dort sehen und horchen und mir alles, was du erfährst, wahrheitsgetreu mitteilen."

„Das wird schwer, vielleicht unmöglich sein."

„Warum?"

„Man wird einen Pascha des Großherrn nichts erfahren lassen. Man wird sich vor mir zurückziehen und mich mit der allergrößten Vorsicht behandeln."

„Das wird man nicht, denn du sollst nicht als Pascha dort leben, sondern als einer, der in Ungnade gefallen ist und also alle Veranlassung hat, dem Groß= herrn zu zürnen und sich auch an mir zu rächen."

„Deine Weisheit ist groß, sie sinnt auf Mittel, an die ich niemals denken würde."

„Laß dich das Wort nicht verdrießen, aber du wirst als unser Spion thätig sein, und das ist ein Mittel, welches so alt ist wie die Weltgeschichte."

„So soll ich also einen anderen Namen annehmen?"

„Ja."

„Welchen?"

„Das werden wir noch bestimmen. Deine Papiere müssen darauf lauten. Du wirst nicht Pascha, sondern nur Effendi sein."

„Warum nicht lieber etwas anderes, ein Handwerker oder Kaufmann?"

„Ein solcher hat keinen Zutritt bei dem Bei von Tunesien, du aber mußt in seine Nähe kommen, wenn du unseren Zweck erreichen willst. Ein Effendi ist ein Beamter oder ein Gelehrter, der sehr leicht in die Nähe eines Fürsten, eines großen Herrn gezogen werden kann."

„Wann soll ich fort?"

„Es eilt. Du sollst heimlich fort, noch während der nächsten Nacht. Ich werde für eine Schiffsgelegenheit sorgen, die dich direkt nach Tunis bringt."

Der Pascha machte ein etwas nachdenkliches Gesicht. Es gab doch einiges, was ihm eine so schnelle Abreise als nicht so wünschenswert erscheinen ließ. Der Vezier bemerkte es wohl.

„Deine Gedanken scheinen nicht froh zu sein," sagte

er. „Teile mir mit, was dich betrübt. Ist es mir möglich, so werde ich dir deine Wünsche gern erfüllen."

„Herr, ich habe ein — — Haus!"

„Ein Haus? Ah, ich vermute, daß du nicht das Haus meinst, sondern die innersten Gemächer desselben, nämlich den Harem. Ist es nicht so?"

„Deine Gedanken treffen stets das Richtige, sie gehen niemals irre."

„Hast du dein Herz an eine deiner Sklavinnen verschenkt? Man weiß ja, daß du die schönsten Mädchen Stambuls besitzest."

„Das Weib ist gemacht, das Herz des Mannes zu erfreuen. Wem ein schönes Auge leuchtet, der thut seine Pflicht mit doppelt regem Eifer."

„Du hast recht. Darum habe ich nichts dagegen, wenn du vielleicht wünschest, einige deiner Sklavinnen mitzunehmen."

„Wird es nicht auffallen, daß ein Effendi, ein einfacher Gelehrter, mehrere Frauen besitzt?"

„Ich kenne genug Effendis, die mehrere Frauen haben. Wie viele wünschest du mitzunehmen?"

„Nur zwei."

„So ist keine Gefahr dabei. Du kannst ja sagen, daß sie deine Schwestern seien oder auch, die eine sei deine Schwester und die andere dein Weib. Ich habe mit dir gesprochen, und du bist bereit. Ich werde jetzt zu dem Großherrn gehen und dann die Minister alle versammeln lassen, um mit ihnen zu beraten. Dann sollst du deine Instruktionen erhalten. Die Hand des Großherrn wird sich für dich aufthun, damit es dir an nichts fehle, was du brauchst. Wenn unser Plan gelingt, so werde ich auch jenen geheimnisvollen Fremden besiegen, der alle meine Absichten durchkreuzt und den ich doch meinen Zorn nicht fühlen lassen darf, weil er sich der ganz außerordentlichen Gnade des Großherrn erfreut."

„Du meinst jenen Menschen, der sich vor den Leuten Oskar Steinbach nennt?"

„Ja."

„Er ist ein Deutscher."

„Denkst du? Ich möchte es bezweifeln. Er ist der private Abgesandte irgend eines Monarchen. Sein eigentlicher Name, seine Abstammung, die Aufträge, die er bekommen hat, alles das ist in das tiefste Geheimnis gehüllt. Ich hasse ihn, obgleich ich ihm diesen Haß nicht zeigen darf. Kennst du ihn?"

„Ich habe ihn einige Male gesehen, erst gestern wieder. Er beleidigte mich, er maßte sich Macht über mich an und wagte es, meine Absichten zu durchkreuzen. Ich mußte es ruhig geschehen lassen."

„Es wird die Zeit kommen, in der wir über ihn lachen werden. Jetzt aber scheide ich. Befiehl deinen Leuten, meine Anwesenheit hier geheim zu halten."

Der Vezier verabschiedete sich hierauf mit gnädiger Miene. Unten schritt er an den Sklaven, die sich wieder vor ihm zu Boden geworfen hatten, vorüber, ohne sie zu beachten. Die Sänftenträger hatten auf ihn gewartet, er stieg jetzt ein und ließ sich im Trabe nach dem Serail bringen.

Im selben Augenblick, als er dort ausstieg und zwischen den zwei Eingangstürmen hineinschritt, begegnete ihm der, von dem er soeben mit dem Pascha gesprochen hatte — Steinbach.

Dieser grüßte ihn, aber nicht so unterwürfig, wie ein Muhammedaner und Türke. Er verneigte sich nur und sagte dabei:

„Möge dein Tag ein glücklicher sein, o Vezier!"

„Der deinige sei so lang wie ein Jahr," antwortete der Angeredete und ging weiter, ohne sich verneigt zu haben.

———

7. Kapitel.

Ein leises, selbstbewußtes Lächeln hatte sich bei seiner Begegnung mit dem Vezier auf das männlich schöne, kräftig gezeichnete Gesicht Steinbachs gelegt. Rasch ging er nach der Sophienkirche und von da aus den langen geraden Weg hinab, der nach Baksche Kapussi an das Ufer führt.

Dort lagen eine ganze Menge Kaiks zum Gebrauche bereit. Schon wollte er einsteigen, aber da fiel sein Blick auf die sonderbare Gestalt des Lords. Dieser saß vor einem Kaffeehause, das an der tiefen Einbuchtung lag, an der sich das alte Zollamt befindet. Auch er hatte den anderen erblickt und winkte ihm. Steinbach folgte diesem Winke und ging zu ihm.

„Guten Morgen, Master!" grüßte der Lord erfreut. „Sehr gut, daß ich Sie sehe. Ich befinde mich hier ganz so wie Simson unter den Philistern."

„Wieso?"

„Weil ich diese verteufelte Sprache nicht verstehe. Ich kenne nur die beiden Worte Allah und Bakschisch, Gott und Trinkgeld, weiter nichts. Und das ist doch nicht hinlänglich. Sehen Sie nicht, wie es mir ergangen ist?"

„Wie denn?"

„Nun, habe ich denn etwas zu trinken hier?"

Er deutete dabei auf den runden Stein, der als Tisch diente und vor dem er auf einem niedrigeren Stein gesessen hatte. Dieser Tisch war leer.

„Haben Sie sich nichts bestellt?"

„O ja. Ich habe das Wort Kaffee zehntausendmal ausgesprochen, aber keinen bekommen."

„Kaffee ist nicht arabisch und nicht türkisch, Sie müssen Kawuah sagen."

„Also Kawuah! Schön! Und was heißt Tasse?"

„Kiasse."

„Und eins?"

„Die Zahl eins heißt bir."

„Sehr gut! Also — bir Kiasse Kawuah!"

„So ungefähr."

„Ja, man wird immer gescheiter. Die Kerle, die da herumsitzen und Maulaffen feilhalten, erhielten Kaffee und auch Tabakspfeifen. Ich aber habe das Wort Tabak gebrüllt, daß es mir um meine Lunge angst und bange geworden ist, doch niemand wollte mich verstehen. Der Teufel hole diese schwarzen Kellner!"

„Hier heißt es nicht Tabak, sondern Tütün."

„Tütün? Albernes Wort! Was heißt denn eigentlich Pfeife?"

„Tschibuk."

„Und bir heißt eins; also — bir Tschibuk Tütün."

„Nein. Der Gebrauch ist anders. Wenn Sie eine Pfeife Tabak haben wollen, müssen Sie sagen — bir lüle tütün."

„Bir lüle tütün! Danke, Master! Jetzt kann es losgehen. Trinken Sie eine mit?"

„Ja."

„Aber lassen Sie mich bestellen."

„Sehr gern; versuchen Sie es."

„Also zuerst — bir Ka — Ka — Kawasse!"

„Um Gotteswillen! Da bringt man Ihnen ja einen Polizisten. Es heißt nicht Kawasse, sondern Kiasse."

„Verteufelt, verteufelt! Und sodann — bir tüle lütün!"

„Nein, sondern bir lüle tütün."

„Ob lüle tütün oder tüle lütün, das könnte dem Volke doch ganz egal sein. Der Teufel mag eine so unsinnige Sprache behalten! Und bir heißt hier eins. Unter Bier verstehe ich doch etwas ganz anderes, und da trinkt man nicht blos eins, sondern mehrere. Es wird wohl am besten sein, wenn Sie bestellen."

„Das denke ich auch," lachte Steinbach.

Infolgedessen erhielten sie zwei Tassen Kaffee und zwei frisch gestopfte Pfeifen nebst Holzkohlenfeuer. Der Lord schmauchte behaglich und betrachtete sich das bewegte Panorama, das sich vor seinen Augen entfaltete. Steinbach aber hielt den Blick vorzugsweise auf den Engländer gerichtet und zwar mit einem Ausdruck, der von mehr als nur einer gewöhnlichen Teilnahme zeugte.

So hatten sie eine kleine Weile schweigend dagesessen, da legte der Lord seine Pfeife fort und sagte:

„Was so ein Türke dumm ist! Man sollte es gar nicht für möglich halten!"

„Was denn?"

„Wo die Natur alles so reichlich giebt, da sollte der Mensch doch zugreifen, um es auch reichlich zu genießen. Aber es ist gerade entgegengesetzt. Hier wächst der Tabak und hier wächst auch der Kaffee. Aber nun sehen Sie sich einmal diese Tassen an, so groß wie ein Fingerhut, und diese Tschibuks, deren kleinen Kopf man in zehn Minuten zwanzigmal ausrauchen kann. Ganz ebenso ist es auch mit den Mädchen."

„Wieso auch mit diesen?"

„Nun, der Türke darf doch mehrere heiraten, und ich habe gehört, daß sie gewöhnlich nur eine nehmen. Ist das nicht so dumm, daß man es gar nicht begreifen kann? Ich würde so ungefähr zwischen sieben= und achthundert heiraten, zumal sie so schön sind."

„Haben Sie schon welche gesehen?"

„Na, und ob."

„Wann?"

„Gestern, beim Sklavenhändler."

„Ach so! Und sie haben Ihnen gefallen?"

„Und wie! Da war zum Beispiel eine Schwarze, die hatte einen Mund wie Zinnober, Zähne wie eine Spitzmaus, wolliges Haar wie ein Pudel, Augen wie ein Karfunkel und ein Näschen, na, ein Näschen, fast so niedlich wie die meinige da. Und angeschaut hat sie mich! Die hatte es ganz und gar auf mich abgesehen."

„Eine Weiße wäre mir doch lieber!"

„Natürlich! Ich hole mir auch keine andere als nur eine Weiße."

„Holen?"

„Ja. Ach, Sie wissen es noch nicht? Ich will nämlich eine entführen."

„Sapperment!"

„Nicht wahr, das ist kühn?"

„Allerdings. Wie sind Sie denn auf diesen Gedanken gekommen, Mylord?"

„Durch Mozart."

„Das begreife ich nicht. Sie meinen doch den Komponisten?"

„Na freilich. Sehen Sie, das ist die eigentliche Ursache."

Er zog das Textbuch hervor und reichte es ihm hin.

„Ach so," lachte Steinbach; „diese Oper hat Ihnen gefallen, und nun wollen Sie auch eine Entführung bewerkstelligen."

„So ist es."

„Verbrennen Sie sich nur die Finger nicht!"

„Sind diese Mädchen denn gar so heiß?"

„Die Sache ist gefährlich. Was wollen Sie denn mit der Entführten anfangen?"

„Das weiß ich noch nicht genau. Ich nehme sie mit nach London. Was dann geschieht, wird sich finden. Vielleicht heirate ich sie; vielleicht auch schenke ich sie einem anderen. Gestern hätte ich beinahe eine erwischt. Da draußen am Kirchhofe; sie hat mich aber schmählich im Stich gelassen. Ich habe nur einen Handkuß davongetragen. Das ist aber doch wenigstens ein Anfang. Bei der Nächsten mache ich es anders. Heute abend vielleicht."

„Was ist da, heute abend?"

„Hm! Da holen wir eine."

„Wo denn?"

„Wo? Das darf ich nicht sagen."

„Wer holt sie denn?"

„Ich und die beiden anderen, nämlich Normann und Wallert."

„Wollen Sie etwa hinaus in den Harem von Ibrahim Pascha?"

„Wird nicht verraten."

„Ich kann nicht in Sie bringen. Geben Sie sich aber nur nicht mit gefährlichen, unüberlegten Geschichten ab."

„Gefährlich? Pah! Ich suche ja gerade die Gefahr! Und unüberlegt? Trauen Sie mir altem Kerl etwa keine Ueberlegung zu? Da thäten Sie mir leid! Aber schau, was für ein großer Kahn ist das?"

„Das ist ein großherrlicher Kaik."

„Da sitzen ja Frauen drin. Vier, sechs, acht!"

„Frauen des Sultans."

„Wie! Die dürfen auch spazierenfahren?"

„Ja, natürlich verschleiert."

„Donnerwetter! Wer da einmal so den Zipfel wegnehmen dürfte! Der Sultan sucht sich doch ganz gewiß nichts Häßliches aus."

„Natürlich hat er die schönsten."

„Sakkerment! Wo stecken sie denn?"

„An verschiedenen Orten. Es wohnen welche im Serail, welche in Beschiktasch, welche in Dolmabachtsche und auch noch anderswo."

„Und die bekommt kein Mensch zu sehen?"

„Kein einziger. Bedient werden sie von Eunuchen, deren Oberster der Kislar Aga ist."

„Was heißt das?"

„Kislar heißt Mädchen und Aga Herr. Beides zusammen heißt also der Herr oder der Gebieter der Mädchen."

„Alle Wetter! Da möchte ich Kislar Aga sein!"

„Danke sehr!"

„Warum?"

„Erstens ist er Sklave."

„Hm!"

„Zweitens muß er ein Schwarzer sein."

„Pfui Teufel!"

„Und drittens ist er eben auch Eunuch. Aber trotz alledem ist sein Posten der höchste im Serail. Er steht im gleichen Range mit dem Großvezier."

„Tausche aber doch nicht mit ihm. Also ein anderer bekommt die Frauen nicht zu sehen?"

„Nein. Es wäre unbedingt sein Tod. Nur in ganz besonderen und außerordentlichen Fällen ist eine Ausnahme möglich; aber das ist höchst selten."

„Wann zum Beispiel?"

„Wenn ein anderer Herrscher beabsichtigt, eine der Töchter oder Schwestern des Sultans zu heiraten. Dann wird es seinen Abgesandten wohl unter Umständen gestattet, das Angesicht der betreffenden zu sehen und auch mit ihr zu sprechen, damit er seinem Herrscher Bericht erstatten kann."

„So wollte ich, ich würde von einem geschickt!"

„Wünschen Sie das nicht! Es ist eine böse, schwierige und verantwortliche Sache. Wenn dem Gesandten das Mädchen gefällt, seinem Herrn aber nicht, so ist nichts sicherer, als daß er in Ungnade fällt. Ich weiß ein Wort davon zu sprechen."

„Sie? Wieso?"

„Weil ich eine suchen soll."

„Wirklich? Für wen?"

„Davon kann ich natürlich nicht sprechen."

„Pah! Sie scherzen!"

„Ich spreche im Ernst."

„Wäre es wirklich Ernst, so würden Sie sich sehr hüten, davon zu reden."

„Es hat kein Mensch eine Ahnung davon; nur zu Ihnen erwähne ich diese Angelegenheit."

„Warum denn gerade zu mir, he?"

„Weil ich zu Ihnen ein besonderes Vertrauen habe."

„Sehr verbunden. Hat dieses besondere Vertrauen vielleicht auch besondere Gründe?"

„Insofern, als Ihre Erscheinung eine besondere ist, ja."

„Meine Erscheinung eine besondere? Nicht übel ausgedrückt! Sie reden echt diplomatisch, das heißt doppelzüngig. Man kann da annehmen, mein Äußeres sei besonders schön, oder auch ganz besonders häßlich!"

„Wählen Sie, was Ihnen beliebt!"

„So will ich das häßliche wählen. Ich bin überzeugt, damit das Richtige zu treffen. Aber bleiben wir bei unserer Angelegenheit, die mich sehr interessiert! Also Sie dürfen den Harem des Sultans besuchen?"

„Ja."

„Um sich die Mädchen anzusehen, von denen Sie eins wählen sollen?"

„Nein; so ist es freilich nicht gemeint. Man wird mir doch die Prinzessinnen nicht etwa vorführen, wie man es mit kaufbaren Sklavinnen thut. Nein. Es handelt sich vielmehr um eine bestimmte Dame, die Prinzessin Emineh. Sie wird mich ihr Gesicht sehen lassen, damit ich meinem Auftraggeber berichten kann, wie sie mir gefallen hat."

„Alle Wetter! Könnte ich dabei sein!"

„Das geht nicht. Man macht bereits eine ganz außerordentliche Ausnahme, indem man mir erlaubt, die Züge einer Sultanstochter zu sehen."

„Dürfte ich nur wenigstens ihre Gestalt sehen."

„Leider geht das auch nicht!"

„Ihren Gang, ihre Haltung!"

„Da wird nicht viel zu bemerken sein. Diese Damen stecken in ihrer sackartigen Hülle, die schuld ist, daß eine genau so wie die andere aussieht."

„Wenn ich nur wenigstens ihre Stimme hören könnte!"

„Sie sind wirklich ganz passioniert auf Türkenmädchen!"

„Ja. Das ist wahr. Können Sie mich nicht mitnehmen?"

„Hm!"

„Ich könnte dann wenigstens die Gebäude sehen, in denen die Schönheiten stecken."

„Liegt Ihnen denn gar so viel daran?"

„Das versteht sich! Denken Sie sich, wenn ich nach London zurückkehre und sagen kann, daß ich im Harem des Sultans gewesen bin! Welch ein Aufsehen! Ich werde natürlich nicht erzählen, daß ich keins der süßen Geschöpfe erblickt habe."

„Hm! Wenn ich nur wüßte — —!"

Steinbach war noch unschlüssig. Er mochte an die Verantwortlichkeit denken, die er auf alle Fälle auf sich nahm. Um ihm Lust zu machen, fügte der Lord hinzu:

„Und die Freude dieser Prinzessinnen! Ihr großes Entzücken!"

„Worüber denn?"

„Na, über mich!"

Da lachte Steinbach laut auf, warf einen Blick auf die karrierte und karrifierte Gestalt des Lords und antwortete:

„Unrecht haben Sie nicht. Die Damen haben ganz sicher noch keinen Mann von Ihrer Art gesehen."

„Also nehmen Sie mich mit."

„Ehe ich mich dazu entschließen kann, muß ich doch einmal nachsehen."

Er zog zwei Pergamentblätter aus der Tasche.

„Was ist das?" fragte der Lord.

„Die Bescheinigungen des Sultans und auch des Kislar Aga, daß man mir den Zutritt in Beschicktasch erlauben und mich mit Prinzessin Emineh sprechen lassen soll."

„Ah! Zeigen Sie her! So etwas habe ich noch nie gesehen. Also vom Sultan? Und von dem Obersten der Haremswächter? Das ist sehr interessant. Das muß ich lesen, unbedingt lesen!"

Steinbach gab ihm die beiden Dokumente. Der gute Lord zog, als er sie erblickte, das Gesicht unendlich lang.

„Was ist denn das für eine Schrift?"

„Türkisch."

„Hole Sie der Teufel! Wie kann ich das lesen! Bitte, lesen Sie es mir vor!"

„Sie verstehen es auch nicht!"

„So übersetzen Sie es mir!"

Steinbach that es. Als er fertig war, nickte der Lord befriedigt und sagte:

„Also Zutritt in den Garten und freie Bewegung in demselben, Zusammentreffen mit der Prinzessin und Entschleierung derselben. Nicht übel! Ich will Ihnen etwas sagen: Nehmen Sie mich getrost mit! Ich werde mich sehr anständig betragen und die Prinzessin weder küssen noch umarmen. Sie setzen mich in irgend einen Winkel oder eine Ecke, und da bleibe ich sitzen, so lange Sie es wünschen."

„Nun, ich will es wagen. Der Wortlaut dieser zwei Schriftstücke ist so gehalten, daß man Sie wohl nicht zurückweisen wird."

„Allah il Allah, allüberall Allah! Ich danke Ihnen, danke sehr! Wann geht es los?"

„Wann haben Sie Zeit?"

„Gleich jetzt! Sogleich natürlich!"

„Gut! So brechen wir auf."

„Ist es weit?"

„Nein. In zehn Minuten sind wir dort."

Sie bezahlten den Kaffee und Tabak und setzten sich in ein Kaik, dann befahl Steinbach, nach Dolmabachtsche zu fahren und bei den Bädern zu halten.

Dort liegt des Sultans Serail und sein Harem mitten in einem großen Garten. Es giebt da zwei große Eintrittsthore, eins in der Gartenmauer und das andere in der vorderen Mauereinfassung. Die beiden Männer wählten das letztere. Zwei Soldaten standen dort Wache

Vor dem Oberwächter stand entblößten Hauptes der Lord.
(Seite 232.)

und fragten nach ihrem Begehr. Steinbach verlangte nach dem Kollajydschy=Baschi, welches Wort zu deutsch Oberaufseher bedeutet.

Das Thor wurde geöffnet, und sie durften eintreten. Sie befanden sich in einem Vorhof, wo man rundum nichts als fensterlose Mauern erblickte. Die einzige Unter= brechung wurde von einer schmalen Thür gebildet, auf die der eine Posten stumm deutete. Sie schritten auf dieselbe zu und traten ein. Es war ganz dunkel in dem engen Gange, in dem sie sich befanden. Sie sahen niemand, aber eine quiekende Fistelstimme klang ihnen entgegen:

„Zu wem wollt ihr?"

„Zum Oberaufseher."

„Was wollt ihr bei ihm?"

„Das geht dich nichts an, du Hund!"

Steinbach wählte diese grobe Antwort, weil er wußte, daß dies bei dem Haremswächter mehr Eindruck machen werde, als die größte Höflichkeit.

„Kommt herein!"

Es wurde eine Thür geöffnet, und sie traten in ein rundum mit Holzgittern versehenes Zimmer, in dem sich kein Mensch befand. Bald aber hörten sie ein Geräusch.

„Sehr interessant!" sagte der Lord. „Zwischen diesen Gittern komme ich mir vor wie ein eingesperrtes wildes Tier."

„Löwe etwa oder Tiger?" lächelte Steinbach.

„Nein, sondern Pavian."

„Sie scheinen ein sehr ausgesprochenes Bewußtsein Ihrer persönlichen Vorzüge zu besitzen. Man beobachtet uns. Man will erst im stillen taxieren, für wen oder für was man uns zu halten hat."

Er hatte recht. Das Geräusch wiederholte sich, in= dem es sich entfernte. Es war der leise, weiche, schlürfende Schritt eines Menschen. Doch dauerte es nicht lange, so sprang ein Teil des Gitterwerkes auf, und eine lange, ganz in grüne Seide gekleidete Gestalt trat ein. Diese Seide bildete einen formlosen Ballen, aus dem unten zwei Pantoffel und oben ein schwarzes Negergesicht herausblickten. Die wulstigen Lippen öffneten sich, und mit der gewöhnlichen überschnappenden Stimme der Eunuchen fragte der Mann:

„Ihr wollt zu mir?"
„Bist du der Kollajydschy-Baschi?"
„Ja."
„Sklave deines Herrn, warum grüßest du uns nicht?"
„Ich kenne euch nicht!"
„Weißt du nicht, daß sich nur Personen, die das

Wohlwollen des Großherrn besitzen, nach diesem Orte wagen? Kannst du lesen?"

„Ja."

„Prinzessin Emineh befindet sich unter deiner Obhut?"

„Was geht das dich an! Wie darfst du nach einer der Töchter des Herrschers fragen!"

„Ich will sie sehen und sprechen."

„Allah sei dir gnädig! Sprechen willst du sie?"

„Ja."

„Und sogar auch sehen?"

„Ja."

„Etwa ohne Schleier?"

„Natürlich!"

„Bist du etwa aus dem Joluban entsprungen?"

Dieses Wort bedeutet Irrenhaus.

„Hier, lies!" antwortete Steinbach kurz, indem er ihm das eine Pergament hingab.

Der Schwarze erblickte das Siegel des Großherrn. Er ergriff das Pergament, legte es an Stirn und Brust, verbeugte sich bis zum Boden herab und las es dann. Als er fertig war, fixierte er Steinbach scharf und sagte:

„Du mußt ein sehr vornehmer Effendi sein, daß man dir eine solche Gnade erweist!"

„Wer ich bin, das geht dich nichts an. Du hast zu gehorchen. Ich habe nicht Zeit, auf dich zu warten."

„Auch deine Rede ist diejenige eines vornehmen Mannes. Verzeihe, daß ich euch nicht begrüßte! Ich kann es auch jetzt noch nicht thun, nicht eher, als bis du bewiesen hast, daß dieses Pergament dir wirklich gehört."

„Wie habe ich das zu beweisen?"

„Durch einen ganz ähnlichen Befehl des Kislar Aga. Ich habe hier ihm mehr zu gehorchen, als selbst dem Sultan."

„Hier lies!"

Die Ceremonie des Verbeugens wiederholte sich. Dann aber, als der Aufseher die Zeilen gelesen hatte, gab er die Pergamente zurück, senkte den Kopf, so tief er konnte, und sagte:

„Dein Leben sei ohne Ende, und dein Fuß schreite stets auf dem Wege des Glückes! Jetzt weiß ich nun, daß ich dir zu gehorchen habe. Prinzessin Emineh befindet sich hier. Soll ich sie benachrichtigen?"

„Frage nicht lange, sondern thue es! Wie kann sie von mir wissen, wenn du es ihr nicht meldest."

„Du wirst dich in den Garten begeben. Wo aber soll dieser andere auf dich warten?"

„Er wird mit mir gehen."

„O Allah! Du wirst nicht auf diesem Befehle beharren. Von ihm stand auf den Pergamenten ja nicht ein Wort geschrieben."

„Aber es stand da, daß du mir zu gehorchen habest."

„Soll er etwa das Angesicht der Prinzessin auch sehen, so wie du?"

„Nein. Er soll sich nur im Garten umblicken dürfen. Er wird fern bleiben, wenn ich mit ihr spreche."

„Dann darf ich dir gehorchen. Aber er möge bedenken, daß man mir den Kopf abschlägt, wenn er das Angesicht einer unserer Frauen erblickt."

„Er wird seine Augen schließen, aber die Frauen werden die ihrigen offen halten. Ist bereits einmal ein Franke hier im Harem gewesen?"

„Wie kannst du so fragen!"

„So haben die Frauen wohl noch keinen solchen Mann gesehen. Du wirst ihnen sagen, daß sie in den Garten gehen sollen, um ihn zu betrachten."

„Zu welchem Volke gehört er?"

„Zu den Inglis."

„Ist er ein Fakir?"

Dieses Wort bedeutet Bettler.

„Nein," antwortete Steinbach. „Warum glaubst du, daß er ein Fakir sei?"

„Weil sein Gewand aus lauter verschiedenen Flecken zusammengesetzt ist."

„Es sind keine Flecken. Ueberzeuge dich. Dieser Herr ist ein sehr reicher Mann und gehört zu den Paschas seines Landes. Er ist so wenig wie ich gewöhnt, auf die Erfüllung seiner Wünsche zu warten. Beeile dich also!"

Der Aufseher zog sich zurück. Es dauerte eine geraume Weile, ehe er wiederkehrte. Dann meldete er:

„Herr, die Blumen des Harems befinden sich bereits im Garten, und man erwartet euch."

„So laß uns ein!"

„Aber bedenkt, daß ich euch nicht allein lassen darf. Ich selbst werde euch begleiten."

„Davon steht auf den Pergamenten nichts."

„Es ist so meine Instruktion."

„Nach deiner Instruktion habe ich mich gar nicht zu richten. Sie hat nur für gewöhnliche Vorkommnisse Geltung; mein Besuch aber ist ein außerordentliches Ereignis. Ich kann nicht dulden, daß du bei mir bist."

„Ich darf nicht anders."

„Was, du Hund? Soll ich dir zur Bastonnade verhelfen? Meinst du, daß ich dich hören lassen werde, welche Geheimnisse ich mit der Prinzessin zu besprechen habe? Willst du etwa Dinge erfahren, die der Großherr selbst seinen Ministern nicht mitteilt?"

„Herr, verzeihe; daran hatte ich nicht gedacht, und du hast recht. Aber diesen Pascha der Engländer muß ich begleiten. Von ihm steht nichts auf den Pergamenten. Ich muß der Wächter seiner Augen sein."

„Dagegen habe ich nichts. Also vorwärts!"

Jetzt endlich war die Vorverhandlung zu Ende. Der Schwarze führte die beiden durch einen schmalen, dunklen Korridor nach einem Innenhofe, aus dem man in den Garten gelangte.

Obgleich die Bewohnerinnen des Harems von der Außenwelt abgeschlossen leben und außerhalb ihrer absperrenden Mauern nur tief verhüllt erscheinen, hatte doch der Ruhm von Prinzessin Eminehs Schönheit sich weithin verbreitet. Man nannte sie, wenn von einem weiblichen Engel die Rede war, und die öffentlichen Erzähler nannten ihre Vorzüge her, und wenn sie ihren Namen aussprachen, fügten sie stets hinzu: „Die Herrlichste der Allerherrlichsten der Frauen."

Es verstand sich ganz von selbst, daß Steinbach höchst gespannt auf sein Zusammentreffen mit dieser berühmten Prinzessin war.

Als er jetzt mit dem Engländer und dem Oberwächter in den Hof trat, erblickte er eine ganze Menge schwarzer Haremswächter, die da standen, ihn auf das Ehrfurchtsvollste zu begrüßen, jedenfalls aber auch zu dem Zwecke, ihn und vor allen Dingen auch den Engländer streng im Auge zu behalten.

Der Garten war groß. Süßer Blütenduft zog durch die Lüfte; hohe dichtkronige Bäume spendeten ihren Schatten, und die herrlichsten Blüten erfreuten das Auge des Beschauers. Dazu murmelten zahlreiche Springbrunnen ihre heimlichen Melodieen und befeuchteten die Luft, damit sie die atmende Brust doppelt erquicke.

„Gar nicht übel hier," sagte der Lord. „Ich wollte, ich wäre Sultan. Ich bliebe gleich hier bei meinen Frauen und käme niemals wieder fort. Wo mögen sie nur stecken?"

Sie schritten langsam, von dem Schwarzen gefolgt, einen breiten Kiesweg hinab. Es war keine menschliche Seele zu sehen, aber leise, fast unhörbare Laute erregten Steinbachs Aufmerksamkeit.

„Zu sehen ist freilich niemand," sagte er; „aber hören Sie nichts, Mylord?"

„Hm, etwas, ja."

„Nun, was denn?"

„Es klingt gerade wie ein unterdrücktes Kichern und Lachen, wenn wir an einem der Büsche vorübergehen."

„So ist es. Sie haben sich nicht getäuscht."

„Ich glaube, die Frauen stecken hinter den Sträuchern."

„Ganz sicher."

„Und lachen über — über — — — hm!"

„Nun, über wen werden sie denn wohl lachen?"

„Natürlich über mich," antwortete er sehr aufrichtig. „Das freut mich königlich. Es ist das viel besser, als wenn sie über mich weinen müßten. Ich muß also ein ganz famoser Kerl sein. Schau, dort unten kommen einige!"

Es kamen ihnen jetzt in der That einige Verhüllte entgegen. Man konnte von ihrem Körper nicht das geringste sehen. Selbst das unter dem Schleier hervorblickende Auge war nicht zu erkennen.

„Alabscha!" sagte eine im Vorübergehen.

„Was bedeutet dieses Wort?" fragte der Lord.

„Scheckig."

„Sie meinen also mich!"

Aus einem Seitenpfade bogen zwei andere ein. Sie blieben stehen, um die Männer vorüber zu lassen.

„J=a buruna! Nassyl dschewitzly!" hörte man dabei die eine zur andern sagen.

„Was meinte die?" fragte der Engländer.

„Lassen wir das lieber."

„Warum?"

„Es ist besser, wir lassen sie reden."

„Natürlich lassen wir sie reden; aber wissen will ich doch, was sie sagen. Also heraus damit. Das letzte klang wie Schwitzen oder so ähnlich. Ich schwitze doch nicht."

„Nein; sie sagte: Welch ein Näschen! Wie ein Nüßchen!"

„Ja," lachte der Lord. „Ich habe freilich ein allerliebstes, niedliches und zierliches Näschen. Ich glaube, ich mache den ganzen Harem unglücklich. Ich verdrehe den Weibern den Kopf, und nachher wollen sie von ihrem Sultan nichts mehr wissen."

„Halt!" sagte jetzt der Oberwächter hinter ihnen. „Dort kommt die Prinzessin. Herr, du magst zu ihr gehen; dieser Engländer aber bleibt hier bei mir zurück.

Ich werde über ihn wachen, daß ihm kein Leid geschieht."

Das war nun freilich ganz anders gemeint. Er wollte vielmehr aufpassen, daß der Lord kein Unheil anrichte. Der Oberwächter hatte mit der Hand nach einem Kreuzwege gedeutet, von welchem her sich zwei Frauen langsam näherten. Steinbach schritt ihnen entgegen. Was ihm noch nie begegnet war, das begegnete ihm jetzt: er fühlte sein Herz klopfen.

Die beiden waren nicht so verhüllt wie die andern, sondern sie erschienen in der Kleidung, die sie jedenfalls in ihren Gemächern zu tragen pflegten, in weiten Hosen, Pantöffelchen ohne Strümpfe und in vorn offen stehenden, kurzen Jäckchen. Diese Stücke bestanden aus weißer, feiner Seide und waren mit kostbarer Goldstickerei versehen. Die Frauen waren ganz gleich gekleidet, wie zwei Zwillingsschwestern, und ihre Gesichter waren verhüllt.

Steinbach musterte sie bereits von weitem. Er erblickte volle, herrliche Formen, elastische Bewegungen, kleine Füßchen und Händchen. Beide waren fein und dennoch rund und voll gegliedert, doch war die eine um ein weniges höher als die andere.

Jetzt war er ihnen nahe. Er kreuzte die Arme über der Brust und verbeugte sich tief nach orientalischer Weise.

"Bist du der Mann, den wir hier erwarten?" fragte die Größere.

Steinbach hatte noch niemals in seinem ganzen Leben einen solchen Wohllaut der Stimme gehört. Das klang so voll und doch so weich, so glockentönig und doch auch wieder wie weicher, sympathischer Aeolsharfenklang.

"Ich bin es," antwortete er.

"So komm mit und tritt in unsere Mitte."

Die Frauen hatten mit verschlungenen Armen vor ihm gestanden; jetzt ließen sie einander los, so daß er Platz zwischen ihnen fand, und kehrten langsam nach der Richtung zurück, aus der sie gekommen waren.

Es war heller Tag, und dennoch befand Steinbach

sich ganz wie im Traum und hatte die Empfindung eines Menschen, der vom Himmel träumt und dem darob vor Entzücken und Seligkeit das Herz zerspringen möchte.

Hier, im Haremsgarten des Großsultans, zwischen zwei unbeschreiblich schönen, entzückenden Frauengestalten! War das denn wirklich wahr? War es möglich?!

Sie sprachen nicht. Sie schienen zu erwarten, daß er das Gespräch beginne. Die größere hatte eine aufgeblühte Theerose in dem kleinen, fleischigen, warmtönigen Händchen, die andere drehte eine rote, volle Nelke zwischen den schönen, wie aus der Hand des Bildhauers hervorgegangenen Fingern.

Die weichen, seidenen Hemden blickten unter dem offenen Jäckchen hervor. Er sah, wie sich unter den ruhigen Atemzügen die entzückenden Formen hoben und senkten. Ein feiner, unbestimmbarer Duft ging von beiden aus. Wahrlich, Muhammed hatte ganz recht, daß er den Ort der Seligen mit schönen Frauen und Huris bevölkerte!

Da schien ihnen das Schweigen doch zu lange zu dauern. Die Trägerin der Rose sagte:

„Sind die Männer alle so schweigsam wie du?"

Sie hatte schon vorhin nicht türkisch, sondern arabisch gesprochen. Er antwortete in derselben Sprache:

„Ja, alle."

„Und doch habe ich gehört, daß sehr viele Freunde des Sprechens sind."

„Dann sind sie keine Männer."

„Dein Urteil ist streng, aber du magst recht haben. Hat der Großherr dir eine Botschaft anvertraut?"

„Ja, doch nicht an zwei, sondern nur an Emineh, die schönste der Königstöchter. Welche von euch ist sie?"

„Errate es!"

Die holde Sprecherin nahm den Schleier ab. Dieser hatte eine fast unbändige Fülle heller Locken festgehalten, die nun weit über das alabasterglänzende Weiß ihres unverhüllten, herrlichen Nackens herabfielen. Ein solches

Gesicht hatte Steinbach noch nie gesehen; es war gar nicht zu beschreiben. Es war, als habe Gott aus Schnee, Morgenrot und Sonnengold eine Frauengestalt geformt, ihr den Odem der ewigen Liebe eingehaucht und sie nun

auf die Erde gesandt, um alle Herzen und Sinne wonnetrunken zu machen. Das herrlichste aber waren die Augen. Sie waren von jenem tief gesättigten Blau, das man nur dann bemerkt, wenn an sonnenhellen

Tagen kurz vor dem Abendrote ein krystallreines Wasser die tiefsten Töne des Himmels wiederspiegelt. Und dabei funkelte und schimmerte es in diesen Augen, als seien sie von goldenen Fäden durchzogen und mit mikroskopischen Diamanten bestreut, die in elektrischer Beleuchtung funkelten.

Auch die andere hatte den Schleier abgenommen. Sie war dunkel, schön, sehr schön. In ihren Augen lag eine innige, ruhige, selbstbewußte Wärme. Es glänzte aus ihnen: Ich bin schön und will glücklich machen. Das weiche und dichte Haar schmiegte sich innig an die hohe, blütenreine Stirn und floß nun in Wellen über die vollen Schultern herab. Wahrlich, auch diese war entzückend!

„Also, welche ist es?" fragte die Blonde, während tausend Schalke neckisch über ihr Gesicht flogen.

Steinbach fühlte sich von so viel Schönheit geradezu übermannt. Schnell und ohne Bedenken antwortete er:

„Du bist es, du selbst! Keine andere kann es sein."

„Warum keine andere?"

„Tausende preisen die Schönheit Eminehs, und abertausende schwören, daß sie von keiner anderen erreicht werde. Dir nur ist keine gleich, folglich bist du Emineh."

Da glitt ein mildes, liebenswürdiges Lächeln über das Antlitz des Mädchens; sie nickte der Blonden freundlich zu:

„Schau, das Urteil ist gefällt! Keine von beiden gab zu, die schönere zu sein; nun aber ist es entschieden."

„O, auch du bist schön," sagte er, „so schön, wie ich noch keine gesehen habe. Du darfst mir nicht zürnen!"

„Ich zürne dir nicht. Wenn man von Emineh so viel erzählt, so wirst du vielleicht auch vernommen haben, daß ihr Herz frei von solchen Regungen ist."

Er erschrak und fuhr um einen Schritt zurück.

„Allah! Höre ich recht?" fragte er.

„Was hast du gehört?"

„Du bist die Prinzessin? Du?"

„Ja, ich bin sie."

„Dann sei barmherzig, sei gnädig!"

Er wollte das Knie vor ihr beugen; da aber legte sie ihm schnell die Hand auf den Arm und sagte:

„Nicht so, nicht so! Du bist ein Mann, und ein Mann soll sich nicht vor einem fremden Weibe beugen. Du hast mich nicht beleidigen wollen; du hast die Wahrheit gesagt. Die Freundin ist schöner; sie ist himmlisch schön, und ich bin irdisch schön. Das ist der Unterschied. Wunderst du dich nicht darüber, daß zwei Frauen mit einem Manne in dieser Weise von Schönheit sprechen?"

„Was Engel thun, ist nie zu verwundern!"

„Du bist so höflich, daß man dich für einen Franken halten könnte. Du hast uns gepriesen, und darum kann ich auch dir sagen, daß du ein Mann bist, wie ich noch keinen gesehen habe. Du hast das Aussehen eines Helden und doch das Lächeln eines Kindes. Es kann für viele gefährlich sein, dich anzublicken. Darf ich jetzt die Botschaft des Großherrn hören?"

„Es ist so schwer, von ihr zu sprechen. Ist dir noch nichts darüber mitgeteilt worden?"

„Ich habe gehört, daß der Vicekönig von Egypten mich zur Sultana begehrt, und daß ein unbekannter geheimnisvoller Fremder sich in Stambul befindet, um diesen Wunsch des Khedive der Erfüllung entgegenzuführen. Bist du der Fremde?"

„Ich bin es."

„Darf ich deinen Namen erfahren, dein Vaterland und den Rang, der dir verliehen ist?"

„Ich bitte dich, mir zu erlauben, darüber zu schweigen. Gestatte mir lieber dafür, dir dies zu überreichen."

Er zog ein kostbares Etui aus dem Gürtel und gab es ihr.

„Von wem ist es?" fragte sie.

„Von dem, der Allah ewig danken würde, wenn es ihm gelänge, dein Herz zu gewinnen und zu besitzen."

„Soll ich das Etui hier wohl jetzt öffnen?"

„Ich soll dich sogar bitten, es in meiner Gegenwart zu thun."

Die Prinzessin nahm den Inhalt heraus. Es war das reich mit Diamanten geschmückte Elfenbeinporträt des Vicekönigs von Egypten. Lange, lange Zeit betrachtete sie es gedankenvoll, und es zog eine leise Röte langsam und erwärmend über ihr schönes Angesicht.

„Hat der Künstler gut getroffen?" fragte sie endlich.

„Ganz genau, und ohne zu schmeicheln."

„Wie gefällt dir dieser Kopf?" Damit reichte sie das Porträt der andern hin. Diese betrachtete es aufmerksam.

„Die Züge sind sehr sympathisch und erwecken Vertrauen," antwortete sie lächelnd.

„Das habe auch ich gefühlt. Wie sind doch die Frauen des Abendlandes zu beneiden, die nach der Stimme ihres Herzens zu wählen vermögen! Wir hingegen sind fast willenlos und müssen den Befehlen gehorchen, die über den Besitz sowohl unseres Körpers als auch unserer Seele, unserer Gefühle entscheiden. Und doch sind wir nicht schlechter als unsere Schwestern im Auslande! Auch wir denken und fühlen; auch wir wünschen und wollen; auch wir können lieben oder hassen und verachten; auch wir haben die Fähigkeit, glücklich oder unglücklich zu sein! Ach, wie oft schon habe ich allen meinen Mut und Widerstand aufbieten müssen, um nicht verschenkt oder verkauft zu werden wie ein leb- und willenloser Gegenstand!"

Das klang so bitter, so klagend, und wie aufrichtig war sie hier im Harem einem fremden Manne gegenüber, der sich sogar geweigert hatte, ihr seinen Namen zu nennen! Steinbach fühlte sich zu ungeteilter Hochachtung hingerissen, mit der sich ein aufrichtiges Mitleid mischte. Mehr aus Teilnahme, als um eines diplomatischen Vorteiles willen sagte er jetzt:

„Vielleicht hast du sehr bald wieder gegen einen ähnlichen Angriff zu kämpfen."

„Das wolle Allah verhüten! Haſt du ſo etwas vernommen?"

„Ja. Doch iſt es gegen die Sitte und gegen die Geſetze des Harems, davon zu ſprechen."

„Es iſt auch gegen die Geſetze des Harems, daß du hier Einlaß gefunden haſt. Nun du da biſt und mein Angeſicht ſchauen durfteſt, darf ich dich auch er= ſuchen, mir zu ſagen, was du gehört haſt."

„Der Großvezier will deine Hand verſchenken."

„Der? An wen?"

„An den Bei von Tunis."

„An Muhammed es Sadak Bei? Scherzeſt du?"

„Ich ſpreche die Wahrheit."

„Der Bei iſt ja alt und hat viele Frauen!"

„Was fragt ein Großvezier darnach!"

Emineh war bleich geworden. Ihr Buſen arbeitete heftig unter der Bewegung, die ſich ihrer bemächtigt hatte. Erſt nach einer Weile reichte ſie ihm die Hand und ſagte:

„Ich danke dir! Ich hatte keine Ahnung von dieſer Abſicht des Veziers. Du haſt mir einen großen Dienſt erwieſen, und ich wünſche, dir dankbar ſein zu können."

Steinbach zog das warme, zuckende Händchen an ſeine Lippen.

„Haſt du den Auftrag, eine Antwort von mir zu bringen?" fragte ſie dann weiter.

„Der Vicekönig will ſich nur an dein Herz wenden; wann dieſes aber ſprechen wird, konnte er nicht wiſſen."

„Er iſt edel. Ich habe Briefe von ihm geleſen; ich kenne ſeinen Charakter, ohne daß er es ahnt. Du ſollſt eine Antwort erhalten. Komm mit!"

Mit dieſen Worten lenkte das ſchöne Mädchen in einen Seitengang ein, und er folgte, noch immer zwiſchen den beiden ſchreitend. Hinter einem Boskett bog ſich der Weg nach rechts. Da, im ſelben Augenblick, als ſie um die Ecke lenkten, faßte Emineh plötzlich ſeinen Arm und rief entſetzt:

„O Allah! Wir sind verloren!"

Dann wollten beide Mädchen schleunigst zurückeilen. Er aber hielt sie fest.

„Um Gott!" bat er. „Bleibt, bleibt! Wenn wir fliehen, kommt er uns nach!"

Nämlich gerade vor ihnen, kaum zehn Schritte entfernt, hatte mitten im Wege ein Leopard gestanden und sich, sobald er sie erblickte, wie zum Sprunge auf die Erde gelegt. Steinbach konzentrierte jetzt seine ganze Willenskraft im Auge und blickte dabei das Tier scharf an.

„Ist er gezähmt?" fragte er dabei.

„Ganz wenig. Er muß aus dem Kiosk entkommen sein, wo er angekettet wurde."

„Wo ist dieser Kiosk?"

„Da links hinter den Büschen."

Das Tier trug ein eisernes Halsband mit einem Ringe. Die Kette fehlte.

Die beiden Frauen standen wie festgebannt. Emineh zitterte; ihre Gefährtin aber hielt das Auge mit dem Ausdruck unbewußten Vertrauens auf Steinbach gerichtet. Es war ihr, als könne ihr in der Nähe dieses Mannes mit der reckenhaften Gestalt niemals ein Unheil widerfahren.

„Bleibt stehen, es mag geschehen, was da will!" gebot er jetzt, dann schritt er langsam und direkt auf den Leoparden zu, ohne den Blick von den Augen desselben abzuwenden. Den Dolch hatte er mit der Rechten aus dem Gürtel gezogen.

Das Tier erhob den Hinterkörper, peitschte mit dem Schwanze die Erde und stieß ein kurzes Brüllen aus.

„Allah, hilf, hilf!" hauchte Emineh. Ihre Begleiterin aber wies auf Steinbach.

„Er ist ein Held; er kennt keine Furcht!" suchte sie die Prinzessin zu beruhigen.

Steinbach stand in der That, ohne mit einer Wimper zu zucken, vor dem Leoparden, der ihm drohend entgegenfauchte und knurrte. Sein Blick hatte sich wie ein stechender Pfeil in das schillernde, rollende Auge des wilden Tieres gesenkt. Der Augenblick der Entscheidung war da. Wer würde Sieger sein, Mensch oder Tier? Da wandte der Leopard den Kopf zur Seite; er konnte Steinbachs Blick nicht mehr ertragen.

Im Nu hatte dieser jetzt seine Finger um das eiserne Halsband des Tieres gelegt. Es zischte ihn zwar noch grimmig an, leistete aber keinen Widerstand mehr, sondern ließ sich nach dem Kiosk führen, wo am starken, steinernen Pfeiler die Kette hing. Der Querhalter derselben, der im Ringe des Halsbandes gesteckt hatte, war durch irgend eine zufällige Veranlassung herausgeglitten.

Steinbach befestigte das Tier rasch.

Er wußte, daß es sich auf ihn stürzen werde, sobald er den Schritt nach rückwärts wenden werde. Darum that er, als die Kette befestigt war, einen weiten, blitzschnellen Sprung nach der Thür, und gerade zur rechten Zeit, denn in demselben Augenblick war auch schon der Leopard nachgesprungen und von der Kette, die nicht so weit reichte wie Steinbachs Riesensprung, zu Boden gerissen worden. Er stieß jetzt ein solch' fürchterliches Geheul aus, daß der ganze Kiosk zu zittern und zu wanken schien.

Die Frauen standen noch immer da, wo Steinbach sie verlassen hatte.

„Allah sei Lob und Dank!" begrüßte ihn nunmehr Emineh. „Als das Tier zu brüllen begann, glaubte ich dich bereits verloren."

Die andere sagte nichts; aber ihr Blick war in aufrichtiger Bewunderung auf den mutigen Mann gerichtet, der ruhig, als ob nichts geschehen wäre, lächelnd antwortete:

„Ich habe ihn angehängt; wir können jetzt weitergehen."

Gerade diese Ruhe, dieses völlige Beiseiteschieben der Heldenthat steigerte die Bewunderung der Mädchen. Nach kurzer Weile blieb plötzlich Emineh stehen, um sich, auf eine Gebüschgruppe mit einer Ruhebank deutend, mit den Worten: „Wartet! Ich kehre bald zurück!" zu entfernen.

Die beiden schritten nunmehr allein nach der Bank, wo sich das schöne Mädchen niedersetzte, während Steinbach vor ihr stehen blieb. Da hob sie auf einmal das herrliche Auge zu ihm empor und sagte:

„So wie du bist, habe ich mir stets einen echten Mann vorgestellt."

„Und so wie du, ich mir ein Weib," entgegnete er mit bewegter Stimme. „O, du bist herrlich und entzückend, wie aus Allahs Himmel herabgestiegen! Zürne mir nicht, daß ich dir dies sage! Und glaube mir, ich habe einen Blick in die Seligkeit geworfen und werde dies niemals vergessen."

Sie errötete.

„Du wirst andere sehen," sagte sie lächelnd, „und die Einsame im Harem zu Stambul bald vergessen."

„Nie, nie," rief er feurig. „Ich habe dich erblickt und bin dein Eigentum. Meine Seele, mein Herz gehört dir; ich werde nur noch im Gedanken an dich leben und atmen. Ich thue keinen Schwur, denn ich bin ein Mann, dessen Wort als Schwur gilt; aber ich sage dir, daß mein Mund nie die Lippen eines Weibes berühren wird. Ich werde einsam leben und einsam sterben. Allah hat es so gewollt."

Da stand sie auf, legte ihm die Spitzen ihrer Finger auf die Achseln, blickte ihm still und stumm in die Augen und zog dann die Rose, die sie am Busen befestigt hatte, aus dem Heftel.

„Du hast recht," sagte sie leise. „Allah gebietet, und wir müssen gehorchen. Nimm diese Rose und denke mein! Mein Leben wird so einsam sein wie das deine!"

Da blitzten seine Augen auf.

„Was höre ich?" rief er. „Rede! Sprich! Bist du ein Weib des Großherrn?"

„Nein."

„Eine Tochter?"

„Auch nicht."

„Eine Schwester, Verwandte?"

„Bitte, frage nicht!"

„O, ich muß fragen; ich muß, muß! Hast du einen Bräutigam, dem du bestimmt bist?"

„Ja."

„Liebst du ihn?"

„Nein."

„Und hat dein Herz bereits für einen anderen gesprochen?"

„Nein. Nun aber frage mich nicht weiter."

Sein Atem ging hörbar; sein Gesicht hatte sich gerötet, und seine beiden Fäuste lagen ganz unwillkürlich an den Kolben der Pistolen.

„Nein, ich werde nicht fragen, aber ich werde handeln," sagte er entschlossen. „Die Liebe ist wie der Blitz, der vom Himmel kommt; sie ist da, und keiner kann ihr widerstehen. Allah ist es, der sie sendet, und ihm muß der schwache Mensch gehorchen. Du bist zwar ein Weib, aber dein Herz ist stark. Wirf alles, alles beiseite, und sage mir, ob ich dich wiedersehen kann."

Auch ihr Auge leuchtete auf. Es überkam sie wie eine Gewalt, der sie nicht zu widerstehen vermochte.

„Warum willst du mich wiedersehen?" fragte sie bebend.

„Weil ich dir gehöre, weil dein Leben und mein Leben nur ein Leben sind; weil meine Seele verschmachten wird ohne dich. Ich habe noch nie geliebt. Jetzt ist es zum ersten Male über mich gekommen, und zwar mit einer Macht, gegen die kein menschlicher Wille und keine menschliche Kraft anzukämpfen vermögen."

„Willst du mich entführen?"

„Ja."

„Dein Leben wagen?"

„Ja. Habe ich es vorhin einer Bestie wegen gewagt, so würde ich es für dich millionenmal hingeben!"

„Aber du kennst mich ja nicht!"

„Ich liebe dich, also kenne ich dich. O bitte, antworte schnell, schnell, ehe die Prinzessin kommt!"

„Nun gut! Du sollst mich wiedersehen."

„Wann?"

„Wünschest du es bald?"

„Ja, bald, so bald wie möglich! Sage mir, daß du mit mir gehen willst, jetzt gleich, so reiße ich die Mauer ein und nehme dich am hellen Tage mit mir fort!"

Es war ein mächtiges, übermächtiges Gefühl, das so plötzlich über ihn gekommen war. Er befand sich wie in einem Rausche, einem Taumel.

Und als sie jetzt erwiderte:

„Das ist unmöglich," da rief er feurig:

„Ich mache alles möglich, alles; nur sage mir, wann ich dich wiedersehen soll!"

In ihren Augen begann es wiederum wie Goldfäden und Diamantenflimmer zu glitzern, ein halb begeistertes, halb schelmisches Lächeln legte sich um den schönen, üppigen Mund.

„Soll es vielleicht noch heute sein?" fragte sie leise.

„Ja, heute noch, heute! Ich bitte dich um Allahs willen!"

„Nun wohl denn, so komm! Wenn die Dämmerung so dicht geworden ist, daß man auf zwanzig Schritte Entfernung keinen Menschen erkennen kann, so gehe hier am Harem vorüber, am hinteren Thore des Gartens, das nach Tarlabachi führt."

„Kannst du hinaus?"

„Ja."

„Allah sei Dank! Du hast einen Schlüssel?"

„Nein; aber es wird mir geöffnet werden."

„Und wenn ich dich nun nicht treffe, nicht sehe?"

„Ich werde bestimmt da sein; ich warte auf dich am Thore."

„O! Ist es denn so sehr leicht, aus dem Serail und dem Harem des Sultans zu entkommen?"

„Für mich ist es nicht schwer. Frage jetzt nicht weiter."

„Du sollst diesen Ort hier nicht wiedersehen. Ich nehme dich mit; ich sende dich noch während der Nacht von Stambul fort und eile dir dann nach, um mich nie wieder von dir zu trennen."

Steinbach hatte in seiner Begeisterung ihre beiden Hände ergriffen, und sie ließ ihm dieselben.. Dann plötzlich sagte sie:

„So nicht! So geht es nicht! Ich kann heute noch nicht fort."

Er erschrak.

„Warum denn nicht?" fragte er erregt.

„Ich habe jetzt nicht Zeit, dir zu antworten. Ich höre Schritte. Emineh kehrt zurück. Fasse dich!

Laß nichts merken und dämpfe das Feuer deiner Augen! Du findest mich am Thore; das ist vorläufig genug."

Er hatte nur noch Zeit, ihre Hände zu küssen und einen leisen, aber jauchzenden Jubelton auszustoßen, da sahen sie auch schon Emineh um die Ecke des Weges biegen. Schnell traten sie auseinander und nahmen Miene und Stellung zweier Menschen an, die sich über etwas Gleichgültiges unterhalten haben.

Es schien, als ob die Prinzessin dennoch die beiden vorher im stillen beobachtet habe. Gewiß, sie hatte schon früher bemerkt, daß der erste Anblick bei beiden eine sofortige Sympathie erzeugt hatte. Steinbach war ja ganz entzückt, als er die Freundin unverhüllt gesehen hatte, und der Ansicht gewesen, daß sie die Prinzessin sei. Kurz und gut, die Sultanstochter warf ihnen jetzt einen leuchtenden, verständnisinnigen Blick zu. Das war aber auch alles, was sie sich gestattete. Dann überreichte sie Steinbach ein länglich geformtes, kleines Etui und sagte:

„Dies ist meine Antwort für denjenigen, in dessen Auftrage du zu mir gekommen bist. Nicht Worte sind es, die ich dir mitgebe; aber wenn er den Inhalt erblickt, wird er wissen, was ich meine."

Steinbach verbeugte sich tief, drückte nach orientalischer Sitte den empfangenen Gegenstand an Stirn und Brust und antwortete:

„Ich bin der geringste deiner Diener und werde deinem Befehle gehorchen. Der, welcher mich zu dir sandte, wird dein Geschenk höher halten als sein König= reich. Allah gebe dir so viele glückliche Stunden, wie die Sonne Strahlen hat!"

„Ich danke dir!" entgegnete huldvoll lächelnd die Prinzessin. „Wer solch einen Boten sendet, wie du bist, der kann versichert sein, eine gute Antwort zu erhalten. Du hast das Raubtier bezwungen und uns also das Leben gerettet. Allah hat dich zwischen mich und den Tod gestellt. Ich werde das nie vergessen. Und damit auch du dich zuweilen an diese Stunde erinnerst, nimm diesen Ring. Er mag dir ein Zeichen sein, daß Prinzessin Emineh dir wohlgesinnt ist und dich stets willkommen heißen wird, wo auch immer wir uns wiederfinden werden."

Bei diesen Worten zog Emineh einen kostbaren Smaragdring von ihrem Mittelfinger. Da trat Steinbach einen Schritt zurück und sagte:

"Ich bin nicht wert einer solchen Gnade! Wie darf ein armer Sterblicher es wagen, dieses Kleinod anzunehmen!"

"O, eine Sultana darf es dir schenken, ohne befürchten zu müssen, dadurch arm zu werden!"

Emineh lächelte ihm dabei so herzlich entgegen, daß er am allerliebsten das Knie vor ihr gebeugt hätte.

"Verzeihe!" bat er. "Ich weiß, daß du über Millionen gebietest. Nicht der Preis dieses Steines entzückt mich, sondern es verwirrt mich die Größe seines Wertes, den er dadurch besitzt, daß du ihn an deiner Hand trugst. Allah ist mein Zeuge, daß ich keine Schmeichelei sagte!"

"Ich glaube es dir; und darum hoffe ich, daß du dieses Andenken nicht zurückweisest."

"Ich gehorche!"

Er wollte nach dem Ringe fassen. Sie aber schüttelte lächelnd das schöne Haupt.

"Nein, nicht so!" sagte sie. "Laß mich selbst sehen, ob ich den Finger finde, an dem du ihn tragen kannst."

Sie ergriff dabei seine Hand, um die Stärke der Finger zu prüfen. Fast erstaunt blickte sie von dieser Hand empor in sein Gesicht.

"Du bist betroffen?" fragte er.

"Beinahe! Ich sehe dich so hoch, so stark und stolz vor mir, und doch besitzt du eine Hand fast von der Kleinheit eines Frauenhändchens. Wie konnte diese weiche Hand es wagen, den Leoparden anzufassen!

"Der Ring paßt ganz genau an den kleinen Finger. Da soll er seine Stelle finden. Kommst du einst wieder in die Nähe von Emineh), und haft du einen Wunsch an sie, so zeige ihr diesen Ring. In der Erinnerung an den heutigen Tag wird sie ihr Ohr gern deiner Bitte öffnen."

Emineh dachte bei diesen Worten wohl nicht, daß dies recht bald geschehen könne. Auch ihm selbst lag dieser Gedanke fern. Er sagte in frohem Tone:

„Dieses Tages werde ich mich stets als des glücklichsten meines Lebens erinnern. Allah hat heute seine Gnade wie eine Sonne über mir leuchten lassen, und selbst, wenn nun tiefes Dunkel folgte, würden diese Strahlen noch den letzten Augenblick meines Lebens erhellen."

Sein Auge schweifte dabei mit einem unwillkürlichen und unbewachten Blicke von Emineh weg und hinüber auf deren errötende Gefährtin. Da hob die Prinzessin warnend den Finger und fragte lächelnd:

„Solltest du etwa mich mit dem Bilde der Sonne meinen?"

„Ja."

„Nicht eine andere?"

„Kann es in deiner Gegenwart und neben dir eine andere geben, die man vor deinem Angesicht mit dem leuchtenden Gestirn des Tages vergleichen dürfte?"

Emineh hob drohend den Finger.

„Jetzt sollte ich dir zürnen," sagte sie vorwurfsvoll, „denn du bist in diesem Augenblick nicht aufrichtig, sondern du hast die Höflichkeit der Abendländer, die der einen sagen, was die andere hören soll. Und da du also wie ein Franke handelst, so will ich dich auch nach der Sitte der Franken verabschieden. Hier ist meine Hand, die eigentlich kein Mann berühren sollte. Ich bin mit dir zufrieden. Geh' mit Allah, der dich geleiten und schützen möge in allen Fährnissen und Sorgen des Erdenlebens."

Steinbach beugte sich nieder und zog die Spitzen der kleinen schneeweißen Finger an seine Lippen. Dann verneigte er sich auch vor der anderen und wollte sich eben zum Gehen wenden. Da sagte Emineh, der Freundin zunickend:

„Halt! Willst du der einen die Höflichkeit versagen, die du der anderen widmest? Weißt du nicht, daß dies eine schwere Beleidigung für sie sein würde?"

Das wunderbar schöne Gesicht der jungen Freundin, auf die diese Worte Bezug hatten, erglühte tief, so daß sie sich unwillkürlich zurseite wandte. Dennoch reichte sie Steinbach ihr Händchen und sagte:

„Also hier, auf hohen Befehl!"

Steinbach hatte seine Hand bereits ausgestreckt, jetzt aber zog er sie rasch wieder zurück.

„Auf Befehl?" fragte er ernst. „Willst du mir etwa ein Almosen geben? Ich würde es zurückweisen!"

Und bei diesen Worten stand er vor ihr so stolz, so männlich schön, daß es ihr nicht entgehen konnte. Es überkam sie eine gewaltige Regung, der sie augenblicklich gehorchen mußte, ohne zu fragen, ob dies auch klug und geraten sei. Sie streckte ihm anstatt vorher der einen Hand, jetzt alle beide entgegen und antwortete:

„O Allah, ein Almosen?! Da sieh, daß ich dir gern beide Hände zum Gruße gebe!"

Da griff er blitzschnell zu und zog eins dieser kleinen, sammetweichen Händchen nach dem anderen an seine Lippen. Es war ihm, als flute ein leiser, beglückender Strom von ihr zu ihm herüber. Er behielt, sich selbst vergessend, diese Hände länger in den seinigen und legte seine Finger fester um sie, als es die Höflichkeit erfordert hätte. Und es schien ihr ebenso wie ihm zu ergehen, denn er fühlte ihren Gegendruck; dann aber entzog sie ihm plötzlich ihre Hand. Das Blau ihrer Augen hatte einen tieferen, feuchten Ton angenommen, ihre feinen Nasenflügel zitterten leise, und um die Lippen zuckte eine tiefempfundene Seelenerregung, deren sie kaum noch Herr zu werden vermochte.

Nun wandte er sich ab und schritt von dannen, dahin, wo er den Engländer zu treffen vermeinte. Die beiden aber blickten ihm nach, bis er hinter dem dichten, mit Blumen besäeten Boskett verschwunden war.

„Das war ein Mann!" sagte dann die Prinzessin halblaut, wie zu sich selbst.

„Bei seinem Anblick denkt man sogleich an die Märchen von ‚Tausend und einer Nacht'."

„Oder an unsere berühmtesten Sultane und Kalifen. So wie er muß der starke Omar ausgesehen haben!"

„Oder der mächtige Khalid, der das Schwert des Propheten genannt wurde. Es konnte ihm keiner widerstehen, und er kämpfte stets dem Heer voran, im dichtesten Knäuel der Feinde."

„Meinst du damit, daß diesem hier auch niemand zu widerstehen vermöge?" fragte Emineh, indem ein schalkhaftes Lächeln über ihr Gesicht glitt.

„Daß er tapfer ist und kühn sogar, das haben wir ja gesehen. Er besiegte den Leoparden mit dem bloßen Blicke."

„Nur den Leoparden?"

Das Auge der Fragerin war mit eigentümlich forschender Innigkeit auf das Gesicht der Freundin gerichtet. Diese senkte die langen, seidenen Wimpern, so daß ihr Auge in deren Schatten lag, und antwortete:

„Ich verstehe dich nicht."

„O du Liebe, wie willst du dich vor mir verbergen! Warum willst du zweifeln, daß ich in deiner Seele lesen kann? Ich will dir das Beispiel der Aufrichtigkeit geben und dir gestehen, was ich sonst keiner sagen würde. Wenn ich nicht bereits liebte, so würde mein Herz keinem anderen gehören als diesem stolzen, schönen, geheimnisvollen Manne. Meine Seele würde ihm entgegengeflogen sein, obgleich ich die Tochter des Padischa bin und nicht weiß, welchen Namen er trägt und welcher Ort seine Kindheit gesehen hat."

Diese Worte ermutigten ihre Gefährtin. Sie hatte erfahren, was sie nicht geahnt. Darum fragte sie jetzt im Tone teilnehmenden Erstaunens:

„Wie? Ist es wahr? Du liebst?"
„Ja, meine Liebe. Dir will ich es gestehen."
„Und ich wußte nichts!"

„Weißt du nicht, daß man das Allerheiligste der Moschee und aller Tempel nicht jedem öffnet? Aber in dein Herz will ich mein Geheimnis legen. Ja, ich liebe, ich liebe mit meiner ganzen Seele. Und weil ich es keinem und keiner sagen durfte, ist diese Liebe so mächtig, so allgewaltig geworden. Ich bekam einst ein Buch in französischer Sprache in die Hand. Es enthielt allerlei Gedichte von französischen und auch fremden Dichtern. Darunter war eins, das die Liebe verglich mit dem Feuer, mit der heißen Kohle — —"

Da fiel die andere schnell ein:

„Kein Feuer, keine Kohle kann brennen so heiß,
Wie heimliche Liebe, von der niemand was weiß."

„Wie, du kennst diese Verse?"

„Ja. Ich habe dir diese Worte allerdings nur in arabischer Sprache gesagt, in der sie sich leider nicht reimen."

„In welcher sind sie denn gedichtet?"

„In deutscher."

„Verstehst du etwa diese?"

„Ja."

„Ah, das ist wieder eine neue Entdeckung, die ich an dir mache. Du verstehst Deutsch, ohne daß ich eine Ahnung davon gehabt. Hätte ich es früher gewußt, so hätte ich dich längst gebeten, meine Lehrerin zu sein."

„Wie, du wolltest die deutsche Sprache lernen?"

„Ja. Wunderst du dich darüber?"

„Ist es nicht zum verwundern? Eine türkische Sultana will Deutsch lernen!"

Das Gesicht der Prinzessin war ernst geworden. Sie blickte nachdenklich zu Boden und antwortete:

„Ja, es wird Zeit, daß sich sogar der Orientale mit dieser Sprache befaßt. Wir halten den Islam für den allein rechten Glauben, und ich als Muhammedanerin will an dieser Säule nicht zu rütteln wagen. Wir verschmähen es, uns mehr, als unumgänglich nötig ist, mit dem Abendlande zu befassen, und doch sind wir in so mancher Beziehung von den Engländern, Franzosen und Russen in Abhängigkeit gesetzt. Wir haben schon längst begonnen, die Sprachen dieser drei Nationen zu studieren, aber was bringen uns diese Leute? Der Engländer ist ein Krämer, er kommt zu uns, um uns auszusaugen, wie er es mit allen Völkern thut. Der Franzose überschwemmt uns mit Parfüms und schönen Redensarten, ohne uns wirklichen Nutzen zu schaffen. Der Russe ist ein Barbar, der uns in demütigender Aufrichtigkeit sagt, daß er einfach kommt, um uns abzuschlachten. Alle nennen den Türken den kranken Mann, keiner aber bringt die echte Arznei, die ihm Heilung geben könnte. Ein einziger nur ist aufrichtig: der Deutsche. Er wirkt liebreich, still, ohne Geräusch, aber mit Ueberlegung und siegreicher Energie. Er ist stark und mild zugleich. Er kommt als Freund und bietet das, was er selbst in so hohem Grade besitzt: Intelligenz ohne Ueberhebung. Wie lange wird es währen, so wird er den Platz erringen, der ihm gebührt, und dann wird er an unsere Thür klopfen, um uns von den Blutegeln zu befreien, denen allein wir die Schwäche zu verdanken haben, über die man spottet."

Emineh hatte schnell, mit ungewöhnlicher Erregung gesprochen.

„Du bist beinahe begeistert!" bemerkte die Freundin verwundert.

„Begeistert? Nein, sondern zornig. Und dieser Zorn ist ein heiliger, ein wohlbegründeter. Blicke in die Geschichte unseres Reiches zurück. War der Türke früher nicht einfach, wahrheitsliebend, mutig und treu? Man sagt, daß er dies heute nicht mehr sei. Wenn diese Behauptung die Wahrheit enthält, wer ist schuld daran? Steige hinab in die Hefe des Volkes. Wer sind die Betrüger, die Lügner, die Feigen? Welcher Abstammung sind sie? Sind sie Türken? Nein. Von allen Seiten sind wir von Feinden umringt. Aber, dort im Nordwesten ist ein Mann erstanden, der uns die Hand zur Hilfe bietet. Ihm können wir vertrauen — seine Sprache möchte ich verstehen. Und darum freut es mich, daß du ihrer mächtig bist. Von heute ab wirst du meine

Lehrerin in der Sprache des Landes Germania sein. Willst du?"

„Wie gern, wie so sehr gern! Ich konnte doch nicht ahnen, daß du dich in diesem Grade für Deutschland interessierst."

„Warum nicht?"

„Du, die Gebieterin eines Harems! Du, eine türkische Sultana!"

„Ja, man meint, daß die Bewohnerinnen des Harems sich nur mit Putz, Schmuck und Klatsch beschäftigen, und man hat ja in den meisten Fällen recht, aber gerade weil ich eine Sultana bin, werde ich das Weib eines Fürsten sein, und darum habe ich die Augen geöffnet, um zu sehen, wo andere nicht sehen, wo selbst berufene Männer ihre Augen schließen oder sich mit der goldenen Brille verschließen lassen. Bin ich das Weib eines Regenten, so werde ich alle meine Liebe und meinen ganzen Einfluß aufbieten, daß er sein Volk glücklich mache. Und dieser Fürst ist — ist — — ah, jetzt erst bemerke ich, wie weit wir von unserem Thema abgekommen sind. Jetzt erst gelange ich zu ihm zurück, von dem ich ausgegangen bin. Wir sprachen ja von meiner Liebe!"

„Deren Gegenstand ich so gern erfahren möchte!"

Die beiden Freundinnen waren langsam weitergeschritten, Arm in Arm und freundlich aneinander geschmiegt, in ihren weißseidenen, orientalischen Gewändern ein Bild, das man eben nur innerhalb der Mauern eines Harems zu bewundern vermag.

„Ahnst du ihn nicht?" fragte Emineh.

„Wie könnte ich?"

„O, wir haben ja von ihm gesprochen!"

„Wann?"

„Heute, vorhin. Er sandte mir sein Bild."

„Allah 'l Allah! Der Vicekönig?"

„Ja."

„Welch ein Zufall!"

„Das ist für jetzt, die andere Hälfte erhältst du
später." (Seite 260.)

„Das ist kein Zufall. Es giebt keinen Zufall. Der Moslem weiß, daß Allah alles bestimmt. Im Buche des Lebens ist jede That, jedes Ereigniß seit Ewigkeit verzeichnet. Allah will es, Allah hat es befohlen, daß mein Herz gerade den liebe, der mich zum Weibe begehrt."

„Kennst du ihn denn?"

„Ja. Es war vor zwei Jahren, als er sich hier in Stambul befand. Wir feierten den Ramazan, und er hatte keine Privatwohnung erhalten, sondern wohnte mit dem Großherrn in dessen Palaste. Beide saßen oft bei einander, um über das zu sprechen, was ihnen das Wichtigste sein mußte: das Wohl des Landes, das Glück des Volkes. Ich befand mich hinter dem Gitter und hörte alles. Der Vicekönig sprach so gut, er zeigte sich so edel, ich sah und erkannte, daß Allah ihn mit den schönsten Gaben, die ein Mann besitzen soll, ausgestattet habe, und ich fühlte, daß mein Herz ihm gehöre. Seit jener Zeit bin ich Diplomatin gewesen."

„Ah, ich verstehe dich!"

„Man spricht von den Intriguen der Harems. Es ist wahr, daß es solche giebt. Aber was ich erreichen wollte, das ist gut. Wir Frauen kämpfen ja oft von unserer Abgeschiedenheit aus gegen die Männer, die zwar an der Spitze des Volkes stehen, aber gegen das Glück der Unterthanen handeln, und so habe auch ich meinen ganzen Einfluß angestrengt, um das zu erreichen, was heute geschehen ist: Er hat mir sein Bild geschickt, und ich werde seine Sultana sein."

„O Allah! Wie gönne ich dir das! Wie freue ich mich, daß du glücklich bist!"

„Ja, ich bin glücklich, sehr glücklich!"

„Und ich wußte von alledem gar nichts! Du warst so ernst, so gleichgültig, als du mit seinem Boten sprachst, als dieser dir sein Bild zeigte."

„Meinst du, daß ich einem Fremden Gelegenheit geben werde, in mein Herz zu blicken? Ich habe innerlich gejubelt, während ich äußerlich nichts von meiner Freude merken ließ. Das Herz ist das richtige Heiligtum, es ist der Harem, dessen Leben, dessen Vorgänge kein Unberufener schauen darf. Was wird er denken, was wird er sagen, wenn er mein Bild erblickt?"

„Er hat dich noch nicht gesehen?"

„Wann und wo sollte er mich gesehen haben? Du sprichst nicht wie eine Tochter des Morgenlandes, sondern du redest wie eine Abendländerin, deren Gesicht ein jeder schauen darf."

Die Freundin blickte vor sich nieder. Es ging ein eigentümliches Zucken über ihre sonnenhellen Züge, fast so, als ob sie sagen wolle: „O, wenn du wüßtest!" Sie brachte es jedoch fertig, in unbefangenem Tone zu entgegnen:

„Ob es wohl wirklich eine Sünde ist, sich von einem Manne anschauen zu lassen?"

„Meine Antwort auf diese Frage hast du bereits gehört oder vielmehr gesehen."

„Ich erinnere mich nicht."

„Nicht? Habe ich vorhin nicht mein Gesicht diesem Fremden gezeigt? Hast du nicht ganz dasselbe gethan? Allah hat der Frau in ihrer Schönheit eine Macht geschenkt, und was Allah giebt, das soll man in Weisheit gebrauchen. Unsere Mollahs aber verdammen uns zum Gegenteile, zur Entsagung, die gegen Allahs Willen und also gegen die Natur ist. So lange wir im Harem abgeschlossen bleiben wie schädliche Geschöpfe, mit denen niemand in Berührung kommen darf, und so lange wir unser Gesicht unter dem Schleier verbergen müssen, als ob wir uns desselben zu schämen hätten, so lange werden wir auch gezwungen sein, auf die heiligen Rechte zu verzichten, auf die wir als Menschen Anspruch haben. Als Fürstin werde ich mein Gesicht nicht verhüllen. Ich werde es vielleicht nicht öffentlich zeigen; diejenigen aber, mit denen ich als Weib eines Herrschers in Berührung komme, sollen nicht denken müssen, daß ich eine bezahlte

Sklavin bin, die nur dem einen gehört, der sie für schnödes Geld erhandelte."

„Wird dein Gatte das erlauben?"

„Er wird es!" antwortete sie in bestimmtem Tone.

„Was werden seine anderen Frauen sagen?"

„Seine anderen Frauen? Er wird keine anderen Frauen haben, nicht eine, nicht eine einzige!"

„Wie gern gönne ich dir dieses größte Glück des orientalischen Weibes, die einzige Frau zu sein! Aber es ist so schwer, es zu erreichen!"

„Nein, es ist im Gegenteil sehr leicht. Es giebt ein Mittel, ein einziges, und dieses Mittel heißt Liebe. Ich werde den, dem mein Herz gehört, so mit meiner Liebe umgeben und umschweben, daß keiner seiner Gedanken einer anderen gehören kann. Die Liebe ist die größte Macht der Erde, ja, die Liebe ist selbst Allmacht. Frage nach Jahren, und du wirst zur Antwort erhalten, daß ich nicht nur seine Sultana, sondern sein Weib, seine Frau sein werde. Unsere Herzen und Seelen sollen verbunden sein, daß sie ein einziges Wesen, ein einziges Dasein bilden. Das ist mein Vorsatz, mein Wille. Daß es leicht zu erreichen ist, würdest du sofort erkennen, wenn auch in deinem Herzen der Tag des größten irdischen Glückes bereits angebrochen wäre, der Tag der Liebe. Und vielleicht ist dies der Fall, denn — — o, dein Arm zuckt, und du errötest! Habe ich recht?"

„Ich habe noch keinen gesehen, dem ich zu eigen sein möchte in der Weise, wie du es meinst."

„Noch nicht? Auch heute nicht, jetzt nicht?"

Diese Frage klang so liebevoll eindringlich, daß es unmöglich war, eine Unwahrheit zu sagen. Die Gefragte antwortete daher:

„Ich weiß es nicht. Es ist mir nur so eigentümlich, so unbeschreiblich zu Mute!"

„Gerade so wie mir, als ich die Lauscherin machte und dabei mein Herz verlor. Ich habe dir gesagt, daß mein Herz, wenn es nicht schon entschieden hätte, diesem

Fremden entgegengeflogen wäre. Willst du mir jetzt nicht anvertrauen, was das deine thut?"

„Das meinige — fliegt nicht," antwortete Eminehs Freundin lächelnd.

„Aber es klopft!"

„Das hat es früher auch gethan, stets und immer, so lange ich lebe."

„Es hat ja gar nicht nötig zu fliegen."

„Ich weiß nicht, wie ich antworten soll. Es ist mir ganz so, als ob mein Herz überhaupt nicht mehr fliegen könne, als ob es nie wieder frei sein werde, als ob es vielmehr ganz und gar gefangen sei."

„Also doch! Ich sah es, als eure Blicke sich ineinander tauchten oder vielmehr, als sie sich völlig in einander verloren. Er stand vor dir, ganz ohne Bewegung und Wort, und du holtest so oft Atem, so tief und lang, als seiest du soeben aus einer langen Ohnmacht erwacht. Ich liebe selbst, und darum begriff ich, daß auch für dich die Entscheidung gefallen sei. Aber wer mag er sein?"

„Wer das wüßte!"

„Ein gewöhnlicher Mann ist er nicht, sonst wäre ihm nicht die große, seltene Erlaubnis zuteil geworden, hierher zu kommen und mich sehen zu dürfen."

„Jedenfalls ist er ein Egypter."

„Das glaube ich nicht. Ich kenne die Namen und die Eigenschaften aller hervorragenden Männer in Kairo. Ein Mann wie er aber wurde mir noch nicht geschildert. Trüge er nicht orientalische Kleidung und hätte er nicht die erwähnte Erlaubnis erhalten, so möchte ich glauben, daß er ein Franke ist."

„Hast du Gründe dazu?"

„Nur eine Ahnung sagt es mir; aber du weißt, daß die Vermutungen einer Frau oft leichter das Richtige treffen als die scharfsinnigsten Berechnungen eines Mannes. Jedenfalls aber werde ich ja wohl bald erfahren, wer er ist. Und dann bist du die erste und einzige, der ich es mitteile." —

Der, von dem die beiden Damen sprachen, hatte jetzt das Serail verlassen. Als er ihren Augen entschwunden war, hatte er den Hauptgang aufgesucht, in dem der Oberwächter mit dem Engländer zurückgeblieben war.

Er hörte bereits von weitem einen Lärm, wie er hier im Garten des Serails wohl nicht in der Regel war. Es ertönten laute Ausrufe in englischer Sprache, denen immer ein helles Gelächter folgte. Jetzt bog Steinbach um die Ecke, und da erblickte er eine Gruppe, über die auch er sofort lachen mußte.

Auf einer Bank saß in höchst gravitätischer Haltung der Oberwächter. Vor ihm stand entblößten Hauptes der Lord. Neben demselben bewegten sich mehrere der schwarzen Haremswächter in den possierlichsten Sprüngen. Der eine von ihnen hatte den hohen Cylinderhut des Briten auf dem eingefetteten Wollkopfe; der andere trug den aufgespannten, karrierten Regenschirm über sich, und der dritte hatte gar den Rock des Lords angezogen und stolzierte in demselben wichtig hin und her. Dabei schnitten diese drei Schwarzen Gesichter, wie dies eben nur bei dieser Rasse wahrzunehmen ist. Gegenüber den Genannten hatte eine ganze Anzahl verschleierter Frauen Posto gefaßt. Die eine Hälfte von ihnen ergötzte sich an der beschriebenen Maskerade, während die andern das Fernrohr des Lords erobert hatten und bemüht waren, sich im Gebrauche desselben zu versuchen. Es ging aus einer schönen Hand in die andere.

Steinbach kam dem Engländer wie ein Erlösender. Dieser rief ihm schon von weitem entgegen:

„Himmelsakferment! Eilen Sie, mir aus der Klemme zu helfen, sonst zieht mich diese Menschheit noch vollständig aus. Das sind ja die wahren Strandräuber!"

„Aber, wie können Sie es auch so weit kommen lassen?"

„Kommen lassen? Was will ich thun? Diese ver=

teufelten Frauenzimmer sind neugierig wie die Meer=
schweinchen. Die eine wollte sich den Hut ansehen und
die andere den Regenschirm. Ich mußte alles hergeben
und zuletzt gar den Rock ausziehen. Sie wollten nämlich
wissen, wie ich unter demselben beschaffen sei."

"Erzählen Sie später. Jetzt vor allen Dingen wollen
wir uns einmal in Respekt setzen."

Steinbach wandte sich darauf an den Oberwächter:
"Mensch, was fällt dir ein? Soll ich vielleicht den
Kislar Aga ersuchen, dir die Bastonnade geben zu lassen?"

"Verzeihe, Herr," entschuldigte sich der Genannte.
"Er ist ja nur ein Franke!"

"Und du bist weiter nichts, als ein Sklave, der
Allah danken muß, wenn er einen Franken anschauen
darf. Schaffe schnell Ordnung, sonst sorge ich dafür,
daß du wochenlang nicht auf den Sohlen gehen kannst,
sondern elendiglich auf den Knieen rutschen mußt."

Da zog der Oberwächter die Peitsche aus dem
Gürtel und ließ dieselbe seinen Untergebenen auf den
Rücken knallen. Ein mehrstimmiges Wehegeschrei erscholl.
Die Geschlagenen suchten heulend das Weite, und auch
die Frauen zogen sich so schnell zurück, daß im nächsten
Augenblick kein Mensch mehr zu sehen war, selbst der
Oberwächter nicht, der den Fliehenden nachgeeilt war.
Diese hatten nämlich in ihrer Angst ganz vergessen, die
annektierten Gegenstände zurückzulassen.

"Was sagen Sie dazu!" zürnte der Lord. "Ist
man hier wie unter Menschen?"

Steinbach lachte. Er konnte keine andere Antwort
geben. Es zeigte sich nämlich, daß selbst das Hemde des
Lords aus grau und schwarz karriertem Flanell bestand.

"Was, Sie lachen auch?" fragte der Brite ärgerlich.

"Ist das zum Verwundern?"

"Natürlich! Ich dächte nicht, daß ein solches Lachen
sich mit der Würde, die ich zu beanspruchen habe, gut
vereinbaren läßt."

"Aber bitte, betrachten Sie doch diese Würde!"

„Donnerwetter! Sie gucken meinen Kopf so verdächtig an. Ärgern Sie sich etwa über meine Glatze?"

„Nein, gar nicht."

„Worüber denn?"

„Ueber die Glatze nicht, aber über die Haare, die die Schuld an ihr tragen, da sie ausgegangen sind."

„Hole Sie der Teufel! Ich denke, in Ihnen einen Freund kennen gelernt zu haben, und nun entpuppen Sie sich von einer Seite, die ganz und gar nicht geeignet ist, mir Bewunderung und Sympathie einzuflößen. Ich weiß hier wirklich nicht, ob ich verraten oder verkauft bin!"

„Sie sind keines von beiden, verehrter Herr," antwortete Steinbach jetzt ernst und in besänftigendem Tone. „Ich denke aber, daß Sie selbst die ganze Schuld an der Situation tragen. Diese guten Leute hier haben noch niemals einen Mann von Ihren hervorragenden Eigenschaften gesehen, und da ist es —"

„Sakkerment! Wollen Sie mich etwa foppen? Hervorragende Eigenschaften?"

„Ja. Bitte, bedenken Sie doch Ihre ungewöhnliche Länge. Infolge derselben sind Sie doch hervorragend."

„Meinetwegen! Aber was hat dies damit zu thun, daß ich hier ausgeplündert werde, als ob ich unter lauter Kaffern und Hottentotten geraten sei?"

„Ich wiederhole, daß man hier noch keinen solchen Menschen gesehen hat; man hat Sie näher kennen lernen wollen und ist also auf den Gedanken gekommen, Sie auf das speziellste zu untersuchen."

„Jawohl! Es ist zu verwundern, daß man nicht gar auf die Idee gekommen ist, mich zu sezieren und anatomisch zu zerstückeln. Da sind sie hin, in alle zweiunddreißig Winde! Ah, dort kommt wenigstens einer gehumpelt, um mir meinen Hut zu bringen! Was thue ich mit dem Kerl?"

„Geben Sie ihm ein Bakschisch!"

„Ein Bakschisch? Sie meinen doch eine Ohrfeige, eine Maulschelle so recht aus Herzensgrund?"

„Bewahre! Das wäre hier höchst gefährlich."

„Also wirklich ein Geschenk, ein Trinkgeld? Dafür, daß sie mich in meine sämtlichen Bestandteile zerlegt haben? Verkehrte Welt!"

Der Lord zog trotzdem den Beutel. Der Schwarze aber näherte sich furchtsam; er traute dem Landfrieden nicht. Erst als der Brite ihm das Geldstück entgegenhielt und dabei das Wort Bakschisch aussprach, war er mit der Schnelligkeit des Blitzes da. Der Lord nahm nun mit der Linken seinen Hut und legte dem Sklaven mit der Rechten das Geschenk in die Hand. Dabei ergriff er aber die Gelegenheit, die schwarzen Finger mit einem raschen Griffe zu erfassen und sie mit solcher Gewalt zusammenzupressen, daß der Neger laut aufbrüllte und dreifach schneller verschwand, als er gekommen war.

Nach und nach kamen auch die anderen herbei, die sich mit dem fremden Eigentum in so unsichere Sicherheit gebracht hatten. Sie alle erhielten ein Trinkgeld, das bedeutendste aber der Oberwächter. Diesem reichte auch Steinbach ein Bakschisch, und es mußte wohl sehr zur Zufriedenheit des Empfängers ausgefallen sein, denn dieser zog sein fettes, schwammiges Negergesicht noch einmal so breit, als es schon von Natur war, und begleitete die beiden unter tiefen Bücklingen bis hinaus.

Während der Lord und Steinbach sich an das Ufer begaben, schimpfte ersterer redlich weiter über die Behandlung, die ihm widerfahren war, doch war es ihm unschwer anzusehen, daß es ihm mit seinem Zorne gar nicht so ernst sei.

„Konnte man eine solche Behandlung im Harem des Großherrn erwarten?" rief er. „Nein!"

„Harem? Da waren wir ja gar nicht!"

„Nicht? Wo denn?"

„Im Serail, oder vielmehr im Garten des Serails. Harem heißen die inneren Gemächer, in denen die Frauen wohnen."

„Ganz egal! Die Weiber waren da und haben mich weiblich ausgelacht."

„Vielleicht nur angelächelt!"

„Angelächelt? Hm! Das ließe ich mir eher gefallen! So glauben Sie also, daß ich einen guten Eindruck auf sie gemacht habe?"

„Natürlich!"

„Schön! Das söhnt mich mit der Behandlung, die ich mir gefallen lassen mußte, vollständig wieder aus. Sakkerment! Haben diese Weiber Augen!"

„Haben Sie diese Augen gesehen?"

„Nein, aber gefühlt, förmlich gefühlt. Das blitzte nur so durch den Schleier hindurch! Ob man wohl so eine Frau entführen könnte?"

„Schwerlich!"

„Ach was, schwerlich! Ich bin Engländer! Verstanden? Ich habe Geld. Was braucht es mehr dazu?"

„Und wenn es gelänge, was hätten Sie dann erwischt?"

„Nun, was denn? Eine Tauchergans oder eine Krickente doch nicht etwa, sondern eine Sultansfrau."

„Nein. Was Sie gesehen haben, waren keine Sultansfrauen, sondern jedenfalls nur untergeordnete Persönlichkeiten."

„Sakkerment! Ich glaubte, es mit wirklich angetrauten Weibern zu thun zu haben."

„Auch ich hatte zuerst die Ansicht, daß die Verschleierten, die uns begegneten, Haremsgebieterinnen seien; aber als ich sah, wie sie sich mit Ihnen beschäftigten, ließ ich diese Ansicht sogleich fallen. Es waren Dienerinnen. Wie kamen Sie denn dazu, sich Ihrer Garderobe zu entledigen?"

„Nun, diese Rotte Korah versammelte sich nach und nach um mich. Ich wurde betrachtet und angegafft. Dann nahm mir so ein Wächter plötzlich den Hut vom Kopfe und zeigte ihn den Weibern hin. Sie hatten ihn wohl betrachten wollen."

„Es ist ein schweres Verbrechen, einem Muhamme=
daner den Kopf zu entblößen. Bei Ihnen aber haben
sie sich keine Bedenken gemacht."

„Das bezahle ihnen der Teufel. Als die Weiber
den Hut bekamen, riefen sie alle — — na, wie war
doch nur gleich das Wort?"

„Schabka?"

„Nein. Was bedeutet das Wort?"

„Hut."

„Nein. Es klang ganz anders, so ungefähr wie
Schule, Stuhle oder ähnlich."

„Ah, Sie meinen Lule?"

„Ja, Lule, so war es. Was heißt das?"

„Lule heißt Röhre."

„Röhre? Dieses Volk! Man sollte sie bei den
Haaren nehmen! Dann kam der Regenschirm an die
Reihe. Sie rissen ihn immer auf und zu und riefen
dabei ein Wort, daß klang fast wie Compagnie."

„Vielleicht Kapany?"

„Ja, richtig! Was bedeutet das?"

„Mausefalle."

„Himmelheiliges — —! Jetzt hört alles auf!
Mein Regenschirm eine Mausefalle! Aber es kam noch
viel schlimmer. Sie wollten jedenfalls sehen, wie ich
unter dem Oberleder beschaffen sei, und darum zogen sie
mir rechts und links so lange an den Armeln, bis sie
glücklich den Rock herunter hatten. Und dann das Fern=
rohr! Ich verstand zwar nicht, was sie sagten, aber ich
zog das Rohr gehörig aus und hielt es dem Oberwächter
an die Nase. Dieser blickte hindurch und schien ganz
erfreut zu sein, aber begreifen kann ich nicht, warum er
dabei immer nach dem Sultan jammerte."

„Das hätte er gethan?"

„Ja. Er rief nach dem Sultan oder nach einer
Sultana."

„Vielleicht sagte er saltanatly."

„Ja, ja! Ein ly war noch daran, jetzt besinne ich mich."

„Dieses Wort bedeutet so viel wie herrlich oder prächtig."

„Ach so, er ist also zufrieden gewesen! Freut mich sehr. Er gab das Rohr weiter. Diese Kerle und Weiber aber nahmen es verkehrt. Ich wette, daß sie gar nichts gesehen haben. Sie wollten sich einander durch das Rohr anblicken, haben aber nicht das mindeste erkannt, obwohl eine jede, die es an das Auge hielt, behauptete, daß sie ein ganzes Schock Personen sehe."

„Wirklich?"

„Ja, sie riefen nur immer: Schock, Schock, Schock!"

„Ah, so!" lachte Steinbach. „Sie haben sich jedenfalls verhört. Das Wort heißt nicht schock, sondern tschock."

„Möglich. Was bedeutet es?"

„Nichts, gar nichts."

„Sapperment! Dann sind sie also nicht so dumm, wie ich dachte. Eigentlich hat die Geschichte mir bedeutenden Spaß gemacht, obgleich ich es nicht merken ließ. Dennoch war ich froh, als Sie endlich kamen. Aber wie steht es denn? Haben Sie eine gesehen?"

„Ja."

„Wohl auch mit ihr gesprochen?"

„Gewiß."

„Es ist aber wohl nur eine Dienerin gewesen?"

„Nein. Es war eine Sultana."

„Sie Glückspilz! War sie schön?"

„Schöner noch als die Venus!"

„Na, ich danke! Man sagt doch, Venus soll ein bißchen geschielt haben?"

„Das ist wahr. Die griechische Götterlehre berichtet dies, und die Göttin der Liebe wird auch oft als schielend abgebildet; aber dieses Schielen ist so ganz unbedeutend, daß man es nicht nur kaum bemerkt, sondern sogar findet, daß es dem Gesicht einen eigentümlichen, herzgewinnenden Reiz verleiht."

„Was mich betrifft, so wird wohl keine durch das

Schielen mein Herz gewinnen. Ich liebe nur Augen, die in gerader Richtung sehen. Aber hier ist das Wasser. Fahren wir wieder?"

"Ja. Es giebt keinen anderen Weg. Ich muß

nach Altstambul hinüber, wieder in das Serail."

"Wenn ich diesen Kerl doch auch nur kennen lernen könnte! Ist das nicht möglich?"

"Wohl kaum."

„Das ist unangenehm! Durch diesen Mann kann man ja zu der schönsten Gelegenheit kommen, die Frau eines Paschas oder Ministers zu entführen."

„Noch viel leichter aber könnten Sie um Ihren Kopf kommen. Was haben Sie jetzt vor?"

„Ich muß nach meiner Jacht, wo die beiden jungen Freunde mich schon längst erwarten."

Die Herren stiegen ein und ließen sich zurückrudern. Keiner von ihnen sah, daß ein Schwarzer ihnen in einem einruderigen Kaik folgte. Steinbach hätte es vielleicht bemerkt, aber er hatte das Etui herausgenommen und geöffnet, um nach dem Inhalte zu sehen. Er hielt dies für keine Indiskretion, da das Etui ja nicht verschlossen war.

Es enthielt eine höchst kostbare Agraffe jener Art, mit der man die Federzierde eines Turbans zu befestigen pflegt, und welche ein ovales Medaillon bildete. In dem Medaillon befand sich das prächtig getroffene Brustbild der Prinzessin Emineh.

---

8. Kapitel.

Als Prinzessin Emineh an der Seite ihrer schönen Freundin mit Steinbach gesprochen hatte, war es ihnen völlig entgangen, daß ihnen, hinter den Boßketts versteckt, ein junger, gewandter Neger folgte, der keine ihrer Bewegungen aus dem Auge ließ. Er war nur mit einer roten Hose und dergleichen Weste bekleidet. Die Art, wie er sich Schritt für Schritt weiter schlich, um den Belauschten zu folgen, hatte etwas katzenähnliches. Und den Augen eines Raubtieres gleich, rollten auch die seinigen in ihren Höhlen. Es war ihm anzusehen, daß er alle Sinne anstrengte, um so viel wie möglich zu erlauschen.

Als dann Steinbach mit dem Engländer das Serail verließ, und der sie begleitende Oberwächter wieder in das Vorzimmer trat, fand er dort den Neger seiner wartend.

„Was thust du hier, Parsdschi?" fragte er ihn.

Pars heißt Leopard und Parsdschi Wächter des Leoparden. Der Neger schien vor dem gewaltigen Oberaufseher nicht sehr große Angst zu haben. Er antwortete unbefangen:

„Ich muß dir sagen, daß ich hinunter in die Schlächtereien will."

„Brauchst du wieder Fleisch? Du hast doch erst gestern welches geholt?"

„Der Großherr hat verboten, seinem Lieblinge faulendes Fleisch zu geben. Wenn ich nicht gehorche, so wird er mir den Kopf nehmen. Ich muß also täglich frisches Futter holen."

„So gehe. Ich werde den Wachen befehlen, dich passieren zu lassen."

Dies geschah, und der Raubtierwärter begab sich nunmehr an das Wasser, wo er, nachdem Steinbach und der Engländer eingestiegen waren, schnell eins der Kaiks nahm, die hier für den Gebrauch der Serailbewohner stets bereit lagen, und ihnen folgte. Er gab sich dabei Mühe, ihnen ja nicht aufzufallen, und hielt sich so nahe, als notwendig war, sie bei dem nun folgenden Gewühl im Hafen nicht aus dem Auge zu verlieren. So sah er das Kaik der Fremden an der Jacht des Engländers halten und letzteren an Bord steigen. Steinbach aber ließ sich weiter rudern, landete an derselben Stelle, an der er mit dem Lord eingestiegen war, und begab sich wieder nach dem Serail.

Der Neger jedoch, der ihm gefolgt war, beruhigte sich nicht damit, den Fremden in das Palais des Sultans gehen zu sehen. Er wartete vielmehr auf ihn und hatte die Genugthuung, ihn schon nach kurzer Zeit wieder heraustreten zu sehen. Steinbach schritt ahnungslos an dem Spion vorüber, ließ sich nach Divan-hane übersetzen und ging von dort aus nach dem alten Kutscher Piati, wo er bei dem Pferdehändler Halef eintrat.

Das war, wie die Leser sich erinnern werden, die Adresse, die er Normann und Wallert angegeben hatte.

Bis hierher war ihm der Neger gefolgt. Jetzt kehrte derselbe um, doch begab er sich nicht an den Ort des Ufers zurück, an dem er sein Kaik gelassen hatte, sondern er lenkte nach Pera, der Vorstadt der Franken, ein, ging an dem russischen Botschaftshotel vorüber, nach dem bekannten Grabe Bonnevals, kam von da aus an die hintere Seite des russischen Hauses und trat endlich in eine Spelunke, in der es Kaffee gab.

Es saßen mehrere Gäste hier, lauter Weiße. Der Neger hätte es nicht wagen dürfen, sich bei ihnen niederzusetzen. Er hatte es auch gar nicht nötig, denn der Wirt gab ihm einen Wink und führte ihn in ein Kabinett, das hinter der eigentlichen Gaststube lag. Dort befand sich niemand. Der kleine Raum war behaglicher eingerichtet als der größere.

„Befiehlst du Kaffee und Tabak?" fragte ihn gleich darauf der Wirt in einem Tone, dessen Höflichkeit einem Sklaven und Eunuchen gegenüber auffällig war.

„Ja und schnell!" lautete die selbstbewußte und herrische Antwort.

„Bleibst du allein?"

„Nein. Du mußt dem Herrn den verabredeten Wink geben."

Der Raubtierwärter nahm jetzt in einer Art und Weise, als ob er ein vornehmer Herr sei, auf dem farbigen, weichen Teppich Platz. Bald darauf brachte der Kaffeewirt den braunen Trank nebst einem Tschibuk und meldete, daß er das Zeichen gegeben habe.

Als der Neger sich wieder allein befand, rauchte und trank er mit dem Behagen eines Kenners, eines Gourmands, der die liebe Gottesgabe sehr wohl zu schätzen weiß. Als sich aber bald darauf die Thür wieder öffnete, sprang er in großer Eile vom Teppich auf, um den Eintretenden demütig zu begrüßen.

Dieser war ein halb europäisch, halb orientalisch gekleideter Mann in vorgeschrittenen Jahren, von dessen Gesicht wegen des starken Vollbartes und des tief in die Stirn hereingezogenen Fezes kaum mehr als die Nase und die beiden stechenden Augen zu sehen waren.

„Bleib sitzen!" sagte er kurz.

Dann nahm er, als der Neger gehorchte, diesem gegenüber Platz, griff aus der Tasche ein silbernes Tabaketui heraus, rollte sich eine Cigarette, brannte sie mit Hilfe eines Zündholzes an und sagte:

„Du trafst gerade den letzten Augenblick. Ich wollte soeben einen Gang thun. Hast du eine Neuigkeit?"

Der Neger riß den Mund weit auf, nickte einige Male hastig zustimmend und antwortete:

„Eine große Neuigkeit!"

„Ja, wie gewöhnlich! Du übertreibst stets, um einen guten Preis zu erhalten, und dann stellt es sich jedesmal heraus, daß es nichts gewesen ist."

„O nein, Herr! Diese Neuigkeit ist wirklich groß und wichtig."

„Nun, viel Wichtiges kannst du nicht bringen. Wir haben zum Glück außer dir einen zweiten engagiert, der im Serail für uns aufpaßt, und der hat bessere Augen als du. Du kannst uns ja doch nichts sagen, was wir nicht bereits von ihm wissen."

„O! Allah! Einen andern habt ihr neben mir? Und der hat bessere Augen?"

„Ja."

Da lachte der Schwarze höhnisch auf.

„Bessere Augen? Und doch ist er mit Blindheit geschlagen!"

„Wieso?"

„Du meinst, ich bringe dir eine Neuigkeit aus Alt= stambul?"

„Natürlich."

„So meinst du, daß ich mich noch dort befinde?"

„Natürlich."

„Und euer Aufpasser soll bessere Augen haben als ich, und hat euch noch nicht gesagt, daß ich gar nicht mehr in Altstambul bin?"

„Wie? Du bist nicht mehr dort?"

„Nein."

„Wo denn?"

„Frage deinen neuen Aufpasser, der so gute Augen hat! Gieb ihm nur das Geld, das du mir verweigerst! Vielleicht erfährt er auch, was ich erfahren habe. Dann aber ist es zu spät. Dann ist der Mann verschwunden."

„Welcher Mann?"

„Nun, derjenige, auf den ich bisher aufgepaßt habe."

„Teufel! Er will verschwinden?"

„Ja. Er hat eine Haremsbewohnerin heimlich kennen gelernt, die er heute entführen will."

„Pah, das hast du dir wohl ausgesonnen?"

„Durchaus nicht. Da hast du dich getäuscht. Dieser Mann kann nicht von hier fort sein. Er hat so Wichtiges zu thun, daß es ihm nicht einfallen kann, einer Sklavin wegen plötzlich Stambul zu verlassen."

„So weißt du das besser als ich, und es ist nicht nötig, daß ich dich länger belästige. Lebe wohl!"

Der Neger erhob sich nach diesen Worten von seinem Sitze und that, als ob er gehen wolle. Das lag aber ganz und gar nicht in der Absicht des anderen. Gebieterisch winkte er ihm und sagte:

„Bleib! Nun ich einmal da bin, sollst du mir auch sagen, was du erfahren hast."

„O, meine Augen sind ja schwach! Wer weiß, was ich gesehen habe! Du sagst ja selbst, daß ich mich irre."

„Ich vermutete es; du wirst bleiben und mir Rede und Antwort stehen."

Das war im Tone des Befehls gesprochen. Den Schwarzen ärgerte das. Er machte eine wegwerfende Geberde.

„Bleiben werde ich, meinst du?" lachte er höhnisch. „Nein, ich werde gehen! Du glaubst wohl, mit mir reden zu können wie mit deinem Diener oder Sklaven? Ich bin der Diener des Padischa, aber nicht der deinige; ich kann kommen und gehen, wie es mir beliebt."

„Das bestreite ich nicht," sagte der andere einlenkend. „Ich meinte es gar nicht so, wie du es aufgenommen hast. Bleibe hier und sprich. Ist deine Nachricht wirklich von Wert, so soll sie dir gut bezahlt werden."

„So werde ich mich wieder setzen, und du sollst erkennen, daß meine Augen ebenso scharf sind, wie diejenigen anderer Leute. Hättest du mich jetzt gehen lassen, so würdest du denjenigen, den du mir zur Beobachtung übergeben hast, hier niemals wiedersehen."

„Er will also wirklich fort? Weißt du, wohin?"

„Nein. Aber daß er fortgehen wird, weiß ich genau. Und diejenige, mit der er fliehen will, kenne ich auch."

„Wer ist es? Etwa eine Sklavin?"

„Es ist keine Sklavin, sondern eine wunderbar schöne Haremsgebieterin."

„Also eine Entführung!"

„Ja."

„Ah, Gott sei Dank! Das ist gut! Das ist eine Veranlassung, ihn zu ergreifen und zu bestrafen. In wessen Harem will er eindringen?"

„In denjenigen des Großsultans."

„Mensch! Bist du irrsinnig?"

Bei diesen Worten war der Sprecher von seinem Sitze aufgesprungen, so sehr war er von der Nachricht frappiert.

„O nein, ich habe alle meine Gedanken und Sinne in Ordnung. Er war im Harem des Padischa, und ich habe ihn gesehen und gehört. Er hat ihre Hände geküßt und auch die Hände der Prinzessin Emineh."

„Himmel! Welch eine Nachricht, wenn sie Wahrheit enthält! Aber es kann nicht wahr sein. Emineh befindet sich ja im Serail von Beschiktasch!"

„Und dort bin ich auch."

„Du? Also wirklich nicht mehr im großen Serail?"

„Nein. Der Großherr hat in Beschiktasch einen Leoparden, dessen Wärter ich bin."

„Ich habe von diesem Tiere gehört. Es soll in einem Gartenkiosk eingesperrt sein?"

„So ist es. Ich habe den Leoparden zu füttern, und er hat sich bereits so sehr an mich gewöhnt, daß ich ihn angreifen darf. Fremde aber würde er zerreißen. Wenigstens dachte ich so bis heute."

Der Verbündete des Schwarzen stand noch immer aufrecht da. Sein Gesicht drückte eine ungeheure Spannung aus. Fast war es, als ob in diesem Moment ihn nicht nur die Worte des Tierwärters beschäftigten. Er ging einige Augenblicke lang mit sich zu Rate; dann fragte er, indem er seine Augen mit lauerndem Ausdruck auf den Neger richtete:

"Hast du einmal den Namen Gökala gehört?"

"Gökala? Allah! Du kennst sie?"

"Du auch, wie ich höre?"

"Ja, ich kenne sie, ich kenne sie genau."

"Wer ist sie?"

"Sie ist die schönste Rose im Garten des Padischa, der leuchtendste Stern am Himmel seines Harems, der schönste Diamant unter den Edelsteinen seines Schatzes."

"Woher kennst du sie?"

"Sie wandelt täglich mehrere Male und längere Zeit im Garten des Serails. Da sehe ich sie."

"Ist sie allein?"

"Nein. Prinzessin Emineh ist bei ihr. Sie legen ihre Arme ineinander und nennen sich Freundinnen."

"Hast du vielleicht einmal ihre Worte belauscht?"

"Mehrere Male."

"Wovon sprachen sie?"

"Von vielem und verschiedenem. Ich kann mich auf das einzelne nicht mehr besinnen; aber wenn du mir sagst, was du wissen willst, wird es mir einfallen."

"Sprachen sie von Politik?"

"Was ist Politik? Ich kenne dieses Wort nicht."

"Sprachen sie vom Kriege und vom Frieden? Von anderen Ländern und von anderen Völkern?"

"Ja, ich hörte es."

"Sprachen sie von den Russen?"

"Sie haben dieses Wort sehr oft genannt."

"Von den Deutschen?"

"Ja. Sie erzählten von Wien und von Berlin. Dort lebt ein großer, berühmter Vezier, der einst mächtig sein wird über alle Länder der Erde."

"Und du hast wirklich gehört, daß sie hierüber sprachen?"

"Ja. Sie sitzen immer auf der Bank bei dem Busche,

hinter dem ich stecke, um zu hören, was sie sprechen. Ich bin ein Sklave, ein Eunuche; ich werde niemals ein Weib besitzen, aber dennoch weidet sich mein Auge an dem Glanze ihrer Schönheit und mein Ohr an den Tönen ihrer Stimme."

Der andere stand nicht mehr auf derselben Stelle, sondern schritt hin und her. Er befand sich sichtlich in einer nicht gewöhnlichen Aufregung.

Er achtete jetzt des Schwarzen kaum mehr; er hatte nur noch mit seinen Gedanken zu thun und stieß Ausdrücke hervor wie:

"Sie sprechen mit einander — sie haben sich einander angeschlossen — sie treiben Politik — und zu mir sagt sie, daß sie Emineh noch nicht gesehen habe. — Ah, Verräterin! Man wird dir das Handwerk legen! Du sollst erkennen, wer dein Herr und Meister ist!"

Er ballte die Fäuste drohend, als ob er die Betreffende vor sich habe. Dabei fiel sein Blick auf den Schwarzen. Er besann sich jetzt darauf, daß dieser doch nicht alles zu wissen und hören brauche. Darum setzte er sich wieder, verbarg seine Aufregung und fragte:

"Wann hast du sie zum letzten Male bei einander gesehen?"

"Heute, vorhin, vor kurzer Zeit."

"Wo?"

"Im Garten. Und er war dabei!"

"Wer?"

"Nun, der, von dem wir sprechen, auf den ich aufpassen soll."

"Alle Höllen und Teufel! Er war auch im Garten?"

"Ja."

"Unmöglich!"

"O, er hat sogar mit beiden gesprochen, und sie hatten den Schleier vom Gesicht genommen."

Da riß es den anderen mit Allgewalt wieder von

seinem Sitze empor. Er stemmte die Arme in die Seiten und sagte, lauter als es hier wohl geraten war:

„Kerl, besinne dich! Du träumst nicht! Du bist hier bei mir. Dieser Mensch ist im Garten des Serails gewesen und hat Emineh und Gökala unverschleiert gesehen?"

„Ja, ja doch!"

„Ah! Ist das Zufall, oder ist es ein bewußter Schachzug gegen uns? Sie belügt uns! Sie scheint mit ihm im Bunde zu sein! Wenn ich wüßte, wenn ich wüßte!"

Er war bleich wie der Tod geworden; das sah man trotz seines vollen Bartes. In seinen tiefliegenden Augen zuckte ein grimmiges Funkeln, und seine Zähne nagten an der Unterlippe. Er hatte ganz das Aussehen eines Menschen, dem jetzt alles gleich gilt, Glück oder Unglück, Tod oder Leben.

„Wenn du es nicht weißt, ich weiß es," sagte der Neger.

„Was denn?"

„Daß er sie entführen wird."

„Er? Gökala entführen?"

„Frage doch nicht so oft. Ich sage es ja deutlich genug!"

„O, ich möchte fragen nicht nur einmal, sondern tausendmal, so unglaublich ist es! Haben sie denn von dieser Entführung gesprochen?"

„Ja. Sie saß auf der Bank; er stand vor ihr, und ich lag hinter dem Busche."

„Aber die Prinzessin?"

„Die war fortgegangen, um etwas zu holen, was sie dann auch brachte und ihm gab."

„Sprachen sie von der Zeit und von dem Orte, von dem aus die Entführung unternommen werden solle?"

„Ja; ich hörte es deutlich."

„So sage es! Heraus damit! Schnell, schnell!"

Da machte der Neger ein Gesicht, das jedenfalls listig sein sollte; es wurde aber nur eine abschreckende Fratze daraus. Er hielt dabei die Hände abwehrend von sich und antwortete:

„O, wie klug du bist! An dir sieht man deutlich, wie gütig Allah ist. Seine Gnade ist so groß und unermeßlich, daß er sogar den Ungläubigen List gegeben hat."

„Meinst du etwa, daß ich kein Moslem bin?"

„Ja, denn du bist ein Christ. Leugne es oder nicht; mir ist es sehr gleich. Aber deine Listigkeit ist doch nicht größer als die meinige. Ich soll dir den Ort und die Zeit sagen? Wenn ich dies thue, so weißt du alles, und ich kann gehen. Nein. Bisher habe ich gesprochen, um dir zu beweisen, daß ich nicht schlechtere, sondern bessere Augen habe, als der andere. Nun aber sage ich weiter kein einziges Wort, wenn ich nicht erfahre, was ich dafür erhalte."

„Schurke! Du willst also Geld?"

„Was sonst! Meinst du, daß ich für dich wache und dir meine Geheimnisse mitteile, ohne etwas zu erhalten?"

„Gut! Wieviel willst du?"

„Wieviel bietest du?"

„Ich gebe dir zweihundert Piaster."

Der Schwarze schüttelte den wolligen Kopf.

„Meine Neuigkeit ist mehr wert, viel mehr."

„Willst du etwa aufschlagen?"

„Ein jeder verkauft seine Ware so hoch wie möglich. Ich habe bereits viel für dich gethan, aber sehr wenig erhalten."

„So werde ich dir fünfhundert Piaster geben."

„Auch das ist zu wenig. Gieb tausend!"

„Wann?"

„Gleich jetzt. Ich weiß, daß du stets Geld bei dir hast."

„Gut, ich will nicht feilschen; ich gebe tausend."

Da schlug der Neger die Hände klatschend zusammen, verdrehte erschrocken die Augen und rief:

„O Allah! Wie dumm bin ich gewesen! Er giebt mir die tausend sogleich! Hätte ich zweitausend oder gar dreitausend gefordert, so hätte er sie auch gegeben!"

„Ja, ich hätte sie gegeben," sagte der andere lachend. „Aber nun gilt, was ausgemacht ist. Halte die Hände auf, Orang-Utang; ich will dir das Geld geben."

Der Schwarze streckte die Hände aus und sah mit funkelnden Augen zu, wie eine Münze nach der anderen hineingelegt wurde. Er steckte dann die Summe ein, klimperte mit der vollen Tasche und meinte:

„Jetzt habe ich Geld, Geld, viel Geld. Nun weiß ich, was ich thue. Ich kaufe und rauche Opium."

„Thue es in Gottes Namen, wenn du dich zum Krüppel und deinen dicken Wanst zum Skelett machen willst! Ich habe nichts dagegen. Jetzt aber sprich! Wann will er sie entführen?"

„Heute in der Dämmerung."

„Heute schon? Ah, da gilt es die größte Eile! Wir werden diesen Menschen einmal beim Schopfe nehmen, obgleich Gökala eigentlich keine Moslemi — doch, das gehört ja nicht hierher!"

„Ihr wollt ihn beim Schopfe nehmen? Seid vorsichtig! Er ist ein starker Mann."

„Wir wissen es."

„Ihr wißt es nicht! Er ist viel stärker, als ihr denkt. Er hat den Leoparden beim Halse genommen und in den Kiosk geschafft, um ihn wieder anzubinden."

„War die Bestie denn frei?"

Der Neger bog den Kopf so weit wie möglich empor und raunte ihm in wichtigem Tone zu:

„Ja. Ich hatte sie freigelassen."

„Mensch! Warum?"

„Wolltest du diesen Mann nicht töten?"

„Ja — o, hm! — nein; das ist mir nicht eingefallen," antwortete er verlegen.

„Du hast es einmal zu mir gesagt."

„Es war im Zorne."

„Du botest mir Geld, viele Piaster, mehrere Hände voll. Ich habe mir das gemerkt. Und als er heute dahergegangen kam, da fiel es mir ein, den Leoparden loszulassen."

„Hölle, Tod und Teufel! Das hättest du gethan?"

„Ich sage es ja."

„Du siehst meinen Schreck! War Gökala dabei?"

„Natürlich. Und auch Emineh."

„Unvorsichtiger! Wenn nun das Tier nicht ihn, sondern die beiden Frauen zerrissen hätte!"

„O, es hat sie nicht zerrissen. Er ging auf den Leoparden zu, ergriff ihn beim Halse und schleppte ihn in den Kiosk, wo er ihn wieder an die Kette fesselte."

„Ja, so ist er! Dieser Mensch kennt keine Furcht. Ich glaube, wenn man ohne sein Wissen gerade hinter ihm eine Kanone abfeuerte, er würde nicht erschrecken und nicht mit der Wimper zucken.

„Ich werde das Schicksal zwingen, dich preiszugeben,"
sprach Steinbach. (Seite 269.)

„Was aber geschah dann weiter?"

Der Neger erzählte alles, auch daß er den betreffenden sofort verfolgt habe und bis an welchen Ort.

„Ja, er ist es," meinte dann der andere. „Er verkehrt bei dem Pferdeverleiher in Kutschu Piati. Was aber mag das sein, was er der Prinzessin gegeben hat?"

„Ich konnte es nicht erkennen. Vielleicht war's ein Bild."

„Donnerwetter! Wessen Bild? Und was hat sie ihm dann gebracht?"

„Auch das weiß ich nicht. Es schien ein kleines Kästchen zu sein, und er steckte es in seine Tasche."

„Und einen Ring hat sie ihm geschenkt! Ich begreife nicht, weshalb. Es ist mir überhaupt unklar, um was es sich gehandelt hat, aber ich muß es erfahren. Nur das weiß ich, daß er einen Sieg errungen hat, und den müssen wir ihm sofort streitig machen."

„Wirst du dabei sein, wenn er heute abend mit Gökala zusammentrifft?"

„Das geht dich nichts an; das brauchst du nicht zu wissen. Ich habe jetzt keine Zeit mehr; ich muß einen jeden Augenblick benutzen. Ich gehe."

„Ich auch. Ich habe Fleisch zu holen und bin bereits zu lange fort gewesen."

Sie brachen zusammen auf. Als sie durch das vordere Zimmer gingen, warf der Auftraggeber des Negers dem Wirte einige Münzen als Bezahlung hin. Draußen gingen die beiden noch eine Strecke weit miteinander. Dabei fragte der Neger:

„So soll ich heute nicht aufpassen, wenn Gökala geht?"

„Nein."

„Auch niemandem sagen, was sie thun will?"

„Keinem Menschen; auch später nicht. Hörst du? Und sollte Gökala niemals wieder nach dem Serail kommen — — Teufel, da ist er!"

Die Männer waren in diesem Augenblick um eine

Ecke des Grabmals Bonnevals herumgebogen und da beinahe mit — Steinbach zusammengerannt, der von der andern Seite kam. Dieser hatte nicht nur den Ausruf des Schreckes, sondern überhaupt den ganzen letzten Satz deutlich vernommen, da der Sprecher seine Stimme nicht gedämpft hatte. Er blickte die beiden forschend an und fragte:

„Wer, wer ist da?"

Der Angeredete hatte sich schnell gefaßt und antwortete im Tone des Erstaunens:

„Wer bist du? Was geht dich unsere Rede an?"
„Du meintest doch mich?"
„Ist mir nicht eingefallen! Ich kenne dich ja gar nicht!"

Dann setzte er mit dem Neger seinen Weg fort. Steinbach schüttelte den Kopf.

„Und sollte Gökala niemals wieder nach dem Serail kommen," wiederholte er nachdenklich die soeben vernommenen Worte. „Was das wohl zu bedeuten hat? Und dann — erschrak nicht dieser Mann, als er mich erblickte? Warum erschrak er über mich? Wäre er über einen andern ebenso erschrocken? Ich glaube kaum! Sie sprachen auch vom Serail. Ah, sollte der Schwarze vielleicht vom Serail sein? Wer aber ist dann diese Gökala? Eine Bewohnerin des dortigen Harems? Ich werde und muß doch einmal sehen, wohin diese beiden Burschen gehen. Die Sache kommt mir verdächtig vor."

Schnell kehrte er um. Leider aber vermochte er nicht mehr die Männer zu erblicken. Vielleicht hatten sie ihre Schritte beschleunigt, um aus seiner Nähe zu kommen, und sobann waren gerade die nahe liegenden Gäßchen so eng, kurz und wirr, daß es nicht leicht war, die Gesuchten noch zu entdecken. Da kam ihm ein Gedanke.

Er steuerte gemächlich auf das Lokal zu, das die beiden soeben erst verlassen hatten, und trat ein. Vielleicht vermochte er hier etwas Näheres über die ihm so verdächtigen Personen zu erfahren.

Mit vornehmer Leutseligkeit grüßte er den Wirt, bestellte sich Kaffee und begab sich nach dem Hinterzimmer des Lokals.

Hier ließ er sich nieder und nickte befriedigt vor sich hin, er hatte wohl bemerkt, daß der Wirt soeben zwei Tassen und eine Pfeife aus dem Zimmer geschafft hatte.

„Richtig! Hier waren sie," sagte er sich. „Zwei Tassen und zwei Raucher! Der eine, jedenfalls der Neger, rauchte den Tschibuk, und der andere eine Cigarette, wie man an der Asche sieht, die noch hier liegt. Der brave Wirt soll mir, wenn er wiederkommt, beichten."

Schon nach ganz kurzer Weile kehrte der Kawehdschi, das heißt der Kaffeewirt, mit einem Täßchen zurück, das hier in dieser Kneipe gewiß ein sehr kostbares Stück war.

Mit einer tiefen Verbeugung überreichte er dasselbe seinem Gast und betrachtete ihn dabei mit einem scharf forschenden Blick. Er hatte noch nie einen so vornehmen Herrn bedient. Derselbe kam sicherlich nicht ohne Absicht zu ihm.

Steinbach schlürfte behaglich einige Tropfen des heißen Getränkes, dann sagte er harmlos:

„Dein Kaffee ist gut; er soll also auch gut bezahlt werden. Haben sie dir keinen Auftrag für mich zurückgelassen?"

„Wen meinst du, Effendi?"

„Die beiden, die soeben gegangen sind. Ich wollte sie hier treffen, doch sagte mir mein Diener, daß er ihnen weiter unten begegnet sei."

„So meinst du Rurik und den Schwarzen?"

„Ja, den Russen und den Neger."

Steinbach konnte dreist behaupten, daß der eine ein Russe sei, da Rurik ja ein specifisch russischer Name ist.

„Nein, Effendi," entgegnete der Wirt scheinbar arglos. „Sie haben mir kein Wort gesagt, was ich dir zu melden hätte."

„Das ist mir fatal. Weißt du nicht, wohin sie sind?"

„Rurik ist jedenfalls nicht wieder nach Hause. Als ich nach ihm sandte, erfuhr ich, daß er beabsichtigt habe, auszugehen."

„Und der Neger?"

„Der wird Fleisch für den Leoparden holen, wie er es gewöhnlich thut."

Steinbach war mit dem, was er bisher erfahren, sehr zufrieden.

Nun wußte er wenigstens, woran er mit dem Schwarzen war. Es war vorhin bei dem Gespräche der Männer das Wort Serail gefallen, jetzt erwähnte der Kawehdschi einen Leoparden; es konnte also nur das großherrliche Serail in Beschiktasch gemeint sein.

„Beide treffen sich wohl öfters hier?" fragte er gespannt weiter.

„Früher sehr oft, und stets in dieser Stube. So lange der Schwarze aber im Serail ist, gelang es ihm noch nicht, hier mit dem Russen sprechen zu können. Kennst du beide?"

„Noch nicht genau, obgleich ich ein Geschäft mit Rurik vorhabe. Ich wollte sie erst heute richtig kennen lernen. Weißt du die Wohnung des Russen?"

„Ja. Er wohnt in einem kleinen Häuschen zwischen der russischen und schwedischen Gesandtschaft. Er hat es gemietet und wohnt mit einigen Dienern ganz allein darin. Es ist sehr leicht zu finden, da kein zweites in der Nähe liegt."

„Ich danke dir."

„Soll ich von dir sprechen, wenn er wiederkommt?"

„Nein. Er soll nicht hören, daß ich nach ihm gefragt habe."

„Du hast recht. Er geht auf verborgenen Wegen und hat es nicht gern, daß sein Name genannt wird. Übrigens bitte ich dich, an mich zu denken, wenn du eines Mannes bedarfst, der für ein gutes Bakschisch etwas thun soll, was niemand zu wissen braucht."

„Dieses Anerbieten kommt mir gelegen. Ich brauche sehr bald einen solchen Mann und werde wiederkommen. Hier nimm die Bezahlung."

Steinbach verabschiedete sich jetzt und gab dem Wirte den zwanzigfachen Betrag des gewöhnlichen Preises einer Tasse Kaffee. Das war dem Kawehdschi noch niemals passiert. Er hätte sich am liebsten vor Dankbarkeit gleich auf die Erde gelegt und machte viele Verbeugungen hinter dem Gaste her, bis dieser die Thür im Rücken hatte.

„Eine schöne Spelunke!" sagte Steinbach draußen. „Und ein noch schönerer Wirt! Ich glaube, dieser Mensch sticht mir für ein Goldstück jede Person nieder, die ich ihm bezeichne. Übrigens war er kein Türke, sondern ein Grieche. Die Pest über den Kerl! Also mit dem Wärter des Leoparden habe ich es zu thun, und mit einem Russen! Nun, wer Gökala ist, werde ich heute abend auch erfahren, und dann wird es sich ja wohl finden, was dieser Rurik gemeint haben kann."

Langsam weitergehend fuhr er darauf in seinem Selbstgespräche fort:

"Gökala, ein türkischer Name — bedeutet auf deutsch so viel wie Himmelsblau. Fast möchte ich besorgt werden! Ich muß unwillkürlich bei dem Worte Gökala an die Herrliche im Garten des Serail denken, an dieses himmlische Angesicht, dieses sonnenklare, wunderbar flimmernde Auge, dessen Strahl aus tiefstem Azurblau bricht! Für sie wäre ja kein Name so bezeichnend wie Gökala! O, wenn ihr Unheil drohte! Denn sicherlich sprachen die beiden Kerle von nichts Gutem. Sie kannten mich. Hat mich etwa der Leopardenwärter im Garten gesehen? Sehr leicht möglich, ja sogar wahrscheinlich. Woher aber kennt mich der Russe? Es ist mir zwar, als sei ich irgendwo und irgendwann einmal diesem Gesichte begegnet, aber zu besinnen vermag ich mich augenblicklich nicht. Der Abend wird hoffentlich Klarheit bringen."

Rasch begab sich Steinbach nunmehr nach dem Hafen. Dort lag ein zur Abfahrt nach Egypten bereites Schiff, mit dem ein treuer und zuverlässiger Diener von ihm als Eilbote nach Kairo gehen sollte, um das Etui zu überbringen.

Unser Freund überzeugte sich bald, daß dieser Abgeordnete sicher und gut untergebracht sei, dann nahm er einen Mietesel, wie sie in Stambul gebräuchlich sind, und ritt nach dem Serail. Er war dort nämlich zum Mittagessen geladen, eine seltene Ehre, die nur hervorragenden und außerordentlich bevorzugten Personen zuteil wird, und auch diesen nur als eine nicht oft wiederkehrende Ausnahme.

Die Tafel des Großherrn nimmt sehr viel Zeit in Anspruch. Als Steinbach entlassen wurde, hatte sich die Sonne bereits zur Rüste geneigt. Da in jenen Gegenden die Dämmerung nur kurz ist und die Dunkelheit sehr schnell hereinbricht, so mußte er sich sputen, um diejenige, der sein Herz so schnell voller Jubel entgegengeschlagen hatte, nicht warten zu lassen. Er eilte an den Landungsplatz und nahm sich ein Kaik.

---

9. Kapitel.

Einige Zeit bevor Steinbach an den Landungsplatz eilte, waren vier Kaikdschi die Perastraße herabgekommen und hatten sich einem vierrudrigen Kaik genähert, in dem aber nur ein Mann saß, der auf jemand zu warten schien. Als dieser sie erblickte, stieg er aus dem Boote und hielt ihnen die Hand entgegen. Der eine von ihnen zog hierauf einen Beutel aus der Tasche, entnahm demselben eine Anzahl Fünfpiasterstücke und übergab sie ihm.

„Das ist für jetzt," sagte er dabei. „Die andere Hälfte erhältst du, sobald wir von unserer Spazierfahrt zurückkehren."

Dann stiegen die Kaikdschi schweigend ein und stießen ebenso schweigend vom Lande. Wäre Steinbach hier gewesen, so hätte er in demjenigen, der bezahlte, trotz dessen Vermummung den Russen Rurik erkannt.

Das Kaik glitt schnell um Baluk Bazar Kapussi herum und bog in den Kanal ein. Da legten die Männer sich noch kräftiger in die Riemen, und das schön gebaute Fahrzeug flog mit Windeseile dem Ziele entgegen.

Erst als sie Tekerleh erreichten, oberhalb Mustapha Effendi Dschiami, legten sie an und befestigten das Kaik am Ufer, doch zögerten sie auszusteigen.

„In einer halben Stunde erst ist es dunkel," sagte Rurik. „Wir haben also noch Zeit."

„Was hast du beschlossen?" fragte einer seiner Begleiter.

„Ich bin darüber selbst noch nicht klar. So viel steht fest, daß wir die Ungehorsame, die jedenfalls die Absicht hat, uns zu täuschen oder gar zu verraten, nicht wieder in das Serail lassen dürfen."

„Dazu aber brauchten wir doch nicht hierher zu fahren! Sie kommt ja täglich nach Hause."

„Wir wollen sie doch hier mit ihm ertappen!"

„Nun gut! Aber wo? Gleich am Thor, wo sie sich treffen werden? Was meinen Sie?"

Diese in einem fast unterwürfigen Tone gesprochene Frage war an einen Dritten gerichtet. Er war nicht jung und nicht alt, weder schön, noch häßlich. Man hätte ihn für einen Durchschnitts oder Alltagsmenschen, wie es deren ja hunderttausende giebt, halten können, wenn seine Augen nicht gewesen wären.

Diese Augen waren von einer grauen, ins grünliche spielenden Farbe. Es lag etwas Falsches, Grausames in dem Blicke derselben. Man fühlte, daß deren Besitzer sich wohl schwerlich die Liebe eines anderen erringen werde.

„Pah!" antwortete er. „Was nützt es uns, wenn wir sie gleich vom Thore wegnehmen! Man muß einem Verbrecher erlauben, seine That ganz zu vollbringen, dann erst kann man ihm die volle Strafe diktieren."

„Aber, Herr, ist es nicht besser, die That zu verhüten?"

„Unsinn! Das Mädchen mag mit dem Menschen immerhin so lange kosen, bis mir die Geduld reißt. Ihr bleibt hier. Ich selbst gehe mit Rurik an das Thor, um zu beobachten. Das übrige wird sich finden. Verlieren wir weiter keine Worte!"

Er sprach befehlend, kurz, abgerissen und mit kalter, klangloser Stimme.

Erst nach einer Weile erhob er sich und stieg an das Ufer. Jetzt zeigte es sich, daß er sehr gut bewaffnet war. Rurik folgte ihm.

Beide schlenderten wie ziel= und zwecklos vom Ufer

fort, bogen dann aber nach links, um die Mauer des Serailgartens zu erreichen.

Dort fällt der Boden schräg nach Tarlabaschü ab, und die Böschung, besonders aber der Rand derselben, ist von ziemlich dichten Büschen eingefaßt.

„Das trifft sich gut," sagte Rurik. „Hier können wir uns verstecken."

„Wenn der Kerl sich nicht bereits selbst hineingesteckt hat. Man muß vorsichtig sein."

„Wir haben ja Augen und Ohren. Untersuchen wir also das Terrain!"

Das Resultat war, daß sich noch niemand hier befand. Beide versteckten sich also in den Büschen und warteten der Dinge, die da kommen sollten.

Endlich, als die Dämmerung begann, hörte man von rechts her leise Schritte nahen.

„Ob er es ist?" flüsterte Rurik.

„Jedenfalls. Was hätte ein anderer hier zu suchen?"

„So ist er unterhalb des Serails bei Sultane Iskelessi an das Land gestiegen. Still!"

Der Fußgänger war jetzt ganz nahe herangekommen; er trat an den Rand der Büsche und stand kaum zwei Meter entfernt von den Lauschern. Es war Steinbach.

Da hörte man im Thore einen Schlüssel klirren. Gleich darauf öffnete sich dasselbe, und heraus trat eine in schwarze Gewänder gehüllte Frauengestalt, verschloß die Thür wieder und hustete leise. Sofort eilte Steinbach auf sie zu. Sein Herz schlug vor Glück fast hörbar.

„Also wirklich! Du hast Wort gehalten!" sagte er mit leiser, bebender Stimme.

„Ich pflege nie mein Wort zu brechen," erklang leise die Antwort. „Sei willkommen! Erlaubst du, daß ich mich dir anvertraue?"

„Ob ich es dir erlaube? Frage den Verschmachtenden, ob er es erlaubt, daß man ihm Wasser giebt!"

„So komm mit fort von hier!"

„Wohin?"

„Willst du das nicht bestimmen?"

„Ich?" fragte er verwundert. „Wie sollte ich dies bestimmen! Sagtest du mir nicht, daß du heute noch nicht mit mir gehen könntest?"

„Das sagte ich allerdings; aber dennoch kannst du jetzt mein Führer und Leiter sein. Zwei Stunden sind

es, die ich heute bei dir sein kann; dann aber muß ich fort."

„Wohin?"

„Vielleicht sage ich dir dies später. Laß uns jetzt zum Wasser gehen. Wir fahren ein Stück den Kanal hinein und kehren dann zurück. Nachher trennen wir uns, ohne daß du fragst, wohin ich gehe."

„Das klingt ja sehr geheimnisvoll; doch will ich dir gehorchen. Da du aufwärts fahren willst, müssen wir auch aufwärts gehen. Ich hoffe, daß bei Mustapha

ein Kaik zu finden ist; das meinige habe ich zurück=
geschickt."

Er ergriff ihre Hand und fühlte eine wahre Selig=
keit, als er bemerkte, mit welchem Vertrauen sie ihren
Arm in den seinen legte. Langsam schritten sie fort.

Die in den Büschen versteckten Männer hatten sie
nicht einen Moment unbeobachtet gelassen.

„Donnerwetter!" flüsterte jetzt Nurik. „Sie laufen
uns ja gerade ins Garn!"

„Ja. Sie werden unser Kaik finden, uns für
Kaikdschi halten und mit uns fahren."

„Was thun wir dann?"

„Der Kerl muß Wasser schmecken."

„Sofort?"

„Nein. Wir wollen erst Zuhörer sein, wenn sie
die interessante Scene Romeo und Julia spielen. Jetzt
schnell: wir müssen ihnen zuvorkommen und doch einen
Umweg machen. Aber leise, leise. Es wäre alles ver=
loren, wenn sie uns hörten. Dieser Kerl ist so schlau
wie kein zweiter. Haben wir die Bärte im Kaik?"

„Ja. Ich werde doch die Hauptsache nicht vergessen!"

Nach diesem leise geführten Gespräch schlichen die
Männer sich fort, hinter den Büschen in einem Bogen
an dem Paare vorüber und hinunter an das Wasser.
Die beiden Liebenden hatten natürlich keine Ahnung
von der Gefahr, der sie so blind entgegen gingen.

Steinbach wagte es nicht, den schönen, vollen Arm,
dessen Wärme er fühlte, an sich zu drücken. Dieses
herrliche Wesen vertraute sich ihm an, und er durfte ein
so seltenes Vertrauen nicht mißbrauchen. Er hatte
hundert und tausend Fragen auf den Lippen und sprach
doch keine einzige aus. Er wollte das selige Schweigen
durch keinen Laut unterbrechen.

So näherten sie sich dem Ufer und erblickten das
Kaik, in dem, wie bei dem Lichte der Laternen vorn am
Lugo zu erkennen war, vier bärtige Ruderer saßen.

„Habt ihr schon Arbeit?" fragte sie Steinbach.

„Nein, o Herr."

„So wollen wir einsteigen. Ihr sollt uns ein Stück aufwärts fahren."

Die Ruderer gehorchten. Bereitwillig machten sie Plätze in der Mitte des Kaiks frei. Auf diese Weise gedachten sie Steinbach zwischen sich zu bekommen. Doch sie hatten sich getäuscht, denn dieser sagte:

„Ich steure selbst. Die Strömung ist uns entgegen, und ihr müßt euch alle auf das Rudern verlegen."

„Herr, du wolltest mit arbeiten?" wagte einer einzuwenden.

„Steuern ist keine Arbeit! Also vorwärts! Rudert wacker, aber ruhig, so ist euch ein gutes Bakschisch sicher."

Das Kaik war so groß, daß in der Mitte zwei Personen eng sitzen konnten; vorn und hinten aber nur eine. So saß Steinbach beim Stern am Steuer und das Mädchen vor ihm. Das Boot schoß, von den vier Rudern getrieben, schnell hinaus auf den Kanal.

Droben vom Himmel blickten die Sterne, und Sternchen schienen die Lichter der Kaiks zu sein, die das Wasser belebten.

So ging es schnell vorwärts, eine große, große Strecke weit. Niemand sagte ein Wort. Da neigte Steinbach sich plötzlich vor und flüsterte der Geliebten zu:

„Soll ich nicht so glücklich sein, deine Stimme zu hören? Du bist bei mir und doch nicht bei mir. Wollen wir nicht lieber für kurze Zeit aussteigen?"

„Ja; doch wo?"

„Dort an der ‚Cypresse der Mutter'."

„Nun gut. Die Kaikdschi mögen warten."

So steuerte also Steinbach dem Ufer entgegen.

„Willst du umlenken?" fragte da Rurik mit verstellter Stimme.

„Nein, wir legen nur an, und ihr wartet, bis wir wiederkommen."

Das Boot flog nun dem Ufer entgegen. Mit einem Male stand der eine Kaikdschi, der zuhinterst saß, von seinem Sitze auf und hob das Ruder so hoch, als ob er es im nächsten Moment auf Steinbach herniedersausen lassen wolle. Aber Steinbach hatte sich bereits an das Land geschwungen und reichte dem Mädchen die Hand. Langsam schritten beide nach der Cypresse, deren Umrisse vom Ufer aus noch ziemlich deutlich zu erkennen waren.

„Verdammt!" sagte jetzt der Aufrechtstehende. „Ich wollte ihm das Ruder auf den Kopf schlagen. Da aber stand er schon draußen und hatte sich herumgedreht! Da laufen sie nun!"

Er knirschte grimmig mit den Zähnen.

„Noch ist es nicht aus," tröstete Rurik. „Sie kommen ja wieder. Und dann — —"

„Ja, dann giebt es keine Gnade!"

„Er wird aber wieder steuern wollen!"

„Das dulden wir nicht."

Die Cypresse hatte ihren Namen von einem unglücklichen Ereignis. Eine Mutter hatte ihre Zwillinge gebadet und sie an das Ufer gelegt. Sie ging, um Kräuter zu sammeln. Als sie zurückkehrte, waren die Kleinen fort. In ihren unbehilflichen Bewegungen hatten sie sich dem Wasser genähert und waren ertrunken. Da, wo man die wiedergefundenen, kleinen Leichen begrub, wuchs eine Cypresse mit doppeltem Stamm aus der Erde, ein Zwillingsbaum, unter dessen Zweigen später dann vor Gram die Mutter starb. Der Baum hieß nun die ‚Cypresse der Mutter'.

Dort auf der Rasenbank, auf der die trauernde Mutter ihre Nächte durchklagt hatte, nahm jetzt das schöne Mädchen Platz, und Steinbach bemerkte wohl, daß sie unter dem langen, dunklen Kapuzenmantel, der ihre ganze Gestalt umhüllte, das feine, weißseidene Gewand trug, in dem er sie heute gesehen hatte.

Er wagte es nicht, sich neben sie zu setzen. Wohl hatte er schon tausend Frauen gegenübergestanden, Frauen aller Stände, schönen und häßlichen, witzigen und geistlosen, und war der Liebling der Salons, bevorzugt und ver=

wöhnt. Hier aber fühlte er sich — nicht verlegen, sondern ergriffen von jenem Gefühle, das man empfindet, wenn man einen Dom, oder sonst eine geweihte, heilige Stätte betritt.

Diese weiche, üppige Gestalt, deren volle, zauberische Formen, von dem leuchtenden Gewande hervorgehoben, ließ doch keinen profanen Gedanken aufkommen.

„Willst du dich nicht setzen?" fragte sie.

Das war dieselbe weiche Stimme, mit der sie ihn heute gefragt hatte, welche er für die Prinzessin halte. Leise ließ er sich neben ihr nieder, und endlich fand er den Mut, das eine ihrer Händchen zu ergreifen.

„Welch ein Tag, welch ein Abend!" seufzte er. „Mir ist, als sei ich gestorben und wandle in einer Atmosphäre, in der ein jeder Atemzug Seligkeit ist. Es kommt mir hier so ganz anders vor als im gewöhnlichen Erdenleben. Es ist so sonderlich, so wunderbar!"

„Was ist wunderbar?"

„Du selbst und alles bei und an dir. Du bist wunderbar wie ein überirdisches Wesen. Meine Begegnung mit dir war schon wunderbar, und noch viel wunderbarer ist es, daß du, eine Bewohnerin des Harems, so ungehindert ihn verlassen kannst, um bei mir zu sein."

„Das ist nicht wunderbar. Ich gehöre nicht zum Harem des Padischa."

„Nicht?"

„Nein. Ich bin eine Freundin der Prinzessin Emineh, die ich täglich besuche. Wenn der Abend dunkelt, fahre ich stets nach Hause."

„In den Harem deines Vaters?"

„Ich habe keinen Vater."

„Deines Bruders?"

„Ich habe auch keinen Bruder."

„O Allah! Dann kann es nur in den Harem deines Mannes sein!"

„Nein. Ich habe dir heute zwar gesagt, daß ich

einem Manne verlobt bin; aber ich gehöre ihm noch nicht und werde ihm niemals gehören."

„Dann bist du ein Rätsel, das ich nicht zu lösen vermag, ein süßes, entzückendes Rätsel. Allah gebe, daß die Lösung nicht so verhängnisvoll ist wie in dem abendländischen Märchen, das von einer wunderbaren Meerfee, Namens Melusine, erzählt. Sie vermählte sich mit einem Sterblichen und machte ihn unendlich glücklich, damit er später um so unglücklicher werde."

„O, Graf von Lusignan war an seinem Unglück selbst schuld. Er achtete Melusinens Geheimnis nicht."

„Wie?" fragte er überrascht. „Dieses Märchen ist dir bekannt?"

„Ich kenne sehr viele Erzählungen der Abendländer."

„Wird auch das Rätsel deines Lebens undurchdringlich und unlösbar sein?"

„Ja, und ich werde an demselben sterben."

„Nein, nein! Das wird Allah verhüten!"

„Es ist sein Wille, er hat es im Buche des Lebens verzeichnet."

„Glaubst du so fest daran, daß Allah das Schicksal des Menschen seit Anbeginn bestimmt hat?"

„Ist es nicht so?"

„Nein. Nenne mich einen schlechten Anhänger des Propheten, aber ich glaube nicht an diese Vorherbestimmung. Allah gab dir das Leben und stattete dich mit reichen Gaben aus. Je nachdem du diese Gaben benützt, wird sich dein Leben gestalten. Dein Geschick mag sein, welches es wolle, ich werde es besiegen."

„Wenn es doch so wäre!" hauchte sie. „O, ich bin eine Sklavin des Geschickes und muß es auch bleiben!"

Sie schwieg, und er fühlte, wie sich ihre warme, weiche Gestalt leise an ihn schmiegte. Da sagte er in innigem Tone:

„Willst du mir eine recht große Bitte erfüllen?"

„Wird es mir möglich sein?"

„Ja, sehr leicht."

„So sage es!"

„Lege nur einmal dein herrliches Köpfchen hierher in meine Schulter!"

Sie erfüllte seinen Wunsch. Die Kapuze sank, und ihre reichen, blonden Locken wallten von seiner Achsel wie ein kostbarer, süß duftender Schleier hernieder. Er legte den einen Arm um ihre Taille, aber leise, leise und ehrfurchtsvoll, als ob er eine Königin berühre. Dann fragte er:

„Hast du einmal dem Mute, der Stärke eines Mannes vertraut, sodaß nichts dich irre machen konnte?"

„Einem einzigen," erwiderte sie leise.

„Wer war das? Dein Vater?"

„Nein, du bist es."

Da packte das plötzliche Entzücken auch seinen anderen Arm, und er legte ihn um ihre Schulter.

„Ist's wahr?" fragte er unter stockendem Atem.

„Ja."

„So liebst du mich?"

„So sehr, so sehr! Und du?"

„Und ich liebe dich unaussprechlich, unbeschreiblich. Fordere von mir alles, alles, was menschenmöglich ist, und ich werde es thun. Verlange von mir das Unmögliche, und ich werde es wenigstens versuchen! Schau, ich halte dich in meinen Armen, ich weiß, daß du mich liebst, ich ahne die Seligkeit, die es ist, deine Lippen zu küssen, aber ich thue es nicht. Du bist mir so viel wert wie Himmel und Erde, ich muß dich erringen, ich will dich verdienen, ich will deinen Besitz dem Geschick abkämpfen, ich werde das Schicksal zwingen, dich freizugeben, nur sage mir, wer du bist."

„Das darf ich nicht."

„Warum nicht?"

„Es bindet mich — — —"

„Ein Schwur?"

„Nein. Wenn ich davon spreche, muß eine mir über alles teure Person sterben."

„Du ärmste! Also schweige! Aber ich werde es doch erfahren, ich werde dich und jene Person aus den Banden lösen. Das schwöre ich dir — —"

„Schwöre nicht!" bat sie schnell und ängstlich. „Es wird dir unmöglich sein, den Schwur zu erfüllen. Ich habe dich gesehen, und mein Herz ist dir entgegengeflogen. Ich darf dir aber nicht gehören, ich darf nicht mit dir gehen, du wärest verloren, ich auch und noch mehrere. Nur einmal wollte ich bei dir sein, ein einziges Mal nur, dann wirst du mich niemals, niemals wiedersehen. Ich werde in meinen Thränen ertrinken und nie ein Lächeln für diese Welt mehr haben."

Da sah er sie staunend an und fragte:

„Du solltest untergehen? Du, die Herrliche, die Unvergleichliche? Ah, dann reiße ich den Himmel ein wie Simson das Haus der Philister! Nein, nein und abermals nein! Du sollst glücklich sein, und sollte ich vorher Millionen von Qualen erdulden! Weißt du, daß die Liebe die Kraft und das Können des Mannes verhundertfacht? Verlange alles, alles von mir, ich thue es! Sage, daß du heute verschwinden mußt — ich werde es geschehen lassen. Gebiete mir, niemals nach dir zu forschen — ich werde gehorchen. Aber es wird eine Stunde kommen, in der ich dich in meinen Armen halte, um dich nimmer wieder von meinem Herzen zu lassen. Allah will das so, ich weiß es, denn ich fühle es."

„O könnte ich das glauben! Welche Seligkeit!"

„Glaube es, so wie ich es glaube, meine heißgeliebte, herrliche — — o bitte, wie nennst du dich?"

„Man heißt mich Gökala."

„Gökala!" fuhr er erschrocken auf. „O Allah! Du, du bist Gökala?"

„Kennst du den Namen?"

„Ich habe ihn erst heute gehört."

„Von wem? Wohl im Serail, von dem Oberwächter?"

„Nein, sondern auf der Straße von einem Manne,

der mir sofort verdächtig vorkam. Es stellte sich heraus, daß er ein Russe ist."

Wäre es nicht finstere Nacht gewesen, so hätte Steinbach sehen können, wie Gökala erbleichte.

„Hast du auch seinen Namen erfahren?"

„Ja. Er heißt Rurik."

„O, Allah! Er ist es!"

„Wie? Du kennst ihn? Stehst du in irgend welcher Beziehung zu diesem Menschen?"

„Darauf darf ich nicht antworten."

„Gut, ich habe dir gesagt, daß du mir nichts, gar nichts mitzuteilen brauchst, ja, daß du mir gebieten darfst, mich nicht nach dir zu erkundigen, und dennoch werde ich mein Ziel erreichen, nach dem ich seit heute mit allen meinen Kräften strebe. Schweige also! Aber ich werde über dir wachen wie Allah über den Häuptern seiner Kinder wacht. Wehe dem, der es wagen sollte, dir ein einziges Haar zu krümmen."

„O nein, nein, sprich nicht also! An meinen Füßen haftet das Verderben. Wer mir folgt, wird mit mir in das Unheil verwickelt. Wir lieben uns, aber wir müssen entsagen."

„Nein, und tausendmal nein! Ich halte dich hier in meinen Armen und lasse dich nicht. Ich werde dir zwar gehorchen und heute wieder von dir gehen, aber ich werde dich wiedersehen, ich werde diesen Rurik, der eine dämonische Macht über dich auszuüben scheint, zu finden wissen."

Da ergriff sie seine Hände, drückte sie an ihr Herz, und bat in flehentlichem Tone:

„Thue das nicht! Laß ihn! Erkundige dich nicht nach mir und nach ihm! Ich wiederhole, daß es dein und auch mein Verderben sein wird."

„Ah! Ich sollte diesen Menschen fürchten?"

„O, ihn weniger. Er ist der Diener eines anderen. Aber dieser andere ist ein Satan, ein Teufel, der mich

besitzen will und meinen Widerstand durch die grau=
samsten Martern zu besiegen strebt."

„So werde ich auch ihn hindern. Er martert dich,
daher soll er tausendfache Qualen erleiden. Selbst der
Teufel ist zu besiegen, zu überlisten. Ich werde ihn
finden, indem ich jenen Rurik beobachte."

„O Allah, was soll ich thun! Ich begreife dich
nur allzu gut. Ich weiß, daß die Liebe allmächtig ist,
aber du bist doch nicht ein Gott, du bist doch auch
nur ein Mensch, und — — Orientale."

„Was thut das?"

„Kennst du den Unterschied zwischen einem Orientalen
und einem Abendländer?"

„Ja."

„So weißt du auch, daß du dich vergeblich auf=
opfern würdest. Alle deine Bemühungen sind nur um=
sonst und führen von Unglück zu Unglück."

„Du willst sagen, daß ein Orientale dem Abend=
länder nicht ebenbürtig ist. Du hast im allgemeinen
recht; aber es giebt auch Ausnahmen, und ich, ich bin
— — eine solche Ausnahme."

Er hätte beinahe gesagt: ich bin kein Orientale, doch
war es ihm noch möglich, ein anderes Wort dafür zu
finden. Es trat jetzt eine kurze Pause ein, während
welcher Gökala zu überlegen schien. Dann antwortete sie:

„Deine Beharrlichkeit würde meinem Herzen unendlich
wohl thun; sie würde mich in meinem Leiden trösten
und mir die Hoffnung auf eine bessere Zukunft geben;
aber ich weiß ganz gewiß, daß sie nur schlimme, schreck=
liche Folgen hat. Ich bin darum gezwungen, dir mit=
zuteilen, was ich eigentlich keinem Menschen sagen sollte.
Du fragtest nach meinen Verwandten, und ich antwortete,
daß ich keine hätte. Das ist wahr und doch nicht wahr.
Ich habe Verwandte, aber ich mußte ihnen entsagen, um
sie zu retten. Der, welchen ich einen Teufel nannte, hat
große Macht über sie. Er ist Herr über ihr Leben, über
alles, was sie sind und haben. Sie und ich, wir sind

von einem Geheimnisse umgeben, das von keinem Menschen berührt, viel weniger erforscht werden darf. Rüttelst du nur leise an demselben, so giebst du dadurch den Meinen den Tod."

Sie hatte im wärmsten, dringlichsten Tone gesprochen. Er antwortete nicht sogleich, dann aber sagte er:

"Meine Liebe zu dir ist unendlich; sie ist so groß, daß du alles, alles von mir verlangen kannst, nur das eine nicht: daß ich dir entsagen soll."

"So will ich es nicht verlangen. Magst du von einer Stunde träumen, die uns vereinigen werde. Das giebt ja auch mir in meiner Finsternis einen schwachen Strahl der Hoffnung, daß meine Knechtschaft doch einmal ein Ende nehmen könne. Aber bitten muß ich dich, mir heute, wenn wir auseinandergehen, nicht zu folgen!"

"Ich gehorche, um so williger, als es ja andere Wege genug giebt, die zu dir führen."

"Welche Wege sind das?"

"Gestatte mir, nun auch meine Geheimnisse zu haben. Darf ich dein Rätsel nicht berühren, so kann ich mein Ziel nur dadurch erreichen, daß ich und mein Wollen auch dir ein Rätsel bleiben."

"So zwingst du mich zu der weiteren Bitte, nicht nach mir zu fragen."

"Ach, das ist eine Bitte, die ich kaum zu erfüllen vermag."

"Wenn deine Liebe so groß ist, wie du sagtest, so wirst du mir diesen Wunsch erfüllen."

"Gut! Also auch das verspreche ich dir. Ich werde nicht nach dir fragen; aber wenn es kommen sollte, daß man von dir erzählt, so werde ich sehr aufmerksam zuhören."

"Dagegen kann ich nichts thun. Und nun laß uns von diesen Dingen schweigen. Allah hat uns diesen Abend geschenkt. Er ist der einzige, der uns gehört. Wir werden uns höchst wahrscheinlich niemals wieder=

sehen, und so wollen wir ihn feiern als die erste und letzte Gabe, die der Himmel unserer Liebe gewährt."

Sie schlang beide Arme um ihn und legte den Kopf an seine Brust. Er fühlte die herrliche, königliche Gestalt so warm, so eng an sich geschmiegt; er fühlte das regelmäßige Heben und Senken ihres Busens, und ihr Atem stieg würzig zu ihm auf. Unwillkürlich mußte er der Worte des persischen Dichters gedenken:

> „Es weht wie würz'ger Sumatra
> Dein Hauch mir um die Wangen,
> Und leise schleicht dein Arm sich nah',
> Mich liebend zu umfangen."

Es war ihm so unbeschreiblich um das Herz, das vor süßer Wonne und bitterem Weh hätte zerspringen mögen. Er drückte sie fest, fest an sich und flüsterte ihr zu:

„Mein Himmel, meine Seligkeit! Und nach dieser Seligkeit soll ewiges Entsagen, ewige Verdammnis folgen? Ist das möglich? Das kann Allah nicht wollen."

„Er will es!"

„Er will es nicht! Ein Gott kann nicht so grausam sein; er kann seine Freude nicht haben an dem Elende der Wesen, die aus seiner allmächtigen Hand hervorgegangen sind. Wer das behauptet, lästert Gott!"

„Schweig jetzt! Schweig, und laß dich lieber küssen!"

Sie näherte ihre Lippen den seinigen; er aber wich zurück und sagte:

„Ich habe vorhin gelobt, dich nicht zu küssen, bis ich dich als mein Eigentum errungen habe."

„Ich entbinde dich dieses Gelöbnisses."

„Wirklich? Du Liebe, du Süße!"

„Ja. Und wenn du mich nicht küssen magst, so wirst du es mir doch nicht verwehren, dir zeigen zu dürfen, wie lieb ich dich habe."

Sie zog seinen Kopf zu sich herab, und ihre Lippen

Ein zweiter Hieb, und Steinbach flog über Bord.
(Seite 285.)

vereinigten sich, als wollten sie Tod oder Leben aus der Schale der Liebe trinken.

Und währenddem leuchteten hinter ihnen zwei Augen in phosphorescierendem Glanze. Sie sahen es nicht. Der, welchen Gökala einen Teufel genannt hatte, war leise wie ein Gedanke herbeigeschlichen, um ihr Gespräch zu belauschen. Er lag in unmittelbarer Nähe des Baumes, hart an der Bank und konnte jedes Wort vernehmen. Er hatte die Hand am Griffe seines Dolches. Die Eifersucht wühlte in seinem Herzen; aber sein Kopf behielt die Oberhand. Stach er den Nebenbuhler nieder, so konnte Lärm entstehen und Gökala ihm entwischen; im Boote aber hatte er beide fest und sicher.

"Also heute zum letzten Male!" sagte Steinbach. "Wie traurig das klingt! Weißt du, was es heißt, zu scheiden auf Nimmerwiedersehen?"

"Ich weiß es, und wenn ich es nicht wüßte, so würde ich es fühlen. Wie schwer, o wie schwer wird es dem Herzen, vom Liebsten auf der Welt zu lassen!"

"Es giebt im Lande der Deutschen ein Lied mit einer traurig innigen Melodie. Dieses Lied spricht davon, daß es in Gottes Rat bestimmt ist, daß man scheiden muß vom Liebsten, was man hat — — —"

> "Obwohl doch nichts im Lauf der Welt
> Dem Herzen, ach, so sauer fällt,
> Als scheiden, ja scheiden!"

fiel Gökala ihm in die Rede.

Da fuhr er vom Sitze auf, sie, die ihre Arme um ihn geschlungen hatte, mit sich emporreißend.

"Wie, du sprichst deutsch?"

"Du wohl auch?" fragte sie, ganz erschrocken, daß sie unter dem Eindruck ihrer Gefühle nun doch einen Teil ihres Geheimnisses gelüftet hatte.

"Ja," antwortete er. "Bist du vielleicht gar eine Deutsche?"

"Nein, nein!"

„O! Gökala, der Ton, in dem du dieses doppelte Nein ausrufst, sagt mir, daß du doch wohl eine Deutsche bist. Die Verhältnisse zwingen dich, es nicht einzugestehen; aber deine Aussprache ist so, daß ich mich nicht irre machen lassen kann. Trotz der wenigen Worte, die ich hörte, kann ich bereits behaupten, daß du die Aussprache einer Hannoveranerin hast."

„Du irrst, du irrst! Aber sag', bist du ein Deutscher?"

„Ja; ich will es dir nicht verschweigen, denn ich weiß, daß du dieses Geheimnis bewahren wirst."

„Warum trägst du denn orientalische Tracht? Warum giebst du dir den Schein, ein Türke zu sein?"

„Mein Beruf zwingt mich dazu."

„Ah! Bist du etwa Diplomat oder Offizier?"

„Bitte, frage nicht weiter."

„So hast du deine Geheimnisse auch?"

„Ja, obgleich sie nicht so traurig sind, wie die deinigen zu sein scheinen. Aber nun wirst du dich an deinen Vergleich zwischen Orientale und Abendländer erinnern. Glaubst du auch nun noch nicht, daß ich dir vielleicht zu helfen vermag?"

„Nein. Nun erst recht nicht."

„Warum?"

„Wollte ich diese Frage beantworten, so würdest du ahnen, was du nicht wissen darfst. Jetzt ist es ganz sicher und bestimmt, daß wir scheiden müssen, scheiden auf Nimmerwiedersehen. O Gott, o mein Gott!"

Sie umschlang ihn stürmisch und schmiegte sich an ihn. Sie hatte ihre Wange an die seinige gelegt, und er fühlte, daß sie weinte.

„Weine nicht, Gökala," bat er. „Das kann ich nicht ertragen. Deine Thränen könnten mich veranlassen, mein Wort zurückzunehmen. Bitte, sage mir, warum der Umstand, daß ich ein Deutscher bin, die Sicherheit, daß wir uns nicht wiedersehen werden, verdoppelt!"

„Du bist —— du bist ——" schluchzte sie leise.

„Was? Was meinst du?"

„Du hattest Zutritt in das Serail; du durftest die Prinzessin sehen. Du bist jedenfalls ein hochgestellter Mann."

„Nun, und wenn ich es wäre?"

„So wäre auch unter besseren Verhältnissen unsere Liebe eine unglückliche."

„Das sehe ich nicht ein!"

„Dürftest du eine nicht Ebenbürtige zum Weibe nehmen?"

„Was frage ich nach der Gleichheit des Standes, wenn ich nur dich habe! Und übrigens warst auch du bei der Prinzessin. Du wirst also wohl auch nicht das Kind obskurer Eltern sein."

„Ich darf davon nicht sprechen. Aber eins muß und will ich dir sagen. Auch dies ist mir auf das allerstrengste verboten; aber meine Liebe zu dir ist so groß und selbstlos, daß ich dir das Schreckliche mitteilen will, um dich zur Entsagung zu bewegen, die dir dann viel, viel leichter fallen wird."

„Ich entsage auf keinen Fall!"

„O doch! Du wirst!"

„Nein! Ich schwöre es!"

„Schwöre nicht, ehe du mich gehört hast!"

Sie hatte sich seinen Armen entwunden und stand hoch und stolz vor ihm; der Kaftan mit der Kapuze war ihr entfallen. In ihrem weißseidenen Gewande stach sie hell und deutlich von dem abendlichen Dunkel ab. Er konnte sie leuchtend erkennen, fast so, als ob es Tag sei. Er sah, daß ihr Busen sich unter der Gewalt ihrer Gefühle hob und senkte. Es mußte wirklich etwas Schreckliches sein, was sie sagen wollte. Darum bat er:

„Schweig, Gökala! Ich mag es nicht hören!"

„O doch! Du sollst und du mußt es hören! Darfst du eine Ehrlose lieben?"

„Ehrlos?" fragte er erschrocken. „Du und ehrlos?"

„Ja. Schau, wie entsetzt du bist!"

„Das Wort, welches du aussprichst, ist allerdings

ein fürchterliches. Du ein ehrloses Wesen? Nein, nein; das ist nicht wahr; das kann ich unmöglich glauben!"

"Und doch ist es wahr!"

"Beweise es! Aber nein! Du kannst es nicht beweisen. Und selbst dann, wenn du es bewiesest, würde ich es nicht glauben. Ich würde vielmehr annehmen, daß du dich eines so entsetzlichen Mittels nur bedienst, um mir die Entsagung zu erleichtern."

"Du würdest dich irren. Was ich sage, ist wahr."

"Nein! Und wenn es alle sagen, wenn die ganze Welt es mir in die Ohren schriee, ich würde es nicht glauben. Du bist rein. Ein Auge, wie das deinige, kann unmöglich lügen. Wer mir sagen wollte, daß deine Seele befleckt sei von jenen Sünden, die — —"

"O Gott, nein, nein, das nicht! Das meinte ich nicht!" fiel sie rasch ein. "Ich kann schwören, daß noch nie die Hand eines Mannes mich berührte."

Steinbach sah nicht, welch tiefe Glut sich ihres Gesichtes bemächtigt hatte. Er antwortete:

"Verzeihe! Ich konnte ja an nichts anderes denken. Was ist es denn, was du meinst?"

"Etwas ebenso Schlimmes."

"Es kann nur dieses eine Schlimme geben."

"Und doch giebt es ein zweites. Ich bin — — Gott, Gott, wie schwer fällt es mir, das Wort zu sagen."

"Bitte, verschweige es! Ich glaube an dich. Deine Selbstanklage vermag mein Vertrauen nicht zu erschüttern."

"Es muß gesagt werden. Ich bin — Spionin."

"Spionin? O, du Schlauköpfchen!"

"Du glaubst es nicht?"

"Nein, außer du gestehst es mir, daß du eine ganz gewaltige Diplomatin bist."

"Nicht das bin ich, sondern eine gemeine Spionin. Ich komme in das Serail zu der Prinzessin, um sie auszuforschen und sie zu verraten."

Da trat er auf sie zu, zog sie abermals an sich,

strich ihr mit der Hand über die lockige Fülle ihres Haares und sagte:

„Meinst du, daß ich dies glaube? Ja, eine Spionin magst du sein, eine Verräterin aber niemals."

„Ist beides nicht ganz dasselbe?"

„Nein. Beides steht zwar gewöhnlich im Zusammen= hange, dieser Zusammenhang aber ist hier nicht vorhanden. Ich ahne, was du mir nicht sagen darfst. Man hat dich gezwungen, die Geheimnisse des Serails zu erforschen."

„Meinst du?"

„Ja. Du hast, von den Verhältnissen getrieben, gehorchen müssen. Man hat dir den Zutritt verschafft. Deine Vorzüge haben dir die Freundschaft der Prinzessin erworben, das erwartete man ja wohl, und Emineh teilt dir nun alles mit, was sie denkt und fühlt, und —"

„Und ich muß das verraten."

„Nein. Du sollst es zwar verraten, aber du thust es nicht. Wenn du eine Verräterin bist, so ist Gott ein Teufel, und die Engel im Himmel sind böse Geister."

„Glaubst du? Glaubt du das wirklich?"

Diese letzte Frage erklang leise, aber unter einem tiefen, erlösenden Atemzuge.

„Ja. Ich glaube es nicht nur, sondern ich bin so sehr, so innig davon überzeugt, daß ich es mit tausend Eiden beschwören und gegen tausend Gegner mit der Waffe in der Hand beweisen würde!"

„Herr Gott im Himmel, ich danke dir!" erklang es jetzt jubelnd. „Er liebt mich wirklich! Er vertraut mir in dieser Weise! Wie glücklich mich dies macht! Ja, du Lieber, du hast recht. Ich soll sie ausforschen, um sie dann zu verraten. Aber ich thue es nicht. Ich habe bisher zu der Ausrede gegriffen, daß ich noch gar nicht mit ihr gesprochen habe, daß ich nur erst mit den anderen Frauen verkehrte. Und wenn diese Ausrede nicht mehr zureicht, werde ich das gerade Gegenteil von dem sagen, was sie verlangen."

„Das weiß ich, meine liebe, meine süße Gökala!

Daß du eine solche Spionin bist, das verdunkelt deine lichte, klare Erscheinung nicht um einen Hauch in meinen Augen. Ich weiß, daß du in einer Sklaverei lebst, der du deinen Willen unterzuordnen hast. Aber diese Sklaverei wird ein baldiges Ende finden. Zunächst will ich dich vor dem schwarzen Sklaven warnen, der der Wärter des Leoparden im Serail ist."

„Warum?"

„Er soll dich bewachen."

„Ah! Woher weißt du das?"

„Ich erfuhr es zufällig und werde die Augen offen halten. Warne Emineh vor diesem Neger, der bei einem Kaffeewirte heimliche Zusammenkünfte mit dem Russen Rurik hat. Hier ist die Handhabe, an der ich deinen Teufel fassen werde. Ich halte mein Versprechen und werde nicht nach dir fragen, aber wehe deinem Peiniger, wenn er in meine Hände gerät!"

„Nimm dich in acht!"

„Pah! Ich bin nicht furchtsam!"

„Ihm ist alles gleich. Er bebt vor keinem Verbrechen zurück. Ich habe schwer gelitten. Tausendfach aber wäre mein Gram, wenn ich sehen müßte, daß dir durch mich ein Unglück widerfahren würde —"

„Mache dir keine Sorge, meine liebe Gökala — aber Gökala — das kann dein richtiger Name nicht sein."

„Nein. Prinzessin Emineh nannte mich so."

„Sie hat das Richtige getroffen. Gökala, Himmelsblau. Als ich den Namen hörte, dachte ich sofort an dich."

„Den wirklichen muß ich dir leider verschweigen. Darfst du den deinen auch nicht nennen?"

„Nein."

„Selbst den Vornamen nicht?"

„Eigentlich auch ihn nicht, denn selbst der Vorname kann zur Lüftung des Geheimnisses führen."

„Kein Mensch wird ihn aus meinem Munde hören. Bitte, bitte! Selbst wenn man an jemand nur denkt, möchte man gern seinen Namen wissen."

„Mein Vorname ist Oskar."

„Oskar. Ich danke dir. Nun weiß ich wenigstens, wie ich dich zu nennen habe, wenn ich in den Stunden meiner Einsamkeit mich mit deinem Bilde beschäftige."

„So wirst du an mich denken?"

„Zu aller Zeit, zu jeder Stunde!"

„Ich an dich auch. Wirst du dich aber auch deutlich meines Gesichts, meiner Züge erinnern können?"

„Ganz bestimmt. Glaube mir, daß sie mir tief in das Herz gegraben sind."

„So wie dein Bild in mein Herz. Es wird darin wohnen bis zum letzten Hauche meines Lebens. Komm, laß dich noch ein wenig nieder. Die Kaikdschis haben ja Zeit. Und wir wissen nicht, wann wir uns wiedersehen werden."

Er zog sie abermals zu sich nieder. Ihre Hände und Lippen fanden sich zu neuer, süßer Vereinigung.

Sie bemerkten nicht, daß der dunkle Körper des Lauschers sich schlangengleich von der Bank zurückzog. Er wand sich vollständig geräuschlos am Boden hin, bis er sich so weit entfernt hatte, daß er, ohne gesehen zu werden, sich erheben und zum Boote zurückkehren konnte.

Zwei der Leute saßen im Fahrzeuge. Der dritte, Rurik, stand wartend am Ufer. Als er den Nahenden erblickte, trat er auf ihn zu und fragte:

„Ging es, ohne daß sie es bemerkten?"

„Ja, sehr leicht. Diese beiden Subjekte sind so verliebt ineinander, daß sie Augen und Ohren nur für sich haben. Ein Glück, daß ich auf den Gedanken kam, zu lauschen. Ich habe da einiges gehört, was uns von großer Wichtigkeit ist. Der Kerl ist kein Türke."

„Das dachte ich schon längst."

„Sondern ein Deutscher. Sein Vorname ist Oskar. Er ist auf alle Fälle Diplomat. Der Vorname kann uns als Anhalt dienen, den wirklichen Namen zu erfahren. Und sodann weiß er, daß du mit dem Schwarzen im Kaffeehause verkehrst."

„Das wäre dumm!"

„Es ist jedoch so. Gökala soll die Prinzessin warnen. Sie hat diesem Deutschen so viel von ihren Verhältnissen mitgeteilt, daß es unbedingt nötig ist, ihn unschädlich zu machen."

„Nun gut, seine letzte Stunde hat geschlagen. Jetzt weiß ich, woran ich bin."

„Was befehlen Sie also, gnädiger Herr? Einen Schuß — einen Stich mit dem Messer?"

„Der Schuß macht zu viel Lärm, das Messer aber arbeitet geräuschlos."

„Gut. Ich werde das auf mich nehmen. Soll es in der Gegenwart Gökalas geschehen?"

„Könnte ihr nichts schaden, ist aber nicht notwendig. Ich glaube, sie würde um Hilfe rufen, wenn sie ihren liebenswürdigen Anbeter in Gefahr sähe. Nein, jetzt nicht. Jedenfalls steigt sie am Serail aus, um, wie täglich, nach Hause zu gehen. Wir rudern weiter, und da kannst du dann den Stich anbringen. Aber genau ins Herz. Wer es mit einem Leoparden aufnimmt, der ist selbst als Verwundeter zu fürchten."

„Keine Sorge! Ich werde mich so placieren, daß ich gar nicht fehlstoßen kann."

Es verging noch eine ziemlich lange Zeit, ehe die beiden Liebenden sich endlich dem Ufer näherten. Gökala stieg zuerst ein und nahm in der Mitte des Bootes Platz. Steinbach wollte sich wieder an das Steuer setzen.

Doch einer der Verkleideten hielt ihn davon ab und bat ihn, dasselbe ihm zu überlassen.

So kam es, daß er sich neben Gökala setzte.

Es herrschte heute vom schwarzen Meere her eine bedeutende Strömung, sodaß das Boot ohne Ruder= schlag eine schnelle Fahrt hatte. Steinbach hatte den Arm um Gökala gelegt und hielt das Auge fest auf die vielen Lichtpunkte gerichtet, die wie Leuchtkäfer über das Wasser flogen. Es waren die Laternen der Kaiks.

Erst, als sie Defterdar Burani erreichten, wo die Strömung links abging, sodaß sie sich in der Nähe des Ufers hielten, und sich in mehr stillem, ruhigen Wasser befanden, griffen die Kaikdschis wieder zu ihren Rudern. Da geschah etwas Unerwartetes.

Bei der Körperbewegung, die eine Folge des Ruderns ist, war dem Russen Rurik plötzlich die eine Rundfeder des falschen Bartes hinter dem Ohre hervor= gesprungen. Der Bart hing infolgedessen nur am anderen Ohr, und das Gesicht war frei. Schnell zog er das

Ruder ein, um den Bart wieder zu befestigen. Dadurch aber machte er Steinbach auf sich aufmerksam, und das Auge des Deutschen fiel auf den Russen. In demselben Moment fuhr ein anderes Kaik nahe vorüber, in dessen Buglicht Steinbach nun sofort den Mann erkannte, der ihm mit dem Schwarzen begegnet war. Da griff er schleunigst nach seiner Pistole und rief:

„Ans Ufer! Rasch, ans Ufer!"

„Warum?" fragte hinter ihm derjenige, den Rurik „gnädiger Herr" genannt hatte.

„Hier wird nicht gefragt! Ich befehle es!"

„Oho!"

Rurik sah sich verraten. Er sprang auf und zog das Messer aus dem Gürtel.

„Wer hat da zu befehlen?" rief er. „Ein deutscher Hund jedenfalls nicht!"

„Gott! Das ist Ruriks Stimme!" rief Gökala.

„Ja, er ist's," antwortete Steinbach. „Er trägt einen falschen Bart."

„Nimm dich in acht!"

„Keine Sorge!"

„O Gott! Schau, er hat ein Messer!"

„Und ich eine Pistole!" antwortete Steinbach. „Kerl, nieder mit dir! Wirf das Messer fort, sonst jage ich dir eine Kugel durch den Kopf —"

Gleich darauf brach er mit dem Rufe: „O Gott!" stöhnend zusammen. Da er Rurik im Auge haben mußte, hatte er nicht hinter sich gesehen. Der ‚gnädige Herr' hatte sich erhoben, mit dem Ruder ausgeholt und ihm damit einen furchtbaren Hieb auf den Kopf versetzt. Ein zweiter Hieb, und Steinbach flog über Bord in das Wasser, in dem er augenblicklich verschwand.

„Hilfe, Hilfe!" schrie Gökala und wollte sich dem Geliebten nachstürzen; da aber legte ihr der Mörder von hinten die Finger um den Hals und drückte ihr die Kehle so zusammen, daß sie nicht wieder schreien konnte und nach wenigen Augenblicken die Besinnung verlor.

„Schnell ans Ufer!" befahl der Herr. „Der Deutsche ist tot. Du, Rurik, bleibst bei mir und dem Mädchen. Wir steigen aus. Die anderen mögen weiter rudern, als ob nichts geschehen sei, und das Kaik an Ort und Stelle bringen, vorher aber aufpassen, was dieser verfluchte kleine Dampfer da vor uns im Sinne hat. Er scheint suchen zu wollen. Hole ihn der Teufel!"

10. Kapitel.

Als der Lord sich heute von Steinbach verabschiedet hatte, war er nach der Jacht zurückgekehrt und hatte dort Normann und Wallert getroffen. Beide waren gekommen, um zu beraten, was in Beziehung auf die Uhr zu thun sei. Der Lord hatte ihnen erzählt, daß er bereits mit dem Pascha gesprochen habe. Sie waren von dieser Nachricht nicht sehr erbaut, konnten es aber nun nicht ändern. Der Lord erhielt einen Verweis, den er geduldig hinnahm, und dann wurde beschlossen, nicht eher wieder einen Schritt zu thun, als bis das für heute festgesetzte Abenteuer draußen an den Wassern bestanden sei. Auf die Frage, wie man die Zeit am besten hinbringen könne, hatte der Engländer eine Spazierfahrt in den Bosporus in Anregung gebracht, und dieser Vorschlag hatte Beifall gefunden.

So dampften sie denn mit der Jacht dem schwarzen Meere entgegen, landeten einige Male und hielten sich in Bujukdere so lange auf, bis sie endlich durch die vorgeschrittene Zeit an die Heimkehr gemahnt wurden.

Sie fuhren im Strome. Als sie Desterdar zur Rechten hatten, hörten sie plötzlich einen ziemlich lauten Wortwechsel auf dem Wasser. Darauf folgte ein dumpfer Schlag, und dann ertönte ein doppelter Hilferuf, von einer Frauenstimme ausgestoßen.

Der Lord stand mit den Freunden auf dem Hinterdeck; er hatte alles gehört.

"Donner!" sagte er. "Da ist etwas geschehen."

"Geht uns aber nicht viel an!" meinte der Kapitän, der sich in der Nähe befand.

"Oho! Nicht viel? Sogar sehr viel! Was war das für eine Stimme?"

"Na, eine weibliche!"

"Schön! Man hat es also auf eine Frau abgesehen. Wißt ihr, was das hier in Konstantinopel zu bedeuten hat?"

"Geht mich nichts an!"

"Mich aber desto mehr! Es soll jedenfalls eine Haremsfrau ersäuft werden, weil sie sich entführen lassen will. Steuermann, wenden! Herum mit dem Bug, damit die Laterne da hinüberleuchtet."

"Hab' schon, Herr!"

"Schön! Will, mach' das Boot klar! Vielleicht werden wir es brauchen."

Der Diener, an den diese Worte gerichtet waren, sprang von dem niedrigen Bord in das hinten am Stern befindliche Boot.

"Aber, Eure Lordschaft, das ist überflüssig," wandte der Kapitän ein. "Wer weiß, was für eine Art von Frauenzimmer da gequiekt hat. Es ist ihr jedenfalls nur etwas in die unrechte Kehle gekommen."

"Natürlich! Das Wasser, in dem sie ersaufen soll. Oho, Mister Normann, sehen Sie da drüben ein Boot, welches landet?"

"Ja. Aber lassen Sie das! Da kommt etwas geschwommen. Herrgott, eine Leiche! Will, aufpassen! Da, da taucht es wieder auf!"

Der Maschinist hatte gestoppt, sodaß die Jacht nur mit dem Wasser trieb. Will, der Diener, hatte das Boot von dem Tau gelöst; er sah nach der Gegend, nach der Normann den Arm ausstreckte.

"Sehe es, sehe es!" meinte er.

Ein kräftiger Ruderschlag brachte ihn ganz an den treibenden Gegenstand. Er griff zu.

„Um Gott! Ein Mensch!" rief er.

„Hinein ins Boot mit ihm!" befahl der Lord.

„Ja, wer kann das so allein fertig bringen! Er ist zu schwer."

„Dann halte den Kopf über Wasser und treibe heran zu uns!"

Der Steuermann legte das Ruder so, daß Will seinen Kahn nur treiben zu lassen brauchte, um an die Jacht zu kommen.

„Ein Tau her!" gebot darauf Normann. „Wir lassen es hinab; Will bindet den Körper fest, und wir ziehen ihn herauf an Deck."

Das geschah. Kaum aber sahen die beiden Freunde die bewegungslose Gestalt, so schrieen sie vor Schreck laut auf. Sie erkannten den Landsmann.

„Steinbach!" rief Normann.

„Ja, Oskar Steinbach!" stimmte Wallert bei. „Wie um Gotteswillen ist er in das Wasser gekommen!"

„Ja, der deutsche Master von gestern draußen auf dem Kirchhof," meinte auch der Lord. „Wie der in das Wasser gekommen ist? Na, das ist doch höchst einfach! Sehen Sie das nicht ein?"

„Wie sollen wir das wissen!"

„Ich aber sage, daß es sehr einfach ist. Er ist derjenige, mit dem sie hat entfliehen wollen."

„Wer denn?"

„Nun, die um Hilfe rief. Er hat sie aus dem Harem entführen wollen und ist dabei erwischt worden."

„Unsinn! Überhaupt haben wir jetzt keine Zeit zu solchen müßigen Fragen. Wir müssen sehen, ob noch Leben in ihm ist. Wo bringen wir ihn hin?"

„In meine Kajüte. Zieht ihn aus! Seine Kleider schaffen wir zum Maschinisten. Dort ist es heiß, da trocknen sie sofort."

Während Kapitän und Steuermann dafür sorgten,

daß die Jacht wieder in ihren vorigen Kurs kam, transportierten die beiden Freunde den Verunglückten in die Kajüte, wo er entkleidet und ins Bett gebracht wurde.

Dann begann man Steinbach zu bürsten und Arme und Brust desselben zu bewegen. Der Erfolg ließ glücklicher Weise gar nicht lange auf sich warten. Steinbach hatte fast gar kein Wasser geschluckt. Bald schlug er die Augen auf, blickte erstaunt um sich und fragte ängstlich:

„Wo ist sie?"

„Wer?" erkundigte sich Normann.

„Gökala."

„Ah! Gökala hat sie also geheißen!" sagte der Lord. „Wunderbarer Name!"

„Mein Kopf!" rief plötzlich Steinbach und griff sich an die Stirn. Dann aber besann er sich auf die Gegenwart und fragte:

„Wie komme ich hierher zu Ihnen?"

„Wir haben Sie aus dem Wasser gefischt."

„Ah! Wo?"

„Nicht weit von Desterdar."

„Wie lange Zeit ist seitdem vergangen?"

„Vielleicht zehn Minuten."

„Ich höre an der Maschine, daß ich mich jedenfalls auf Ihrer Jacht befinde. Bitte, wo läuft sie jetzt?"

Normann warf einen Blick zum Kajütenfenster hinaus und antwortete:

„Wir sind bei Top Hane."

„Da ist es zu spät. Die Schurken sind mit ihr fort."

„Wir verstehen Sie nicht! Was ist passiert?"

„Man wollte mich ermorden."

„Donnerwetter!" rief der Lord. „Nennen Sie uns die Kerle, und wir wollen sie sofort bei der Parabel nehmen. Also Mörder! Haben Sie etwa eine Frau aus dem Harem entführen wollen?"

„Ist mir nicht eingefallen. Wo sind meine Kleider?"

„Im Maschinenraume, um zu trocknen."

"Bitte, ich brauche sie; ich muß mich ankleiden. Sobald wir landen, muß ich fort."

"Sie sind zu schwach dazu."

"O nein. Ich habe nur einen Ruderschlag auf den Kopf bekommen. Das schmerzt ein bißchen, ist aber nicht von Bedeutung. Sie haben mir das Leben gerettet. Dankesworte zu machen, habe ich keine Zeit; das werde ich später nachholen. Jetzt muß ich die Mörder zu erwischen suchen. Also, bitte, meine Kleider!"

Sie wurden gebracht und waren bereits fast ganz getrocknet. Steinbach legte sie an und trat auf das Verdeck.

Es war ihm ganz eigentümlich zu Mute. Der Kopf war ihm benommen, und es flimmerte ihm vor den Augen. Ein Schluck Wein aber stärkte ihn.

Sie waren sehr langsam gefahren. Ein Kaik hatte infolgedessen der Jacht ganz gut folgen können, die an derselben Stelle landete, an der sie vorher gelegen hatte.

"So! Hier sind wir," sagte der Lord. "Nun erzählen Sie uns, wo Ihre Mörder zu finden sind! Wir gehen mit und werden sie arretieren."

"Besten Dank, Mylord! Ich will Sie nicht bemühen. Ich bin allein Mann genug, sie zu erwischen. Begleitung würde mir nur hinderlich sein."

"Hinderlich? Sapperment! Ich bin in meinem ganzen Leben noch keinem Menschen im Wege gewesen."

"Ich denke, Sie wollen mit uns, Mylord?" fragte Normann den Engländer.

"Natürlich."

"Nun, da können Sie nicht noch vorher an eine Exkursion denken. Wir dürfen nicht zu spät kommen."

"Haben Sie noch etwas vor?" fragte Steinbach.

"Das versteht sich!" antwortete der Lord. "Eine Entführung aus dem Harem."

"Sie scherzen!"

"Oho! Wir sprechen die Wahrheit. Sie wissen ja von gestern her — bei Ibrahim Pascha."

„Ist es wahr?" fragte Steinbach den Maler.

„Von einer Entführung ist keine Rede," antwortete dieser. „Es handelt sich nur um eine kleine Rekognition."

„Nehmen Sie sich in acht. Dieser Ibrahim Pascha ist mir mehr bekannt, als Sie denken. Er versteht keinen Spaß. Ich messe Ihrer Rekognition keine ernstlichen Absichten bei, sonst würde ich alles thun, um Sie davon abzubringen. Jetzt aber muß ich fort und bitte Sie um die Erlaubnis, morgen wiederkommen zu dürfen, um Ihnen meinen Dank dann besser abstatten zu können, als es mir jetzt möglich ist."

Sobald Steinbach das Ufer erreichte, begab er sich zur nächsten Polizeiwache. Dasselbe Wort, das gestern auf dem Begräbnisplatze Ibrahim Pascha zum Schweigen gebracht hatte, setzte ihn auch hier in Respekt. Er erhielt auf der Stelle die nötige Anzahl Kawassen. So werden die Polizeisoldaten genannt. Mit diesen begab er sich schleunigst nach dem Hause, in dem, wie ihm der Kaffeewirt beschrieben hatte, der Russe Rurik wohnte.

Diesen in seinem Hause zu arretieren, dazu gehörte die Erlaubnis des russischen Residenten. Steinbach wußte aber, daß auf der Gesandtschaft jetzt nicht mehr expediert werde, und darum beabsichtigte er, Rurik bei seiner Heimkehr auf der Straße ergreifen zu lassen. Dies durfte ohne Erlaubnis des Residenten geschehen. Er gab den Kawassen daher die nötige Instruktion und begab sich dann hinüber nach Altstambul zum Kislar-Aga, zu dem er bestellt worden war, um eine Neuigkeit zu vernehmen.

Er hörte dort, daß heute Ministerrat abgehalten worden sei, infolgedessen Ibrahim Pascha schleunigst und unter anderem Namen nach Tunis gehen werde. Die Abreise habe bereits während der Nacht zu erfolgen.

Dann kehrte er zu den Polizisten zurück und erfuhr von ihnen, daß der Russe sich noch nicht habe sehen lassen.

Das hatte seinen guten Grund. Nämlich als Rurik, sein Herr und Gökala gelandet waren, hatten die beiden anderen Ruderer das Kaik wieder vom Lande

abgetrieben und waren dann Zeugen gewesen, wie Stein=
bach von der Mannschaft der Jacht aufgefischt wurde.
Sie hatten dann dem kleinen Dampfer, da dieser nur
mit Viertelkraft fuhr, leicht folgen können und sich in
die Nähe desselben postiert, nachdem sie das Kaik nebst
Bezahlung dem Eigentümer übergeben hatten.

Zu ihrem Erstaunen sahen sie den Totgeglaubten
über die Landungsbrücke kommen. Sie folgten ihm, sahen
ihn zur Polizei gehen und schritten dann hinter den
Kawassen her. So bemerkten sie, daß Ruriks Wohnung
umzingelt worden sei, und wußten nun sogleich, woran
sie waren. Sie mieteten sich schnell ein anderes Kaik
und ließen sich nach Dolmabagdsche rudern und in Kara
Ajaly landen. Dort schritten sie durch einige enge
Gäßchen, bis sie an eine nicht zu hohe Mauer gelangten.
Über diese kletterten sie und waren bald in einen ziemlich
verwahrlosten Garten eingedrungen, den sie durchschritten,
um in einen Hof zu kommen, der zu einem be=
deutenden Gebäude führte. Dieses letztere gehörte einem
armenischen Händler, der es aber nicht bewohnte, sondern
auf unbestimmte Zeit vermietet hatte.

Vom Garten aus gelangte man durch einen schmalen
Gang in den Hof, in dem es vollständig dunkel war.
Doch wußten die beiden sehr wohl Bescheid. Sie öffneten
eine hölzerne Pforte, kamen durch einen zimmerartigen
Raum und klopften an eine Thür.

„Herein!" rief es von innen.

Jetzt traten sie in einen erleuchteten Raum, der
ziemlich leidlich nach abendländischer Weise möbliert war.
Am Tische saßen zwei Männer bei einer Flasche Wein
— Rurik und sein Herr.

„Endlich!" sagte der letztere. „Ihr habt uns sehr
lange warten lassen."

„Es ging nicht anders, gnädiger Herr," antwortete
einer der beiden. „Wir wurden durch das, was unter=
dessen geschehen ist, so lange Zeit aufgehalten."

„Was könnte denn geschehen sein?"

„Der Deutsche ist lebendig."

„Was Teufel!"

„Ja. Es ist leider so!"

„Lebendig? Das ist unmöglich! Ich habe ihm doch zwei Hiebe gegeben, wovon einer hinreicht, einen Ochsen zu töten."

„Die auf dem Dampfer haben ihn herausgefischt."

„Hole sie der Teufel! Aber ein Toter ist doch nicht wieder lebendig zu machen!"

„Er kann nicht tot gewesen sein. Wir ruderten dem Dampfer nach, der sich sehr Zeit nahm, und legten zugleich mit ihm an. Da kam der Deutsche an das Land und ging auf die Zabtieh (Polizei)."

„Himmel und Hölle! Etwa um Anzeige zu machen?"

„Natürlich."

„Das nützt ihm nichts. Er muß auf das Konsulat oder zum Gesandten!"

„O, der Kerl ist schlau. Da man zu dieser Stunde bei keinem Gesandten mehr vorkommen kann, hat er deine Wohnung, Rurik, umzingeln lassen, denn auf der Straße kann ein jeder arretiert werden."

„Ist das wahr, was ihr sagt?" fragte Rurik.

„Natürlich."

„So kann ich nicht heim?"

„Nein. Du würdest sofort weggefangen werden."

„Verdammt! Was ist da zu thun?"

Sie blickten alle drei den Herrn fragend an. Dieser schritt im Zimmer auf und ab. Seine Brauen lagen tief auf der Stirn, und in seinen Augen funkelte es unheimlich. Er blieb stehen, schlug mit der Faust auf den Tisch und sagte:

„Das ist ein Tag, an dem wir zu kauen haben werden. Ich glaube, unsere Rolle ist hier ausgespielt."

„Wieso?" fragte Rurik. „Weil man mich fangen will? O, mich bekommt man nicht."

„Bilde dir nicht zu viel ein! Was für einen Einfluß dieser Deutsche besitzt, hast du erfahren, noch ehe wir wußten, daß er ein Deutscher ist."

„Ich habe meine Schlupfwinkel!"

„Die man bereits morgen kennen wird."

„Wer wird sie dem Deutschen nennen?"

„Der Wärter des Leoparden. Er ist dein Vertrauter und wird dich verraten müssen, wenn der Deutsche ihn zur Rede stellt."

„So bleibe ich bei Ihnen. Da bin ich sicher."

„Bei mir?" hohnlachte der Herr. „Ich bin von jetzt an selbst keine Minute mehr sicher. Dieser deutsche Hund wird zur Prinzessin gehen, die weiß, wo Gökala wohnt, und dann haben wir die ganze Meute auf dem Halse. Dazu kommt, daß uns unser eigener Gesandter nicht schützt. Er ahnt gar wohl, daß wir nicht das sind, was wir scheinen."

„So suchen wir uns ein anderes Quartier."

„Hier? In Stambul?"

„Wo sonst?"

„Das wäre die größte Dummheit, die wir begehen könnten. Nein, wir müssen fort, hinaus aus Konstantinopel. Diese Partie haben wir verspielt. Wir beginnen eine andere, die wir aber gewinnen werden. Es ist notwendig, die Stadt noch während dieser Nacht zu verlassen. Warten wir länger, so zieht sich die Schlinge über uns zusammen. Man wird uns zunächst des Mordversuchs anklagen, und während der Untersuchung wird auch alles andere offenbar."

„Aber eine so schnelle Entscheidung kann nicht auch eine wohl überlegte sein!"

„Sie ist wohl überlegt. Ich habe natürlich auch diesen Fall mit in Berechnung gezogen. Geld haben wir genug, Pässe ebenfalls auf verschiedene Namen, visiert sind sie auch, natürlich falsch, so ist also alles in Ordnung. Nun fehlt uns nur ein Fahrzeug, das uns noch vor Tag aus dem Hafen bringt."

„Das ist nicht zu bekommen."

„Oho! Auch hierfür habe ich gesorgt. Da ist unten bei Kara Keui Kapussi ein alter Fischer, ein Spitzbube, der Haare auf den Zähnen hat, der hält bereits seit einigen Tagen einen Kutter für mich bereit. Ich habe nämlich außer dem, was ihr wißt, noch ein anderes Spiel auf dem Brette, ich ahnte, daß ich es leicht verlieren könne, und habe mich infolgedessen auf alle Fälle vorbereitet."

„Und Gökala? Sie geht nicht mit?"

„Werden gleich sehen! Gießt euch ein und trinkt, bis ich wiederkomme!"

Er verließ darauf das Zimmer. Er hatte mit den drei Männern ganz wie mit seinesgleichen gesprochen, trotzdem er von ihnen ‚Herr' genannt wurde. Sie bildeten jedenfalls eine höchst rätselhafte Gesellschaft.

Jetzt schritt er durch einige unerleuchtete Zimmer,

bis er in eins kam, in dem eine Lampe brannte. Da hockte eine alte Frau am Boden. Als sie ihn erblickte, flog sie förmlich vom Erdboden auf und machte eine tiefe Verbeugung.

Er gab sich das Ansehen eines vornehmen Mannes, was ihm auch ziemlich gut gelang, und fragte in herrischem Tone:

„Schläft sie?"

„Nein."

„Weint sie?"

„Nein."

„Hat sie gesprochen?"

„Kein Wort."

„Gegessen und getrunken?"

„Auch nicht."

„Melde mich an!"

Die Alte öffnete eine Thür und rief hinein:

„Der Herr!"

Es war keine Antwort zu hören, dennoch trat er ein.

Das Zimmer, in dem er jetzt stand, war auf türkische Manier ausgestattet und zwar ganz komfortabel. An der Decke hing eine Ampel, die den Raum erleuchtete. In einer der Ecken lag ein Kissen auf dem großen Smyrnateppich, und auf diesem Kissen saß Gökala, bleich wie der Tod. Sie bewegte kein Glied, keine Wimper, als er eintrat und die Thür hinter sich zuzog, um von der Alten nicht belauscht und gehört zu werden.

„Hast du dich erholt?" fragte er.

Sie regte sich nicht und verharrte in Schweigen.

„Hast du mich verstanden?"

Diese Frage hatte ganz denselben Erfolg.

„Gut! Wenn du die Sprache wieder einmal verloren hast, so kennst du ja mein Mittel, sie dir wiederzugeben."

Da schlug sie die Augen auf. Wo war das herrliche Himmelsblau derselben? Diese Augen waren glanz- und leblos. Es lag in ihnen wie eine Thränenflut, die hervorbrechen will und doch nicht kann oder nicht darf.

„Was wollen Sie?"

Diese Frage war mehr gestöhnt als gesprochen.

„Was ich will, das versteht sich ganz von selbst. Sprechen will ich mit dir. Antwort will ich haben, wenn ich frage. Wir werden abreisen. Fühlst du dich stark genug dazu?"

„Nein."

„So werde ich für Nachhilfe sorgen."

Das klang drohend.

„Thun Sie es! Mir ist alles gleich."

„Ah! Wegen dieses Deutschen?" höhnte er.

„Ja," gestand sie freimütig.

„Das glaube ich dir! Nach einer solchen Scene wie diejenige unter dem Baume der Mutter, ist es schwer, Konstantinopel zu verlassen. Ich lag hinter eurer Bank und habe jedes Wort gehört. Es muß eine ungeheure Liebe sein, die sich bereits nach einmaliger Begegnung dem ersten besten Fremden an den Hals wirft! Nur eins von allem war verständig, nämlich euer

> Es ist bestimmt in Gottes Rat,
> Daß man vom Liebsten, was man hat,
> Muß scheiden;
> Obwohl doch nichts im Lauf der Welt
> Dem Herzen, ach, so sauer fällt,
> Als scheiden.

Das gab freilich eine rührende Erkennungsscene! Er merkte, oder wollte bemerken, daß du eine Hannoveranerin seiest, hat sich da aber doch ein wenig getäuscht. Aber es lag doch Verstand in dem Liede: Ihr habt scheiden müssen, obschon nicht, wie es in der letzten Strophe heißt:

> Nur mußt du mich auch recht versteh'n:
> Wenn Freunde auseinander geh'n,
> So sagen sie: Auf Wiederseh'n!

Ihr werdet euch niemals wiedersehen!"

„Und doch! Sehr bald!"

„Ah! Wo denn wohl?"

„Jenseits. Ich sterbe auch."

„Papperlapapp! Denke an die Deinen! Du hast keinen Grund zu sterben! Du kennst mich und weißt, daß ich ganz im stande bin, das fliehende Leben in dir zurückzuhalten. Also mache dich bereit. In zwei Stunden reisen wir ab."

„Wohin?"

„Das geht dich nichts an! Du bist mein Eigentum. Rechenschaft bin ich dir nicht schuldig."

„Ich bleibe!"

„Das wird sich finden."

„Und ich bleibe! Ihre Macht ist gebrochen. Ihre Drohungen haben keine Schrecken mehr für mich. Nun dieser Mann gemordet ist, mögen alle anderen auch sterben. Ich bin mit dem Leben fertig. Es wird mich kein Mensch aus diesem Zimmer bringen."

Sie schlug die Arme über der Brust zusammen, lehnte sich in die Ecke und schloß die Augen. Gerade in dieser starren Verzweiflung war sie von einer eigentümlichen, marmornen Schönheit. Er betrachtete sie mit glühendem Auge. Es begann die Ahnung in ihm zu dämmern, daß er die Saiten denn doch zu stark angezogen habe. Er liebte dieses herrliche Wesen, freilich aber mit der Liebe eines Teufels. Er konnte und wollte sie nicht einbüßen. Es war möglich, daß sie aus Verzweiflung in den Tod ging. Das wünschte er freilich nicht. Darum sagte er:

„Wenn er nun noch lebte?"

Sie schlug die Augen auf, warf ihm einen matten, vergehenden Blick zu und antwortete:

„Lügner!"

„Und ich wiederhole: Wenn er noch lebte, würdest du auch dann noch sterben wollen?"

„Er ist tot."

„Nein. Leider hat dieser Hund ein zu zähes Leben gehabt. Er ist aufgefischt worden und hat sich bereits so erholt, daß er sich das Vergnügen macht, mit der Polizei nach mir zu suchen."

Da färbten sich ihre Wangen.

„Beweisen Sie es!" sagte sie.

„Beweisen? Pah! Wenn ich es auch wollte, ich könnte es nicht, ich habe keine Zeit dazu."

„So glaube ich es nicht!"

Sie lehnte sich wieder in die Ecke zurück. Er lachte grimmig auf und knirschte:

„Was für ein infernalisches Geschöpf so ein Frauenzimmer doch sein kann! Ich bemühe mich so viele Jahre lang um einen einzigen freundlichen Blick und werde behandelt wie ein räudiger Hund. Da kommt ein Fremder daher — ihn sehen und seinetwillen sterben wollen, das ist eins. Ich brauche nur zu sagen, daß er lebt, da werden die bleichen Wangen sofort wieder rot."

„Also doch! Es war nur eine Probe, eine Lüge!"

„Nein, es ist Wahrheit. Der Kerl ist von einem kleinen Dampfer aufgefischt worden und hat mit der Polizei die Wohnung Ruriks besetzt, um ihn wegzufangen. Am Morgen wird er zur Prinzessin gehen und von ihr deine Wohnung erfahren. Dann kommt er. Darum eben will ich fort, nur darum!"

„Aus keinem anderen Grunde?"

„Nein. Meinst du, daß ich hier alle meine Chancen aufgebe, um eines Pappenstieles willen? Es handelt sich um meine Freiheit, um mein Leben. Ich muß fort!"

Da sprang sie, wie von einer Feder geschnellt, empor.

„Gott sei Dank! O, es giebt doch noch eine Vorsehung, eine himmlische Liebe, eine ewige Gerechtigkeit. Bereits wollte ich verzweifeln!"

„Das hast du nicht nötig. Deine Vorsehung bin ich; meine Liebe ist für dich himmlisch, und Gerechtigkeit wirst du bei mir finden, sobald ich den ersten Kuß von dir erhalte. Also mache dich fertig. In zwei Stunden reisen wir ab."

„Ich muß mich von der Prinzessin verabschieden!"

„Das bilde dir nicht ein! Welches Spiel du da getrieben hast, das weiß ich nun. Die Strafe folgt nach; darauf kannst du dich verlassen. Ich muß dich auch darauf aufmerksam machen, daß du mir nicht den mindesten Widerstand während unserer Abreise leisten darfst. Es ist am besten, du erklärst dich bereits jetzt über deine Absichten."

„Ich reise mit."

„Ohne an Flucht zu denken?"

„Ich fliehe nicht."

„So halte Wort! Du weißt, was ich andernfalls thun würde. Jetzt schicke ich dir die Alte."

„Als was reisen Sie?"

„Als Türke. Du wirst osmanische Kleidung tragen und mit keinem Menschen ein Wort sprechen."

Nach der angegebenen Zeit erschien eine Anzahl Packträger, die die Packete nach Kara Keui Kapussi zu dem Fischer trugen. Rurik und die beiden anderen gingen mit ihnen; der Herr aber nahm mit Gökala und der Alten ein Kaik, um sich dort hinfahren zu lassen. Fracht und Menschen waren bald untergebracht, und dann lichtete das kleine Fahrzeug die Anker.

„Aber um Gotteswillen, wohin?" fragte Rurik leise.

„Nur zunächst aus Stambul fort und zu den Dardanellen hinaus. Dann lassen wir uns auf eine der Inseln setzen, wo wir die erste beste Schiffsgelegenheit benutzen, um nach Egypten zu kommen."

„Warum dorthin?"

„Dummkopf! Das ist nicht deine, sondern meine Sache!"

---

11. Kapitel.

Derjenige Dampfer, auf dem Steinbach seinen Boten mit dem Bilde der Prinzessin eingeschifft hatte, war in seiner Fahrt aufgehalten worden. Eben als sie die

Dardanellen passiert hatten, war der Maschinist zum
Kapitän gekommen, um einen Defekt der Maschine an=
zuzeigen, und nach vorgenommener Untersuchung hatte
der Kapitän erklärt, daß es notwendig sei, am nächsten

Lande anzulegen, um den Schaden auszubessern. Das
war die kleine Insel Imbros, wo Anker geworfen wurde.
  Die Passagiere waren mit dieser Reiseunterbrechung
nicht sehr einverstanden, mußten sich aber darein fügen.

Als Aequivalent erlaubte der Kapitän ihnen, an das Land zu gehen; er werde durch das Hissen der Flagge und Läuten mit der Schiffsglocke das Zeichen geben, wenn man wieder an Bord kommen solle.

Leider aber war der Defekt größer, als man erst geglaubt hatte. Es vergingen der Tag und die Nacht. Dann endlich, kurz vor Mittag, konnte die unterbrochene Fahrt fortgesetzt werden.

Kurz vorher war ein kleiner, aber ziemlich schwerfällig gebauter Kutter an das Land gelaufen und hatte neben dem Dampfer Anker geworfen. Von dem letzteren aus erblickte man auf dem Deck des Fahrzeuges einige Passagiere, bei welchen sich auch eine tief verschleierte, weibliche Person befand. Einer der Männer fragte, ob es erlaubt sei, an Bord des Dampfers zu kommen, und es wurde ihm gestattet.

Er erzählte, daß er bereits von dem Dampfer gehört habe, der hier in Reparatur liege und nach Egypten wolle, und fragte, ob er Passagiere nehmen könne. Dann zeigte er seine Papiere vor, und da dieselben sich in Ordnung befanden und noch Platz vorhanden war, konnte es dem Kapitän des Dampfers nur lieb sein, einige Passagiere mehr zu bekommen.

Der Türke ließ darauf die Seinigen kommen, seine Frau, drei Diener und eine alte Dienerin.

Der Dampfer setzte sich bald in Bewegung. Steinbachs Bote hatte den besten Logierplatz erhalten, denn der Kapitän kannte ihn und seinen Herrn. Beide standen nebeneinander unter der schmalen Kommandobrücke und unterhielten sich.

„Herr Sekretär," fragte der Kapitän, „sind Sie ein Freund der Damen?"

„Wenn sie interessant sind, warum nicht?" antwortete der junge Mann.

„Nun, so habe ich Ihnen eine allerliebste Überraschung vorbehalten. Ich habe nämlich diese Türkin neben Ihre Kajüte gelegt."

„Nicht möglich! Ich glaube, daß da nur zwei Kabinen sind?"

„Ja; die Ihrige und diejenige, welche die Dame bewohnt."

„Aber wie kommen Sie auf diesen Gedanken?"

„Auf die sonderbarste Weise. Was ich nicht für möglich gehalten habe — diese Frau trat zu mir, als sie sich unbemerkt sah, und bat mich um einen völlig abgeschiedenen Platz, an dem sie auch nicht von ihrem Herrn gestört werden könne. Herr heißt bei den Türkinnen natürlich Mann. Vielleicht hat es einen kleinen Zwist zwischen ihnen gegeben, oder ist irgend ein religiöser Grund vorhanden, daß sie sich einstweilen absondert. Kurz und gut, ich habe ihr die Nebenkabine gegeben."

„Ich bin Ihnen nicht sehr dankbar dafür."

„Warum?"

„Die Holzwände sind so dünn, daß man sich gegenseitig sicherlich hört und stört."

„Das ist richtig. Aber vielleicht gewinnen Sie Veranlassung, mir dieses kleine, hinterlistige Arrangement zu verzeihen. Ich will Ihnen da ein Geheimnis mitteilen. In der Zwischenwand befinden sich mehrere viereckige Fächer, die um ein kleines Mittelfach gruppiert sind. Dieses letztere hat auf Ihrer Seite einen hölzernen Knopf und läßt sich nach links verschieben."

„Herr, führe uns nicht in Versuchung!"

„Nun, ich will Sie damit nicht in Versuchung führen, aber prinzliche Durchlaucht, Ihr gnädiger Herr, hat Sie mir auf die Seele gebunden, und da dachte ich, Ihnen eine kleine Abwechslung in dem Einerlei der Seefahrt zu bieten."

„Sehr verbunden! Doch bin ich überzeugt, daß ich von dem Schieber keinen Gebrauch machen werde."

„Warum nicht?"

„Ein Ehrenmann thut so etwas nicht!"

„Sehr gut gesagt und gedacht! Ich habe Ihnen keineswegs etwas Ehrenwidriges zugetraut, sondern es nur für meine Pflicht gehalten, Sie auf den Schieber und auf Ihre Nachbarschaft aufmerksam zu machen."

Der Türke hatte inzwischen ein Kissen auf das Deck legen lassen und auf demselben Platz genommen. Er rauchte eine Wasserpfeife. Seine drei Diener lungerten in der Nähe herum. Das alte Weib hatte sich auf eine Rolle Taue gesetzt und starrte gedankenlos in die Luft. Später kam die Frau des Türken. Die Dienerin mußte auch ihr ein Kissen holen. So befanden sie sich alle auf dem freien Verdeck.

Das benutzte der Sekretär, um in seine Kabine zu gehen. Er hatte bis jetzt gewartet, um die Türkin nicht zu inkommodieren. Sie mußte ihn ja hören. Er nahm sich vor, möglichst viel auf dem Deck zu sein. Es fiel ihm gar nicht ein, an eine Benutzung des Schiebers zu denken; aber als er den Knopf erblickte, ergriff er ihn doch und probierte, ob er wirklich zur Seite zu schieben sei. Es ging.

Die Probe war gelungen; das war genug. Er warf jedoch keinen Blick durch die kleine Oeffnung hinüber, sondern verschloß sie wieder und legte sich in seine Hängematte, indem er ein Buch nahm, um zu lesen.

Die Lektüre war nicht anstrengend. Er konnte lesen, ohne viel denken zu müssen, und endlich fielen ihm die Augen zu — er war eingeschlafen.

Als er erwachte, vermochte er nicht zu sagen, wie lange er geschlafen hatte. Er wäre wohl gar nicht aufgewacht, wenn er nicht durch ein drüben in der Nachbarkabine geführtes Gespräch aufgeweckt worden wäre. Er vernahm eine männliche und eine weibliche Stimme, und da die Zwischenwand sehr schwach war, so konnte er jedes Wort verstehen. Noch im Beginn des Gespräches, das er belauschte, ging er mit sich zu Rate, ob er sich wohl entfernen solle oder nicht. Diskret war es jedenfalls nicht, wenn er liegen blieb. Stand er aber auf, so hörte man ihn vielleicht, und dann war das Übel ärger als vorher. Bald aber nahm das Gespräch einen solchen Verlauf, daß er zu bleiben beschloß.

Zu seinem allergrößten Erstaunen wurde die Unterhaltung in französischer Sprache geführt, die von der Frau viel besser gesprochen wurde, als von dem Manne. Die ersten Worte, die er hörte, sprach letzterer:

„Wer hat dir erlaubt, hier zu wohnen?"

„Der Kapitän."

„Auf wessen Vollmacht hin?"

„Auf die meinige."

„So hast du ihn um diese Kabine gebeten?"

„Ja."

„Das ist stark! Was muß der Mann denken!"

„Er wird denken, daß ich allein sein will."

„Ich habe dich für meine Frau ausgegeben."

„Das ist nicht mein Fehler, sondern der Ihrige. Das Wort Schwester würde eine ebenso gute Erklärung bilden."

„Ist aber nicht nach meinem Geschmack."

„Und die Frau nicht nach dem meinigen."

„Ich glaube, daß es hier weit mehr auf meinen Geschmack ankommt, als auf den deinigen. Ich werde also dem Kapitän befehlen, dich hier auszuquartieren."

„In diesem Falle werde ich nicht gehorchen."

„Oho!"

„Ganz gewiß! Ich bin leider gezwungen, Ihre Sklavin zu sein. Mehr dürfen Sie nicht verlangen. Sobald Sie mich aber für Ihre Frau ausgeben, hört meine erzwungene Fügsamkeit auf. Sie haben das bisher noch nicht gethan. Jetzt versuchen Sie es zum ersten Male. Ich hoffe, daß es zugleich das letzte Mal ist."

„Welch eine Sprache! So spricht entweder eine Königin, oder eine Theatermamsell, die eine Fürstin darzustellen hat. Aus deinem Munde aber ist dieser Ton die reine Lächerlichkeit. Spukt dir deine dumme Liebschaft noch im Kopfe, meinetwegen, aber du verschlimmerst dir nur deine Lage. Also ich wünsche, daß du diese Kabine verläßt."

„Ich bleibe!"

„Weißt du, daß ich Gewalt anwenden werde?"

„Der Kapitän wird mich beschützen!"

„Das bilde dir nicht ein. Er hält dich für meine Frau. Ich bin Türke und möchte den kennen lernen, der es wagt, im Harem eines Moslem eine Stimme haben zu wollen."

„So werde ich dem Kapitän mitteilen, daß Sie kein Türke, sondern ein Russe sind, ein aus Sibirien entsprungener Sträfling, der erst noch gestern abend einen Mordversuch auf jenen Deutschen gemacht hat, der mich bei Prinzessin Emineh kennen lernte."

„Katze, falsche! Das wirst du bleiben lassen!"

„Ich werde es thun, ich versichere es Ihnen! Hüten Sie sich, Ihre Härte zu weit zu treiben!"

„Gut, ich will mich fügen, doch nur unter der Bedingung, daß auch du nachgiebst. Ich verlange von jetzt an jeden Morgen und jeden Abend einen Kuß von dir."

„Niemals, nie!"

„Mädchen, hast du denn gar keinen Verstand! Was ist es denn um einen Kuß für eine so große Sache! Du thust ja ganz so, als ob du damit das Leben opfertest!"

„Wenn ein Kuß nichts ist, warum verlangen Sie ihn denn? Freilich giebt man das Leben mit ihm hin!"

„Ah, schön! Das heißt, man küßt nur denjenigen, dem man sich für das ganze Leben schenken will! Mir wird diese lächerlich geringfügige Bitte nicht erfüllt; aber jener Deutsche mußte sich küssen lassen, ohne daß er es wollte, dieser süße, innigstgeliebte — oh, wie hieß er doch nur? Oskar, glaube ich. Seinen eigentlichen Namen wollte er nicht sagen. Nun, ich will jetzt darauf verzichten, dich zu Verstand zu bringen. Sind wir wieder auf dem Lande, so geht es anders. Ich habe in Egypten eine neue Rolle für dich und hoffe, daß du sie besser spielen wirst, als deine letzte in Stambul. Da hast du die Verräterin gespielt; das verzeihe ich dir einmal, aber nicht zum zweiten Male. Merke dir das!"

„Herr Sekretär, sind Sie ein Freund der Damen?"
(Seite 302.)

20*

Er ging. Drüben ertönte ein tiefer, tiefer Seufzer der Erleichterung, und dann hörte der Sekretär in deutscher Sprache die Worte:

„Mein Gott und mein Heiland! Wann wird das ein Ende nehmen! Es ist nicht mehr zu ertragen. Ich werde gewiß noch wahnsinnig dabei!"

Er wußte nicht, was er thun solle. War der vermeintliche Türke wirklich ein aus Sibirien entsprungener russischer Sträfling? Wer und was war aber dann das Mädchen? Nur ein verkommenes Subjekt konnte in dieser Weise sich in der Gewalt eines Verbrechers befinden. Und doch wollte es dem Sekretär schwer werden, diejenige, deren Worte er gehört hatte, unter die Verlorenen zu zählen. War dieser Russe ein Industrieritter, ein Beutelschneider, ein Bauernfänger, mit dem sie reiste, um aus ihrer Schönheit Geld zu ziehen? Ihr Verhalten sprach dagegen. Und wer war jener Deutsche, von dem sie gesprochen hatten? Oskar war sein Vorname, und bei Prinzessin Emineh hatte er sie kennen gelernt?

„Das könnte nur der Prinz sein," dachte der Sekretär. „Ich werde doch versuchen, dieser Angelegenheit auf die Spur zu kommen."

Er räusperte sich einige Male, dann klopfte er leise an die Holzwand und fragte in deutscher Sprache:

„Bedürfen Sie der Hilfe, Fräulein?"

Sie schwieg. War dies ein gutes oder ein schlimmes Zeichen? War dies ein Beweis, daß sie trotz alledem mit dem entwichenen Verbannten harmonierte, oder wurde sie vom weiblichen Zartgefühl abgehalten, eine Antwort zu geben? Er spielte jetzt einen bedeutenden Trumpf aus, indem er fortfuhr:

„Befürchten Sie nichts; fassen Sie Vertrauen zu mir. Kennen Sie einen Herrn Namens Oskar?"

Da endlich war es, als ob sich etwas bewege.

„Ich bin in seinem Namen hier, Sie in meinen Schutz zu nehmen. Bitte, antworten Sie!"

Darauf hörte er einen leichten Schritt, und dann fragte sie mit leiser Stimme hart an der Wand:

„Wer sind Sie?"

„Ich bin ein Deutscher, komme von Konstantinopel und will nach Kairo. Haben Sie, als Sie an Bord kamen, den Kapitän bemerkt?"

„Ja."

„Auch den jungen Mann, der neben ihm stand?"

„Ja. Es war ein Türke."

„Nein, ich war es. Ich trage orientalische Kleidung. Man hält mich für einen Eingeborenen."

„Was wünschen Sie von mir?"

„Ich möchte wissen, ob Sie der Hilfe bedürfen."

„Ich danke. Nein!"

„Und doch glaube ich, daß es vorteilhaft für Sie wäre, wenn Sie sich mir anvertrauten."

„Woraus schließen Sie das?"

Er durfte natürlich nicht sagen, daß er sie belauscht habe; darum antwortete er:

„Ihre Haltung, Ihr Gang, Ihr ganzes Wesen erschien mir so gedrückt und niedergeschlagen."

„Das haben Sie bei den vielen Hüllen gesehen, die ich trug? Ich verstehe! Sie suchen ein Abenteuer, werden aber keins finden. Leben Sie wohl!"

Er hörte deutlich, daß sie sich entfernte.

„Ein Abenteuer," sagte er schnell. „Bei Gott nicht! Sie haben es mit einem Ehrenmanne zu thun. Ich habe wirklich Gründe, Ihnen meine Hilfe anzubieten. Denken Sie an jenen Oskar, den ich nannte!"

Dieser Name zog sie sofort wieder herbei. Sie fragte:

„Wen meinen Sie damit?"

„Einen Deutschen, der sich jetzt in Konstantinopel befindet. Ich glaube, daß Sie ihn gesehen haben."

„Wo?"

„Bei Prinzessin Emineh."

„Herrgott! Woher wissen Sie das? Sie befanden

sich an Bord, als wir kamen, und dieses Schiff hat bereits gestern das Goldene Horn verlassen!"

„Nun, ich will aufrichtig sein, damit Sie erkennen, daß ich Ihr Vertrauen verdiene. Ich bewohne diese Kabine und befand mich hier, als Sie sich mit Ihrem angeblichen Manne unterhielten."

Drüben ertönte ein Ruf des Schrecks.

„So haben Sie alles gehört?"

„Ja."

„Herrgott! Und Sie nennen sich einen Ehrenmann?"

„Ich bin es. Ich wollte mich sofort bemerkbar machen; aber einesteils vernahm ich, daß Sie der Hilfe bedürfen, und beschloß infolgedessen weiter zuzuhören, und andernteils interessierte ich mich für den sogenannten Oskar, von dem Sie sprachen. Ich vermute nämlich, daß ich ihn kenne. Denn es kann nur diesen einen geben, diesen einen Deutschen, der bei Emineh war."

„Wer ist er?"

„Bitte, sagen Sie mir vorher, ob Sie die Prinzessin kennen!"

„Ich habe das Glück, ihre Freundin zu sein, oder vielmehr ich hatte es."

„Und waren Sie bei ihrer Begegnung mit dem Deutschen vielleicht anwesend?"

„Ja."

„Wenn ich dies glauben könnte! Überzeugen Sie mich dadurch, daß Sie mir sagen, wovon gesprochen wurde!"

„Das ist Geheimnis."

„Erhielt der Deutsche etwas von Emineh?"

„Ja."

„Was?"

„Das ist ebenso Geheimnis."

„Können Sie ihn mir beschreiben?"

„Gewiß. Hohe, kräftige Figur; Haar, Bart und Augen kohlschwarz."

„Das stimmt. Können Sie sich eines interessanten

Ereignisses erinnern, das bei dieser Begegnung stattfand? Es handelte sich um ein Tier."

„Ah, Sie meinen den Leoparden?"

„Ja. Jetzt sehe ich, daß Sie die Wahrheit sagen. Ich stehe im Dienste dieses Herrn; ich bin sein Sekretär und habe den Gegenstand, den er erhielt, nach Kairo zu bringen, um ihn dem Vicekönig zu überreichen."

„Wirklich?" erklang es drüben in freudigem Tone. „O, dann will ich mein Mißtrauen schwinden lassen. Zwar bedarf ich keineswegs der Hilfe, aber wir können doch miteinander sprechen."

„Und uns sehen."

„Auf Deck? Ich Sie, ja, nicht aber Sie mich."

„O doch!"

„Ich muß verschleiert gehen."

„Auch jetzt in Ihrer Kabine?"

„Nein, da nicht."

„So könnte ich Sie allerdings sehen. Nämlich dieses mittlere Fach der Kajütenwand läßt sich beseitigen."

„Um Gotteswillen!"

„Sie dürfen nicht?"

„Nein!"

„Wie schade! Ich wollte Ihnen etwas zeigen. Ich habe nämlich eine Photographie meines Herrn bei mir. Sie hätten sich das Bild ansehen können, um mir zu sagen, ob es wirklich derjenige ist, mit dem Sie sich im Serail begrüßt haben."

„Öffnen Sie! Schnell, öffnen Sie!"

Das klang so hastig, daß er sich eines vergnügten Lachens nicht erwehren konnte. Er schob das Fach zurück. Die Öffnung, die dadurch entstanden war, hatte eine solche Größe, daß man den Kopf hindurchstecken konnte. Gökala dachte gar nicht mehr daran, daß sie unverschleiert sei und daß sie sich nicht hatte sehen lassen wollen. Sie stand jetzt hart an der Öffnung und bat:

„Bitte, bitte, die Photographie!"

Er zog seine Brieftasche, nahm das Bild heraus

und gab es ihr. Als ihr Auge darauf fiel, stieß sie einen Ruf des Entzückens aus. Ja, das ist er, und noch dazu in der Uniform eines Husarenobersten. Sie stand inmitten ihrer Kabine, beleuchtet von dem hellen Lichte, das durch die Luke fiel. Sie vergaß die Anwesenheit des Sekretärs und drückte das Bild an die Brust, an die Lippen, wieder und immer wieder.

Und er stand vor der Öffnung und konnte den Blick von ihrer herrlichen Erscheinung nicht abwenden. „Ah," dachte er, „so eine Schönheit sah ich noch nie. Da verdenke ich es dem Prinzen nicht, daß er — aber zum Scherz? Das thut er nicht. Und im Ernste? Eine, die mit einem entflohenen Sibirier reist? Das ist mir ein Rätsel. Vielleicht ist es jedoch zu lösen."

Natürlich mußte Gökala sich endlich erinnern, daß sie nicht allein sei. Eine tiefe Glut überzog ihr Gesicht. Sie hatte ihre Liebe verraten. Doch faßte sie sich schnell und fragte:

„Haben Sie mehrere dieser Bilder?"

„Nein."

„O weh! Ich möchte Sie nicht berauben, und doch war ich im Begriff, Sie zu fragen, ob Sie es mir schenken wollen."

„Ich gebe es Ihnen gern. Behalten Sie es also."

„Ich danke! Ich werde ihn niemals wiedersehen; nun habe ich doch sein Bild. Um Gott, da denke ich erst jetzt daran, daß vielleicht auch Sie ihn nicht mehr sehen."

„Weshalb?"

„Vielleicht ist er tot."

„Alle Teufel! Tot? Wieso?"

„Man hat gestern abend einen Mordanfall auf ihn unternommen. Er ist mit einem Ruder auf den Kopf geschlagen und in das Wasser geworfen worden."

„Von wem?"

„Von — von — man kennt den Thäter noch nicht."

„O, Fräulein, ich kenne ihn."

„Gewiß nicht!"

„Gewiß. Sie vergessen, daß ich Zeuge Ihrer Unterhaltung war. Jener Russe, für dessen Frau Sie gelten, ist der Mörder. Ich werde ihn festnehmen lassen."

„Nein, nein! Halt!" antwortete sie voller Angst. „Handeln Sie um Gotteswillen nicht so vorschnell! Noch wissen Sie ja nicht, wie sich die Sache zugetragen hat."

„Ich hoffe, es von Ihnen zu erfahren."

„Gewiß. Sie sollen alles wissen."

Dennoch erzählte sie ihm nicht alles, doch ließ sie ihn das, was sie nicht sagte, wenigstens ahnen. Er hätte ja sonst Mißtrauen fassen können. Er hörte ihr in stiller Bewunderung zu. Sein Auge hing an ihrem herrlichen Körper, ihrem unvergleichlichen Angesicht und ward gefangen genommen von all' den anmutigen Bewegungen, die sie machte. Und auch seine innere Aufmerksamkeit wurde gefesselt durch die Art und Weise, in der sie ihm von ihrer Liebe erzählte und von der glühenden Erwiderung derselben, ohne doch ein Wort davon zu sagen. Sie war ganz Weib; sie ging völlig in der Erinnerung an die glücklichste Stunde ihres Lebens auf, und doch bewahrte sie eine Würde, eine Hoheit, die ihn mit Bewunderung erfüllte.

„Gnädiges Fräulein, ich gestehe aufrichtig, daß Sie mich in große Verlegenheit bringen."

„Wieso?"

Das Beiwort ‚gnädig' gab er ihr unwillkürlich. Sie hatte etwas so Gebieterisches, Hoheitsvolles an sich, daß er sich ihr freiwillig unterordnete.

„Sie nennen und bezeichnen mir den Mörder und verlangen zugleich, daß ich mich seiner nicht bemächtige."

„Sie können mir das überlassen. Ihr Herr wird Sie später deshalb loben."

„Aber wie nun, wenn mein Herr nicht gerettet ist, wenn er wirklich getötet wurde?"

„Dann ereilt die Strafe den Mörder ganz gewiß."

„Und die drei Burschen waren also auch dabei?"

„Ja."

„Gut. Ich will Ihnen gehorchen und so thun, als ob ich gar nichts wisse; aber wehe ihnen, wenn mein Herr tot ist! Ich werde bereits in Alexandrien Gewißheit erlangen —"

„O, wie lieb wäre mir das! Auf welche Weise aber soll Ihnen diese Gewißheit werden?"

„Auf telegraphischem Wege. Ich erwarte dort Instruktionen. Finde ich sie auf dem Konsulate vor, so lebt mein Gebieter; finde ich sie aber nicht, dann dürfen Sie nicht verlangen, daß ich schweige."

„Nein. In diesem Falle werde ich selbst als Zeugin auftreten, mag daraus werden, was da wolle. Und jetzt noch eins. Dürfen Sie mir zu der Photographie vielleicht noch eine Kleinigkeit geben?"

„Was?"

„Es fehlt der Name unter dem Bilde."

„Nun, Oskar," antwortete er lächelnd.

„Weiter!"

„Weiter nichts. Hat mein Herr es vorgezogen, zu schweigen, so bin ich erst recht zu demselben Verhalten gezwungen. Ich habe ja außerdem so voreilig gehandelt, daß ich es jedenfalls gar nicht zu verantworten vermag."

„Ich wüßte nicht — —!"

„Was wird mein Herr sagen, wenn er erfährt, daß Sie im Besitz seiner Photographie sind. Sie sehen die Uniform seines Regimentes. Nun ist's nicht schwer, auch den Namen zu erfahren, von dem er doch wünscht, daß er ein Geheimnis bleiben soll."

„Da machen Sie sich keine Sorge! Ich werde dieses Bild keinem Menschen zeigen, um den Namen des Originals zu erfahren, und — schnell zu! Man kommt!"

Er verschloß schleunigst die Oeffnung, und im nächsten Augenblick hörte er drüben die Kabinenthür öffnen. Die alte Dienerin war bei ihrer Herrin eingetreten. —

12. Kapitel.

Mit Ungeduld hatte Normann am vergangenen Tage die Nachmittagsstunde herbeigesehnt, in der er wieder das Glück haben würde, am Porträt der Geliebten zu arbeiten. Indes, als er der gestrigen Glückseligkeit gedachte, da überkam ihn auch eine plötzliche Angst, deren Grund er eigentlich nicht so recht einzusehen vermochte.

Der Derwisch hatte ihm mißfallen. Warum wollte dieser Mensch gerade Tschita sehen, er, der sie doch nicht kaufen konnte? Die einzige Antwort auf diese Frage war die, daß er im Auftrage eines anderen, eines Reichen gekommen war. Und bei diesem Gedanken wurde es Normann angst um das Herz. Zwar war sie für den Padischa bestimmt; aber wenn ein anderer gut zahlte, konnte er sie ja ebenso leicht erhalten.

Unter diesen Gedanken brach er schon morgens beschleunigten Schrittes nach der Gegend auf, in der Barischa, der Mädchenhändler, wohnte. Am Hause desselben angelangt, blieb er einige Minuten unschlüssig stehen. Sollte er hineingehen? Jetzt, zu so außergewöhnlicher Zeit? Pah, es gab ja Ausreden!

Entschlossen ging er durch den Flur und klopfte an die Thür, durch deren Fensterchen Barischa stets die lange Nase zu stecken pflegte. Sie erschien auch jetzt.

„Du bist es?" sagte der Alte erstaunt. „Komm herein!"

Dann öffnete er, betrachtete den jungen Mann verwundert und fuhr fort:

„Warum kommst du des Morgens, da doch nachmittags die Zeit zum Malen ist?"

„Ich habe heute nachmittag nicht Zeit, darum wollte ich dich fragen, ob du mir nicht erlauben willst, die Arbeit jetzt vorzunehmen."

„Das geht nicht."

„Warum nicht? Deine Sklavinnen haben weder jetzt noch später etwas zu thun."

„Ja, die Zeit ist mir auch gleichgültig; aber du kannst trotzdem weder jetzt noch nachmittags malen."

„Weshalb nicht?"

„Ich habe das Bild nicht mehr."

Normann war es, als ob er einen Schlag über den Kopf erhielte. Er war totenbleich geworden.

„Wo hast du es denn?" fragte er tonlos.

„Verkauft."

„Es ist ja noch gar nicht fertig."

„Das schadet nichts."

„Oho! Es ist auch noch nicht bezahlt. Es ist bis jetzt mein Eigentum, und du darfst es nicht verkaufen."

„Mache keinen Scherz! Ich habe das Bild bestellt. Du hast es hier gemalt; es sind die Gesichtszüge einer meiner Sklavinnen. Es gehört also mir!"

„Ich mache keinen Scherz. Die Leinwand, die ich bemalte, ist mein, die Farben waren mein, und die Arbeit ist die meinige. Ich will mein Bild haben!"

„Es ist verkauft."

„Wohl zusammen mit der Sklavin."

„Ja. Glaubst du etwa, daß ich deine Farben verkaufen würde ohne das Mädchen? Kein Mensch würde mir einen Piaster dafür geben!"

„Wer hat beides gekauft?"

„Das darf ich nicht sagen."

„Ah, ich soll wohl nicht einmal erfahren, wer mein Bild hat?"

„Nein."

„Nun, ich werde es vom Richter erfahren."

„Gehe nur immer hin! Kein Kadi und kein Mollah wird mir zumuten, den Mann zu nennen, der sich von mir eine Sklavin gekauft hat."

„Aber ein Kadi wird dich zwingen, mir den Mann zu nennen, der mein Bild hat."

„Er zwingt mich nicht, da es das Bild einer Sklavin ist. Übrigens bezahle ich es dir!"

„Es ist mir nicht feil!"

„Oho! Es war bereits der Preis ausgemacht!"

„Für das fertige Bild, aber nicht für das unvollendete. Ein Bild, das noch nicht fertig ist, kann ich nicht verkaufen und nicht bezahlt nehmen. Ich verlange also mein Bild zurück oder fordere, daß ich es vollenden darf für den, dem es jetzt gehört."

„Schweig! Hier nimm dreihundert Piaster! Das ist so gut bezahlt, als ob ich der Padischa sei."

„Meinst du? Ich würde es dir für dreitausend Piaster nicht lassen."

„So geh'!"

„Gut, ich gehe, aber zum Richter."

„Gehe zum Teufel oder zu wem du sonst willst, nur packe dich fort von hier!"

Normann erkannte, daß er bei Barischa nichts weiter erreichen werde, und entfernte sich. Er war voller Wut, er hatte sich nur zu beherrschen gewußt, um in dem Alten nicht die Ahnung zu erwecken, aus welchem Grunde er eigentlich wissen wolle, wohin das Bild gekommen sei.

Also hatte ihn die Angst, die er vorher empfunden hatte, doch nicht getäuscht! Tschita war verkauft! Aber an wen? Umsonst zermarterte er sich den Kopf. Er hätte sich gleich hier mit aller Welt zanken und prügeln mögen. Am allerbesten war es schon, er suchte Freund Wallert auf, mit dem er verabredet hatte, heute auf der Jacht des Engländers zusammenzutreffen. Als er dort ankam, fand er ihn bereits vor. Der Engländer war noch nicht aus dem Serail zurück.

Auch Wallert erschrak, als er das Geschehene vernahm. Beide überlegten miteinander, doch resultatlos, bis der Engländer endlich heimkehrte. Kaum hatte dieser von Tschita und dem Bilde gehört, so sagte er:

„Da steckt niemand anders, als dieser verdammte Derwisch dahinter."

„Natürlich!" antwortete Normann. „Das wissen wir auch, aber was hilft uns das?"

„Nehmt ihn nur vor! Er muß euch Rede und Antwort stehen."

„Wird sich hüten."

„Na, Kinder, glaubt mir einmal: Der wird sich nicht hüten. Bringt ihn mir nur hierher auf meine Jacht, ich spanne ihn dann zwischen zwei Pfosten und lasse ihm die Peitsche oder das Tauende so lange auf- und anmessen, bis er beichtet."

„Das glauben wir. Was aber geschieht dann?"

„Dann? Hm! Dann haben wir eben das Mädchen."

„Nein, dann werden wir geholt, und zwar wegen Mißhandlung eines Unterthanen des Großherrn, eines rechtgläubigen Moslem, eines frommen oder wohl gar heiligen Derwisches. Sie, verehrtester Lord, würden dann schon erfahren, was das zu bedeuten hat."

„Pah! Ich bin Engländer!"

„Das schützt Sie nicht, Genugthuung zu leisten. Nein, nein! Auf diese Weise ist mir nicht geholfen."

„Ich habe eine Idee," sagte da Wallert. „Sollte nicht Ali, der Eunuch, wissen, wo Tschita sich befindet? Du hast ihn gut bezahlt, und er ist auf seinen Herrn zornig. Es läßt sich mit Sicherheit erwarten, daß er das Geheimnis verrät."

„Wenn er es überhaupt kennt."

„Das muß man eben versuchen."

„So müßte man nochmals zu Barischa gehen."

„Natürlich."

„Ich darf mich dort nicht wieder sehen lassen."

„So gehe ich."

„Du erhältst nicht die Erlaubnis zum Eintritt. Ungläubige werden nicht hereingelassen. Der Eunuch hat ja wegen Mylords hier die Peitsche erhalten."

„So verkleide ich mich als Moslem!"

„Du? Dazu reicht deine Kenntnis der türkischen Sprache nicht aus. Nein, es kommt mir da ein anderer Gedanke, der vielleicht eher zum Ziele führt. Ich selbst gehe hin, um mit dem Schwarzen zu sprechen."

„Ich denke, du darfst dem Alten nicht mehr kommen?"

„Allerdings. Zu ihm will ich ja auch gar nicht. Wir müssen auf ein Mittel sinnen, den Händler auf kurze Zeit aus dem Hause zu locken, wenigstens so lange, als ich mit dem Eunuchen spreche."

„Das geht. Aber wie den Alten entfernen?"

„Sinnen wir nach. Übrigens hat es noch Zeit. Gleich darf man nicht kommen, das könnte auffallen."

Darauf brachte der Engländer die Idee einer

Spazierfahrt in Vorschlag, und die beiden stimmten bei. Hätte Normann gewußt, daß diese Fahrt sich bis zum späten Abend ausdehnen werde, so hätte er freilich verzichtet. Die Ansicht, daß er mit seiner Erkundigung noch warten könne, war ja keineswegs so gemeint gewesen, daß er bis morgen noch warten wolle. Nein, heute wollte er schon Gewißheit haben. Sie war verkauft, also das Eigentum eines anderen. Was konnte da bis morgen alles geschehen sein?

Aus diesem Grunde bemächtigte sich seiner am Abend eine große Unruhe, die zu beherrschen er Mühe hatte. Erst der Vorfall mit der Rettung Steinbachs brachte ihn auf andere Gedanken. Und dann gab es ja den Gang hinaus nach dem Harem Ibrahim Paschas. So wurde die Erinnerung an den Verlust der Geliebten so ziemlich zurückgedrängt. —

Es war wohl anderthalb Stunden vor Mitternacht, als die drei sich auf den Weg zu Ibrahim Pascha machten. Natürlich hatten sie wieder die Anzüge angezogen, die sie bereits gestern getragen hatten.

Der Lord schritt mit langen Schritten voran. Er mußte von Zeit zu Zeit stehen bleiben, um die anderen beiden, denen er vorausgeeilt war, herankommen zu lassen.

Außerhalb des eigentlichen Straßengewirres angekommen, konnten sie sich nun auch besser unterhalten. Der Lord begann. Er war bisher still gewesen, drehte sich aber jetzt plötzlich zu Wallert hin und sagte:

„Natürlich werde ich der Brautführer!"

„Bei welcher Hochzeit?"

„Na, bei der Ihrigen."

„Sie meinen, daß ich die Dame gleich mitnehme?"

„Ja. Es ist das allerbeste."

„Warten wir es ab! So schnell, wie Sie denken, entwickeln sich solche Angelegenheiten nicht. Zunächst habe ich mit ihr noch kein einziges Wort gesprochen."

„Na, ich darf doch mit ihr reden, wenn sie kommt?"

Wallert blieb erstaunt stehen.

„Wollen Sie etwa mit hinein in den Garten?"
„Soll ich draußen bleiben und Pfannkuchen backen?"
„Allerdings, Mylord! Dabei kann ich Sie freilich nicht gebrauchen."
„Donnerwetter! Warum denn nicht?"

„Bitte, Mylord, die Liebe ist gern ungestört!" schlug sich Normann in das Mittel. „Wir lassen Wallert natürlich allein, aber wir werden ihn bewachen."

„Schön! Gut! Da bin ich einverstanden! Aber wie bewachen wir ihn denn? Etwa von außerhalb?"

„Nein. Wir müssen mit hinein."

„Das denke ich auch. Übrigens wünschte ich, wir würden erwischt! Himmel, wäre das eine Lust, wenn man mir wegen einer Entführung aus dem Harem den Proceß machen würde! Aber, sehen Sie, da höre ich Wasser plätschern, und da ist auch schon die hohe Mauer."

„Ja, das ist dasselbe Wasser, in dem Sie gestern plätscherten. Aber warten wir einen Augenblick. Wir müssen bestimmen, was wir thun, falls man uns entdeckt."

„Wir können nur eins thun," antwortete Wallert. „Wir müssen, da wir nicht über die Mauer können, wieder zu dem Thore hinaus, selbst dann, wenn wir uns durchzuschlagen hätten. Zu fürchten brauchen wir uns nicht. Jeder ein Messer und zwei Revolver macht sechsunddreißig Schüsse. Damit schicken wir ja sämtliche Geschöpfe, die hinter dieser Mauer leben, zum Teufel. Die Hauptfrage ist nur, wer den Schlüssel behält."

„Mister Normann," meinte der Engländer. „Ich selbst mag ihn nicht, und Mister Wallert wird mit seiner Sultana so beschäftigt sein, daß ich ihm den Schlüssel auf keinen Fall anvertrauen möchte."

Die beiden Freunde stimmten bei. Vorsichtig schlichen sie sich längs des Baches und der Mauer hin, bis die letztere nach rechts abbog und über den ersteren eine schmale Brücke führte. Auf dieser gelangten sie nach derjenigen der drei Mauern, die die Grundlinie des spitzwinkligen Dreiecks bildete.

Nur Schritt vor Schritt und so lautlos wie möglich schlichen sie sich an dieser Mauer entlang, bis sie das Thor erreichten, das sie mit dem Schlüssel öffnen konnten.

„Es ist auf. Kommt!" sagte Normann.

Mit diesen Worten schritt er voran. Innerhalb angekommen, wurde die Thür natürlich wieder ver= schlossen. Dann blieben die drei mutigen Eindringlinge noch einige Augenblicke stehen, um zu lauschen. Es regte sich kein Lüftchen, und das Gebäude lag schwer und dunkel vor ihnen.

„Jetzt rasch hinter in die Ecke!" meinte der Lord und hob bereits den Fuß, um in gerader Richtung diesem Ziele zuzuschreiten, da aber hatte Normann ihn schnell am Kragen.

„Um alle Welt, Mylord, wo wollen Sie denn hin?"

„Nun, hinter in die Ecke. Ich sagte es ja."

„Aber doch nicht hier geradeaus, durch den Hof hindurch und über die Steinfliesen hinweg! Nein, wir dürfen den Umweg nicht scheuen und müssen uns immer nur an der Mauer hinschleichen. Kommen Sie also!"

Sie gingen nunmehr im Gänsemarsch rechts an der Mauer hin und bogen dann an der nächsten nach links ab. Hier stand dichtes Gebüsch, nach Jasmin und anderen Blüten duftend. Auf diese Weise gelangten sie bald so weit, daß sie die hintere Seite des Gebäudes überblicken konnten. Da gab es ein erleuchtetes Fenster, das aber von innen durch ein Holzgitter verschlossen war.

„Ob sie wohl dort wohnt?" meinte der Lord.

„Es wird ihr jedenfalls nicht leicht werden, sich unbemerkt in den Garten zu schleichen."

„Das ist ihre Sache. Mag sie es sich leichter machen! Wir haben es uns auch so bequem als möglich gemacht und sogar den Hausschlüssel mitgebracht. Doch bitte, suchen wir zunächst die berühmte Ecke!"

Der Garten war nicht etwa klein, sondern er umfaßte ein bedeutendes Areal. Die Herren hatten eine ziemliche Strecke im Dunkel zurückzulegen. Endlich fanden sie die beiden Mauern, die die betreffende Ecke bildeten. Etwa zwanzig Schritte davor stand ganz in der Nähe der linken Mauer eine starke Platane, die die Mauer weit überragte und einige ihrer Äste noch über dieselbe hinausschickte.

Die Freunde hatten bei der früheren Rekognition diesen Umstand übersehen, da sie sich auf der anderen

Seite des Gartens befunden hatten. Jetzt blieb Normann an dem Baume stehen, blickte empor und sagte:

„Hm! Vielleicht steht diese alte Platane zu unserem Glücke da."

„Inwiefern?" fragte der Engländer.

„Blicken Sie nur in die Höhe! Die Äste zeichnen sich deutlich gegen den Sternhimmel ab. Zwei oder drei von ihnen gehen horizontal nach der Mauer und noch über dieselbe hinaus. Können Sie klettern, Mylord?"

„O, wie ein Eichkätzchen."

„Ich auch und Freund Wallert ebenso. Falls wir entdeckt werden, brauchen wir es nun nicht sogleich zu einem Kampfe oder Blutvergießen kommen zu lassen."

„Warum nicht? Es sollte mich nur freuen, wenn ich einigen von diesen Muselmännern ein paar Revolverkugeln geben könnte!"

„Das ist allerdings sehr tapfer gedacht, keineswegs aber menschlich und klug. Menschenblut ist ein kostbarer Saft, den man nicht ohne die allergrößte Notwendigkeit vergießen soll, und für uns ist es weit vorteilhafter, im stillen verschwinden zu können."

„Gebe ich zu. Meinen Sie etwa, daß wir uns auf diesen Baum verstecken sollen?"

„O nein! Man würde uns dort trotz der Dunkelheit wohl bemerken. Nein, auf die Mauer müssen wir gegebenen Falles retirieren."

„Pfui Teufel! Auf so einem Aste hinüberrutschen?"

„Allerdings. Drüben würden wir dann so lange Zeit liegen bleiben, bis die Gefahr vorüber ist."

„Sehr gut! Aber wenn ich das gewußt, so hätte ich ein Unterbett und einige Kopfkissen mitgenommen.

„Doch gut! Ich werde also einmal hinaufmachen."

Mit diesen Worten umspannte der Lord mit seinen langen Armen den Baum und wollte sofort hinaufklettern. Normann aber hielt ihn zurück.

„Bitte, Mylord, wollen Sie das nicht mir überlassen?"

„Warum?"

„Ich weiß nicht, ob Sie gut klettern."

„Und ich weiß ebenso wenig, ob Sie es können. Nein, ich bin der Längste und ich mache hinauf."

Damit holte er aus und that einen gewaltigen Sprung empor. Etwa fünf Meter über der Erde erfaßte er den Stamm mit den Armen, schlang die Beine um denselben und — husch, husch, ging es empor! Bald hatte er einen der betreffenden Äste erreicht, legte sich lang darauf und schob sich hinüber nach der Mauer. Das ging alles so schnell und sicher, als hätte der Lord zeit seines Lebens nichts anderes gethan, als Vogelnester ausgenommen. Drüben angekommen, glitt er von dem Aste auf die Mauer und begann dieselbe zu untersuchen.

„Der Kerl ist wirklich gewandt!" bemerkte Normann.

„Gewandter als ich es ihm zugetraut habe. Da kommt er bereits wieder."

Die Freunde sahen in der That, daß der Lord sich wieder auf den Ast legte, sich nach dem Stamme zurückschob, diesen erreichte und dann mit den Beinen herabglitt, während er mit beiden Händen den Ast noch festhielt. In dieser Stellung blieb er jedoch so lange Zeit hängen, daß es schließlich auffällig wurde.

„Na, kommen Sie doch!" raunte ihm Normann ungeduldig zu.

„Ja, ich möchte wohl!" antwortete er lachend.

„Warum also kommen Sie nicht?"

„Ich hänge!"

„Das sehen wir allerdings. Aber eben hängen bleiben sollen Sie nicht!"

„Kann ich anders? Da ist ein kleiner Aststummel, an dem ich mit der Uhrkette festgeraten bin."

„So halten Sie sich mit der einen Hand fest, während Sie mit der andern die Kette lösen."

„Schön! Will sehen!"

Die Freunde hörten ihn ächzen, und er baumelte eine ganze Weile hin und her.

„Ziehen Sie sich doch wieder ganz hinauf!" riet Wallert.

„Gut, ja! Eins, zwei und drei! Alle Teufel! Oh! Oh!"

Im nächsten Moment kam er herabgesaust und lag auf der Erde, Arme und Beine weit von sich streckend.

„Himmel! Haben Sie sich Schaden gethan?" fragte Normann besorgt, neben ihm niederknieend.

„Sapperlot! Ich hoffe doch nicht!"

„Können Sie aufstehen?"

„Will es versuchen! Ja, es geht."

„Fühlen Sie Schmerz? Mein Gott! Wenn Sie irgend etwas gebrochen hätten!"

„Na, Schmerz habe ich gerade nicht. Und wenn ich etwas gebrochen hätte, so könnte es doch nur ein Knochen sein, und daraus mache ich mir nicht viel."

„Oho! Ein Knochenbruch hat nicht wenig zu bedeuten, zumal in unserer augenblicklichen Lage!"

„Bei mir weniger. Meine Knochen sind nämlich alle nummeriert und eingeschrieben. Verlieren kann ich also keine, ohne daß ich es später merke."

„Sie können scherzen? Das beruhigt mich."

„O, ich bin selbst auch ganz ruhig; nur der Kopf brummt mir ein wenig; das ist alles!"

„Wie haben Sie die Mauer gefunden?"

„Sehr geeignet für unsere Zwecke. Sie ist oben mit Platten belegt, die über drei Fuß breit sind, so, daß wir uns also ganz gut darauf legen können, ohne von unten gesehen zu werden."

„Das ist gut! Gehen wir weiter!"

Sie erreichten nunmehr nach wenigen Schritten die Ecke. Dort gab es niedriges Gebüsch, dessen Spitzen nicht die Höhe der Mauer erreichten. Es waren Rasenstücke, zu einer Bank übereinander gehäuft, die ein sehr bequemes Ruheplätzchen bot. Die drei Männer durchsuchten das Buschwerk und überzeugten sich, daß sich niemand in demselben befand.

„Also hier warte ich," sagte Wallert. „Wo aber werdet ihr euch verstecken?"

„Wir werden nur so weit, als nötig ist, zurückgehen und uns an dem Wege, der vom Gebäude hierher führt, in das Gras legen. Kommen Sie, Mylord!"

„Können wir nicht noch ein wenig hier sitzen bleiben?" fragte der Engländer. „Mister Wallert ist doch erst um Mitternacht bestellt."

„Es wird an zwölf Uhr gar nicht viel fehlen, also halte ich es für das beste — doch pst! Horch!"

Sie lauschten. Von dem Gebäude her ließ sich ein Geräusch vernehmen, das sehr leise war, doch hörten sie so viel, daß es näher kam.

„Es kommt jemand," flüsterte Normann. „Schnell, verstecken wir uns in die Büsche!"

„Warum?" meinte der Lord. „Es wird der Bote sein, der junge Mensch, der unser Verbündeter ist."

„Vielleicht. Es kann aber auch ein anderer sein. Wir müssen sehr sicher gehen."

Sie verbargen sich schnell in das Strauchwerk. Die leisen Schritte kamen immer näher. Die Versteckten erkannten bald die Gestalt, vermochten aber die Gesichtszüge nicht zu unterscheiden.

„Pst!" machte dieselbe.

Natürlich wurde keine Antwort gegeben.

„Hermann Wallert Effendi!"

Da dieser Name genannt wurde, wußten sie, daß ihr Verbündeter da sei, und kamen jetzt hervor.

„Um Allahs Willen!" meinte der Vertraute Zykymas erschrocken, als er drei Personen erblickte. „Wer ist das?"

„Wir sind es," antwortete Wallert. „Fürchte dich nicht."

„Drei Leute! Du solltest doch allein kommen!"

„Ich habe die Freunde mitgebracht, damit sie für meine Sicherheit wachen sollen."

„Das werde ich schon thun. Einer allein ist viel sicherer, als drei es sind. Schicke sie wieder fort!"

„Das geht nicht. Nun sie einmal im Garten sind, mögen sie auch bleiben. Wann wird die Herrin kommen?"

„Zykyma sendet mich, um nachzusehen, ob du hier bist. Sie wird kommen, sobald sie erfährt, daß du dich bereits eingestellt hast. Wie seid ihr in den Garten gekommen?"

„Durch das Eingangsthor."

„Dazu gehört doch der Schlüssel!"

„Wir sind Franken. Hast du noch nicht gehört, daß die Franken die Kunst kennen, jedes Schloß zu öffnen?"

Wallert wollte ihm nicht mitteilen, in welcher Weise sie gestern in den Besitz des Schlüssels gelangt waren.

„Werdet ihr auch wieder durch das Thor hinausgehen?"

„Ja; sorge dich nicht um uns und hole Zykyma!"

„Ich muß mich sehr wohl sorgen. Es scheint nämlich nicht alles in Ordnung zu sein. Der Herr ist da."

„Ah! Ibrahim Pascha?"

„Ja. Und er hat den Derwisch mit. Wenn dieser sich hier befindet, giebt es stets etwas, worüber man sich nicht freuen kann. Sie kamen bereits am Nachmittage."

„Was wollen sie? Was thun sie?"

„Was sie wollen, weiß ich nicht. Sie thun sehr geheimnisvoll; ich habe nichts sehen und auch nichts erfahren können; aber es scheint, daß sie einpacken, gerade so, als ob sie verreisen wollten."

„Man wird doch nicht Zykyma mitnehmen?"

„Das glaube ich nicht. Ich habe den Harem ohne Aufenthalt umschlichen und nicht bemerkt, daß von dem Eigentum der Frauen etwas mit eingepackt worden ist."

„In welchem Gemache wohnt sie?"

„In demjenigen, dessen Gitter ihr dort erleuchtet sehen könnt."

„Dachte es mir! Wie aber kommt sie herab?"

„Da vorn an der Mauer liegt eine Leiter, die der Aufseher des Gartens gebraucht, wenn er die Bäume beschneidet. Ich lege sie an, und Zykyma wird an ihr herabsteigen."

„Aber wenn zufällig jemand kommt und sie bemerkt!"

„Ich stehe vorn im Hofe Wache und werde alles Auffällige sogleich melden. Aber diese beiden Effendi hier sind nicht von Zykyma bestellt. Sie dürfen nicht hier bleiben, wenn sie kommt!"

„Nein, sie werden gehen. Ich habe dir ja gesagt, daß sie Wache halten sollen."

„So mögen sie sich in acht nehmen, daß ihnen nicht selbst ein Unglück geschieht. Allah sei mit euch!"

„Warte! Hier haft du etwas! Wenn uns nichts zustößt, wirst du noch mehr bekommen."

Wallert wollte dem Boten Zykymas ein Geschenk geben, aber der Lord hielt ihn zurück und sagte:

„Halt, Mister Wallert! Was das betrifft, so ist es meine Sache. Es handelt sich um eine Entführung aus dem Serail, und die bezahle ich. Wieviel wollten Sie denn diesem Kerlchen geben?"

„Ich hatte zwei Goldstücke da."

„Werde ihm fünf geben, einstweilen. Später natürlich bekommt er mehr. Hier, Kleiner, haft du! Kaufe dir Pfefferkuchen dafür, oder Pantoffeln, oder was dir sonst beliebt. Das Geld ist dein."

Der Diener verstand die in englischer Sprache gerebeten Worte zwar nicht, da er aber das Geld in der Hand fühlte, wußte er natürlich, was gemeint war.

„Allah segne dich!" sagte er. „Er lasse deine Kinder und Kindeskinder wachsen wie den Sand am Meere!"

Dann ging er. Der Lord aber fragte:

„Was meinte er?"

„Allah soll Ihre Kinder und Kindeskinder wachsen lassen wie den Sand am Meere."

„Hole ihn der Kuckuck! Ich glaube, der Kerl will mich foppen. Ich habe keine Kinder, also können meine Kinder auch keine Kinder haben, von Kindeskindern kann also gar keine Rede sein!"

„Der gute Mensch ist eben über die einfachen Familienverhältnisse Eurer Lordschaft nicht unterrichtet. Wir wollen nun vorwärtsgehen und unseren glücklichen Freund allein lassen."

„Ja, ganz richtig! Glücklich ist er! Er hat eine, eine aus dem Harem, und wird sogar allein mit ihr gelassen! Ach, wenn so etwas auch einmal mir passieren würde! Ich könnte ganz ebenso eine hübsche Za—Ze— Zo—Zi— na, wie ist der Name?"

„Zykyma."

„Schön! — — ebenso eine hübsche Zykyma gebrauchen. Leider aber scheint dieser türkische Allah eine Pike auf mich zu haben, er thut ganz so, als ob ich gar nicht da sei, oder als ob es für mich gar keine Sultana gäbe. Aber, ich finde doch noch eine, und soll ich sie sonstwo suchen! Na, kommen Sie, Mister Normann! Wir wollen die beiden nicht stören. Ich habe es zwar an mir noch nicht erfahren, von anderen aber habe ich gehört, daß es zu zweien am schönsten sei und daß der dritte sich getrost zum Teufel scheren könne. Wünsche prosit die Mahlzeit, Mister Wallert!"

Der Lord und Normann gingen. Sie folgten dem mit weichem Sande bestreuten Wege, der aus der Gartenecke nach dem Hause führte. Er war zu beiden Seiten in kurzen Unterbrechungen mit Ziersträuchern besetzt. Bei einem dieser Bosketts blieb Normann stehen und sagte:

„Hier wird der beste Ort sein. Legen wir uns hier hinter dem Busche in das Gras!"

Sie thaten es und konnten nun ganz genau das Fenster sehen, hinter dem die Erwartete wohnte. Das Licht drang durch die kleinen Zwischenräume des hölzernen Gitters.

Nach einiger Zeit verschwand das Licht, und das Fenster wurde dunkel.

„Sie hat ausgelöscht," flüsterte der Lord. „Das ist sehr gescheit von ihr. Sollte ja jemand lauschen, so sieht man sie nicht herabsteigen. Diese Haremsdamen sind doch nicht weniger pfiffig als die unsrigen, die es auch sehr gut anzufangen wissen, einem Heißgeliebten in die Arme zu fliegen."

Ihr Verbündeter hatte inzwischen die Leiter angelegt, war hinaufgestiegen und hatte leise an das Gitter geklopft. Er sah Zykyma mit Tschita und deren Mutter in einer Stellung, die hohe Erwartung ausdrückte, auf dem Diwan sitzen. Die erstere kam an das Gitter heran und fragte leise:

„Ist es ihm geglückt, hereinzukommen?"

„Ja, er wartet in der Ecke."

„Gleich."

Zykyma blies das Licht aus und stieg hinaus auf die Leiter und hinunter in den Garten. Dort stand der Diener, der die Leiter festgehalten hatte.

„Herrin, er ist nicht allein gekommen," meldete er. „Er hat die beiden anderen mitgebracht."

„Welche Unvorsichtigkeit!"

„Sie sollen euch bewachen und beschützen, falls ihr vielleicht entdeckt werdet."

„Sie werden uns nicht beschützen können, sondern ihre Anwesenheit ist viel eher geeignet, uns zu verraten. Sind sie bei ihm?"

„Nein. Sie können nicht hören, was du mit ihm sprichst. Sie wachen mehr in der Nähe des Hauses."

„So gehe du nach dem Hofe und halte die Augen und die Ohren offen."

„Erlaube mir vorher eine Frage, o Herrin! Wirst du mit diesem Franken aus dem Harem gehen?"

„Würdest du mich dann verraten?"

„Nein. Allah ist mein Zeuge, daß ich dir treu bin und daß ich es ehrlich und aufrichtig mit dir meine!"

„So will ich dir sagen, daß es sehr leicht möglich ist, daß ich mit ihm gehe."

„Wann? Heute schon?"

„Nein. Doch wenn es die Umstände erfordern, so werde ich auch heute schon gehen."

„O, nimm mich mit, Herrin!"

„Das ist meine Absicht. Du hast mir große Dienste geleistet, und so werde ich dich gern mitnehmen. Doch gehe jetzt. Wir dürfen keine Zeit verlieren."

Der Diener entfernte sich gehorsam nach dem Hofe zu, und Zykyma ging nach der Gartenecke. Als sie an den beiden wachthabenden Freunden vorüberschritt, flüsterte der Engländer:

„Da ist sie! Da schwebt sie auf den Fittigen der

Zykyma schritt die Leiter hinunter in den Garten.
(Seite 332.)

Liebe! Und wir kleben hier am Erdboden! Ich bin neugierig, wann einmal eine zu mir geschwebt kommt!"

Wallert saß indessen in banger Erwartung auf der Bank. Das Herz klopfte ihm fast laut. Er verkannte keineswegs die Größe seines Wagnisses, noch größer aber war das Glück, zu wissen, daß die Geliebte zu ihm kommen werde.

Er hörte ihre leichten Schritte, noch ehe er die dunkel verhüllte Gestalt sehen konnte. Da trat sie heran. Er stand auf und erhob seine Arme, fast unwillkürlich, um sie zu fassen und an sich zu ziehen. Doch ließ er dieselben wieder sinken, als sie in freundlichem, aber kaltem Tone sagte:

„Allah grüße dich! Du hast verlangt, mit mir zu sprechen."

„Bist du Zykyma?" fragte er.

„So heiße ich."

„Die ich draußen im Thale der süßen Wasser gesehen habe?"

„Gesehen hast du mich nicht, sondern nur meine Hand, die ich dir reichte, um dir zu danken."

„O, nicht blos deine Hand habe ich gesehen, sondern dich selbst, ganz unverhüllt, als du mit deinen Gefährtinnen hinter den Büschen spieltest."

„So hast du uns belauscht?"

„Ja. Zürnst du mir darob?"

„Nein. Aber du hast dein Leben gewagt. Setze dich, und erlaube, daß ich mich neben dich setze."

Das klang zwar freundlich, aber keineswegs so, wie eine Dame, deren Herz nach dem Geliebten schmachtet, sprechen würde. Er ließ sich also nieder, und sie setzte sich neben ihn. So saßen sie hart aneinander, daß sie sich berührten. Wallert hatte geglaubt, daß dieses Beisammensein ihm die größten, süßesten Wonnen erschließen werde, und nun war es ihm, als dürfe er nicht eine Hand nach ihr ausstrecken. Es entstand eine kurze, fast peinliche Pause, dann begann sie endlich:

„Jetzt hören wir einander. Warum haft du gewünscht, mit mir zu sprechen?"

„Kannst du dir das nicht denken, Zykyma?"

„Ich weiß nicht, ob ich es errate."

„Nun, was hast du geraten?"

„Du hast mich belauscht und mich ohne Verhüllung gesehen, ich habe dir gefallen, und nun wünschest du, mich besuchen zu dürfen, um, wenn du in deine Heimat zurückkehrst, erzählen zu können, daß du so mutig und zugleich so unwiderstehlich gewesen bist, in einen Harem einzudringen und eine der Frauen zu erobern."

„Dann hast du falsch geraten, sehr falsch."

„Und was ist das Richtige?"

„Daß ich dich liebe, wirklich und wahrhaftig liebe, von ganzem Herzen und mit ganzer Seele."

„So sagt ein jeder, der ein Weib zum Zeitvertreibe erobern will."

„Zum Zeitvertreibe? Es ist mir mit meinem Kommen Ernst, heiliger Ernst. Kennst du die Erzählung, daß bei der Geburt eines Knaben Allah im Himmel den Namen des Mädchens ausruft, das ihm gehören soll, obgleich es erst später geboren wird?"

„Ich habe davon gehört. Es ist keine muhammedanische, sondern eine christliche Legende."

„Nun, als ich dich sah, da war es ganz so, als habe Allah bei meiner Geburt keinen anderen Namen ausgerufen als den deinigen, als ob meine Seele sich mit keiner anderen Seele vereinigen könne, als mit der deinigen. Ich gehörte von diesem Augenblick an dir, nur dir, und es war sicher und gewiß, daß ich mein Leben wagen würde, um mit dir sprechen und mit dir vereinigt sein zu können. Darum war ich so glücklich, als deine Tiere scheu wurden und ich sie halten durfte. Ich hörte deine Stimme, ich erblickte deine Hand, dein schönes Händchen, das ich küssen durfte, und dann, als ich dich im Bazar wieder sah, war mein Entzücken mit keinem irdischen Maß zu messen. Willst du nun noch sagen, daß ich heute nur zum Zeitvertreibe zu dir gekommen bin?"

Er hatte mit Innigkeit gesprochen und neigte ihr sein Gesicht zu, um nicht nur zu hören, sondern auch zu sehen, welchen Eindruck seine Worte hervorgebracht hatten. Zykyma hatte sich nicht entschleiert, sie ließ auch jetzt noch ihr Gesicht verhüllt, senkte das Köpfchen eine ganze Weile lang und sagte dann in gepreßtem Tone:

"So liebst du mich wirklich?"

"So wie ein Mann nur lieben kann!"

"Und wünschest mich zu deinem Weibe?"

"Ja. Ich schwöre dir zu, daß ich nicht in leichtfertiger Absicht und um ein Abenteuer zu erleben, zu dir gekommen bin!"

"Nicht wahr, du bist ein Christ?"

"Ja."

"Und ich bin eine Anhängerin des Propheten."

"Ich liebe dich trotzdem."

"Und begehrst mich trotzdem zum Weibe?"

"Ja."

"Darf eine Muhammedanerin das Weib eines Christen sein?"

"Hältst du das für unmöglich?"

"Nein; aber ich habe falsch gefragt. Ich wollte sagen: Ist es einem Christen erlaubt, eine Muhammedanerin zum Weibe zu nehmen?"

"Nein. Aber die Liebe kennt keine Hindernisse!"

"Gut! Wenn ich dir meine Liebe verspräche, würdest du, um mich zu besitzen, deinen Glauben verlassen und zu dem meinigen übertreten?"

Diese Frage frappierte ihn, dennoch antwortete er rasch:

"Nein."

"So liebst du mich nicht!"

"O, doch. Mein Leben, meine Seele gehört dir, wenn ich dir auch meine Seligkeit nicht zu opfern vermag."

„So meinst du, daß ich dir zuliebe meinen Glauben verlassen werde?"

„Ich habe gewagt, dies zu hoffen."

„Dann erwartest du von mir eine größere Liebe, als die deinige ist, einen größeren Opfermut, als du besitzt. Mein Glaube ist mir aber ebensoviel wert, wie dir der deinige."

„Können wir nicht einander gehören, ohne unserem beiderseitigen Glauben zu entsagen?"

„Nein, da du mir mitgeteilt hast, daß ein Christ keine Anhängerin des Islam zum Weibe haben dürfe."

Da erhob Wallert sich von seinem Platze und sagte in traurigem Tone:

„Als du mir diese Zusammenkunft gewährtest, dachte ich nicht, daß unser Gespräch ein solches sein werde. Es zog mich mit aller Gewalt zu dir hin; es war mir, als ob alle Himmel sich mir öffnen würden, und nun —"

Er schwieg, vollendete seinen Satz nicht und wandte sich ab. Sie aber sagte in bittendem Tone:

„Ich bin gezwungen, in dieser Weise mit dir zu sprechen. Du bist zwar ein Mann, aber noch jung; deine Phantasie hat dich überwältigt und fortgerissen. Du kennst das Leben noch nicht und glaubst, ein ewiges Glück zu erringen, wenn du einer Herzenswallung gehorchst, die doch nur der Augenblick geboren hat, und die also ein baldiges Ende finden wird."

„Meine Phantasie hat mich fortgerissen, meinst du? O, ich wollte, ich wäre der ideale Charakter, für den du mich hältst. Ich bin noch jung und habe also keine Erfahrung, sagst du? Wollte Gott, es wäre so, dann wäre mir so manches erspart geblieben, was den Menschen vor der Zeit ergrauen läßt. Laß uns miteinander aufrichtig sein! Der Empfang, den ich bei dir finde, ist nicht ein solcher, wie ein liebendes Herz ihn gewährt. Du liebst mich nicht?"

„Nein," antwortete sie leise.

Das war ein so kurzes Wort, und doch sagte es

so sehr viel und enthielt alles, was ihm Unglückliches gesagt werden konnte.

„Warum ließt du mich kommen?" fragte er bitter und fuhr dann, als sie mit ihrer Antwort zögerte, schnell und in plötzlicher Erregung fort:

„Ah, Mädchen! Du hast mich in eine Falle gelockt!"

„Das glaubst du, das?"

„Ja. Bereits gestern wollte man mich ergreifen, und da dies mißlungen ist, soll es heute geschehen."

„O Allah! Das traut er mir zu!"

„Muß ich nicht?"

„Ja, du hast Veranlassung, es zu vermuten; aber dennoch ist es ein Irrtum. Setze dich ruhig wieder zu mir nieder und laß uns weiter sprechen."

„Was könnten wir noch zu besprechen haben?"

„Sehr viel!"

„Nichts, gar nichts. Du sagst mir, daß du mich nicht liebst, das ist genug. Ich habe hier nichts mehr zu suchen und kann gehen."

„So willst du eine Unglückliche verlassen, die dich um deinen Beistand, um deine Hilfe bitten will?"

Wallert hatte sich bereits abgewandt und um einige Schritte von ihr entfernt; es war ihm nicht geheuer; er traute Zykyma nicht so recht. Wenn sie ihn nicht liebte, so konnte das Stelldichein doch nur den einen Grund haben, daß sie ihn in eine Falle locken wollte. Aber bei ihren jetzigen Worten drehte er sich ihr wieder zu.

„Meine Hilfe?" fragte er. „Und unglücklich bist du?"

„Unendlich! Darum allein erlaubte ich dir, in den Garten zu kommen."

„Ah, schön! Soll ich dich entführen?"

„Ja."

„Wann?"

„So bald wie möglich."

„Und wohin?"

„Wohin du willst. Ich folge dir nach jedem Orte, nur fort von hier!"

„Als was willst du mir folgen, wenn du mich nicht liebst? Doch nicht als mein Weib?"

„Nein; das ist mir unmöglich. Aber ich bitte dich, mein Freund zu sein, und mich als deine Freundin, als deine Schwester von hier fortzubringen."

Jetzt war auch Zykyma aufgestanden, hatte den Schleier von ihrem Gesicht entfernt und bittend ihre beiden Hände auf seinen Arm gelegt. Wallert wußte

kaum, was er antworten solle. Seine Liebe sprach zwar mit aller Macht und Eindringlichkeit für sie, aber sein Verstand gebot ihm, vorsichtig zu sein.

„Willst du?" fragte sie.

„Glaubst du, daß es so sehr leicht sei, hier ja oder nein zu sagen?"

„Das glaube ich nicht; aber wenn du mich wirklich so liebst, wie du sagtest, wirst du mich nicht verlassen."

„Aber wie nun, wenn du treulos und verräterisch bist, wenn ich dich entführen soll, nur um dabei ergriffen zu werden?"

„Das glaubst du selbst ja nicht!"

„Es ist eine Möglichkeit, mit der ich rechnen muß."

„So bemerke ich nur das eine dagegen: Wenn ich dich verraten wollte, hätte ich dir dann so aufrichtig gesagt, daß ich dich nicht liebe? Dann hätte ich vielmehr Liebe geheuchelt, und du wärest desto leichter in die Schlinge gegangen."

„Diese Worte sprechen allerdings für dich, aber gedenke an das, was ich gestern erfahren habe! Du bestelltest mich nach dem Gottesacker, und —"

„Ich?" fiel sie ein. „Ich bin es nicht gewesen."

„Wer denn? Wer hat den Brief geschrieben?"

„Der Pascha selbst."

„Ah! Wie kann er wissen —"

„Ibrahim liebt mich wirklich; er lechzt nach meiner Gegenliebe, und doch weiß er, daß ich ihn hasse. Darum läßt er mich mit doppelter Strenge und dreifacher Aufmerksamkeit bewachen. So erfuhr er, daß ich draußen im Thale der süßen Wasser mit dir gesprochen hatte, ja, daß ich dir sogar die Erlaubnis gegeben hatte, mir die Hand zu küssen. Er ließ mich beobachten und erfuhr weiter, daß wir uns im Bazar wiedergesehen. Ibrahim ist schlau. Du hattest nur meine Hand gesehen, mich also nur an dem Ring, den ich an ihr trug, wieder erkennen können. Er verbot mir, auszugehen, und nahm mir den Ring ab. Nun begann auch ich, zu beobachten und erfuhr, daß der Eunuche meinen Ring erhalten hatte und in Frauenkleidern nach dem Bazar gegangen war."

„Ah so! Das also ist die Erklärung!"

„Ja. Der junge Arabadschi (Fuhrmann), der dich im Thale der süßen Wasser gesehen hatte, ist mein und jetzt auch euer Vertrauter. Er ist mir treu, und ich kann mich auf ihn verlassen. Er ging dem Eunuchen nach und sah, daß er im Bazar mit dir sprach. Er

folgte dir dann und bemerkte, daß dies auch der Eunuche
that, um deine Wohnung zu erforschen. So erfuhr auch
ich sie und deinen Namen. Dann war der Pascha so
unvorsichtig, mir in seiner Eifersucht und voller Hohn
gestern zu sagen, daß er dich auf den Kirchhof bestellt
habe, um dich zu verderben. Er glaubte, ich liebe dich
und wollte mir Schmerz und Qual bereiten. Ich aber
sandte, als er fort war, den Arabadschi in die Nähe
deiner Wohnung, um dich durch ihn warnen zu lassen.
Jetzt weißt du alles."

„Ich danke dir!"

„Wirst du mir nun Glauben und Vertrauen schenken?"

„Ja, es ist dir gelungen, mein Mißtrauen zu
zerstreuen."

„Das beruhigt mich. Was aber hättest du gethan,
wenn ich dir wirklich eine Falle gestellt hätte?"

„Ihr hättet mich nicht gefangen. Ich bin sehr gut
bewaffnet, und meine beiden Gefährten sind es auch. Es
wäre Blut geflossen; ergriffen hättet ihr uns nicht."

„Einen Kampf mag Allah verhüten! Es wird dir
kein Haar gekrümmt werden, denn du sollst mein Freund
und Bruder, mein Beschützer sein. Bitte, gieb mir deine
Hand als Zeichen, daß du mir nicht grollst. Versprich
mir, nicht zu zürnen, weil es mir unmöglich ist, dir
mein Herz zu schenken!"

Sie streckte ihm beide Hände entgegen. Sie sprach
so herzlich, so innig flehend, daß er nicht anders konnte.
So gab er ihr denn seine Hände und antwortete:

„Gott ist es, der die Liebe giebt. Er weiß es, wie
mein Herz jetzt weint, aber was er thut und will, das
ist gut. Ja, ich will dein Bruder sein!"

„Allah segne dich für dieses Wort. Ich will dem
Bruder geben, was ich dir vorher nicht geben durfte."

Mit diesen Worten legte Zykyma die Arme um
Wallert und küßte ihn ein= zwei= dreimal auf den
Mund. Er umschlang auch sie und drückte sie fest, fest
an sich. Dann schob er sie von sich und sagte:

„So! Dieses eine Mal wenigstens hast du an meinem Herzen gelegen; das ist genug und das erste und letzte Mal. Ich werde wohl niemals wieder ein Frauenherz an dem meinigen schlagen fühlen!"

„Denke das nicht! Die Wunde, die du heute fühlst, wird nicht ewig bluten; sie wird sich schließen, und dann wirst du ein Wesen finden, das die Stelle einnehmen kann, die ich mir verwehren muß."

„Nein, nein!"

Es klang fast schluchzend aus seiner Brust heraus.

„Verzage nicht! Ich bin nun deine Schwester und darf dir also aufrichtig sagen, daß du ein Mann bist, wie er sein muß, um die Träume und Wünsche eines Mädchenherzens zu erfüllen. Ich fühle, daß ich dich geliebt hätte, sicher und gewiß, wenn mein Herz noch mir gehörte."

„Ah, du liebst bereits?"

„Ja."

„Welch eine Aufrichtigkeit! Sie bringt mir wie glühendes Eisen in die Seele."

„Weißt du, daß es Ärzte giebt, die mit glühendem Eisen Krankheiten heilen?"

„Ja, Tierärzte," antwortete er bitter. „Oder Wunderdoktoren bei den wilden Völkern!"

„Dieses Eisen wird dazu beitragen, daß auch deine Wunde schnell verheilt und vernarbt."

„Und du wünschest dich von hier fort?"

„Von ganzem Herzen!"

„Zu ihm hin?"

„Zu ihm!"

„Und ich soll dich befreien?"

„Ich bete zu Allah, daß du es thun mögest."

Wallert legte beide Hände an den Kopf.

„Das ist wundersam, ah, das ist wundersam!" sagte er bitter. „Ich komme, um dir mein Herz und mein ganzes Leben zu Füßen zu legen; ich komme, dir zu sagen, daß ich ohne dich nicht leben mag und nicht leben kann, und nun verlangst du so ruhig, daß ich dich für einen andern entführen soll! Du ahnst nicht, was du da verlangst!"

„Ich ahne es nicht nur, sondern ich weiß und fühle es. Es ist das größte Opfer, das du bringen kannst, ein Opfer, das überhaupt nur von einem starken, edlen und großmütigen Manne gebracht werden kann."

„Und für so stark, edel und großmütig hältst du mich, Zykyma?"

„Ja. Als ich dich erblickte, als du mit so großer Gefahr die wild gewordenen Tiere bei den Hörnern nahmst und bändigtest, sagte ich mir gleich, daß du seist wie er. Du bist ihm ja so ähnlich. Du hast sein Gesicht, seine Züge, sein Auge, seinen Mund, seine Stimme. Du gleichst ihm wie ein Bruder dem andern, nur daß seine Gestalt höher und breiter ist, als die deinige."

„Wo befindet er sich?"

„Ich weiß es nicht."

„Was ist er?"

„Offizier."

„Im Dienste des Großherrn?"

„Nein, sondern im Dienste des russischen Kaisers."

„Wie habt ihr euch da kennen lernen können? Er ein Offizier des Zaren, und du das Weib eines türkischen Paschas?"

„Ich bin nicht sein Weib. Ich habe noch keinem Manne erlaubt, mich zu berühren. Ich stamme aus dem Kaukasus. Mein Vater war einer der tapfersten Häuptlinge; er kämpfte sein Leben lang gegen die Eroberer, die Russen. Einst siegte er und nahm einen ihrer Offiziere gefangen. Er brachte ihn zu uns in die Berge. Wir lernten uns kennen und liebten einander. Er wurde ausgewechselt und versprach mir, mich zu holen und zu seinem Weibe zu machen. Nach dem Friedensschlusse reiste mein Vater nach Moskau; er nahm mich mit. Ich hatte Gelegenheit, mich nach dem Geliebten zu erkundigen, und erfuhr, daß ihn der Zar sofort nach seiner Rückkehr aus der Gefangenschaft weit in das ferne Asien gesandt habe. Es war ihm also noch nicht möglich gewesen, zu mir zu kommen. Der Frieden währte nicht lange, der Kampf begann von neuem, und mein Vater fiel. Ich stand nun allein und hatte der Versammlung der Häuptlinge zu gehorchen. Ich sollte einem derselben als Weib gegeben werden, weigerte mich aber. Du weißt nicht, was dies bei jenen halbwilden Völkerschaften zu bedeuten hat. Man gab mir Bedenkzeit, und als ich auch dann noch meiner Liebe treu blieb, wurde ich an die Küste geschafft, auf ein Schiff geladen und nach Stambul verkauft. Ich hatte keine Vergangenheit mehr; ich hatte aus ihr nichts gerettet als meine Liebe, meinen Gram und einen vergifteten Dolch, den mir der Geliebte einst gegeben hatte."

„Du Ärmste! Hattest du keine Hoffnung?"

„Welche Hoffnung konnte ich haben?"

„Auf die Rückkehr des Geliebten."

„Sie konnte mir nichts nützen. O, er wird niemals erfahren, wohin ich gekommen bin!"

Zykyma hatte sich wieder niedergesetzt und weinte leise, aber herzbrechend vor sich hin. Das schnitt ihm tief in die Seele. Er konnte zu diesem Schluchzen, zu diesem Schmerzensausbruch nicht ruhig bleiben. Sie konnte ihm nicht gehören, aber er liebte sie dennoch. Und er schwur in seinem Innern, daß sie glücklich sein solle, wenigstens so viel an ihm und seinem Können lag. Sanft setzte er sich neben sie, zog ihr die Hände von den thränenden Augen und bat:

„Weine nicht! Vielleicht ist es uns möglich, ihn wiederzufinden. Ich werde nach ihm forschen."

Zykyma zog seine Hand an ihr Herz und antwortete:

„Siehst du, daß ich mich nicht in dir getäuscht habe? Siehst du, wie edel du bist? Erst zürntest du, und nun willst du mir helfen, ihn zu finden!"

„Darf ich seinen Namen erfahren?"

„Ich mußte ihn Bogumir nennen."

„Das ist ein polnischer Name und bedeutet Georg. Ist er ein Pole?"

„Nein. Er schwieg über seine Familie. Er bat mich, nicht nach derselben zu fragen. Er sagte, seine Vergangenheit und seine Zukunft seien in ein tiefes Geheimnis gehüllt. Aber ich hörte ihn mit Schwaben, die in der Gegend von Tilsit wohnten und zuweilen in unsere Berge kamen, in der Sprache ihrer Heimat reden. Sie sagten, daß er sie so gut spreche, als ob er dort geboren sei!"

„Er sprach also deutsch?"

„Ja."

„Nannte er keinen andern Namen?"

„Zu mir nicht."

„Aber er muß doch noch einen anderen haben! Er kann doch nicht nur diesen Vornamen getragen haben!"

„Nein. Er war Hauptmann und wurde genannt Hauptmann Off— — Ob— — Or— — ich habe mir das lange, schwere, fremde Wort nicht merken können. Er sprach es niemals aus, und Bogumir war kürzer und traulicher."

„Und doch, wenn wir nach ihm suchen und ihn finden wollen, ist es ganz notwendig, daß wir diesen Namen wissen. Besinne dich!"

„Er fing mit dem Buchstaben O an."

„Das genügt nun freilich nicht."

„Der Anfang war so ähnlich wie das deutsche Wort, das die Musik bedeutet, die man in den christlichen Kirchen hört."

„Ah! Meinst du vielleicht Orgel?"

„Orgel, ja, Orgel!" antwortete sie erfreut. „Das ist das Wort, mit welchem sein Name beginnt."

„Ja! Es giebt in der russischen Sprache allerdings ein Wort, das beinahe ähnlich lautet. Es bedeutet so viel wie Adler."

„Wie heißt es?"

„Orjel."

„Orjel — so ist es, so! Wie sagte ich erst?"

„Orgel."

„Nein, so ist es nicht, sondern Orjel."

„Also doch russisch. Das also war der Anfang des Namens! Wie er weiter lautet, weißt du nicht?"

„Nein. Es war so schwer für meine Zunge. Ich glaube, es klang wie tsche oder tschu."

„Himmel! Besinne dich recht! War ein Tsch dabei?"

„Ja."

Da erhob Wallert sich schnell von seinem Sitze. Sein Atem ging so laut, daß sie ihn hörte.

„Was hast du?" fragte sie betroffen. „Fast scheint es mir, als seiest du über irgend etwas erschrocken."

„O nein, nein," entgegnete er erregt. „Es ist kein Schreck, sondern es ist Freude, was mich bewegt. Also, er sah mir ähnlich?"

„Wie ein Bruder dem andern, wie ich dir schon sagte."

„Und hieß Bogumir, also Georg? Mein Gott und Herr, gieb, daß auch das weitere stimmt! Besinne dich, Zykyma, besinne dich ganz genau! Höre genau zu! Lautete der Name, den du nicht merken konntest, vielleicht — paß ganz genau auf — Orjeltschasta?"

„Das ist's! Ja, das ist's, ja, das ist's!" bestätigte sie. „Orjeltschasta, Hauptmann Orjeltschasta! Was heißt das?"

„Adlerhorst."

„Dieses Wort kenne ich nicht."

„Es ist ein deutsches. Und nun sage ich dir nicht nur, sondern schwöre dir auch zu, daß ich dich aus diesem Harem holen werde; denn wisse, der Mann, den du liebst, ist mein Bruder!"

Sie blickte ihn wortlos an; erst nach einer Weile erwiderte sie:

„Dein — — Bruder?"

„Ja. Der Name stimmt; ich bin ihm ähnlich, und das, was er dir von seiner Familie gesagt hat, ist auch richtig."

„O Allah, Allah! Wer kann das glauben!"

„Ich weiß ganz genau, daß es so ist, wie ich sage."

„Gott ist allmächtig und allbarmherzig. Seine Wege sind unbegreiflich, doch sie enden in Glück und Segen! O, hat nicht Allah selbst dich gesandt?"

„Ja, er hat es gegeben, daß ich dich im Thale der süßen Wasser erblickte."

Die beiden waren so begeistert, daß sie lauter sprachen, als mit ihrer gegenwärtigen Lage zu vereinbaren war. Zykyma dachte noch zur rechten Zeit daran und sagte: „Wir jubeln so laut, daß man uns hören wird. Laß uns leiser sprechen! O, nun werde ich auch erfahren, wo Bogumir sich befindet!"

„Leider kann ich es dir nicht sagen, da ich es selbst nicht weiß."

„Du? Du weißt nicht, wo dein Bruder ist?"

„Leider nein. Ich darf ebensowenig wie er von unseren Verhältnissen sprechen; ich kann dir nur sagen, daß ein fürchterliches Unglück sämtliche Glieder meiner Familie in alle Welt zerstreut hat. Ich suche seit langer Zeit die Verlorenen und finde heute durch dich die erste Spur des einen, des ältesten Bruders."

„Wunderbar!"

„Ja, wunderbar. Aber meine Seele ist voll Dank gegen Gott, der mich mit dir zusammenführte. Ich werde dieser Spur folgen und den Bruder finden. Ihm sollst du dann gehören; ihm trete ich dich willig ab, da er ja mein Bruder ist."

„Welch ein Glück! Jetzt winkt mir die Erlösung! Nun endlich werde ich errettet aus den Banden, die mich, wenn es länger gedauert hätte, sicherlich erdrosselt hätten."

„Ja, du sollst frei sein. Willst du mit mir gehen?"

„O, wie gern!"

„Wann?"

„Wann du es willst."

„Also gleich heute?"

„Gleich jetzt? Das wird wohl nicht möglich sein."

„Sage mir, warum? Du kannst mir ja folgen, so wie du hier bist. Was hält dich zurück?"

„Die Freundschaft. Ich habe eine Freundin, die sich auch nach Freiheit sehnt. Ich habe ihr versprochen, mit ihr zu fliehen."

„Recht so! Zwei anstatt eine! Darüber wird sich der Lord herzlich freuen!"

„Wer ist das?"

„Einer der beiden Freunde, die dort hinten im Garten für uns wachen."

„Was ist er?"

„Er ist ein sehr reicher und edler Mann, obgleich sein Äußeres nicht schön ist. Ja, er wird sich sehr freuen, dich und deine Freundin von hier entführen zu können."

„Und wohl auch ihre Mutter?"

„Also drei Personen? Dich, sie und ihre Mutter?"

„Ja, sie würde ohne die Mutter nicht gehen. Aber, zürne mir nicht! Ich habe noch einer vierten Person versprochen, sie mitzunehmen."

„Wer ist es!"

„Der junge Arabadschi, der auch euer Verbündeter ist."

„Gut, auch er soll mit."

„Werden deine Freunde hiermit einverstanden sein?"

„Gern, denn wir haben es ja seiner Hilfe zu verdanken, daß wir euch von hier entführen können. Warum will auch deine Freundin fort?"

„Der Pascha hat sie zu seiner Sultana erhoben, sie aber liebt einen anderen."

Wallert befand sich, trotzdem seine Liebe abgewiesen worden war, bei ganz vortrefflicher Laune. Leise lachend erwiderte er:

„Also auch die liebt einen anderen! Wer hätte gedacht, daß in einem abgeschlossenen Harem solche Sachen vorkommen! Liebt sie vielleicht auch einen, den sie nicht kennt?"

„O nein, sie kennt ihn."

„Wohnt er hier in Stambul?"

„Ja, wenigstens jetzt."

„Wenigstens jetzt? So ist er nicht für immer ein Bewohner der Hauptstadt?"

„Nein, er ist ein Franke."

„Tausendsapperlot! Auch ein Franke! Und sie in einem Harem! Wie haben sie sich da kennen gelernt?"

„Sie befindet sich erst seit gestern im Harem und wurde mit ihm bekannt, als er ihr Bild malen mußte."

„Wie — wo, waaaas?" fragte Wallert, auf das höchste erstaunt. „Mädchen! Zykyma! Heißt deine Freundin etwa Tschita?"

„Ja, ja, so heißt sie! Kennst du sie?"

„O, gewiß! Nicht wahr, sie war bei dem alten Sklavenhändler Barischa?"

„Ja, von ihm hat sie der Pascha gekauft."

„Und ihre Mutter hat keine Zunge und keine Hände?"

„Ja, ja, so ist es! O Allah, o ihr heiligen Kalifen! O Muhammed! Er kennt sie, er kennt sie wahrhaftig!"

„O, ich kenne noch mehr Leute! Ich kenne sogar denjenigen, den sie liebt."

„Den Maler?"

„Ja. Er hat sie seit heute früh mit Schmerzen gesucht."

„So wirst du sie von hier mitnehmen und zu ihm bringen!"

„Nein, das fällt mir nicht ein! Er mag sie sich nur selbst holen!"

„Warum das? Soll sie noch länger warten?"

„Nein. Sie geht mit uns, heute abend schon! Wisse, der Maler ist bereits im Garten!"

„Ah, geschehen denn Wunder?"

„Beinahe ist es so! Der zweite Freund, der sich mit hier befindet, ist eben der Maler. Ich werde ihn sofort holen. Darf ich?"

„O Allah!" antwortete Zykyma, die Hände faltend. „Ich weiß vor Glück und Erstaunen nicht, was ich sagen soll! Ja, hole ihn, bringe ihn her zu mir!"

Wallert eilte fort, nicht aber auf dem sandbestreuten Wege, sondern auf dem Rasen hin, damit seine Schritte nicht gehört werden sollten. Er wußte zwar nicht, wo die Freunde steckten, aber er konnte es sich denken. Wirklich tönte es ihm auch bald, als er die Büsche erreicht hatte, leise entgegen:

„Hermann! Bist du es?"

„Ja. Seid ihr hier?"

„Wie du siehst!"

Dabei erhob sich Normann, der Lord aber dehnte seine lange Gestalt und sagte:

„Sie haben ja eine ganze Ewigkeit lang scharmiert! Sind Sie wenigstens einig geworden?"

„So einig, wie es besser gar nicht sein könnte."

„Kommt sie mit?"

„Ja, heute."

„Sapperment! Das geht schnell!"

„Wir nehmen sie jedoch nicht allein mit!"

„Nicht? Desto besser. Ich bin bereit, den ganzen Harem leer zu machen und auf meine Jacht zu laden."

„So viele werden es nun allerdings nicht. Sie nimmt nur eine Freundin, deren Mutter und einen Diener mit. Diese Freundin heißt, glaube ich, Tschita."

„Tschita?" fragte Normann schnell. „Und eine Mutter? Hermann, du sagst das in einer so eigentümlichen Weise. Es ist doch nicht etwa — —"

„Ja," antwortete Wallert, indem er seine Freude nun nicht mehr länger verbergen konnte. „Es ist so, es ist deine Tschita nebst ihrer Mutter."

„Gott im Himmel! Ist es wahr?"

„Ja. Zykyma hat ihr versprochen, sie mitzunehmen."

„Herr, mein Heiland! Dann rasch, rasch!"

Normann sprang fort, in fliegender Eile nach der Ecke hin. Der Engländer, nicht verliebt wie der Maler, blieb jedoch ruhig stehen und fragte Wallert:

„Haben Sie sich da etwa eine Fabel ausgesonnen?"

„Nein, es ist Wahrheit."

„Dann ist es ein seltenes und ebenso glückliches Zusammentreffen. Also dieser gute Ibrahim Pascha hat Tschita gekauft. Das wollte der alte Mädchenhändler nicht sagen! Ich werde es ihm mit dem Regenschirm in das Gesicht schreiben, daß ich darum weiß. Doch kommen Sie mit. Man hört Mister Normanns Stimme

sogar von hier. Es ist kaum glaublich, wie unvorsichtig das Glück den Menschen macht!"

Als Wallert und der Lord an der Ecke eintrafen, richtete Normann eben die für ihn höchst wichtige Frage an Zykyma:

„Hat er ihr etwa ein Leid gethan?"

„Nein," antwortete die Gefragte. „Er hat sie noch nicht anrühren dürfen."

„O, das ist sein Glück! Ich hätte ihm sonst das Messer in den Leib gestoßen. Also Tschita hat von mir gesprochen?"

„Immerfort, und sich nach dir gesehnt."

„Sie soll frei sein und zwar noch heute abend. Wie steht es, Mylord," wandte Normann sich dann an den Engländer, „wollen Sie diesen vier Personen eine Freistatt auf Ihrer Jacht geben?"

„Freie Statt, freie Kost, überhaupt alles frei. Der eine nimmt Zykyma, der andere Tschita, und ich, Donnerwetter, für mich bleibt die Mutter übrig! Na, es ist nur jammerschade, daß dieses schöne Kind mich nicht verstehen kann. Aber fragt Zykyma doch einmal, ob sie die beiden Gefährtinnen und den Diener nicht bald holen will. Je eher wir von hier fortkommen, desto besser ist es."

Als Normann diesem Wunsche entsprach, erklärte Zykyma, daß es nur weniger Minuten bedürfe. Sie werde gehen, um die Freundin und die anderen zu holen.

„Wir gehen mit!" meinte da Normann.

„Warum?" fragte sie.

„Um euch zu helfen, die Leiter zu passieren."

„Nein, bleibt! Es ist besser so. Wir können nicht vorsichtig genug sein. Die Leiter ist nicht schwer zu ersteigen. Ich bringe sie alle hierher. O Allah, wird Tschita entzückt sein, wenn sie erfährt, wen sie hier finden wird, und daß sie bereits heute frei sein soll. Aber wie kommen wir über die Mauer?"

„Keine Sorge! Wir haben den Schlüssel des Thores. Erst gestern haben wir ihn dem Pascha abgenommen."

„So seid ihr es, die ihn angefallen haben?"

„Ja. Jetzt können wir es sagen. Doch eile, damit wir nicht lange zu warten brauchen."

Zykyma ließ sich diese Aufforderung nicht mehrere

Male sagen. Selbst glücklich, den Bruder ihres Geliebten in ihrem Retter gefunden zu haben, fühlte sie sich doppelt beglückt, die neue Freundin auch deren Geliebten so unerwartet zuführen zu können. Rasch eilte sie dem Gebäude zu, fand die Leiter, stieg hinauf und durch das offene Fenster in die noch unerleuchtete Stube.

Als sie sich entfernt hatte, sagte Normann, unfähig, sich in seinem Glücke schweigend zu verhalten:

„Wer hätte das denken sollen! Tschita hierher verkauft! Wir holen uns unser Liebstes aus einem und demselben Harem! Wunderbar!"

„Nur ich nicht!" antwortete Wallert. „Zykyma hat mir nämlich in aller Aufrichtigkeit gestanden, daß sie mich nicht liebt."

„Das ist doch undenkbar!"

„Es ist wirklich so."

„Bist du des Teufels! Sie dich nicht lieben?"

„Ja, sie liebt einen anderen."

„Und das sagst du in so gleichgültigem Tone! Du scherzt natürlich! Liebte sie dich nicht, so würdest du dich hüten, sie mitzunehmen, und sie würde sich ebenso hüten, dir zu folgen."

„Und doch ist es so. Ich nehme sie eigentlich nur Mylords wegen mit."

„Meinetwegen?" fragte der Lord. „Bin ich etwa derjenige, den sie heimlich liebt?"

„Nein, Mylord."

„Nun, ich kann mich auch nicht entsinnen, jemals das Herz eines liebenden Wesens gebrochen zu haben. Warum also sagen Sie, meinetwegen?"

„Sie nannte mir einen Namen, der mich an denjenigen erinnerte, von dem wir bereits einige Male gesprochen haben. Nämlich sie hat einen russischen Offizier kennen und lieben gelernt, der Orjeltschasta heißt."

„Orjeltschasta?" meinte der Lord. „Wunderbarer Name! Man kann die Zunge zerbrechen, indem man ihn ausspricht."

„Dennoch aber ist er für Sie höchst interessant."

„Wieso?"

„Orjel heißt nämlich Adler, und Tschasta heißt Horst."

„Alle Wetter!"

„Zusammen also Adlerhorst."

„Wäre es möglich!"

„Nach dem, was Zykyma mir sagte, scheint er kein Russe, sondern ein Deutscher zu sein."

„Sollte das etwa eine Spur meiner so unerklärlich verschwundenen Verwandten bedeuten? — — — Doch horch! War das nicht soeben ein Hilferuf?"

„Ja, ein Hilferuf aus Frauenmund."

„Sollte etwas passiert sein?"

„Wollen sehen! Schnell, kommt!"

Die Freunde huschten aus der Ecke heraus, nach dem Gebäude zu. Als sie das Gebüsch hinter sich hatten und das Haus nun frei vor ihnen lag, sahen sie das offene Fenster Zykymas hell erleuchtet.

„Dort ist sie nicht," meinte Normann voller Besorgnis.

„Nein," antwortete Wallert. „Sie wird sich hüten, das Zimmer in dieser Weise zu erleuchten, da sie ja fliehen will. Gehen wir also weiter heran!"

Sie eilten näher. Das weiche Gras dämpfte ihre Schritte. Kaum mehr fünfundzwanzig Schritte von dem Gebäude entfernt, sahen sie plötzlich zwei Männer in Zykymas Stube.

„Alle Teufel!" flüsterte der Lord. „Das ist ja der Pascha!"

„Und der Derwisch! Da ist etwas nicht richtig!"

„Der Pascha hat ein Licht in der Hand. Er kommt an das Fenster. Ah!"

Der Pascha war wirklich an das Fenster getreten und hielt das Licht hinaus.

„Beim Teufel!" hörte man ihn sagen. „Da lehnt eine Leiter am Fenster."

Im Nu stand der Derwisch neben ihm und fragte:

„Kam sie zum Fenster herein?"

„Ganz gewiß."
„So war sie im Garten. Was hat sie dort gewollt?"
„Das frage ich dich auch!"

„Sollte etwa dieser verfluchte Hermann Wallert —"
„Bist du wahnsinnig?"
„Was will sie sonst im Garten? Laß schnell nach=
sehen! Vielleicht ist er noch da!"

„Hölle und Verdammnis! Ich würde sie und ihn ersäufen. Ja, eilen wir, um den Garten zu durchsuchen!"

Die beiden Männer sprangen vom Fenster zurück und zum Zimmer hinaus, sodaß dieses nun im Dunkeln lag.

„Der sagt es uns zum Fenster herab, was er thun will," spottete Wallert. „Nun wissen wir ja gleich, woran wir sind!"

„Scherze nicht!" antwortete Normann. „Er hat Zykyma erwischt, wie sich aus seinen Worten entnehmen läßt. Wir hätten wohl noch Zeit, durch das Thor zu entkommen; aber wollen wir die Frauen verlassen?"

„Nein, nein!" sagte der Lord.

„Also hinauf auf den Baum und auf die Mauer!"

Im nächsten Augenblick eilten sie nach der Platane, kletterten diese hinauf und auf dem Aste hinüber zur Mauer. Eben waren sie auf derselben angekommen, da hörten sie auch schon Schritte und Stimmen.

„Sie kommen!" flüsterte der Lord.

„Mögen sie immerhin!" antwortete Normann. „Ich denke, daß wir hier ziemlich sicher sind."

„Wie aber nun, wenn einer von ihnen auf denselben Gedanken kommt, den wir gehabt haben?"

„Sie meinen, daß er auch hinaufklettert?"

„Ja."

„Nun, dann bleibt uns nichts anderes übrig, als ihn herabzuschießen, obgleich —— hm — wir dadurch nicht nur unsere Anwesenheit verraten, was noch gar nicht so sehr schlimm wäre, aber auch Zykyma ins Verderben bringen, da es dann erwiesen ist, daß sie bei uns im Garten war. Wenn es doch ein Mittel gäbe, ihnen das Klettern zu verleiden."

„Ich weiß eins."

„Welches, Mylord?"

„Habe einmal von einem Bärenjäger gelesen, der von dem Bären auf den Baum verfolgt wurde, indem er den Ast — doch sapperment, sie kommen näher. Da giebt es keine Zeit zum Erklären. Bitte, Mister Nor=

mann, wir liegen mit den Köpfen gegeneinander, halten Sie den Ast mit fest, bis einer der Kerle auf den Gedanken kommt, sich drauf zu setzen, um herüber zu kommen."

Der Ast, auf dem Normann und der Lord vom Stamme zur Mauer hinübergeklettert waren, hatte eine beträchtliche Stärke und war vielleicht gegen vier Fuß hoch über der Mauer. Der Lord erhob sich jetzt, faßte ihn an und zog ihn langsam zu sich herab. Normann griff mit zu, und so lagen die beiden, mit den Köpfen gegeneinander auf der Mauer und hielten den Ast fest.

„Guter Gedanke!" flüsterte der Maler.

„Nicht wahr? Ja, ein gescheiter Kerl darf kein Esel sein."

„Kommt einer der Schurken hinauf geklettert, so lassen wir den Ast einfach fahren; er schnellt dann in die Höhe und wirft den Kerl ab, ohne daß dieser weiß, wie es zugegangen ist. Pst! Da sind sie schon und zwar mit Laternen."

Der Lärm, mit dem Ibrahim Pascha und der Derwisch alles alarmierten, war mittlerweile schnell näher gekommen. Weiße und Schwarze, bunt vermischt, hatten eine Linie gebildet, so lang, wie der Garten breit war, und so avancierten sie nun nach der Ecke zu. Da hier der Garten immer enger wurde, so zogen sich die Leute immer näher zusammen und befanden sich bald dicht nebeneinander. Alle trugen die in Konstantinopel so gebräuchlichen Papierlaternen, um das Terrain zu erleuchten, und hatten sich mit allen möglichen Gegenständen bewaffnet, die ihnen in der Eile in die Hände gekommen waren.

Der linke Flügel dieser Heerschar blieb in der Nähe der Platane halten, während sich der rechte nach der Ecke zog, um dort die Büsche zu durchsuchen. In der Mitte aber stand der Pascha und neben ihm der Derwisch.

„Seht genau hinter jeden Strauch!" befahl der erstere und wartete dann schweigend den Erfolg der Nachforschungen ab.

Dieser war allerdings ein sehr negativer. Es wurde nichts gefunden.

„So irren wir uns," meinte der Pascha. „Es ist niemand im Garten gewesen, und Zykyma hat sich nur einen Spaziergang erlaubt."

„Verzeihung, o Pascha!" ließ der Derwisch sich darauf hören. „Wie nun, wenn jemand hier gewesen wäre und sich entfernt hätte? Das ist doch immerhin möglich!"

„Aber nicht wahrscheinlich. Wo sollte die Person denn hin sein?"

„Fort, hinaus."

„Auf welchem Wege?"

„Über die Mauer weg."

„Da hinauf kann niemand."

„Das ist immerhin möglich. Seht hier diesen Baum. Wie leicht ist man da hinauf und hinüber."

„Aber nicht draußen hinab. Die Mauer ist hoch, und unten fließt auch Wasser."

„Das ist richtig; aber Allah giebt mir soeben einen erleuchteten Gedanken. Es kann jemand im Garten gewesen sein, und dieser ist da hinaufgeklettert und hat sich oben hingelegt, um ruhig zu warten, bis wir fort sind."

„Meinst du?"

„Ja. Man sollte doch einmal nachsehen."

„Nun wohlan denn, Omar, klettere hinauf."

Der Genannte, ein schwarzer, dicker Eunuch, legte sogleich die Laterne fort, trat zum Baume, umspannte ihn mit den Armen und versuchte, sich emporzuschieben.

Da die Worte türkisch gesprochen waren, so hatte der Lord sie nicht verstanden. Als er aber jetzt die Bemühungen des Schwarzen sah, flüsterte er Normann zu:

„Dachte es mir. Sie wollen herauf."

„Der Dicke wird es aber nicht fertig bringen."

„Er keucht, pfeift und stöhnt allerdings wie eine Lastzuglokomotive. Bin wirklich neugierig, wie er abrutschen wird."

Der Schwarze kam in der That nicht empor; so oft er ansetzte, rutschte er wieder ab.

„Emin, schiebe mit!" befahl da der Pascha zornig.

Sofort trat der Gerufene herbei und half, auch einige andere folgten ihm, und ihren vereinigten Kräften gelang es denn auch endlich, den Dicken so weit hinauf=
zubringen, daß er den untersten Ast zu ergreifen ver=
mochte. Statt nun aber sich hinaufzuziehen, baumelte der kraftlose Mensch einige Male hin und her, ließ die Hände los und stürzte herab.

Da legte der Derwisch seinen schmutzig weißen, weiten Mantel ab und faßte den Stamm, um hinauf=
zuklettern. Man sah zwar, daß er keine Übung besaß, aber er gelangte doch empor. Atemlos setzte er sich zunächst auf einen Ast, um einige Augenblicke auszuruhen.

„Siehst du etwas auf der Mauer?" fragte ihn ge=
spannt der Pascha.

„Nein."

„Nun, so komm herab!"

„O, ich werde doch hinüberklettern. Niemand wird sich hier herlegen. Befindet sich jemand oben, so ist er weiter fortgerutscht, um nicht sogleich gesehen zu werden."

Der Derwisch hätte bei der geringen Dunkelheit die drei Freunde wohl sehen müssen; bei dem Scheine der Laternen aber befand er sich im Lichte derselben und wurde also von diesem geblendet. Vorsichtig legte er sich auf den Ast und rutschte nach der Mauer zu.

Da flüsterte der Lord: „Er kommt! Lassen Sie bei drei den Ast fahren. Eins — zwei — —"

„Fall' nicht herab!" warnte in diesem Moment Ibrahim.

„Was denkst du, Herr!" antwortete verletzt der Derwisch. „Allah hat mir die Kunst des Kletterns ver=
liehen wie einer Katze. Ich kann unmöglich fallen."

„Drei!" kommandierte soeben der Lord leise.

„Jetzt werde ich die Mauer sehen," fuhr der Kletterer fort, „und dann — o Allah illa Allah we Allah!"

Der so lange Zeit aus seiner ursprünglichen Lage

gewesene Ast schnellte plötzlich mit großer Gewalt empor, daß der Derwisch, der so etwas überhaupt gar nicht vermutet hatte, in die oberen Äste hineingeschleudert wurde, und dann aus dieser Höhe krachend zur Erde stürzte.

„Hui, da fliegt er! Plautz, da plumpst er!" kicherte der Lord leise.

Alle, die Weißen und die Schwarzen, hatten laute Angstrufe ausgestoßen. Erschreckt beleuchteten sie den Derwisch, der sich, trotz seiner Heiligkeit, fluchend am Boden krümmte.

„Hast du etwas gebrochen?" fragte der Pascha besorgt.

„Ich weiß nicht; ich will einmal probieren!" stöhnte der Gefragte, dann rappelte er sich langsam und vorsichtig vom Boden auf. Auf diesen Moment hatte der Lord nur gelauert. Schnell raunte er dem Maler zu: „Jetzt haben sie die Augen bei dem Kerl. Da kann ich es wohl wagen," erhob sich dann blitzschnell, so weit es nötig war, ergriff den Ast und zog ihn rasch zu sich herab.

„So, da haben wir ihn wieder!" frohlockte er dabei. „Erstens ist das gut, falls es noch einem zweiten einfallen sollte, hinüber zu klettern, und zweitens kann man es nun auch nicht bemerken, daß der Ast eine ganz andere Lage hat. Der Kerl hat einen tüchtigen Fall gethan."

„Es geht," antwortete der Derwisch gerade jetzt dem Pascha.

„Danke Allah, daß du keinen Schaden erlitten hast. Es ist nicht gut, wenn man wie eine Katze klettern kann."

„O, ich kann es wohl!" versicherte der Geschädigte auf diese ironische Bemerkung. „Wer aber hätte denken sollen, daß der Ast so plötzlich emporschnellen würde!"

„Emporschnellen würde? Ich habe noch nie gehört, daß Äste sich so nach Gutdünken bewegen können."

„Er bewegte sich aber doch!"

„Ja. Er bog sich allerdings unter dir, und als du stürztest, ging er wieder empor. Das thut aber jeder Ast."

„Nein; er schnellte empor, als ich mich auf ihm

„Hui, da fliegt er! Plautz, da plumpst er!" kicherte
der Lord leise. (Seite 360.)

befand. Darum wurde ich abgeworfen. Er muß sich jetzt viel höher befinden als vorher."

„Da blicke nur hinauf! Er hat noch ganz die frühere Lage. Er liegt gerade auf der Mauer."

Die Laternenträger leuchteten empor, und aller Augen richteten sich nach dem Aste.

„Unbegreiflich!" knurrte der Derwisch. „Ich habe wirklich geglaubt, daß er emporgeschnellt ist."

„Irren ist menschlich! Bist du nun von deiner Ansicht geheilt, daß jemand auf der Mauer ist?"

„Allah verdamme sie und alles, was sich darauf befindet!"

„So willst du nicht wieder hinauf?"

„Lache nur! Ich lasse es bleiben. Mag ein anderer es versuchen!"

„Das ist zwecklos. Gehen wir also! Wir haben besseres und eiligeres zu thun. Vorwärts!"

Die Männer entfernten sich, und bald hörten die drei Freunde ihre Schritte nicht mehr, auch der Lichtschein der Laternen verlor sich allmählich in der Ferne.

„Das war Rettung in der Not!" sagte Wallert aufatmend. „Mylord, Ihr Gedanke war wirklich köstlich!"

„Nicht wahr? Gott sei Dank, ich habe uns gerettet und hoffentlich auch die Frauen, von denen leider nur die Mutter auf meinen Anteil kommt. Aber was thun wir jetzt?"

„Jedenfalls bleiben wir nicht hier oben. Die Lage ist da zu unbequem und exponiert. Kommt man wieder auf den Gedanken, nachzusehen, so findet man uns hier vielleicht doch, während man den Garten wohl nicht zum zweiten Male durchsuchen wird. Dort können wir eher ausweichen und uns verstecken als hier."

„Dumm sind sie aber doch, riesig dumm!"

„Wieso?"

„Daß sie kletterten und nicht auf den einfachen Gedanken kamen, die Leiter herbeizuholen."

„Das ist ebenso richtig wie unbegreiflich. Wir wären sofort entdeckt worden. Na, hinunter also!"

Die Freunde kletterten jetzt hinab und schlichen sich nach der Ecke, um da zu warten, ob sich noch etwas begeben werde.

Aber es blieb alles still. Erst nach längerer Zeit hörten sie die Schritte vieler Männer, die außerhalb der Mauer am Wasser vorüber nach der Stadt zu gingen. Die Wipfel der Bäume, die über die Mauer emporragten, färbten sich zur selben Zeit hell, ein Zeichen, daß diese Leute da draußen Laternen bei sich trugen.

Die drei Männer ahnten nicht, daß es der Pascha mit drei Sänften und deren Träger waren, und daß Zykyma, Tschita und deren Mutter in betäubtem Zustande von ihnen nach dem Schiffe getragen wurden.

Sie warteten noch eine lange Zeit, bis ihnen endlich doch die Geduld ausging und Normann sagte:

„So kommen wir zu keinem Ziele. Entweder ist ein Unglück geschehen, oder die Frauen sind durch einen Zufall am Kommen verhindert. Ich schlage vor, uns hiervon zu überzeugen, obgleich dies vielleicht mit einiger Gefahr verbunden ist."

„Wie sollen wir uns überzeugen?"

„Wir gehen einfach nach dem Hause. Sehen wir, ob die Leiter noch daran lehnt, oder ob wir sie finden."

Rasch schlichen sie sich nun nach dem Gebäude. Das Fenster Zykymas war finster, und die Leiter lehnte nicht mehr daran. Doch fanden sie dieselbe an der Mauer liegen.

„Haltet ihr Wache an den beiden Ecken!" sagte der Maler. „Ich werde hinaufsteigen."

Die beiden entfernten sich sofort nach rechts und links. Normann aber lehnte die Leiter an und stieg hinauf. Das Gitter war wieder von innen vorgesetzt. Glasfenster gab es dahinter nicht. Es mußte also unbedingt gehört werden, wenn sich noch jemand überhaupt in der Stube befand. Darum lauschte unser Freund angestrengt auf jeden verdächtigen Laut, konnte aber nicht das mindeste Geräusch vernehmen, nicht einmal einen Atemzug.

„Tschita!" flüsterte er endlich, sodaß es wohl drinnen, nicht aber auch anderswo gehört werden konnte.

Es erfolgte keine Antwort.

„Zykyma!"

Er hatte denselben Mißerfolg. Da stieg er schließlich hinab, trug die Leiter wieder an ihre Stelle und rief den Gefährten zu:

„Es ist niemand oben. Jedenfalls ist man mißtrauisch geworden und hat die Frauen in anderen Räumen untergebracht. Wir werden heute abend wiederkommen müssen."

„Wie mag es nur geschehen sein, daß man Zykyma erwischt hat?" entgegnete Wallert.

„Wer weiß es!"

„Wie, das sagst du so ruhig? Ich habe eine ganz entsetzliche Angst. Vorhin gingen so viele Leute an der Mauer vorüber. Wie nun, wenn man die Frauen fortgeschafft hat?"

„Wohl schwerlich! Wohin sollte man sie gebracht haben?"

„Ins Wasser — ersäuft!"

„Pah! Das kommt wohl gar nicht mehr vor, und dann auch nur bei einem offenbaren Beweise der Untreue, der hier aber nicht vorhanden ist."

„Man könnte sie auch infolge gefaßten Mißtrauens nach dem Palaste des Paschas übersiedelt haben."

„Das halte ich eher für möglich."

„Dann ist es aus mit der Entführung."

„Oho, ich gebe die Hoffnung auch in diesem Falle noch nicht auf! Der brave Arabadschi, unser Verbündeter, kennt ja unsere Wohnung und wird uns sicherlich Nachricht bringen."

„Vielleicht ist er eben so erwischt worden wie Zykyma."

„Hm! Du hast nicht so unrecht. Ich werde mich am Morgen, sobald es möglich ist, hier erkundigen."

„Und dabei den Verdacht auf dich lenken!"

„O nein; das werde ich zu verhüten wissen. Jetzt

aber graut bereits der Morgen. Wir müssen uns also aus dem Staube machen, wenn wir unentdeckt bleiben wollen."

„Der Kuckuck hole die Hindernisse, die es bei so einer Entführung giebt!" zürnte der Lord. „Es ist das gar nicht so leicht, wie ich es mir gedacht habe."

Die Freunde gingen nunmehr bis an die Mauer und schlichen sich längs derselben hin bis an das Thor. Es gelang ihnen glücklich, dieses zu öffnen und draußen wieder hinter sich zu verschließen, ohne bemerkt zu werden. Dann verließen sie den Ort des heutigen, so viel verheißenden und doch so erfolglosen Abenteuers.

Erst in weiter Entfernung blieben sie stehen, um zu beraten, ob es besser sei, nach der Jacht zu gehen oder nach der Wohnung der beiden Freunde. Sie entschlossen sich endlich für das erstere. Da eben, als sie das kleine Schiff erreichten, dampfte ein Passagierboot an demselben vorüber. Es fiel ihnen aber nicht ein, zu vermuten, daß die Gesuchten sich an Bord desselben befinden könnten. Darum legten sie sich für kurze Zeit zur Ruhe, und zwar Normann mit dem Befehle an die Bedienung, ihn zeitig zu wecken.

Es war schon ziemlich weit am Morgen, als letzterer sich vom Lager erhob. Die beiden anderen Freunde schliefen noch. Kameradschaftlich ließ er ihnen die Botschaft zurück, wohin er jetzt gehe, und begab sich hinaus nach dem Schauplatze ihres gestrigen Erlebnisses. Es war nicht zu früh für sein Vorhaben.

Am Thor angekommen, setzte er entschlossen den hölzernen Klopfer in Bewegung. Ein Schwarzer kam und öffnete.

„Was willst du?" fragte er.

„Ist Ibrahim Pascha, der Herr, schon hier?"

„Nein."

„Wer führt hier das Regiment?"

„Der Verwalter."

„So geleite mich zu ihm."

„Wer bist du?"

„Ein Bote, an ihn gesandt wegen einer wichtigen Sache."

Das half. Er durfte jetzt eintreten und wurde zu demselben finsteren Hausbeamten geführt, der Tschita bei ihrer Ankunft empfangen hatte.

„Wer sendet dich?" fragte der Mann.

„Barischa, der Mädchenhändler."

„Dieser alte Hallunke! Was will er?"

„Ich soll zunächst nach dem Bilde der Sultana Tschita fragen. Es ist noch nicht vollendet. Vielleicht wünscht der Pascha, daß es fertig gemacht werde."

„Da mußt du später wiederkommen. Der Pascha ist plötzlich verreist."

„Wohin?"

„Das hat er keinem Menschen gesagt."

„Wann kommt er wieder?"

„Wohl nicht in kurzer Zeit, denn er hat Zykyma und Tschita, seine Lieblingsfrauen, mitgenommen."

Normann erschrak außerordentlich. Wie sich denken läßt, gab er sich nunmehr Mühe, mehr zu erfahren, mußte aber bemerken, daß der Verwalter wirklich selbst gar nichts weiter wußte. Er ging daher schließlich, nahm in seiner Herzensangst an dem nächsten Orte, wo Reittiere zu haben waren, einen Esel und ritt nach Pera über die Brücke hinüber und zum Palaste Ibrahim Paschas, um sich auch dort, wo er sich für den Boten eines hohen Beamten ausgab, zu erkundigen. Doch er erfuhr auch hier nur, daß der Pascha während der Nacht mit einem Dampfer abgereist sei.

Nun erst kehrte er nach der Jacht zurück, um die schlimme Nachricht dorthin zu bringen. Er war mit Ungeduld erwartet worden. Der Lord und Wallert traten ihm voller Spannung entgegen.

„Was hast du erfahren?" fragte Wallert.

„Unerfreuliches! Sie sind fort."

„Der Pascha, ja; aber doch nicht etwa auch die Frauen?"

„Alle drei: Zykyma, nebst Tschita und deren Mutter."

„Herrgott! Welch ein Unglück!"

„Wüßte man nur, wohin der Kerl ist! Ich jagte ihm nach bis ans Ende der Welt!"

„Da wissen wir beide vielleicht Antwort. Nämlich, als ich aufwachte — du warst eben fort — wußte ich nicht, was uns heute nötig sein werde und ging nach Hause, um wenigstens Geld zu holen. Da hörte ich von der Wirtin, daß am frühen Morgen ein großer, starker und vornehmer Türke gekommen sei und diesen Brief für uns abgegeben habe. Ich öffnete ihn. Da ist er!"

Normann griff schnell nach dem Billet und las folgendes:

„Sie teilten mir gestern mit, daß Sie irgend eine interessante Angelegenheit bei Ibrahim Pascha zu ordnen hätten. Sollte Ihr Vorhaben erfolglos gewesen sein und wünschen Sie die Adresse dieses Mannes zu er=

fahren, so teile ich Ihnen mit, daß er inkognito nach Tunis ist, um dort unter dem Namen eines einfachen Türken aufzutreten.

Ihr Freund
Oskar Steinbach."

"Dieser geheimnisvolle Deutsche! Er also weiß es und teilt es uns mit! Ist er denn allwissend?"

"Fast scheint es so. Wollen wir ihm vertrauen?"

"Natürlich. Übrigens werde ich sofort nach dem alten Kutschu Piati gehen, wo wir uns nach ihm beim Pferdeverleiher Halef erkundigen sollen! Dann wird sich finden, was zu thun ist."

"Was zu thun ist?" meinte der Brite verwundert. "Das ist doch sehr einfach. Wollt ihr eure Mädel haben?"

"Natürlich, natürlich!"

"Nun, und ich die Mutter! Ich gebe sie nicht her. Mister Wallert, laufen Sie also nach Ihrer Wohnung und holen Sie alles, was Sie beide besitzen. Sie, Mister Normann, aber gehen zum Pferdeverleiher, um sich nach diesem Mister Steinbach zu erkundigen. Ich werde indessen Kohlen einnehmen lassen."

"Wollen Sie fort?"

"Das wird sich finden. Laufen Sie nur!"

Die beiden, die sich in einer wirklich fieberhaften Aufregung befanden, gehorchten ihm. Normann nahm abermals einen Mieteesel und ritt nach Kutschu Piati, wo er das Haus des Pferdeverleihers bald erforschte. Er fand ihn daheim und fragte nach Steinbach.

"Heißen Sie Normann oder Wallert?" erkundigte sich der Gefragte.

"Normann?"

"So habe ich Sie erwartet."

"Wieso?"

"Oskar Steinbach Effendi sagte mir, daß vielleicht einer der beiden Genannten kommen werde, um sich nach ihm zu erkundigen. Ich soll Ihnen Auskunft geben."

„Das ist mir sehr lieb. Ich wünsche nämlich seine Wohnung zu erfahren."

„Die dürfte ich Ihnen auf keinen Fall mitteilen. Übrigens befindet er sich auch nicht mehr in Stambul. Er ist heute früh abgereist."

„Donner! Wohin?"

„Weiß es nicht."

„Etwa nach Egypten?"

„Nein. Dorthin, nach Alexandrien, hat er allerdings telegraphiert, daß er sich nach einer anderen Gegend begiebt. Ich kann und darf weiter nichts sagen, soll Sie aber ersuchen, ganz nach den Zeilen zu handeln, die er Ihnen geschrieben hat. Sie enthalten die Wahrheit. Er ist gut unterrichtet."

„Danke!"

Damit schoß Normann zur Thür hinaus und ritt an das Wasser zurück, um schleunigst dem Engländer alles mitzuteilen, was er erfahren hatte. Bald kam auch Wallert mit einigen Lastträgern, die die Habseligkeiten der Freunde brachten.

„Haben Sie Ihre Pässe bei sich?" fragte ihn der Lord.

„Sie sind hier bei den Effekten," antwortete Wallert.

„So tragen Sie diese Papiere schnell zu Ihrem politischen Vertreter, um sie nach Tunis visieren zu lassen."

„Alle Wetter! Wollen Sie etwa da hinüber?"

„Das versteht sich. Auch ich werde zum englischen Gesandten gehen. Der Kapitän ist bereits nach dem Hafenamt, um die Schiffspapiere in Ordnung zu bringen. Nach Verlauf von drei Stunden geht es fort."

Und als die Freunde einander fragend anblickten, fügte er hinzu:

„Na, vorwärts! Nur nicht gezaudert! Ich will den Pascha haben! Ich muß wissen, woher er die Uhr hat, und ich will auch über den Russen Er — Or — Ur — —"

„Orjeltschasta!"

„Ja, Orjeltschasta, ein mehreres erfahren. Hier ist

uns die Entführung aus dem Serail mißglückt, drüben in Tunis aber soll sie uns gelingen, so wahr ich Lord Eagle=nest heiße! Also flott, Gentlemen, flott!"

Nach drei Stunden dampfte die Jacht ab. Auf dem Verdecke stand zwischen den beiden Deutschen der Lord, jetzt wieder in seinem grauschwarz karrierten An= zuge. Er zeigte die zuversichtliche Miene eines Mannes, der überzeugt ist, daß das, was er beabsichtigt, unbedingt gelingen werde. —

13. Kapitel.

Über die spärlich mit Gras bewachsene Steppe, die zwischen Tastur und Tunkra im Süden der Hauptstadt Tunis sich ausbreitet, ritten drei Reiter. Die Reihen= folge, die sie einhielten, ließ vermuten, daß der eine der Herr von ihnen sei, denn er ritt voran, während die beiden anderen ihm folgten.

Es war eine hochgewachsene, breitschultrige Gestalt, der die weiße, leichte Wüstenkleidung außerordentlich gut zu dem hellen, dunkeläugigen Gesicht stand. Aber gerade aus dieser hellen Färbung des Gesichtes konnte man schließen, daß er eigentlich wohl kein Bewohner der Wüste sei.

Dennoch saß er leichter, sicherer und eleganter zu Pferde, als seine beiden Begleiter und war auch bei weitem besser bewaffnet und beritten als sie. Er ritt nämlich eine Stute von jener eigentümlichen grauen Färbung, die man nur unter den Nachkommen desjenigen Pferdes, dessen sich der Prophet Muhammed am liebsten bediente, findet.

Man erzählt sich nämlich, daß der Prophet, als er noch sehr wenig Anhänger hatte, in ein arabisches Zelt= dorf kam, um sich ein Pferd zu kaufen. Er wurde nach dem Weideplatz geführt, und als er dort ankam, scheuten alle Pferde, als ob sie von seiner Herrlichkeit geblendet seien. Nur das einzige graue unter ihnen kam herbei und beugte seine vorderen Kniee vor dem Gesandten Allahs, um ihn anzubeten. Der aber stieg sofort auf und sagte:

„Gesegnet sei dieses Roß! Es soll den ersten Diener Gottes tragen, und verflucht sei derjenige, der an seinen Nachkommen einen Fehler findet!"

Seit jenen längst vergangenen Tagen tragen alle Abkömmlinge dieses Pferdes die graue Farbe, sie werden heilig gehalten, nur selten, und dann zu außerordentlich hohen Preisen, verkauft, und auf ihre Zucht verwendet man solche Sorgfalt und Mühe, daß ihr Stammbaum niemals einen Makel zeigt.

Der Reiter, der sich durch den Besitz dieser teuren Stute auszeichnete, trug an dem Riemen über der Schulter ein kostbares Doppelgewehr mit Kammer, und im Gürtel neben den beiden mit Silber ausgelegten Pistolen noch zwei Revolver von sehr guter Arbeit. Außerdem ein Dolchmesser, dessen Griff aus den zwei polierten Schnabel= hälften des Vogels Strauß zusammengesetzt war — eine Bewaffnung, die nichts zu wünschen übrig ließ.

Die beiden anderen ritten gewöhnliche, aber auch sehr gute Berberrosse. Der eine von ihnen, ein hagerer, dunkelbärtiger und glutäugiger Mann, war ganz sicher ein Beduine, ein Bewohner der Wüste. Die Haut war von der Sonne und den erstickenden Wüstenwinden so hart und dunkel gegerbt wie Sohlenleder, und sein Gesicht hatte jenen still fanatischen Ausdruck, den man nur bei den in der Wüste wohnenden Anhängern des Islam beobachtet. Bewaffnet war er mit einem Messer und einer langen, dünnen Araberflinte. Er saß in jener Haltung im Sattel, aus der man sicher schließen kann, daß der Reiter mehr auf dem Kamele als auf dem Pferde zu Hause ist.

Sein Nachbar war ganz gewiß auch ein Moslem, aber wohl ein Städtebewohner, ein Maure. Diese

Mauren werden von den eigentlichen Beduinen verachtet, da sie mit Christen und Juden umgehen und überhaupt kein so strenges, abgeschlossenes Leben führen wie die eigentlichen Bewohner der Sahara.

Er war noch ziemlich jung, dabei fleischig gebaut und saß so in dem arabischen Sattel, als ob es ihm viel lieber gewesen wäre, sich auf einem weichen Diwan niederzustrecken und eine Pfeife Tabak dazu zu rauchen. Gekleidet war er wie ein gewöhnlicher, nicht wohlhabender Städtebewohner, und die vielen kleineren und größeren Gegenstände, die er am Sattel und an sich selbst hängen hatte, ließen vermuten, daß er wohl der Diener des voranreitenden Herrn sei.

Und so war es auch. Er war der Diener, und der andere war der Führer, den der in diesen Gegenden unbekannte Herr gemietet hatte.

Einer, der in den letzten Wochen oder Monaten in Konstantinopel gewesen wäre, hätte in dem Gebieter dieser beiden sofort den Deutschen erkannt, der sich dort unter dem Namen Oskar Steinbach aufgehalten hatte.

Im Westen hatten sich Wolken auf den zwischen den beiden Flüssen Thissa und Khalad liegenden Bergen niedergelassen. Die Luft war sehr schwül, der Himmel hatte sich über jenen Höhen schwarz gefärbt, fast als ob ein Gewitter zu erwarten sei, in jenen Gegenden eine große Seltenheit.

Und wirklich, jetzt zuckte es hell aus den dunklen Wolken hernieder, und dann rollte ein lang gedehnter, grollender Donner über die Steppe hinweg.

„O Allah!" rief der Diener, mit der Hand nach der Stirn und nach dem Herzen greifend. „Wenn uns der Blitz erschlägt, so sind wir tot!"

Der Führer warf ihm einen stolzen, mitleidigen Blick zu und antwortete:

„Du bist feig wie der Schakal unter dem Staube der Ruinen! Dein Herz hat kein Blut."

„Oho! Ich habe Mut! Wer aber kann sich gegen den Donner wehren! Du etwa?"

„Ja. Kennst du nicht die Gesetze des Propheten?"

„Ich kenne sie."

„So mußt du wissen, daß Allah mit der Stimme des Donners an die Thür unseres Herzens klopft, um anzufragen, ob wir rechten Glaubens sind. Der Gläubige kniet bei dem dritten Donnerschlage auf die Erde nieder und betet die einhundertste Sure des Korans, die ja die ‚Klopfende' genannt wird. Dann hat Allah seinen Glauben erkannt, und es wird ihn nicht der Strahl des Blitzes treffen."

„Der Blitz fährt dennoch hin, wo er will! Wenn er mich hier trifft und tot vom Pferde wirft, so hat mir all mein Glaube nichts geholfen. O Allah — Allah!"

Er fuhr erschrocken zusammen, denn ein zweiter Donnerschlag war noch stärker erfolgt als der erste.

„Du bist ein Ungläubiger!" zürnte der Führer. „Die Hyänen werden einst deinen Leib aus dem Grabe scharren, und deine Seele wird verdammt sein, in der Hölle Feuer zu fressen und Flammen zu trinken in alle Ewigkeit!"

„Darum werde ich mich hier auf Erden dazuhalten, süße Datteln zu essen und Kaffee zu trinken, so lange ich lebe — Schau — da! Welch ein Schlag!"

Es donnerte zum dritten Male. Der Diener beugte den Kopf fast bis auf die vordere Sattellehne hinab, als ob er den tödlichen Blitz über sich hinweggehen lassen wolle. Der Führer aber, fest an den Satzungen und Geboten seines Glaubens haltend, hielt sein Pferd an, stieg ab, kniete so nieder, daß sein Gesicht nach Osten gegen Mekka blickte, und betete laut und ernst.

Dann erhob er sich und stieg wieder auf.

Steinbach hatte sein Gesicht auch nach Osten gewandt und in stillem Ernst das Gebet des Führers mit angehört. Das gefiel diesem.

„Siehst du, daß der Herr die Gebete des Korans

sehr wohl kennt?" sagte er zu dem Diener. „Ihn wird der Strahl des Blitzes nicht treffen."

„Aber wohl mich?"

„Ja, denn du bist ein Schwachgläubiger!"

Sie hatten ihre Pferde wieder in Bewegung gesetzt. Steinbach wandte sich jetzt halb zurück, deutete nach den wolkenumhüllten Höhen und sagte:

„Dort oben wird es regnen, hier aber nicht. Wir sind nun außer Gefahr."

Da nickte der Diener befriedigt vor sich hin und sagte leise:

„So wird mich also der Blitz nicht treffen. Aus Freude darüber will ich einmal trinken."

Dann nahm er eine große, in Leder eingenähte Flasche, die am Sattelknopfe hing, herauf, öffnete sie und that einen langen, langen Zug.

„Hund!" brummte der Führer zornig.

„Wie nennst du mich? Einen Hund?"

„Ja, und wenn du Mut hättest, würdest du mich wegen dieser Beleidigung ermorden!"

„O, ich morde nicht gern! Man begiebt sich dabei in die Gefahr, selbst getötet zu werden. Aber wenn ich trinke, bin ich deswegen noch kein Hund!"

„Du bist einer, denn was du trinkst, ist nicht Wasser."

„Was denn? Hast du es gesehen?"

„Ich rieche es. Es ist Wein, den Muhammed verboten hat."

„Es ist nicht Wein, sondern Wasser der Freude, das man aus den Trauben gepreßt hat."

„Wasser der Verdammnis!"

„Warum hätte denn der Herr dieses Wasser mitgenommen, wenn sein Genuß verboten ist?"

„Als Arznei. Weißt du nicht, daß man den Wein genießen darf, wenn man krank ist? Aber wenig, einen Schluck nur, und dann muß man dabei die Worte sagen: ‚O Allah, gieb mir Gesundheit, und entferne den Teufel der Krankheit!' Du aber bist nicht krank und hast diese

Flasche fast ausgetrunken. Merkst du nicht, daß du im Sattel wankst?"

„Ich? Wanken? Nicht ich, sondern mein Pferd taumelt! Deine Augen sind mit Blindheit geschlagen, so daß du das Pferd für den Reiter hältst. Trinke einmal mit! Du bist krank und wirst dann wieder sehend werden."

„Allah behüte mich!"

„So will ich für dich trinken, denn die Wohlthat, die man seinem Nächsten erweist, wird am Tage des Gerichts zehnfach angerechnet werden."

Er that abermals einen langen Zug, obwohl er allerdings bereits, wie der Führer ganz richtig gesagt hatte, wankte, denn er war als Muhammedaner den starken, levantinischen Wein nicht gewöhnt.

Die bis jetzt fast leere Steppe zeigte nach und nach

einige Büsche. Drüben rechts zogen sich dunkle Streifen am Horizont hin, als ob sich da ein Wald befinde. Steinbach deutete hinüber:

„Ist das dort der Fluß?"

„Ja, Herr. Man nennt ihn Silliama, weil er in dem Thale fließt, das diesen Namen trägt. Wir aber müssen hier links in die Steppe biegen. Die Medscherdah=Araber, zu denen du willst, haben dort ihre Lagerstätten."

„Wann werden wir zu ihnen gelangen?"

„Wenn sie das Lager nicht in der letzten Zeit verändert haben, sind wir in zwei Stunden bei ihnen."

Sie bogen nunmehr in die angedeutete Richtung ein, und da Steinbach seinem Pferde die Ferse fühlen ließ, kamen sie viel rascher vorwärts als vorher.

Die Steppe belebte sich mehr und mehr mit Grün. Die einzelnen Büsche traten zu größeren Gruppen zusammen, ein sicheres Zeichen, daß es hier Wasser gab. Sie erreichten auch ziemlich bald einen Bach, über den Steinbachs graue Stute mit großer Leichtigkeit hinwegsetzte. Der Führer folgte ihm ebenso leicht. Da mußten die beiden anhalten, denn hinter ihnen hatte der Diener soeben einen Ruf des Schreckens ausgestoßen.

„O Allah! Hilfe, Hilfe!"

Sein Pferd stand neben demjenigen des Führers; der Sprung war ihm ganz gut gelungen; aber der Reiter war nicht an das andere Ufer gekommen, sondern saß im Wasser, das zum Glück nicht tief war.

Wunderbarer Weise regte er sich gar nicht, sondern blieb ruhig in den Wellen sitzen, obgleich diese ihm bis hinauf an das Kinn gingen. Der Führer zuckte verächtlich die Achseln und sagte kein Wort.

„Was fällt dir ein!" zürnte Steinbach. „Du hast doch gesagt, daß du reiten kannst!"

„Ich kann es auch, Herr!" versicherte der Verunglückte.

„Bist aber doch abgefallen!"

„Das Pferd sprang verkehrt."

„Bist du beschädigt?"

„Ja."

„Wo denn?"

„An den Kleidern. Sie sind ganz naß."

„Das versteht sich von selbst. Ich meine, ob du etwas gebrochen hast."

„Ich glaube nicht."

„So stehe doch auf und komm heraus!"

„O, Herr, das wage ich nicht."

„Warum nicht?"

„Hier sitze ich in Sicherheit; aber wenn nun weiterhin das Wasser tiefer wird, so ersaufe ich, und kein Allah und kein Prophet wird mich wieder lebendig machen."

„Aber ich werde Leben in dich bringen, und zwar sogleich. Paß einmal auf."

Steinbach hatte diesen Menschen in Tunis gemietet, weil ihm das muntere Wesen desselben gefallen hatte. Bald aber war er zu der Überzeugung gekommen, daß er sich eine Art von Taugenichts engagiert hatte, und behandelte ihn infolgedessen auch danach. Er drängte sein Pferd an das Ufer und zog die Nilpferdpeitsche aus der Sattelschlinge.

„Siehe, hier diese wirst du kosten, wenn du nicht sofort aus dem Wasser kommst!"

„O, Herr, willst du einen Anhänger des Propheten schlagen?" jammerte der Bedrohte.

Steinbach holte aus.

„Ja. Eins — zwei — und drei — —!"

Im Nu schnellte der Diener empor und an das Ufer.

„So! Dieses Mittel scheint probat zu sein!" lachte Steinbach. „Ich werde es nicht vergessen. Steige auf!"

„Herr, erlaube, daß ich mich vorher ausziehe, um meine Kleider auszuringen, sonst ersaufe ich noch im Sattel."

„Steig' nur auf! Das Wasser wird abtropfen, und dir scheint das Bad und die Abkühlung notwendig zu sein."

Der Diener krabbelte sich notgedrungen auf, und der unterbrochene Ritt wurde fortgesetzt.

Da Steinbach auch jetzt voranritt und der Durch=

näßte sich sicher fühlte, nicht bemerkt zu werden, hob er die Flasche wieder empor und machte sie vollends leer. Da konnte der Führer sich nicht enthalten, zu fragen:

„Was wirst du aber sagen, wenn der Herr bemerkt, daß die Flasche leer ist?"

„Sie hat ein Loch, sie ist ausgelaufen."

„Ja, oben! Halte dich nur fest, sonst fällst du wieder ab!"

Plötzlich hielt Steinbach sein Pferd an, deutete in die Höhe und fragte:

„Siehst du den Punkt da oben? Was ist das?"

Der Führer beschattete sein Gesicht mit der Hand, suchte den Punkt mit seinem scharfen Auge und antwortete:

„Herr, das ist ein Falke."

„Er scheint näher zu kommen. Ich werde versuchen, ihn mit der Kugel herabzuholen."

„Nein, das wirst du nicht!"

„Du meinst, daß ich ihn nicht treffe?"

„O nein, du würdest ihn wohl treffen, denn ich habe heute vormittag gesehen, daß du besser schießt als alle, die ich kenne. Aber diesen Vogel darfst du nicht treffen, denn er ist nicht dein Eigentum."

„Ein Raubtier gehört keinem Menschen."

„Dieser Falke ist kein Raubtier; er ist nicht frei, er gehört einem Herrn, der ihn dressiert hat."

„Ah! Meinst du, daß wir da einer Falkenjagd entgegenreiten?"

„Ganz gewiß. Ein dressierter Falke ist sehr leicht von einem wilden zu unterscheiden. Wir werden Arabern begegnen, die sich auf einer Gazellenjagd befinden. Der Falke steigt empor; bemerkt er eine Gazelle, so stößt er auf sie herab, faßt sie mit den Krallen in der Nähe des Kopfes und hackt ihr die Augen aus, sodaß sie nicht sieht, wohin sie flieht. Dann wird sie von den Jägern sehr leicht erreicht und getötet."

„Das muß ich sehen!"

Die Jagdlust war plötzlich über Steinbach gekommen

Eine Gazellenjagd mit Hilfe des Falken! Er spornte also sein Pferd an, jagte im Galopp davon, und die beiden andern sprengten hinter ihm her.

Der Diener hatte alle Mühe, sich im Sattel zu halten. Er ächzte und stöhnte, er wetterte und fluchte. Er wäre wohl zurückgeblieben, aber sein Pferd war gescheiter als er und hielt sich wacker neben demjenigen des Führers.

Jetzt stieg das Terrain ein wenig an, und dann fiel es wieder sanft ab. Als die Reiter die kleine Höhe erreichten, sahen sie vor sich eine ziemlich weite, hier und da mit Büschen bewachsene Ebene. Ganz hinten bewegten sich Reiter zwischen dem Gesträuch; vorn aber erblickten sie zwei riesige Vögel, die mit der Eile des Sturmwindes ihnen entgegenflogen.

„Ah! Zwei Strauße!" rief Steinbach erfreut.

Er hatte sein Pferd angehalten; der Führer hielt neben ihm und bestätigte:

„Ja, zwei Strauße! Es ist Mann und Weib. Sie haben uns nicht gesehen. Halte du dich rechts, und ich reite links. Wir müssen sie haben."

Der Führer nahm seine lange Flinte vom Rücken und jagte nach links hinüber. Steinbach griff nach seiner Doppelbüchse und ritt nach rechts. Dort postierte er sich hinter ein Gesträuch, um von den fliehenden Vögeln nicht bemerkt zu werden.

Diese kamen näher, verfolgt von mehreren glatthaarigen Windhunden, hinter denen, so schnell deren Pferde vermochten, eine ganze Schar Beduinen folgte.

Steinbach hob die Büchse empor. Er sah, daß das Straußenmännchen gerade auf ihn zukam. Der Vogel näherte sich in riesigen Sprüngen. Jetzt war er vielleicht noch hundertundfünfzig Fuß von dem Deutschen entfernt. Da ertönte hoch oben in der Luft ein schriller, pfeifender Schrei, und im nächsten Augenblick stieß der Falke auf das Weibchen nieder und erfaßte es bei dem langen Halse, um den Vogel ganz so zu behandeln, wie er es bei den

Gazellen gewohnt war. Hier aber hatte er sich geirrt, denn der Strauß besitzt Riesenkräfte, sein Hals ist beweglich wie der Leib einer Schlange, mit seinem starken Fuße kann er einen Menschen, wenn er ihn richtig trifft, erschlagen, und sein Schnabel ist eine Waffe, vor der man sich fast noch mehr in acht zu nehmen hat.

Das Weibchen blieb stehen und verteidigte sich gegen den viel kleineren, aber desto gewandteren Falken. Es war ein so interessanter Kampf, daß Steinbach kaum die Augen davon abwenden konnte und vielleicht das Männchen vergessen hätte, wenn ihn nicht ein Geräusch auf dasselbe aufmerksam gemacht hätte.

Dieses befand sich jetzt zwischen zwei weit auseinanderstehenden Büschen. In der nächsten Minute mußte es verschwunden sein. Steinbach hielt daher sofort auf die Stelle, wo der Hals aus dem Körper tritt und drückte ab. Da machte der Vogel eine blitzschnelle Seitenwendung, ließ den hoch erhobenen Hals fallen, hielt im Laufe inne, taumelte kurz hin und her und stürzte nieder.

Der Schütze ritt schnell zu ihm hin. Er hatte sehr gut getroffen. Der Vogel war tot.

Nun wandte Steinbach sich dem anderen Strauße zu und hatte abermals ein höchst interessantes Schauspiel vor sich. Der Falke hatte nämlich den Strauß fahren lassen, sich erhoben und war dann zum zweiten Male herabgestoßen, um ihn weiter oben, hart am Kopfe, zu fassen. Das war ihm gelungen, und nun versuchte er, vor den Hieben des gewaltigen Schnabels sicher, dem Strauße mit dem seinigen eine Wunde beizubringen. Aber das wollte ihm nicht glücken, denn die Straußin warf den Kopf so schnell nach allen Richtungen, daß der Falke seinen Schnabel gar nicht gebrauchen konnte und sich nur festhalten mußte, um nicht abgeschleudert zu werden. Dabei machte der riesige Vogel die abenteuerlichsten Sprünge, vor- und rückwärts und zur Seite, und zwar so schnell, daß man ihnen kaum mit dem Auge folgen konnte.

Der Führer war unterdessen von seinem Pferde ge-

Oskar Steinbach in der Wüste. (Seite 379.)

stiegen und stand mit erhobener Flinte gar nicht weit von dem Schauplatze dieses Kampfes. Aber er wagte nicht zu schießen, denn er hatte kein festes Ziel und befürchtete, den Falken zu treffen. Steinbach war ein besserer Schütze. Auch er sprang ab und legte an. Im nächsten Augenblick krachte sein Schuß, der Strauß machte einen ungeheuren Luftsprung und stürzte nieder.

„Das war ein kühner und guter Schuß, Herr!" rief der Führer. „Ich hätte dieses Straußenweibchen nicht erlegt. Wo aber ist das Männchen?"

„Da drüben liegt es. Ah, sie sind da!"

Steinbach hatte sich nach dem zuerst erlegten Vogel umgewandt. Sein Ausruf galt mehreren in weite, weiße Beduinenmänteln gehüllten Reitern, die dort hielten und jetzt herbeikamen. Andere nahten von den Seiten her. Es zeigte sich, daß die Beduinen in Verfolgung ihres Wildes einen weiten Halbkreis gebildet hatten, der sich hier eng zusammenzog.

An ihrer Spitze ritt ein langer, starker, sonnenver= brannter Araber. Er trug kein sich besonders auszeichnen= des Gewand. Um seine Hüfte lag ein einfacher Kamelstrick, und ebenso einfache Schnuren, aus Dattelfasern gedreht, waren auch um seinen riesigen Turban gewunden. Aber die Flinte in seiner Hand zeigte eine vorzüglich ausgelegte Arbeit, und die Schimmelstute, die er ritt, war von der reinsten Rasse. Dieser Mann war trotz seiner einfachen Kleidung sicherlich reich.

Er hielt seinen Schimmel vor Steinbach an, be= trachtete ihn mit finster blickenden Augen und fragte:

„Wer bist du?"

„Ein Fremder."

„Das sehe ich. Wärst du nicht ein Fremder, würde ich dich kennen. Wie lautet dein Name?"

Steinbach hatte keine Lust, sich in dieser Art und Weise ausfragen zu lassen. In der sehr richtigen Ansicht, daß schon die erste Begegnung darüber entscheidet, ob ein

Fremder von diesen Halbwilden geachtet wird oder nicht, antwortete er sehr ruhig:

„Noch kenne ich den deinigen nicht!"

„Allah hat dir den Verstand genommen! Du meinst, daß ich dir meinen Namen sagen müsse, um den deinigen zu erfahren?"

„Ja, das meine ich."

„Wer bist du, daß du das zu sagen wagst! Wisse, daß ich der Herr und Gebieter dieses Bodens bin, Herr über Tod und Leben, auch über das deinige!"

„Du irrst! Mein Leben gehört Allah und mir. Er hat es mir gegeben, und ich werde es mir zu erhalten wissen, bis er es von mir fordert."

Die Beduinen hatten unterdessen einen weiten Kreis geschlossen. Darauf gespannt, wie diese Unterredung enden werde, waren ihre Augen mit Begierde auf die Waffen Steinbachs gerichtet. Der Wüstenbewohner ist ein geborener Räuber, und nur der ist bei ihm sicher, der es verstanden hat, seine Gastfreundschaft zu erlangen.

„Du bist sehr stolz," fuhr der Araber zornig fort. „Ich habe es nicht nötig, mich mit dir zu streiten. Hier ist einer, den ich kenne. Der wird mir antworten müssen."

„Wer ist dieser Mann?" frug er den Führer.

„Ich weiß es nicht. Er bezahlt mich, und ich führe ihn. Was geht mich sein Name an! Frage ihn selbst!"

„Wohin sollst du ihn bringen?"

„Zu dir."

„Wie? Er hat nach mir verlangt? Nach dem Scheik der Krieger vom Stamme der Medscherdah?"

„Ja."

Als Steinbach das hörte, sagte er:

„Wenn du der Scheik der Medscherdah bist, so bin ich bereit, dir zu antworten."

„Du hattest mir schon vorher zu antworten."

„Nein. Ich befand mich vor dir an diesem Platze, und wer an einen Ort kommt, an dem sich bereits andere befinden, der hat den Gruß zu sagen. Du aber grüßtest nicht. Wie kann ich dir da antworten?"

„Du sprichst so stolz, als seiest du ein Scheik!"

„Das bin ich auch!"

„Das bezweifle ich! Wärest du ein Scheik der Beduinen, so würdest du die Gesetze der Stämme, des Bodens und der Jagd kennen. Wir haben diese Vögel aufgestört, wir haben sie verfolgt, sie gehören uns, du aber hast sie uns weggenommen."

„Du irrst. Ich habe sie nicht weggenommen; ich habe sie nur getötet. Sie sind dein."

„Wie?" fragte der Scheik erstaunt. „Du willst sie an mich abtreten?"

„Ja."

„Und hast sie doch erlegt!"

„Ich brauche ihre Federn nicht. Du bist der Herr dieses Bodens; was sich darauf befindet, ist dein Eigentum, dieses Wild also auch."

„Allah! Das hat noch niemals einer gethan! Du mußt aus einer fernen Gegend kommen."

„Das ist richtig. Ich komme sehr weit her."

„Und zu mir! Was willst du bei mir?"

„Ich will nicht eigentlich zu dir, sondern zu einem anderen, von dem ich hörte, daß er dein Gast sei."

„Wen meinst du?"

„Krüger Pascha, den Hauptmann der Leibgarde des Bei von Tunis. Befindet er sich bei dir?"

„Ja. Hier ist er."

Der Scheik deutete bei diesen Worten auf einen Reiter, der sich bisher seitwärts gehalten hatte. Dieser Mann war von kurzer, starker Gestalt. Sein Gesicht war hochrot wie das eines Gewohnheitstrinkers, trug aber eine ganz außerordentliche Gutmütigkeit zur Schau. Er saß auf einem Vollblutrappen und hatte auch den weißen Beduinenmantel überhängen; aber unter demselben, da, wo er vorn geöffnet war, glänzten dicke, goldene

Uniformschnüre hervor. Er dirigierte sein Pferd an die Seite des Scheiks heran und sagte zu Steinbach:

„Hier bin ich, der Oberst der Heerscharen des Herrn und Gebieters von Tunis. Wer bist du?"

„Erlaube, daß ich dir dies allein sage!"

„Nein, das erlaube ich nicht. Weißt du, was der Kommandeur der Leibwache zu bedeuten hat?"

„Ja. Er beschützt das Leben des Herrschers. Er ist der nächste nach dem Bei selbst."

„So hast du mir also zu antworten. Du bist hier fremd, du tötest unser Wild, ohne uns zu fragen. Es giebt hier in der Steppe gar viele, die als Räuber und Diebe umherziehen und, wenn man sie trifft, so unschuldig thun, als ob sie Brüder und Neffen des Propheten seien."

„Sehe ich wie ein Räuber aus?"

„Es giebt keine bestimmte Kleidung, an der man den Räuber erkennt, doch — Allah akbar! Was thut dieses Pferd hier?"

Der Oberst erblickte nämlich in diesem Moment die Stute Steinbachs, die dieser hinter dem Busche hatte stehen lassen. Der Deutsche antwortete:

„Es ist das meinige."

„Das deinige? O Muhammed! O ihr heiligen Kalifen! So bist du also doch ein Räuber! Haltet ihn fest, laßt ihn nicht fort von hier!"

Diese Aufforderung war an die Beduinen gerichtet, die den Kreis sofort enger zogen. Steinbach aber zeigte keine Besorgnis. Er fragte lächelnd:

„Warum hältst du mich für einen Räuber?"

„Du hast dieses Pferd geraubt!"

„Ah! Beweise es!"

„Beweise du es, daß es dir gehört! Hast du es gekauft?"

„Nein."

„Siehst du! Hast du es etwa geschenkt erhalten?"

„Nein."

May, Sultana. 25

„So ein Pferd wird weder verkauft noch verschenkt. Wie hast du es denn erhalten?"

„Ich habe es mir geborgt."

„Das ist eine Lüge! Derjenige, dem dieses Pferd gehört, verborgt keines seiner Tiere. Diese Stute ist die allbekannte Sindschaba des Beherrschers von Tunis. Ich muß sie kennen. Willst du es leugnen?"

Sindschaba heißt die Graue.

„Nein, ich leugne es nicht. Es ist die Stute des Bei."

„So kannst du nicht anders als durch Diebstahl in ihren Besitz gelangt sein!"

„Ich will dir diese Worte verzeihen, Anführer der Leibscharen! Wenn du nachdenken wolltest, so würdest du höflich vom Pferde steigen, um mich zu begrüßen, denn derjenige, dem der Bei ein Pferd borgt, muß ein Mann sein, der es nicht gewohnt ist, daß man ihm das Zeichen der Ehrerbietung verweigert."

Der Oberst machte ein eigentümliches Gesicht. Er überlegte, daß es wohl nicht leicht sei, ein Pferd aus dem Marstalle des Bei zu stehlen. Das Auftreten Steinbachs war außerdem zu sicher.

Dieser tapfere Oberst der Leibwache war von Geburt ein Deutscher. Er stammte aus der Mark Brandenburg und hatte als Brauergeselle die Heimat verlassen, um sein Glück in der Fremde zu suchen. Er hatte es gefunden.

Nach vielen Kreuz= und Querfahrten war er nach Tunis gekommen und hatte sich anwerben lassen. Von Haus aus recht gut begabt, furchtlos und tapfer, war er nach und nach immer höher gestiegen und zuletzt Kommandant der Leibscharen geworden. Natürlich hatte er sich da zum Islam bekennen müssen, war aber im Herzen doch ein Christ und dazu ein guter, ehrlicher Deutscher geblieben.

Im Lande eine allbekannte und überall beliebte Persönlichkeit, wurde er besonders von den Fremden um einer Eigentümlichkeit willen gern aufgesucht, die ihn geradezu zum Original stempelte. Diese Eigentümlichkeit war nämlich seine Art, sich im Deutschen auszudrücken.

Von Schulbildung war bei ihm keine Rede gewesen. Er hatte sein Deutsch so gesprochen, wie es ein Brauerknecht und ein echter Brandenburger spricht, im dortigen Dialekt. Später hatte er lange Jahre keine Gelegenheit gehabt, sich im Deutschen auf dem Laufenden zu erhalten, und seine Muttersprache zu drei Vierteilen vergessen. Was ihm aber noch übrig geblieben war, das gebrauchte er nach den Regeln der türkischen und arabischen Sprache, und so entstand eine Ausdrucksweise, die geradezu unbeschreiblich war.

Dazu kam, daß er sehr gern sprach. Nichts machte ihm größere Freude, als wenn ihn einmal ein Deutscher besuchte. Dann that er sich eine förmliche Güte und machte mit dem ernstesten Gesichte so kuriose Sprachfehler, daß der Zuhörer alle Selbstbeherrschung anwenden mußte, um sich vor Lachen nicht auszuschütten.

Augenblicklich nickte er leise vor sich hin, betrachtete Steinbach noch einmal genauer und sagte dann:

„Wenn du mir doch deinen Namen nennen wolltest!"

„Nun ich will ihn dir sagen. Mein Paß lautet auf den Namen Steinbach Pascha."

„Steinbach Pascha!" wiederholte der Oberst überrascht.

„Ja, ich heiße Oskar Steinbach Pascha."

„Das ist ja ein deutscher Name!"

„Allerdings."

Bis jetzt war das Gespräch in arabischer Sprache geführt worden. Bei den letzten Worten Steinbachs aber sprang der Oberst schnell aus dem Sattel und rief:

„Dunderwetter! Ihnen sind ein Deutscher?"

„Ja, Herr Oberst."

„Von woher denne und aus welcherlei Jejend denne, wenn mir Ihnen fragen darf?"

„Nun, ich habe in mehreren Provinzen Besitzungen, ich will aber sagen, aus dem Brandenburgischen."

„Aus das Brandenburgische? Herjesses, wat das

vor eene Überraschelung ist! Wer hätte so etwas jedacht! Und Ihnen wollen hier zu mich?"

„Gewiß, wenn Sie erlauben!"

„Ob ik es erlaube! Na und ob und inwiefern! Ik jebe Sie jetzt meine Hände und heiße Ihnen ein Willkommen mit lauter Pauken und Trompeten! Jetzt ist allens jut, allens, allens!"

Der biedere Oberst schüttelte Steinbach dabei die Hände mit solcher Gewalt, als ob er ihm die Arme aus dem Leibe reißen wolle.

„Nun," fragte dieser lachend, „halten Sie mich auch jetzt noch für einen Pferdedieb?"

„Jetzt noch in das jejenwärtige Augenblick? Wat denken Ihnen! Wenn Ihnen ein Deutscher sind, dann hat es ja gar nicht möglich, Sie ein Pferdediebstahl zuzumuten! Ein Deutscher maust nie nich einen solchen Diebstahl. Wir Deutschen sind ehrliches Leuten!"

Er wandte sich darauf an den Scheik und stellte Steinbach demselben als einen hohen Herrn vor, den er von diesem Augenblick an zu seinen besten Freunden zu zählen habe. Das veränderte augenblicklich die ganze Situation. Die Gesichter der Beduinen wurden freundlicher, und der Scheik streckte dem Deutschen die Hand entgegen und sagte:

„Das konnte ich nicht wissen. Sei mir willkommen! Wenn wir im Lager angelangt sind, wirst du Salz und Brot mit mir essen und den Becher mit mir teilen. Deine Freunde sind auch meine Freunde, und deine Feinde auch die meinigen!"

Einer der Beduinen hatte inzwischen den Falken bereits wieder an sich genommen und ihm die lederne Kappe über den Kopf gezogen. Die erlegten Strauße wurden von zwei anderen über den Sattel geworfen, und dann ging es weiter, dem Lager entgegen, die Araber im stürmischen Galopp, auch Steinbachs Führer mit sich fortreißend. Der Deutsche selbst aber ritt mit Krüger Pascha langsam hinterdrein.

„So!" sagte der letztere. „Jetzt sind uns allein und wir können miteinander reden, ohne daß wir gestört zu werden dürfen. Also aus dem Brandenburg! Wat vor ein Medjeh haben Ihnen denn da eijentlich gelernt, he?"

„Ich weiß nicht, was Sie sich unter diesem Worte denken, Herr Oberst."

„Medjeh? Nun, Medjeh hat janz denselbigen Ge=

danken wie Beruf und Handwerk erlernt zu haben von wegen sich zu ernähren."

„Ach so! Nun, ein Handwerk habe ich eigentlich nicht. Ich treibe nichts als ein bißchen Politik."

„Politik! Ah! Is dat wahr?"

Der Oberst betrachtete Steinbach mit einem ganz besonderen Blicke.

„Ja," nickte dieser bestätigend.

„Sind Ihnen des Teufels!"

„Meinen Sie, daß die Diplomaten zum Teufel gehören?"

„Diplomat? Ah, dat is etwas anderem!"

„Ach so! Sie unterscheiden die Diplomaten von denjenigen, die Politik treiben?"

„Janz natürlich!"

„Dürfte ich Sie um den Unterschied bitten?"

„Diesem Unterschied jiebt es sehr einfach. Wer Politik mit Glück anzufangen jewußt, dem heiße ik ein Diplomat. Wer dem Politik aber nie nich jeraten thut, dem bleibt Politiker."

„Richtig! Sehr geistreich! Ich gestehe aufrichtig, daß ich auf diese feine Unterscheidung niemals gekommen wäre!"

„Ja, hier hat es ihm!"

Der Oberst deutete dabei nach seiner Stirn und fuhr dann fort:

„Jetzt aber stellen Ihnen mir vor. Haben Ihnen vielleicht Kinder?"

„Nein."

„Aber eine Frau hat Ihnen."

„Auch nicht."

„So sind Ihnen unverheiratet?"

„Ich bin auch noch unverehelicht. Aber damit Sie nicht erst nach allem zu fragen brauchen, will ich mich Ihnen gleich lieber kurz und bündig auf diese Weise vorstellen."

Damit zog Steinbach eine Brieftasche hervor, entnahm derselben einen mehrfach mit Siegeln und Stempeln versehenen Bogen und reichte diesen dem Oberst hin. Krüger Pascha las während des Reitens. Sein volles, ehrliches Gesicht wurde lang und immer länger. Endlich faltete er das Papier zusammen, gab es mit der Linken zurück und hielt die Rechte an den Turban, so wie ein abendländischer Soldat einem Vorgesetzten das Honneur zu machen pflegt.

„Empfehle mir!" sagte er ehrerbietig.

„O bitte, Herr Oberst!"

„Dunderwetter!"

„Wie?"

„Hat dies möglich?"

„Wie Sie sehen!"

„Ihnen sind ein Fürst, einer Durchlaucht?"

„Ist Ihnen das unangenehm?"

„Nein; aber warum nennen Ihnen sich Steinbach?"

„Inkognito."

„Ah! Schön! Ich verstehen diesen Art und Weisen. Ik jebe Sie den Versicherung, daß Ihr Geheimnis über meinen Busen in keiner Sprache nach der Öffentlichkeit hinüberjeredet werden wird. So, sind Ihnen einverstanden?"

„Ja. Ich komme nach Tunis, um Muhammed es Sadak Bei einige wichtige Vorschläge zu unterbreiten. Ich habe mich ihm bereits vorgestellt und, wie ich glaube, sein Vertrauen erworben. Es schien mir aber vor allen Dingen auch nötig zu sein, mit Ihnen zu sprechen, und da ich hörte, daß Sie sich hierher begeben hatten, so habe ich den interessanten Ritt unternommen."

„Sehr jut! Sehr schön! Sehr lieblich! Danke, bitte! Hat man Sie jesagt, welchem Grund ich hier zu finden jeneigt jewesen?"

„Ich hörte, daß Sie einige Pferde für den Marstall des Bei kaufen wollen."

„Dat ist Richtigkeit. Aber ik habe noch anderes. Ik kaufe mich einer Frau."

„Verstehe ich Sie recht? Sie wollen sich eine Frau kaufen?"

„Ja."

„Hier, bei diesen Leuten?"

„Ja."

„Ich denke, daß ein Beduinenmädchen niemals verkauft werden kann!"

„Eigentlich nie nicht. Aber es hat einen Gast hier vom Stamme der Tuareg. Die Tuaregs verkaufen zu=

weilen ihre Weiber und Mädchen. Er hat zwei Mädchen, von denen die eine vem Anjesichte wie ein Engel hat."

„Ach so! Sie haben hier ein schönes Mädchen gesehen und sind dabei auf den Gedanken gekommen, es für sich zu kaufen?"

„Ja, für meinen Harem."

„Ist dieser Harem stark?"

„Stark? Die eine ist stark, die älteste viel stärker noch als mich. Den anderen sind schlank."

„Sie sind also ein richtiger Muhammedaner!"

„Ja, natürlich! Oder meinen Sie unnatürlich? Ist es nicht ejal, ob wir sagen Allah oder ob man lautet auf Gott und den heiligen drei Königen? Lassen Sie Ihnen und mir davon schweigen! Hat die Religion dem Herzen, so sind die Äußerlichkeiten keinem Wert und Bedeutung. Schau! Hier sieht man dem Lager."

Der Oberst hatte recht, obgleich er sich so falsch ausdrückte. Von da aus, wo sie hielten, hatte man einen vollen Überblick auf das Lager des Beduinenstammes. Es bildete eine lange Doppelreihe von Zelten. Außerhalb dieser Zelte weideten die Herden, auf der einen Seite die Pferde und wenigen Rinder, und auf der andern die Kamele und zahlreichen Schafe.

14. Kapitel.

Als die beiden Reiter sich den Zelten näherten, hatten sich alle männlichen Bewohner des Lagers auf die Pferde geworfen und kamen ihnen schießend und schreiend entgegengesprengt, um Steinbach, den neuen Gast, zu begrüßen. Und dann, als sie die Gasse hinaufritten, um sich nach dem Zelte des Scheiks zu begeben, standen zahlreiche Frauen und Mädchen vor den Thüren, um den unbekannten Ankömmling zu betrachten.

Ein einziger Mann nur schien es vermieden zu

haben, dem neuen Ankömmling entgegen zu reiten. Er stand in reservierter Haltung vor einem der Zelte und betrachtete mit finsterem Blicke bereits von weitem scharf den Deutschen. Es sprach sich in seinem Gesicht eine gewisse Besorgnis aus.

Dasselbe zeigte den Typus des Arabers mit demjenigen des Negers vermischt. Die Nase war eine fast kaukasische, aber die stark aufgeworfenen Lippen und die

hervortretenden Backenknochen waren ein sicherer Beweis, daß das Blut der schwarzen Rasse in seinen Adern rolle. Und schwarz, in ein häßliches Grau hinüberspielend, war die Farbe seines Gesichts. Dieser Mann war der Tuareg, der von dem Obersten vorhin erwähnt worden war. Die Tuaregs wohnen in der eigentlichen Wüste, zwischen den Arabern und Negern, und tragen häufig die Eigentümlichkeiten beider zur Schau.

Er war nur mit einem tief herab reichenden, sehr schmutzigen Hemde bekleidet, aus dessen weiten Ärmeln seine dunklen, sehnigen Arme hervorschauten. In der Rechten hielt er, gleich einem Spazierstocke, die fürchter= liche Wurflanze der Tuaregs, und an jedem seiner Hand= gelenke war mittelst einer Kette ein scharfes, zweischneidiges Messer befestigt. Die Tuaregs umarmen nämlich im Kampfe ihren Feind und stoßen ihm dann diese beiden Messer von hinten in die Lunge.

Eben als Steinbach herangekommen war, wandte sich der Tuareg schnell um. Er hatte ein Geräusch gehört. Der Vorhang des Zeltes war geöffnet worden, und ein Mädchen, anscheinend um den Gast zu sehen, herausgetreten.

„Was fällt dir ein?" brüllte er sie zornig an. „Schnell hinein, sonst, bei allen Teufeln der Hölle, steche ich dir das Messer in den Leib!"

Der Tuareg biß dabei die Zähne grimmig zusammen. Er sah ganz so aus, als ob er dem kleinen Vergehen eine schwere Strafe folgen lassen wolle. Sie fuhr er= schrocken zurück und verschwand augenblicklich.

Aber dennoch hatte Steinbach die eigenartig schöne Gestalt vollständig gesehen. Welch ein wunderbares Ge= sicht war das gewesen! Wunderbar in seiner Zeichnung und schwer zu erforschen in seinem Ausdruck. Sie war unverschleiert gewesen. Während nämlich die in den Städten wohnenden Maurinnen ihr Gesicht stets ver= hüllen, nehmen die Töchter der frei umherziehenden Beduinen es damit nicht so genau. Sie wissen, daß sie sich sehen lassen können und sind auch zu stolz, um durch das stetige Verschleiern indirekt einzugestehen, daß irgend eine Herzens= gefahr ihnen drohen könne, wenn sie ihre Züge zeigen.

Diese junge Wüstenbewohnerin, die so rasch wieder hatte verschwinden müssen, war von hoher, trotz ihrer Jugend, bereits üppiger Gestalt, während sonst die Beduinen= mädchen schlanken, zierlichen Gliederbau besitzen. Ihre schönen Formen waren unter der leichten, dünnen Hülle sehr deutlich zu bemerken, da sie nur eine aus feinstem Stoffe gefertigte Hose und ein ebensolches Jäckchen trug, das über der Brust weit auseinander ging und das schleierartige, fast durchsichtige Leibhemde sehen ließ.

Wären ihre Züge nicht echt orientalische gewesen, so hätte man sie dieser blendenden Weiße wegen für eine nordische Europäerin halten können. Jedenfalls hatte diese bezaubernde Araberin es niemals nötig gehabt, sich wegen irgend einer Beschäftigung den Strahlen der Sonne auszusetzen. Ihre Hautfarbe ließ auf eine hohe, vornehme Abkunft schließen.

Ihre großen, dunklen Augen waren von einer sammetartigen Weichheit und hatten auf Steinbach einen Moment wie in inniger Bitte geruht. Die Zöpfe ihres nachtdunklen Haares aber hingen lang und stark bis fast zur Erde herab und waren mit eingeflochtenen Gold= und Silberstücken, Korallen und polierten Löwen= zähnen geschmückt. Diese letztere Art des Schmuckes ließ erraten, daß die männlichen Angehörigen ihrer Familie tapfere und unerschrockene Krieger und Jäger seien und ihre Tochter oder Schwester sehr lieb gehabt hatten, da sie ihr sonst diese Siegeszeichen der gefährlichen Löwen= kämpfe gewiß nicht zu einem so wenig kriegerischen Zwecke geschenkt hätten.

Als sie in das Zelt trat, wandte sie sich sofort an die zweite Bewohnerin desselben.

„Hast du es gehört?" fragte sie leise.

„Ja, er zürnte," war die Antwort der alten, hageren, scharfäugigen und krummnäsigen Beduinin, deren Gesicht von unzähligen Falten und Fältchen durchzogen war. Doch hatte dieses Gesicht nicht etwa einen abstoßenden Ausdruck, sondern gerade jetzt, als sie mit dem schönen Mädchen sprach, leuchteten aus den Zügen der Alten rührendste Liebe und innigstes Mitleid.

„Sie alle dürfen hinaus, nur ich soll es nicht!" fuhr klagend die Schöne fort.

„Er fürchtet, daß du von einem gesehen werdest, der auf den Gedanken kommen könnte, dich zu retten."

„Und ich sehne mich nach einem solchen Retter!"

„Laß uns recht heiß zu Allah bitten, meine arme Hiluja; er ist barmherzig und wird uns seine Hilfe senden."

„Beten wir nicht bereits? Immerfort, Tag und Nacht?"

„Der Prophet sagt, daß man nicht aufhören soll in der Bitte, dann werde der Wunsch erfüllt."

„So mag er ja recht schnell erfüllt werden, denn bereits morgen kann es zu spät sein."

„Warum morgen?"

„Weil wir vielleicht morgen schon von hier fortreiten. Wir sind hier in der Nähe von Tunis, wo eher als anderswo Aussicht auf Hilfe ist. Später entfernen wir uns weiter und immer weiter."

„Wohin wird er uns bringen?"

„Ich weiß es nicht genau, aber ich habe von der Frau des Scheiks erfahren, daß er an das Meer will, nicht nach der Hauptstadt, sondern nach einem anderen Orte. Dort will er mich für sehr viel Geld verkaufen."

„O Allah!" rief die Alte erschrocken.

„Ja, das ist gewiß. Mich, die Tochter des berühmtesten Herrschers der Sahara, die Schwester der Königin der Wüste, will er verkaufen, elend verkaufen, wie man eine Schwarze, eine Sklavin verschachert! O, wäre ich ein Mann!"

„Was würdest du thun?"

„Ich würde mich befreien und den schwarzen Schurken töten!"

Hiluja ballte bei diesen Worten die kleinen Händchen und drohte damit nach der Thür hin, vor der der Tuareg vorhin gestanden hatte. Die Alte aber trat näher an sie heran und fragte in flüsterndem Tone:

„Kann ein Weib nicht auch handeln?"

„Ja, sie kann es, aber ohne Erfolg."

„O, können wir ihn nicht auch töten?"

„Ich könnte es!"

„Und ich auch!" fügte die Alte hinzu, indem ihre Augen funkelten. „Ja, ich werde es thun; ich werde ihm seine eigene Lanze in den Leib stoßen, um dich zu retten, du schönste und beste aller Töchter!"

„Ich weiß, daß du mutig bist, aber wir dürfen es nicht thun."

„Warum nicht? Ist er nicht unser Feind? Hat er uns nicht geraubt und dabei die Unsrigen getötet?"

„Das ist er und das hat er. Aber was willst du thun, nachdem du ihn getötet hast?"

„Fliehen."

„Wohin?"

„Zu unserem Stamme zurück oder zur Königin der Wüste, zu der wir ja wollten, um sie zu besuchen."

„Hast du Pferde und Kamele, Proviant und Wasser? Ist dir die Richtung und der Pfad bekannt? Der Tuareg ist hier der Gastfreund des Scheiks. Töten wir ihn, so ist der Scheik gezwungen, ihn zu rächen. Er muß dann uns töten, obgleich wir Frauen sind."

„Allah sei uns gnädig! Wie soll uns geholfen werden, wenn nicht in dieser Weise!"

„Ich habe in letzter Nacht bitter geweint und flehend gebeten, daß Allah uns einen Retter senden möge. Ich schlief während des Weinens und Betens ein, und da träumte ich, daß ich von einer großen Hyäne überfallen und niedergerissen worden sei. Eben öffnete sie den Rachen, um mich zu zerfleischen, da nahte ein schöner, großer, stolzer Mann, der sie mit einem einzigen Griff am Halse erwürgte und an den Felsen schleuderte und zerschmetterte. Seine Gestalt war die eines Helden, seine Augen leuchteten wie die Sterne, aber seine Stimme war mild und freundlich wie diejenige eines liebenden Weibes. Ich wollte thun, was ich noch nie gethan habe und was mir nur im Traume in den Sinn kommen konnte, ich wollte ihn umarmen und seine Lippen küssen, um ihm zu danken, da aber erwachte ich."

„O weh! Warum bist du erwacht, bevor du ihn gefragt hast, wer er sei! Hat er dir seinen Namen genannt?"

„Nein."

„Diesen Traum hat Allah dir als Antwort auf dein Gebet gesandt. Hättest du doch den Namen erfahren! Dieser Retter wohnt ganz gewiß hier in der Nähe."

„Ja, er wohnt da."

„Wie? Was? Das weißt du?" fragte die Alte schnell.

„Ja, ich weiß es. Ich habe ihn heute gesehen."

„Allah ist groß, er kann möglich machen, was unmöglich ist! Wann willst du den Retter gesehen haben?"

„Eben jetzt. Es ist der neue Gast, der vorüberritt."

„O ihr Geister, o ihr Heiligen! Hast du ihn erkannt?"

„Ja. Er ist so hoch, so schön und stolz wie der Held meines Traumes, auch die Augen sind dieselben. Sie glänzten wie die Sterne, als er den Blick auf mich richtete."

„Das ist ein Zufall, Kind."

„Nein. Allah sendet ihn!"

„Dir hat von einem Helden geträumt, du hast einen Mann von hoher Gestalt gesehen, und nun bildest du dir ein, daß er ganz genau dein im Traume erschienener Retter sei."

„Vielleicht hast du recht," antwortete Hiluja nachdenklich. „Aber ich will dennoch bei meinem glücklichen Glauben bleiben. Dieser Fremde hatte nicht nur die Gestalt eines Helden, sondern auch das Gesicht eines edlen Mannes. Er wird uns helfen, wenn er es vermag. Vermag er es nicht, so wird er uns wenigstens nicht verraten."

„Ich habe ihn nicht erblickt, stimme dir aber bei. Wenn wir Rettung finden wollen, müssen wir etwas thun. Wie wäre es, Hiluja, wenn wir ihn auf uns aufmerksam machten?"

Hiluja — dieser Name bedeutet so viel wie ‚die Süße' und paßte gewiß mehr als jeder andere auf die schöne Araberin — antwortete:

„Ich bin zu sehr beobachtet, ich kann nicht mit ihm sprechen."

„Meinst du, daß ich versuchen soll, ihn zu finden?"

„Das ist das einzig mögliche. Ja, versuche es, ob du ihn nicht allein sprechen kannst. Ich werde hier unterdessen zurückbleiben im Gebete, daß Allahs Engel dich begleiten mögen!"

Steinbach hatte allerdings nur einen kurzen Blick auf Hiluja werfen können, doch war dies vollständig

genügend gewesend, um ihn zu überzeugen, daß in ihren
Augen eine Frage und eine stumme und doch so beredte,
an ihn gerichtete Bitte lag. Er hatte gesehen, daß sie
in zorniger, fast roher Weise von dem Tuareg in das
Zelt zurückgewiesen worden war. Es lag also klar auf
der Hand, daß dieser Mann eine Macht über sie
besaß. Vielleicht hatte ihre stumme Bitte sich darauf
bezogen, von seiner Herrschaft loszukommen. Es hatte
freilich nur einiger Augenblicke bedurft, diese Gedanken
in ihm zu erwecken. Der erwähnte Entschluß, sich nach
ihr zu befragen, stand fest, noch ehe er eigentlich an
ihrem Zelte vorüber war. Er warf einen schnellen,
scharfen Blick auf den Tuareg und fühlte, daß dieser
Mensch ihm außerordentlich widerwärtig sei.

Da stieß Krüger Pascha, der neben ihm ritt, ihn
mit dem Griffe der Reitpeitsche an und fragte:

„Haben Ihnen ihr jesehen?"

„Wen?"

„Nun, diesem schönen Mädchen."

„Ja."

„Wie gefällt ihr Sie?"

„Sie ist schön, sehr schön."

„Nicht wahr? Das ist ihr, von der ich vorhin zu
Sie jesprochen habe."

„Die Sie kaufen wollen?"

„Ja."

„Gratuliere!"

„O bitte! Dieser Sache ist nicht so, wie Ihnen zu
denken scheinen. Eijentlich darf ich ihr nicht kaufen,
sondern ich bin jezwungen, ihr zu heiraten."

„Um Ihren Harem zu vergrößern?"

„Auch nicht."

„Dann begreife ich doch nicht, aus welchem Grunde
Sie sie kaufen oder gar heiraten wollen."

„Dat will ich Sie zu erklären beabsichtigen. Ich
will ihr nämlich nicht für mir, sondern für dem
Muhammed es Sadak Bei von Tunis haben. Weil

ihr keine Schwarze ist, darf ihr auch nicht eijentlich verkauft sein, sondern wer ihr haben will, muß ihr heiraten. Folglich heirate ich ihr und lasse mich dann gleich den Scheidebrief ausfertigen."

„Ah, so! Sie heiraten sie und geben sie dann sogleich wieder frei, Herr Oberst?"

„Ja, so ist es."

„Wann wird die Heirat vor sich gehen?"

„Heute abend noch oder folglichen Tag bei frühem Morgen. Der Bote ist bereits fort, um dem Mullah zu holen, der der muhammedanischer Pfarrer ist, wie Ihnen vielleicht wohl wissen werden. Wenn diesem Mullah noch heute kommt, sodann wird ihr mich anjetraut werden, und dann wird er mich auch gleich wieder von sie scheiden, ihr ist dann zwar mein Eigentum, aber nicht mehr meiner Frau, und ich werde ihr den Bei als Jeschenk machen."

Dieses eigentümliche Gespräch konnte nicht fortgesetzt werden, da sie an einem großen Zelte angekommen waren, wo der Scheik sie erwartete. Es war kostbarer als die anderen ausgestattet. Mehrere Speere staken vor dem Eingange in der Erde, und an ihnen hingen Bogen, Pfeile und Schilde als Zeichen, daß hier der Herr des Lagers seinen Wohnsitz aufgeschlagen habe. Dieser trat jetzt an Steinbachs Pferd heran, ergriff es am Zügel und sagte:

„Steige ab, o Herr, und tritt in meine arme Hütte. Sie ist dein Eigentum und dasjenige deines Freundes."

Der Deutsche sprang bereitwillig vom Pferde. Da wurde ein Teppich, der die Thür des Zeltes bildete, zurückgeschoben, und es trat ein halb verschleiertes Weib heraus, das auf einem runden Holzteller Salz, eine Dattel und ein Stück ungesäuertes Brod nebst einer Schale Wasser trug.

„Trinke mit mir!"

Bei diesen Worten that der Scheik einen Schluck,

und Steinbach trank das übrige Wasser. Dann erhielt er die halbe Dattel und die Hälfte des Brotes, das in Salz getaucht wurde. Der Scheik selbst genoß das übrige.

Somit war der Deutsche der Gast des Arabers, der von jetzt an nach der Sitte des Landes verpflichtet war, ihn zu beschützen und überhaupt alles für ihn zu thun, was in seinen Kräften stand.

Sie traten ein. Das Zelt bildete einen einzigen Raum, was sonst nicht der Fall zu sein pflegt. Vielmehr ist gewöhnlich eine Abteilung für die weiblichen Bewohner abgesondert. Doch war der Scheik reich genug, um für seine Frauen ein eigenes Haremszelt zu besitzen.

Auf dem Boden waren Teppiche und Matten ausgebreitet. Darauf lagen weiche Kissen, auf die sich die drei Männer niederließen, um von der erwähnten Frau bedient zu werden.

Es gab kein großes Mahl, sondern einstweilen nur so viel, wie nötig war, den Hunger zu stillen. Es sollte ein Schaf geschlachtet und ganz am Spieße gebraten werden. Dann erst, wenn dieser Braten hergestellt war, konnte die eigentliche Mahlzeit gehalten werden.

Der rücksichtsvolle Wirt erhob sich bald wieder und bat, seine Gäste für kurze Zeit verlassen zu dürfen. Er sagte sich, daß sie wohl miteinander über Dinge zu sprechen hätten, die nicht für sein Ohr geeignet seien.

Und so war es auch in der That. Steinbach weihte Krüger Pascha in die Ursachen seiner Reise nach Tunis ein und wiederholte, daß er den gegenwärtigen Ausflug in die Wüste nur zu dem Zweck unternommen habe, ihn eher zu treffen und um seinen Beistand zu ersuchen. Dieser wurde Steinbach denn auch zugesagt, und zwar in einer Rede, die so eigentümlich gesetzt war, daß er alle Mühe hatte, das Lachen zu verbeißen. Auf die Frage aber, wie lange der Oberst hier zu bleiben gedenke, erklärte derselbe, daß er abreisen werde, sobald

„Trinke mit mir," sagte der Scheik zu Steinbach.
(Seite 401.)

er das Mädchen zu seinem Eigentume gemacht und den Pferdehandel abgeschlossen habe, der ja der eigentliche Grund seiner Anwesenheit hier sei.

---

15. Kapitel.

Doch nur kurze Zeit saßen sie zusammen, da erhob sich draußen zwischen den Zelten ein ungeheures Halloh. Man hörte zahlreiche rufende und lachende Stimmen. Die Männer standen daher auf und traten hinaus, um sich nach der Ursache dieses ungewöhnlichen Lärmes zu erkundigen. Da erblickten sie den Führer Steinbachs, der langsam zwischen den Zeltreihen dahergeritten kam und das Pferd des Dieners führte. Dieser letztere saß in einer fast unmöglichen Stellung im Sattel, baumelte herüber und hinüber, knickte nach hinten und nach vorn und konnte nur durch die größte Sorgfalt des Führers aufrecht erhalten werden.

Hinterher strömte die lachende und schreiende Menge. Ist es schon dem Muhammedaner überhaupt geboten, jeden Rausch zu vermeiden, so halten es die nüchternen Söhne der Wüste erst recht für eine große Schmach, sich in betrunkenem Zustande zu zeigen. Für Steinbach war es daher keineswegs eine Empfehlung, daß sein Diener seinen Einzug in das Lager als Betrunkener hielt, und er trat ihm infolgedessen zornig entgegen und fragte:

„Mensch, was fällt dir ein? Bist du krank?"

Der Diener gab zwar eine Antwort, dieselbe war aber so verworren, daß gar nicht verstanden werden konnte, was er eigentlich wollte. Darum wandte Steinbach sich an den Führer. Dieser erklärte:

„Herr, ich ritt mit den Arabern nach dem Lager, und du folgtest mit dem Oberst nach. Erst da bemerkte ich, daß der Diener fehlte, und kehrte nun zurück, um ihn zu suchen. Da saß er neben dem Pferde und trank aus dieser zweiten Flasche. Die erste hatte er bereits leer gemacht."

„Konntest du ihn nicht sitzen lassen? Er hätte draußen seinen Rausch ausgeschlafen und wäre dann als Mensch nachgekommen. So aber hast du mir Schande bereitet!"

Der Diener verstand trotz seiner Betrunkenheit diese Worte und lallte:

„Ich — — nicht betrunken — ich — — krank!"

„Gut, ja, du bist krank! Du warst bereits heute früh krank," antwortete der Führer, der auf diese Weise seinen Fehler wieder gut machen wollte.

„Ja, krank — — habe — — Schwindel. Blut im — im — Kopfe!"

„Herr," raunte da schnell der Führer dem Deutschen zu, „erklären wir ihn doch für krank!"

Doch fast im selben Augenblick sagte eine höhnisch lachende Stimme:

„Krank? Schwindel? Das ist eine Lüge. Was hast du getrunken?"

Der Sprecher war der Tuareg. Wie er dem Deutschen nicht gefallen hatte, so war auch dieser ihm widerwärtig erschienen, und ihre Antipathie war eine gegenseitige, obgleich sie sich nur für einen Augenblick gesehen hatten. Der Tuareg hatte das Gefühl, daß der Deutsche ihm gefährlich sei.

„Arznei!" antwortete der Diener.

„O, wollen sehen! Komm, steige ab!"

Der Trunkene nahm die ihm noch übrig gebliebene Besinnung zusammen und glitt aus dem Sattel, was ihm auch ziemlich gelang. Doch mußte er sich dann sogleich am Arme des Führers festhalten.

Da trat Steinbach plötzlich zwischen ihn und den Tuareg und fragte:

„Wer bist du denn eigentlich, daß du dich hier zum Richter aufwirfst? Bist du vielleicht der Beherrscher dieses Lagers? Von wem hast du das Recht erhalten, dich um die Krankheiten anderer zu bekümmern?"

„Krankheiten? Fremder, glaubst du, daß ein Krieger der berühmten Tuaregs nicht zu unterscheiden wisse zwischen Krankheit und Betrunkenheit?"

„Giebt es denn bei den Tuaregs so viele Kranke und so viele Betrunkene, daß man sich bei ihnen diese Kenntnisse so leicht erwerben kann?"

Der Angeredete erhob sofort die Arme und nahm die an den Gelenken hängenden Messer in die Fäuste.

„Willst du mich beleidigen?" fragte er zornig.

„Nein. Doch hoffe ich, daß du dich um meinen Diener ebensowenig bekümmerst, wie ich von den Tuaregs etwas wissen will. Ich glaube, du bist hier ebenso fremd wie ich, und so bist du es der Gastfreundschaft schuldig, den Frieden des Lagers zu respektieren."

„Das thue ich auch! Aber ich bin ein Anhänger des Propheten, und kein wahrhaft Gläubiger darf einen Betrunkenen im Lager dulden. Wer gegen das Gesetz des Propheten gesündigt hat, der muß das Lager verlassen, um außerhalb desselben seinen Rausch zu verschlafen und nachher die öffentliche Buße zu thun."

„Weißt du denn so genau, daß dieser Mann nicht krank, sondern betrunken ist?"

„Wir werden uns sofort überzeugen. Er mag doch einmal die Sure der Ungläubigen beten! Dagegen kannst du nichts sagen. Das ist die Probe, zu der er gezwungen werden kann. Wer will ihn davon befreien?"

Diese Frage war an die Umstehenden gerichtet, an die der Tuareg sich mit triumphierender Miene wandte. Keiner von ihnen antwortete; denn wenn jemand verlangt, daß mit einem, der im Verdacht steht, betrunken zu sein, die Probe mit der Sure der Ungläubigen gemacht werden soll, so darf sich kein guter Muselmann dagegen erklären.

Die Sure der Ungläubigen ist die einhundertneunte des Korans. Sie heißt so, weil sie von den Ungläubigen handelt, und lautet folgendermaßen:

„Im Namen des allbarmherzigen Gottes! Sprich: O, ihr Ungläubigen, ich verehre nicht das, was ihr verehrt, und ihr verehret nicht das, was ich verehre, und ich werde auch nie das verehren, was ihr verehret, und ihr werdet nie verehren das, was ich verehre. Ihr habt eure Religion, und ich habe die meinige!"

In der deutschen Übersetzung bereits bemerkt man, daß man sich bei dieser Sure sehr leicht versprechen kann. Im arabischen Urtexte aber ist das noch viel schlimmer und gefährlicher.

Jetzt sollte diese Probe mit dem Diener gemacht werden. Die Ausrede, daß er sie gar nicht auswendig könne, gab es nicht, da sie erstens so kurz ist, daß sie sehr leicht gemerkt werden kann, und zweitens, weil sie von jedem Muhammedaner, eben dieser Probe wegen, auswendig gelernt wird.

Der arme Teufel mußte sich also in die Mitte des Kreises stellen, den die Männer um ihn schlossen.

„Nun, kannst du sie sagen?" fragte der Tuareg.

„Ja," nickte der Betrunkene, indem er von einem Beine hinüber auf das andere wankte.

„So sage sie! Hört darauf, ihr Männer! Ihr sollt die Sure der Ungläubigen vernehmen!"

Da trat eine tiefe Stille ein, und aller Augen richteten sich erwartungsvoll auf den Delinquenten. Diese Stille frappierte ihn. Er fuhr sich mit der Hand nach der Stirn, wankte einige Male hin und her, wischte sich die Nase und den Mund und meinte dann verlegen:

„Die Sure — Sure — welche denn?"

„Die Sure der Ungläubigen."

„Gut! Schön! Die Sure — Su— —ch Allah! Wie fängt sie denn an?"

„Das weißt du nicht?"

„Ich weiß es!"

„Nun, so sage es!"

„Es fällt mir — mir — aber nicht gleich ein!"

„So will ich dir einhelfen. Sprich: Ihr Ungläubigen."

„Schön! Sehr gut!"

„Nun, so sage es! Fange an!"

Da legte der Diener den Finger an die Nase und machte ein sehr pfiffiges Gesicht. Dann nickte er dem Tuareg vertraulich zu und begann:

„Na, so sprich, du Ungläubiger!"

„Dummheit! So meine ich es nicht. Die Sure lautet: Sprich: O ihr Ungläubigen, ich verehre nicht das, was ihr verehret!"

„Ja, warum verehrst du es denn nicht? So verehre es doch, du Ungläubiger!"

Alle Anwesenden lachten. Der Tuareg aber ärgerte sich. Er mußte sich einen Ungläubigen nennen lassen, ohne sich dafür rächen zu dürfen. Er sagte daher wütend:

„Wenn du nicht betrunken wärest, würde ich dir dieses Messer in den Leib stechen! Du sollst die Sure sagen. Wenn du es nicht fertig bringst, mußt du zum Lager hinaus. Willst du aber deinen Spaß mit mir machen, damit wir denken sollen, du seiest nüchtern, dann komm her: Wir werden miteinander kämpfen. Also wähle!"

Zu einem Faustkampfe mit diesem wilden Menschen hatte der Diener nicht die mindeste Lust. Er sagte also rasch:

„Ich will ja die Sure beten!"

„So thue es! Fange an!"

Jetzt nahm der Berauschte den Rest seiner Gedanken zusammen und begann langsam und vorsichtig:

„Sprich: O ihr Ungläubigen, ich verehre nicht das, was ihr nicht ich — — was ich verehre. Und ihr verehrt nicht das, was die Ungläubigen verehren. Und ich verehre die — die Ungläubigen. Und ihr habt meinen — meinen Glauben, und ich — ich habe — ich habe den eurigen, ihr Ungläubigen!"

Ein brausendes Gelächter war die Antwort. Der Diener aber sah sich ganz ernsthaft im Kreise um. Er konnte sich dieses Lachen nicht erklären, denn er glaubte, seine Sache außerordentlich gut gemacht zu haben.

„Wa— wa— was lacht ihr denn? Wa— wa— warum denn?" fragte er.

„Weil du die Ungläubigen verehrst, Mensch!" ant=

wortete der Tuareg. „Es ist erwiesen, daß du betrunken bist. Wir dürfen dich nicht im Lager dulden. Gehe hinaus, verschlafe deinen Rausch, und mache morgen die Waschungen der Buße, damit ein Anhänger des Propheten dann wieder mit dir sprechen kann, ohne sich zu verunreinigen."

Damit ergriff der Tuareg den Diener am Arme und führte ihn fort. Dieser ließ es sich gefallen; er wußte, daß ein Betrunkener fortgewiesen werden konnte, und hätte auch in nüchternem Zustande nicht den Mut gehabt, es mit dem Tuareg aufzunehmen. Jetzt, da die Sache diese Wendung nahm, sahen sich die Anwesenden verlegen an. Steinbach aber hatte sich abgewandt und ging fort, während sein Führer zu den Leuten sagte:

„Wißt ihr, daß ihr den Gast eures Scheiks beleidigt habt? Seit wann ist dies Sitte in einem Lager der Wüstenkönige? Der Gast hielt seinen Diener für krank. Es war eure Pflicht, ihn auch für krank zu halten. Ihr jedoch habt um eines Freundes willen gegen das Gesetz der Höflichkeit verstoßen. Allah erleuchte euren Verstand, damit ihr dies begreift."

Steinbach hielt es für nötig, so zu thun, als ob er zürne. Er ließ also den Scheik und auch den Oberst stehen und begab sich hinter die Zelte. Da sah er hinter eins derselben eine Frauengestalt treten und ihm zuwinken. Dann huschte sie zwischen einige hart an das Lager stoßende Büsche.

Das hatte kein Mensch gesehen, denn es war auf dieser Rückseite des Lagers niemand vorhanden. Steinbach blickte sich vorsichtig um und eilte mit raschen Schritten den Büschen zu. Hinter diesen stand die alte Araberin, die Dienerin Hilujas. Sie hatte den Schleier entfernt, sodaß er ihr Gesicht sehen konnte.

„Winktest du mir?" fragte er.

„Ja, Herr. Zürne mir darob nicht!"

„Was wünschest du?"

„Ich bitte dich um Allahs und des Propheten willen, uns zu retten!"

„Uns? Wen meinst du damit?"

„Meine Herrin und mich."

Jetzt kam Steinbach eine Ahnung. Er warf einen Blick hinter das Gebüsch hervor auf die Zeltreihe. Das Zelt, aus dem die Alte gekommen war, schien dasjenige zu sein, vor dem vorhin der Tuareg gestanden und das schöne Mädchen zurückgewiesen hatte.

„Wer ist deine Herrin?" fragte er.

„Sie ist die Tochter des berühmten Anführers der Beni Abbas. Wir reisten durch die Wüste und wurden von den Tuaregs überfallen. Sie töteten unsere Begleiter und nahmen uns gefangen. Dieser eine von ihnen will uns an das Meer bringen, um uns zu verkaufen."

„Wie kommt es, daß ihr eine solche Reise wagtet?"

„Wir wollten bis nach Egypten."

„Allah! Welch eine weite Reise! Zwei Frauen!"

„Das Herz rief uns, und das Herz trieb uns. Hast du vielleicht einmal von der Königin der Wüste gehört?"

„Nein."

„Sie ist die Schwester meiner Herrin und wohnt an der Grenze Egyptens. Wir wollten sie besuchen."

„Ist deine Herrin noch Mädchen?"

„Ja."

„Ist sie vielleicht mit einem eurer Jünglinge versprochen?"

„Nein. Ihr Herz hat noch nicht gewählt. O Herr, wenn du sie retten wolltest!"

„Warum wendet sie sich gerade an mich?"

„Sie hat dich bei deiner Ankunft gesehen und Vertrauen zu dir gefaßt. Auch bist du ihr heute Nacht im Traume erschienen, um sie zu retten."

Um den Mund Steinbachs legte sich ein leises Lächeln, doch antwortete er ernsthaft:

„Das wäre ja ein Befehl von Allah für mich!"

„So ist es, Herr! Rette, rette uns!"

„Gut. Sage deiner Herrin, daß ich ihr dienen will und daß der Tuareg das Lager allein verlassen wird."

„O Allah! Denkst du das wirklich?"

„Ja. Er wird euch gern zurücklassen, denn er wird euch hier verkaufen!"

„Nein, nein! Das darf er nicht!"

„Warum nicht?"

„Wir sind keine Sklavinnen, sondern freie Töchter der Beni Abbas."

„So wird es dich beruhigen, wenn ich dir sage, daß der Kauf nicht eigentlich ein Kauf, sondern eine Heirat sein wird."

„Eine Heirat? Um Allahs willen! Das ist noch schlimmer!"

„Warum?"

„Hiluja will nur dem gehören, dem sie auch ihr Herz zu schenken vermag. Soll sie dein Weib sein?"

„Nein."

„Dann willigt sie sicherlich nicht ein. Dich hätte sie lieb haben können, Herr!"

„Vielleicht schenkt sie auch dem, für den sie bestimmt ist, ihr Herz. Sie soll das Weib des Beis Muhammed es Sadock werden, des Beherrschers von Tunis."

„Der ist alt und hat bereits viele Frauen. Sie wird ihn nicht lieben wollen."

„Nun, vielleicht läßt sich das noch ändern. Der Oberst der Leibgarde ist hier, Krüger Pascha. Er will Hiluja von dem Tuareg kaufen; das heißt, er will sie zum Weibe nehmen und ihm den Mahlschatz geben, sich aber dann sofort wieder scheiden lassen. Hiluja ist dann nicht an ihn gebunden, und ich werde mit ihm sprechen. Vielleicht läßt er sie dahin ziehen, wohin ihr Herz sie treibt."

„Wenn du das thun wolltest, o Herr!"

„Ich werde es. Es ist das beste. Auf diese Weise kommt sie ohne Kampf von dem Tuareg fort. Der Oberst hat bereits nach dem Mullah gesandt. Sobald dieser kommt, wird die Verbindung vor sich gehen. Ich rate euch, zu thun, was der Tuareg von euch fordert. Wenn ihr ihm scheinbar den Willen erfüllt, werdet ihr bald frei sein."

„Wenn du uns diesen Rat erteilst, werden wir ihn gern befolgen."

„Ich gebe ihn euch. Willigt in alles ein, und dann werde ich versuchen, diese Angelegenheit zum guten Ende zu führen."

„Ich danke dir! Wir werden für dich beten. Nun aber muß ich fort, denn der Tuareg darf nicht ahnen, daß ich mit dir gesprochen habe. Ich sah, daß er mit dem Betrunkenen das Lager verließ, und habe diese Gelegenheit benutzt, dich zu finden. Lebe wohl und rette uns!"

Sie huschte in das Zelt zurück. Steinbach machte einen Umweg, um etwaige unbemerkte Beobachter zu täuschen. Am Eingange der Zeltreihen kam ihm der Scheik entgegen.

„Wo warst du, Herr? Ich habe dich gesucht."

„Ich ging, um nicht mit ansehen zu müssen, daß in deinem Lager die Gäste beleidigt werden."

„Verzeihe! Auch der Tuareg ist Gast."

„Der deinige?"

„Nein. Er ist der Gast eines anderen, der ihm ein Frauenzelt abgetreten hat. Aber trotzdem ist er unser aller Gast, der Gast unsers Lagers, und darum durfte ich ihm nicht widerstreben. Ich wünsche sehr, daß er uns so bald wie möglich verlassen möge. Willst du jetzt nicht mit mir kommen? Der Oberst ist bereits voran, nach dem Weideplatze. Er will einige unserer Pferde für die Reiterei des Bei kaufen und sie sich ansehen."

Steinbach willigte natürlich ein, und so begaben sie sich nach der Seite des Lagers, wo die Pferde unter der Aufsicht einiger Männer weideten.

Der Oberst kaufte eine Anzahl Tiere. Geld hatte er natürlich nicht mit. In jenen unsicheren Gegenden hütet man sich, größere Beträge mit sich herum zu tragen. Er bestimmte jedoch, daß einige Angehörige des Stammes die Pferde nach Tunis bringen und da das Geld in Empfang nehmen sollten.

---

16. Kapitel.

Mittlerweile war es ziemlich dunkel geworden. Als man in das Lager zurückkehrte, wurde die Hauptmahlzeit eingenommen, wobei es zwischen Steinbach und dem Tuareg wegen des Dieners wieder zu ernstlichen Reibereien kam.

Da hörte man Pferdegetrappel. Zwei Reiter kamen im Galopp die Zeltgasse heraufgesprengt. Der eine von ihnen warf sich gewandt vom Pferde, trat zum Scheik heran und sagte:

„Da ist der Mullah! Ich habe ihn in Tastur gefunden und sogleich mitgebracht."

Der andere stieg höchst langsam und bedächtig vom Pferde, trat in sehr würdevoller Haltung an das Feuer und grüßte, die Hände wie zum Segen erhebend:

„Sallam aaleïkum — Friede sei mit euch!"

„Aaleïkum sallam!" antworteten die anderen alle, indem sie sich ehrerbietig vom Boden erhoben.

Der Mullah setzte sich darauf, ohne ein Wort weiter zu sagen, zu dem Braten nieder, griff mit allen zehn Fingern zu und stopfte so eifrig, als habe er seit zehn Tagen nicht gegessen und müsse sich auch für weitere zehn im voraus sättigen. Erst als ihm die Kinnbacken wehe zu thun schienen, sagte er gnädig:

„Setzt euch wieder, und eßt weiter!"

Das geschah. Aber der Geistliche hielt nicht etwa inne, sondern kaute mit, bis nichts mehr vorhanden war. Dann erst wischte er sich die fetttriefenden Finger an seinem Kaftan ab und sagte:

„Ich höre, o Scheik, daß einer deiner Gäste ein Weib nehmen will. Wo ist der Mann?"

„Hier," antwortete der Gefragte, auf den Oberst deutend.

Der Mullah war ein alter Mann; der weiße Bart ging ihm bis zum Gürtel herab, und ein Turban, dessen Durchmesser fast eine Elle betrug, erhöhte die Würde seiner Erscheinung. Da der Turban von grüner Farbe war, so war der Mullah ein Scherif, das heißt ein direkter Abkömmling des Propheten, denn nur diese haben das Recht, einen Turban von grüner Farbe zu tragen.

Er betrachtete den Oberst eine Weile.

„Mein Auge muß dich bereits gesehen haben. Bist du nicht Krüger Pascha, der Beherrscher der Leibscharen?"

„Ich bin es."

„Allah gebe dir Wohlgefallen an dem Weibe, das du begehrst. Wo ist der Vater desselben?"

„Ihr Vater ist nicht hier, sondern nur ihr Herr."

„So hole man ihn! Wo soll die Trauung stattfinden?"

„Gleich hier."

„Dann schafft den Herrn und das Mädchen hierher. Aber man verschleiere es tief, denn kein Auge darf auf das Gesicht eines Mädchens fallen, das ein Weib werden soll."

Es dauerte eine Weile, bevor der Tuareg mit der Braut erschien, die in den gebräuchlichen, weiten Kapuzenmantel gekleidet war, der nur eine einzige Öffnung für ein Auge offen ließ.

„Wie heißt du?" fragte der Mullah den Tuareg.

„Ben Hamalek."

„Und wie nennst du diese Braut?"

„Haluja."

Der Tuareg sprach die erste Silbe dieses Namens etwas undeutlich aus, doch ohne daß es jemandem auffiel.

„So laßt uns beginnen!"

„Mit der Trauung?" fragte der Tuareg schnell.

„Ja. Deshalb bin ich ja gekommen."

„Warte noch. Erst müssen wir uns über den Kalam besprechen, denn noch niemand hat davon geredet."

Kalam heißt Aussteuer oder überhaupt das, was man den Verwandten eines Mädchens giebt, um dasselbe zur Frau zu bekommen.

„Machen wir es kurz!" sagte Krüger Pascha. „Wieviel willst du?"

„Du bist reich!"

„Das geht dich nichts an! Ich habe bereits mehrere Frauen, für die ich bezahlen mußte. Für diese letzte habe ich also nicht viel übrig."

„Wie willst du zahlen? In Ware oder in Geld?"

„Was ist dir lieber?"

„Geld."

„Das habe ich nicht."

„Aber ich habe welches," fiel der Scheik ein. „Ich denke, daß es reichen wird. Ich leihe es dir, und du wirst es mir wiedergeben, wenn die Pferde bezahlt werden."

„Gut! Du bist freundlich und gefällig gegen deinen Gast. Wenn du mich in Tunis besuchst, werde ich dir dankbar sein können. Also, Tuareg, wie viel verlangst du?"

„Fünfhundert Theresienthaler."

„Du bist fünfhundertmal ver— — Allah! Jetzt hätte ich fast etwas gesagt, was nicht unbedingt nötig ist. Für fünfhundert Mariatheresienthaler bekomme ich sechs junge Sklavinnen, die schöner sind als alle Huris des Paradieses."

„Aber keine freie Araberin!"

„Gehe herab!"

„Nein!"

„Ich gebe dir zweihundert."

„Das ist zu wenig."

„Schön! So suche dir einen, der mehr giebt!"

„Gieb vierhundertfünfzig. Du hast sie gesehen. Sie ist schön wie die Sonne des Tages, wenn sie früh aus dem Meere steigt."

„Meinetwegen."

„So gieb mir wenigstens dreihundertfünfzig!" sagte er.

„Zweihundertundfünfzig! Ich schwöre dir bei meinem Barte, daß ich nicht mehr gebe."

Diesen Schwur bricht kein Muselmann. Der Tuareg wußte also, woran er war. Dennoch meinte er:

„Sie ist zehnmal mehr wert."

„Desto weniger aber bist du wert! Und das ziehe ich dir natürlich ab. Übrigens mußt du bedenken, daß ich mit Geld bezahle, und daß du es sofort erhältst!"

Dies sah der Tuareg ein. Darum weigerte er sich nicht länger, sondern erklärte:

„Da du der Oberst des Bei bist, den meine Seele ehrt, will ich auf dein Gebot eingehen. Schlage ein!"

„Hier!"

Sie legten nunmehr die Hände ineinander, und so war der Handel abgeschlossen.

„Darf ich nun beginnen?" fragte der Mullah.

„Ja," antwortete der Oberst.

Hierauf faltete der Geistliche die Hände und sagte in der herkömmlichen Weise:

„Im Namen des allbarmherzigen Gottes! Lob sei Gott, der uns das Vermögen gegeben hat, zu sprechen, der uns gewürdigt hat der Schönheit der Sprache und des Glanzes der Worte! Er, der Höchste, hat alles zum Nutzen der Menschheit erschaffen. Er hat alles, was unnötig ist, verhindert, und alles das bereitet, was nötig ist. Er hat uns die Ehe geboten, aber verboten, anders zu leben. Er, der Höchste spricht: Nehmet euch zur Ehe solche Weiber, die euch gefallen, eine, zwei, drei oder auch vier. O, ewiger Wohlthäter! Wir müssen dir Dank sagen zur Vergeltung deiner Liebe. O, allmächtiger Führer! Uns liegt die Pflicht der Dankbarkeit ob für das Geschenk der Ehe. O, Allah, leite uns zur Genügsamkeit und Vollkommenheit und besiegle alle unsere Handlungen, auch diejenige der Ehe. Wir bezeugen es, daß es keinen Gott giebt außer Allah, dem einzig Ewigen, und daß Muhammed, sein Gesandter, begnadigt ist vor allen Menschen. Ja, möge die Gnade Gottes ruhen auf dem Erstlinge seiner Schöpfung, Muhammed, dem von Gott mit Wundern Gesegneten, und auf seiner Familie! Ich segne das Paar und flehe auf dasselbe die Barmherzigkeit des Höchsten herab, und danke Gott, denn er ist barmherzig und voller Liebe, wie er euch jetzt durch die Verbindung eurer Herzen bewiesen hat."

Hierauf wandte sich der Mullah an den Tuareg:

"Du, der du dich Ben Hamalek nennst, willst du dieses Weib dem Obersten der Heerscharen als Frau geben?"

"Ja," antwortete der Gefragte.

"Und du, Krüger Pascha, der Oberste der Helden des Beherrschers von Tunis, willst du sie als dein Weib nehmen, sie lieben und ernähren bis an das Ende deines Lebens, so lange es dir beliebt und so lange sie dir gefällt?"

"Ja," antwortete der Oberst.

Damit war die heilige Handlung abgeschlossen.

Jetzt aber kratzte sich Krüger Pascha hinter dem Turban. Es fiel ihm soeben etwas ein, woran er vorher nicht gedacht hatte.

"Sage mir, o Mullah," fragte er, "hat dieses Weib nun bei mir zu wohnen?"

"Ja, denn du bist ihr Herr und ihr Mann."

"Aber ich bin selbst hier fremd! Sie kann doch nicht —"

Da fiel der Tuareg ein:

"Sie ist eine Tochter der Beni Abbas. In ihrem Stamme ist es Gebot, daß jede Verheiratete während der ersten Nacht ihrer Ehe mit keinem Menschen spreche und in einem Zelte betend allein bleibe. Ich erwarte, daß du diese Sitte ihres Stammes ehren werdest."

„Das möchte ich wohl; aber habe ich ein Zelt?"

„Ich habe eins," sagte der Scheik. „Dort steht das Zelt, in dem meine Vorräte sich befinden. Da wird sie ungestört beten können. Geleite sie dorthin, o Mullah, da du es bist, der sie in die Ehe geführt hat."

Der Geistliche that dies in sehr würdiger Art und Weise. Als er dann zurückgekehrt war und sich wieder niedergesetzt hatte, zog er ein Papier hervor und eine alte Flasche, in der sich Tinte befand.

„Nun müssen wir aufschreiben, was geschehen ist," sagte er, „und diese beiden werden es unterzeichnen."

Die Abfassung des Skriptums dauerte ziemlich lange, da der ehrwürdige Alte keineswegs ein sehr gewandter Schreiber zu sein schien. Dann setzten der Tuareg und der Oberst ihre Namen darunter. Der letztere erhielt als Besitzer des Weibes das Dokument.

Er steckte es ein und sagte:

„So, jetzt ist sie meine Frau. Wann aber, o Mullah, kann ich mich von ihr scheiden lassen?"

„Das habe ich dir bereits gesagt!"

„Ich habe es nicht gehört."

„Ich habe sehr deutlich gesprochen: Du sollst sie lieben und ernähren bis an das Ende deines Lebens, so lange es dir beliebt und so lange es dir gefällt."

„Wenn es mir aber jetzt nicht mehr beliebt?"

„So laß dich scheiden!"

„Willst du das thun?"

„Wenn du es willst, ja!"

„Ich bitte dich darum!"

„So höre die Worte der fünfundsechzigsten Sure!"

Der Mullah faltete die Hände und recitierte:

„Im Namen des allbarmherzigen Gottes! O Prophet, wenn ihr euch von einem Weibe scheidet, so bedenkt wohl, was ihr thut. Ihr dürft euch von zwei Weibern scheiden, von mehr aber nicht. Vertreibt sie nicht aus euren Wohnungen, wenn sie sonst kein Obdach haben. Vielleicht erneuert Allah eure Liebe, sodaß ihr beisammen bleibt. Soll sie aber wirklich fort, nach reiflicher Überlegung, so thut es bald, und der Mund des Gesandten wird die Scheidung besiegeln. Sage mir, o Krüger Pascha, du Oberster der Leibtrabanten des Beherrschers, willst du von Haluja, deinem angetrauten Weibe, geschieden sein?"

„Ja."

„So sage die drei Worte: Sie kann gehen!"

„Sie kann gehen!"

„So bist du geschieden. Ich bezeuge es."

Also war der gute Krüger Pascha in kürzester Zeit Bräutigam und Ehemann gewesen und jetzt wieder ein geschiedener Ehegatte. Er nahm dies in bester Laune entgegen und fragte den Scheik:

„Ist dein Dattelvorrat gut?"

„Ja."

„Hast du Lagmi?"

„Viele große Krüge voll."

„So gieb deinen Männern Datteln zu essen und Lagmi zu trinken, zwei große Krüge voll, einen zur Feier der Hochzeit und einen zur Feier der Scheidung."

Lagmi ist gegorener Dattelsaft; er schmeckt fast wie Wein und hat eine leise berauschende Wirkung, wenn man auch nicht sagen kann, daß er betrunken mache.

Die Botschaft, daß es Datteln mit Lagmi gebe, brachte im Lager große Freude hervor. Die Männer rückten zusammen und ließen es sich wohl sein. Der Tuareg aber saß und trank nicht mit. Sobald er von dem Scheik das Geld erhalten hatte, entfernte er sich.

Steinbach hatte noch kein solches Ehedokument gesehen, wie das von dem Mullah angefertigte. Er bat es sich von dem Obersten aus und betrachtete es bei dem Scheine des Feuers aufmerksam.

„Da steht Haluja," sagte er. „Heißt sie nicht Hiluja?"
„Ja."

„Es ist mir schon vorher aufgefallen. Auch der Tuareg sagte nicht Hiluja, sondern Haluja."

„Er wird sich versprochen haben, und der Mullah hat es so nachgeschrieben."

„Ich traue diesem Tuareg nicht."

„Ich auch nicht; aber was könnte diese Verwechslung

zu bedeuten haben? Nichts, gar nichts. Er hat sich versprochen."

„Er wird doch nicht etwa auf den Gedanken kommen, während der Nacht Hiluja aus dem Zelte zu holen und mit ihr samt dem Gelde zu entfliehen?"

„Das kann er nicht," erwiderte der Scheik. „Nachdem du mir erzählt hast, was dir die alte Dienerin sagte, hege auch ich Mißtrauen gegen ihn. Ich werde von einem meiner Krieger Hilujas Zelt bewachen lassen. Er mag gehen; sie aber wird er zurücklassen müssen."

Sie ahnten nicht, was geschehen war.

---

17. Kapitel.

Der Tuareg hatte sein Zelt nicht aufgesucht, um in demselben zu bleiben, sondern war in das Frauenzelt getreten, das sein Gastfreund ihm überlassen hatte. Dasselbe war finster. Es brannte kein Licht.

Er bückte sich zur Erde. Dort lag ein langes, rundes Bündel, fast als ob ein Mensch in einen Teppich eingerollt sei. Er betastete dieses Bündel genau und entfernte sich dann wieder. Er wußte, daß kein Mensch dieses Frauenzelt betreten werde, daß er also nicht verraten sei.

Sich hinter den Zelten haltend, sodaß ihn die Strahlen des Feuers nicht treffen konnten, schritt er hinaus in das Freie. Er nahm sich selber in acht, um von denjenigen, die bei den Herden wachten, nicht bemerkt zu werden. Als er die Tiere hinter sich hatte und nun wußte, daß er nicht gesehen werde, verdoppelte er seine Schritte. Dann blieb er stehen und stieß jenen halblauten, eigentümlichen Laut aus, den der in der Wüste lebende Bartgeier hören läßt, wenn er des Nachts einmal aus dem Schlafe erwacht und, noch halb träumend, seinen Standort wechselt.

Sofort wurde der Ton erwidert, und dann schlich eine Männergestalt herbei.

„Endlich!" flüsterte der Ankommende. „Es ist sehr spät."

„Ich konnte nicht anders."

„Wann nimmt das ein Ende! Ich habe die größte Not, mich des Tages zu verbergen. Diese Hunde vom Stamme der Medscherdah schweifen überall umher."

„Es ist die letzte Nacht."

„Allah sei Dank! Hast du etwas erreicht?"

„Mehr als ich dachte. Ich habe Geld."

„O ihr Kalifen, o Muhammed! Wieviel?"

„Zweihundertundfünfzig Mariatheresienthaler.'

„Welch ein Glück! Woher hast du sie? Gestohlen?"

„Nein. Ich habe Haluja verkauft."

„Hiluja willst du wohl sagen?"

„Nein, Haluja, die Dienerin."

„Das verstehe ich nicht. Du meinst doch nicht etwa, daß man dir für sie dieses Geld gegeben habe?"

„Ja, für sie."

„Wer das gethan hat, ist wahnsinnig."

„O, er ist bei Sinnen. Es ist Krüger Pascha, der Oberst der Leibwache des Bei von Tunis. Natürlich aber glaubt er, Hiluja gekauft zu haben. Er wird sich sehr wundern, wenn es Tag wird und er kommt, seine schöne, junge Frau zu besuchen."

„So ist es!" lachte der andere leise. „Was aber thust du mit dem Mädchen?"

„Wir nehmen sie mit nach Mehedia. Dort erhalten wir sehr viel Geld für sie."

„Hast du nach Pferden gesucht?"

„Ja. Das deinige ist gut, das meinige schlecht. Ich lasse es zurück und nehme zwei andere dafür. Dabei ist eins, dem kein anderes gleicht, so weit die Wüste reicht."

„Es gehört dem Scheik?"

„Nein, sondern einem Gaste desselben, einem Fremden, dessen Stamm ich nicht kenne. Er hat es von dem Bei von Tunis geborgt. Es ist eine graue Prophetenstute."

„O Allah! Ist das wahr?"

„Ja. Und sodann nehme ich den Schimmel des Scheiks. Den Schimmel für Hiluja und die graue Stute für mich."

„So sind wir reich, reicher als wir jemals gewesen sind. Wir werden nach dem Süden reiten und die Pferde dort verkaufen."

„Oder sie auch behalten. Geld haben wir schon

heute und werden auch noch welches für das Mädchen bekommen. In zwei Tagen sind wir in Mehedia. Bis dahin müssen wir sehr vorsichtig sein, dann aber sind wir sicher."

„Wann brichst du auf?"

„Es wird sehr spät werden. Ich glaube, dieser Krüger Pascha hat Lagmi geschenkt; da werden die Männer erst weit nach Mitternacht zur Ruhe gehen. Aber gerade das ist die beste Zeit, uns der Pferde zu bemächtigen, da die Wächter gewöhnlich gegen Morgen ermüdet sind und schlafen. Kennst du das Lager?"

„Ich habe es gestern und heute beschlichen."

„Hast du die Tamariskenbüsche gesehen, die nicht weit von den letzten Zelten stehen?"

„Ja. Sie sind dicht belaubt."

„Schleiche dich dorthin und erwarte mich."

Die Zeit verging. Im Lager herrschte reges Leben bis weit nach Mitternacht. Und selbst dann trat die gewöhnliche Ruhe noch nicht bald ein. Die Versammlung war zwar auseinander gegangen, aber die einzelnen verhielten sich doch noch vor ihren Zelten. Der Beduine ist ja nicht an die Zeit gebunden, und so hat sie also auch gewöhnlich keinen Wert für ihn.

Endlich, als es kaum noch eine Stunde bis zum Grauen des Tages war, hatte sich der Schlaf auf Menschen und Tiere niedergesenkt. Doch nein, nicht alle schliefen, denn da huschte einer leise auf das Lager zu und blickte sich dort, wo das Feuer gebrannt hatte und noch einige Kohlen glimmten, vorsichtig um. Er erregte dadurch den Argwohn der Schildwache, die das Zelt zu beaufsichtigen hatte, in dem die bereits wieder geschiedene Braut die Nacht zubrachte.

Der Wachtposten trat also heimlich näher und erfaßte ganz plötzlich den Schleicher beim Arme.

„O Allah!" rief dieser, der fürchterlich erschrocken war.

„Wer bist du?"

„Siehst du das nicht?"

„Nein, es ist finster."

„Laß mich los! Du wirst unrein!"

„Ah, du bist der Diener des Gastes unseres Scheiks?"

„Ja."

„Warum schleichst du hier herum?"

„Ich suche meinen Herrn."

„Wozu? Laß ihn schlafen!"

„Nein; ich muß mit ihm sprechen."

„Jetzt? Mitten in der Nacht?"

„Ja. Wo ist er?"

„Dort im Zelte des Scheiks schläft er mit diesem und dem Obersten der Trabanten."

„So werde ich ihn wecken."

„Halt! Nein! Das dulde ich nicht. Ist das, was du ihm zu sagen hast, so notwendig?"

„O, sehr."

„Was ist es denn?"

„Das geht dich nichts an!"

„Oho! Ich bin der Wächter. Wenn du es mir nicht sagst, so verbiete ich dir, ihn zu wecken."

„So bist du schuld, wenn er um sein Pferd kommt."

„Um sein Pferd? Meinst du die graue Stute?"

„Ja."

„Was ist mit ihr?"

„Sie soll gestohlen werden."

„Von wem?"

„Von dem Tuareg."

„Du träumst wohl? Oder bist du noch betrunken?"

„Ich bin sehr wach und munter, denn ich habe ausgeschlafen. Ich habe den Spitzbuben belauscht. Es war noch ein zweiter bei ihm. Sie wollen die graue Stute stehlen, den Schimmel des Scheiks und auch ein Pferd oder ein Kamel, das Hiluja heißt, jedenfalls eine Stute."

„Hiluja, die bewache ich ja hier! Das ist keine Stute, sondern ein Weib. Aber jetzt kommt mir die Sache auch verdächtig vor. Du hast ihn belauscht?"

"Ja. Es kam ein anderer dazu, der das Lager umschlichen hat. Aber wenn ich dir das alles erzählen soll, so ist der Diebstahl indessen gelungen. Wecken wir den Herrn!"

Jetzt hatte der Wächter gar nichts mehr dagegen. Einige Augenblicke später trat der Scheik mit seinen zwei Gästen aus dem Zelte. Steinbach fragte, was man wolle.

"Herr, deine Stute wird gestohlen," antwortete der Bote.

"Du bist da? Meine Stute gestohlen? Von wem?"

"Von dem Tuareg."

Steinbach war geistesgegenwärtig. Er begann sofort zu kombinieren und fragte rasch:

"Hast du ihn belauscht?"

"Ja. Ich war nach den Tamarisken geschlichen, um dort auszuschlafen. Ich erwachte jedoch bald, denn es kam ein Kerl, der sich in meine Nähe legte, ohne mich zu bemerken. Dann erschien der Tuareg. Sie wollen deine Stute, des Scheiks Schimmel und Hiluja stehlen."

"Wann war das?"

"Vor einer halben Stunde."

"Dummkopf!"

Steinbach sprang gleich darauf in das Zelt zurück, um seine Pistolen zu holen, und schoß zwei Läufe ab. Im Nu war das ganze Lager alarmiert, kamen die Männer aus den Zelten.

"Zu den Herden!" rief Steinbach. "Es sind Diebe da!"

Alles rannte nach rechts oder links zu den Tieren.

"Ist Hiluja noch drin?" fragte er dann den Wächter.

"Ja, Herr."

"Bleibe bei ihr und verteidige sie nötigenfalls. Kommen Sie, Oberst."

"Wohin?" fragte Krüger Pascha.

"Zu dem Zelte des Tuareg."

Dieser war nicht zu sehen. Das Frauenzelt war vollständig leer. Draußen aber, außerhalb des Lagers, erhob sich eben jetzt ein wahrer Heidenskandal. Laute Hilferufe erschallten, und Schüsse erklangen. Dorthin

eilten auch die beiden. Im Vorübergehen blieb Stein=
bach bei dem Vorratszelte stehen und öffnete es.

„Hiluja?" fragte er hinein.

„Nein, ich bin es, Herr, Haluja."

„Haluja? Was bedeutet das? Heute sagte deine
Dienerin, dein Name sei Hiluja."

„Ja, das habe ich gesagt, Herr. Was ist geschehen?
Warum ruft und schießt man?"

Die Sprecherin trat heraus. Sie trug den Schleier nicht. Steinbach beugte sich zu ihr nieder und erkannte trotz der Dunkelheit — die Alte, nicht die Herrin, sondern die Dienerin.

„Alle Teufel! Ein Betrug!" rief er. „Tritt sofort wieder hinein! Da bleibst du, bis ich wiederkomme!"

Dann schob er sie in das Zelt und eilte fort, hinaus vor das Lager. Dort waren aus Palmenfasern gefertigte Fackeln, die diese Nomaden stets vorrätig haben, angebrannt worden. Die Flammen beleuchteten eine wirre, ziellose Bewegung.

„Er ist fort!" rief der Scheik, als er Steinbach sah.

„Wer? Der Tuareg?"

„Nein, der Schimmel!"

„Teufel! Und meine Stute, die hier mit weidete?"

„Ist auch weg."

„Hölle und Tod! Sie ist gar nicht mein Eigentum!"

„Wir müssen den Räubern nach. Auf die Pferde, ihr Männer! Schnell, ihnen nach!"

„Halt! Halt! Wartet noch!" schrie aber Steinbach, so laut er nur konnte. „Alle hierher zu mir!"

Er hatte eingesehen, daß ein geordnetes, zielbewußtes Handeln jetzt die Hauptsache sei. Die Leute versammelten sich schnell um ihn. Er gebot Ruhe, und als die nötige Stille eingetreten war, sagte er:

„Weg mit der Aufregung! Sie schadet uns nur! Hört auf mich! Und nur derjenige, der genaue Antwort weiß, mag sprechen, die andern aber schweigen. Ist der Schimmel des Scheiks fort?"

„Ja," antwortete einer.

„Weißt du das genau?"

„Ich weiß es. Ich war **der erste** hier vor dem Lager. Eben als ich zwischen den Zelten hervorsprang, jagten sie fort, an mir vorüber."

„Wie viele?"

„Zwei Reiter und drei Pferde. Auf dem dritten, das sie in der Mitte hatten, war etwas festgebunden."

„Jedenfalls Hiluja. Wohin ritten sie?"

„Gerade nach Osten hinaus."

„So müssen wir ihnen augenblicklich nach, sonst entkommen sie uns!" rief der Scheik. „Ich muß meinen Schimmel wieder haben. Die Diebe sollen den Raub mit dem Leben bezahlen!"

„Du wirst deinen Schimmel niemals wiedersehen, wenn du die Diebe jetzt verfolgst," entgegnete Steinbach.

„Willst du sie entkommen lassen?"

„Nein."

„Das geschieht aber doch, wenn wir nicht eilen."

„Gerade wenn wir zu sehr eilen, entkommen sie uns. Kannst du sie in dieser Finsternis sehen?"

„Nein."

„Wie willst du ihnen also folgen, wenn du sie nicht siehst?"

„Wir hören sie!"

„Jetzt noch, nachdem sie einen solchen Vorsprung haben? Ich bitte dich, meinem Rate zu folgen. Wir warten, bis der Tag angebrochen ist."

„Dann sind sie bereits über alle Berge!"

„Wir holen sie trotzdem ein."

„Wo? Du weißt doch nicht, wohin sie sind."

„Wir werden es erfahren, denn der Tag wird uns ihre Spuren zeigen."

„Verstehst du es, die Fährten zu lesen?"

„Ja. Ich schwöre dir zu, daß sie uns nicht entgehen werden. Reitest du ihnen aber jetzt in der Dunkelheit nach, so wirst du mir die Fährte so verderben, daß ich sie gar nicht zu finden vermag."

„Aber wie willst du sie einholen? Sie haben ja unsere schnellsten Pferde."

„Ich sah heute auf eurer Weide einige der besten Hedschin, die sind viel schneller als die schnellsten Pferde."

Hedschin heißt Reitkamel.

„Ja, wenn du die Verfolgung auf den Kamelen

vornehmen willst, dann werden wir sie allerdings einholen, falls du die Spuren wirklich findest."

„Ich finde sie. Also die Leute mögen hier bleiben, damit mir die Fährte der Diebe nicht verwischt wird. Sie mögen nur nachsehen, ob noch mehr fehlt, als nur der Schimmel und die graue Stute. Wo ist mein Diener?"

„Hier!" antwortete der wieder vollständig nüchtern Gewordene, indem er näher trat.

„Erzähle mir nochmals, was du alles hörtest."

Der Diener wiederholte seinen Bericht und fügte dann hinzu, daß die beiden Flüchtlinge nach Mehedia wollten, um dort Hiluja zu verkaufen.

„Da haben wir es!" sagte Steinbach. „Jetzt wissen wir, wohin sie sind. Giebt es unter euch einen, der den Weg dahin genau kennt?"

„Ich," antwortete der Führer. „Es gehen mehrere Wege, und ich kenne sie alle. Die Räuber haben ganz gewiß den kürzesten eingeschlagen."

„Das ist auch meine Meinung. Am besten wäre es, wenn wir einen Umweg machen könnten, um ihnen voranzukommen und sie zu erwarten."

„Das können wir. Die Kamele sind ja schneller."

„Wer aber reitet mit?"

„Ich!" antwortete der Scheik.

„Ich!" sagte auch der Oberst.

„Ich, ich — —" riefen alle durcheinander.

„Das ist unmöglich!" sagte jedoch Steinbach. „Wir dürfen uns nur der besten und schnellsten Reitkamele bedienen. Wie viele sind hier?"

„Echte, gute Bischarihnkamele habe ich nur vier Stück," antwortete der Scheik.

„So können auch nur vier Männer reiten."

„Ist das genug?"

„Mehr als genug. Vier gegen zwei. Also wer? Der Führer und ich, das sind zwei."

„Und ich natürlich!" sagte der Scheik.

„Und ich auch natürlich!" meinte der Oberst.

Steinbach machte eine Einwendung gegen letzteren. Er traute ihm die Fähigkeit zu einem so anstrengenden Ritte nicht zu, Krüger Pascha ließ aber keine Einrede gelten. So bat der Deutsche denn, die Kamele zu satteln und für Wasser und Proviant zu sorgen. Dann begab er sich zu der Dienerin, den Oberst mit sich nehmend, der noch gar nicht ahnte, wie sich diese Angelegenheit in Wirklichkeit verhielt.

„Eijentlich bin ich Sie böse!" sagte er zu Steinbach auf deutsch.

„Warum?"

„Weil Ihnen mir nicht mitzunehmen jesinnt jewesen."

„Ich hatte eine gute Absicht. Der Ritt ist anstrengend."

„Soll ich mir nicht anstrengen, wenn es gilt, meiner jeschiedenen Ehefrau wiederzufinden?"

„Die finden Sie da draußen nicht."

„Na, Ihnen sagten doch, daß uns sie einzuholen werde sicher sein."

„Aber Ihre gestrige Frau Gemahlin ist nicht dabei."

„Hiluja?"

„Die ist allerdings dabei, aber die war nicht Ihre Frau. Erinnern Sie sich noch, daß der Tuareg Haluja sagte?"

„Ja. Diesem Mullah hat auch so jeschrieben."

„Nun, Haluja heißt die alte Dienerin, und diese haben Sie geheiratet."

„Dienerin?"

„Ja."

„Jott stehe mich bei! Ist ihr alt?"

„Sehr."

„Häßlich?"

„Ziemlich."

„Dann hole ihr das Teufel! Ihr ist noch da?"

„Ja. Sie steckt dort im Zelte. Kommen Sie!"

„Aber ich begreife noch gar nicht, wie es möglich sein kann, daß es möglich zu werden möglich jewesen ist!"

„Sie werden es bald begreifen. Dieser Tuareg hat

Ihnen die Dienerin verkauft, die junge Herrin aber für sich behalten, um sie in Mehedia zu verkaufen und also abermals Geld zu lösen."

„Na, denn mal rin in diesem Zelt! Wo ist ihr?"

Steinbach hatte inzwischen einem der Männer eine Fackel aus der Hand genommen, er öffnete das Zelt und leuchtete der Dienerin in das Gesicht.

„O Allah! Das ist ihr?" fragte der Oberst.

„Ja, das ist Haluja."

„Meiner abjeschiedenen Jeliebten?"

„Ja, Ihre gestrige Gattin!"

„Alle juten Jeister und Jespenster! Und dafür hat mich diesem Schwindelmeier das viele Jeld abzuverlangen die Kühnheit jewesen! Na, wenn diesem Mensch in meiner Hand jelaufen kommt, so zerbreche ich ihn der Jenick und dem Hals wie ein holländischer Tabakspfeife! Aber diesem alten Reff hier ist doch einer Betrügerin!"

„Wieso?"

„Weil sie ihr für jung ausjegeben ist!"

„Nein. Sie hat sich nicht für jung ausgegeben. Sie hat überhaupt gar nichts gesagt."

„Es konnte ihr aber sagen, daß ihr Haluja heißt und nicht Hiluja!"

„Nicht sie ist gefragt worden, sondern der Tuareg, der sagte Haluja, wie ich mich besinne. Sie hat also keine Ahnung gehabt, daß Sie getäuscht werden sollten."

Daß dies so war, stellte sich heraus, als beide Männer nicht länger deutsch sprachen und nun von der Dienerin verstanden wurden. Diese war dem Tuareg nur deshalb gehorsam gewesen, weil ihr Steinbach den Rat gegeben hatte, alles zu thun, was jener von ihr verlangen würde. Als sie jetzt erfuhr, daß der Tuareg mit ihrer Herrin entflohen sei, da brach sie in lautes Jammern aus und beruhigte sich nur bei Steinbachs Versicherung, daß sie dieselbe bereits morgen wiedersehen werde.

Als der Morgen anbrach, standen die Reitkamele bereit, wohlgenährte Tiere, die seit langer Zeit keiner

Anstrengung unterworfen worden waren. Es war also zu erwarten, daß der Verfolgungsritt ein ungewöhnlich schneller sein werde.

---

18. Kapitel.

Etwa eine Stunde mochte seit dem Alarmrufe vergangen sein, als die vier Reiter auf ihren hohen Sätteln das Lager verließen und mit der Eile des Sturmes nach Osten hin davonritten.

Sie hielten sich mit Absicht weiter nördlich, als die Verfolgten vermutlich geritten waren. Die freie Ebene war ihnen bei ihren Kamelen viel vorteilhafter, als die Thäler und Schluchten des Wadi Silliana.

Die Hedschin griffen mit ihren langen Beinen furchtbar aus. Mit diesen Kamelen kann auch der allerschnellste Renner nicht Schritt halten. Sie hatten nach Verlauf einer Viertelstunde ganz gewiß bereits eine volle deutsche Meile zurückgelegt.

So verging wieder eine Viertelstunde — daraus wurde eine ganze Stunde. Da legte der voranreitende Führer die Hand beschattend über das Auge und sagte zu Steinbach:

„Herr, es ist mir, als ob da draußen in der Steppe mehrere Reiter sich bewegten."

Steinbach hielt sein Kamel an und zog das Fernrohr auseinander. Und kaum hatte er es auf die betreffenden Punkte gerichtet, so stieß er einen lauten Ruf der Überraschung aus:

„Allah ist groß! Das sind sie!"

„Die Gesuchten?" fragte der Oberst schnell.

„Ja."

„Bitte, das Fernrohr! Wahrhaftig, sie sind es! Sie sind also nicht nach dem Wadi Silliana. Auf diese Weise bekommen wir sie weit eher und weit leichter in die Hand."

May, Sultana. 28

„Leichter?" meinte Steinbach. „Das glaube ich nicht."

„Warum nicht? Wir haben sie ja vor Augen!"

„Sobald sie sich einmal umdrehen, werden sie auch uns bemerken. Wir auf unseren großen, hohen Tieren sind viel weiter zu sehen als sie. Dann werden sie uns die Sache wohl erschweren."

„Was wollen sie thun! Sie befinden sich mitten in der Ebene. Sie können nicht entkommen."

„Warten wir es ab. Ich habe noch ganz anderes erlebt. Und angenommen, daß wir sie einholen, was dann?"

„Wir nehmen sie fest, natürlich."

„Wie fangen wir das an?"

Die drei Männer blickten Steinbach mit großen Augen an. Sie konnten ihn wirklich nicht begreifen.

„Wie wir das anfangen?" wiederholte der Scheik. „Sobald ich sie erreiche, schieße ich sie nieder."

„Das wird nicht so leicht sein. Erstens werden sie ihre Tiere anstrengen. Es wird ein Wettrennen geben."

„Wir ereilen sie dennoch!"

„Ja; aber schießen — nein!"

„Warum nicht, Herr? Soll ich diese Diebe schonen?"

„Sie nicht, aber deinen Schimmel und meine Stute."

„Ah! Du hast recht! Wir dürfen nicht schießen, denn wir könnten unsere kostbaren Pferde treffen."

„Das eben meine ich. Sie aber werden schießen und mit Bedacht nach unseren Kamelen zielen, denn wenn das Kamel fällt, kann der Reiter ihnen nicht mehr gefährlich sein. Wir befinden uns also im Nachteile."

„Was rätst du uns?"

„Wir müssen den offenen Kampf vermeiden und sie zu überraschen, zu überrumpeln suchen."

„Wie soll das geschehen? Sie werden uns sicher bemerken, da wir ihnen folgen."

„So sorgen wir dafür, daß dies unmöglich ist. Sie befinden sich in gerader Richtung vor uns. Ganz, ganz weit da draußen ist der Horizont dunkel! Liegt dort vielleicht ein Gebirge?"

„Allah ist groß! Das sind die Gesuchten!"
(Seite 433.)

„Ja," antwortete der Führer. „Es ist der Dschebel Surdsch, da, wo er sich nach Said hinzieht."

„Es scheint, daß die Flüchtinge dort hinauf wollen."

„Ganz sicher."

„Nun, so schlagen wir einen Bogen, damit wir noch vor ihnen ankommen. Wenn ich die Entfernung nach dem Gedanken messe, so werden sie ungefähr mittags dort sein und also wohl Rast machen. Dabei überraschen wir sie."

Dieser Vorschlag wurde für sehr annehmbar gehalten. Die Kamele bekamen eine andere Richtung, und bald war es den Reitern nicht mehr möglich, die Verfolgten zu sehen; ebensowenig aber konnten nun auch sie von denselben bemerkt werden.

Jetzt wurden die Tiere angespornt. Endlich wurde die dunkle Linie des Horizontes deutlicher. Sie nahm Gestalt und Form an. Dann traten Höhen hervor, und bald war das bewaldete Gebirge zu erkennen. Es war kurz vor der Mittagszeit, als die vier Reiter den ersten der Vorberge erreichten.

Steinbach suchte hier wie ein Feldherr das Terrain mit dem Fernrohre ab, deutete darauf in die Ebene hinaus und sagte:

„Den Bogen haben wir richtig hinter uns. Ich glaube, daß wir uns ungefähr da befinden, wohin die beiden Tuaregs kommen werden."

„Ganz gewiß," meinte der Führer. „Drüben giebt es einen Bach, der in die Berge führt. Ihm muß man folgen, um nach jenseits zu kommen. Dorthin also werden sie sich sicher wenden."

„So wollen wir ihnen zuvorkommen. Vorwärts!"

Die Reiter gelangten bald an den Bach und ritten nun langsam an ihm aufwärts, um einen Ort zu finden, wo zu vermuten stand, daß die Flüchtlinge ihre Rast halten würden. Solcher Orte gab es aber so viele, daß es ganz unmöglich war, vorher zu bestimmen, welchen sie wählen würden. Darum riet Steinbach, noch weiter aufwärts zu reiten, dort die Kamele zurückzulassen und wieder umzukehren, da man zu Fuße die Erwarteten besser belauschen konnte. Die anderen gingen auf den Vorschlag ein. Und so ritten die vier Reiter noch eine Strecke weit am Bache aufwärts und bogen dann in die Büsche ein, wo sie die Kamele unter Aufsicht des Führers zurückließen. Dann kehrten sie wieder um und nahmen auf einer Höhe Stellung, von der aus sie die weite Ebene überblicken konnten.

Steinbach hatte sich in seinen Vermutungen nicht getäuscht. Nach bereits kurzer Zeit traf sein durch das Rohr gerichteter Blick auf drei Punkte, die sich näherten und nach und nach größer wurden, sodaß sie bald mit dem unbewaffneten Auge zu erkennen waren.

„Da kommen sie!" sagte er. „Jetzt hoffe ich, daß sie da unten am Wasser absteigen."

Die Flüchtlinge befanden sich bereits so nahe, daß ihre Gesichtszüge zu erkennen waren. Der Tuareg ritt rechts auf der grauen Stute, der andere links, und Hiluja befand sich auf dem Schimmel in der Mitte zwischen beiden. Sie ritt nach Männerart, was die Töchter der Beduinen durchaus gewöhnt sind.

An der von Steinbach bezeichneten Stelle stiegen sie von den Pferden, die sofort zu saufen begannen und sich an dem saftigen Grase erlabten. Der Ort war eine liebliche Oase in der Steppe.

Hiluja ließ sich gleich auf den Rasen fallen. Ihr Gesicht war nicht zu sehen, da sie den Schleier dicht vorgezogen hatte. Der Tuareg setzte sich neben sie; der Gefährte aber hatte sein Augenmerk auf die Spuren gerichtet, die die Kamele zurückgelassen hatten.

„Es sind Leute hier gewesen," sagte er, auf die umgetretenen Halme deutend.

„Was geht uns das an?"

„Sehr viel!"

„Gar nichts. Wir sind nicht mehr in der Wüste. Je weiter wir der Küste nahe kommen, desto weniger haben wir zu fürchten. Es kann uns sehr gleichgültig sein, wer hier geritten ist."

„O, man verfolgt uns natürlich!"

„Du bist doch sonst nicht furchtsam. Bitte zu Allah, daß er dich kein Weib werden lasse!"

„Spotte du! Ich aber will vorsichtig sein und einmal nachsehen, wohin man von hier aus geritten ist."

Der Gefährte ging den Spuren nach, langsam und vorsichtig, weiter und immer weiter, auch an der rechten Seite eines Strauches vorüber, an dessen linker sich Steinbach niedergeduckt hatte. Dieser ließ zuerst den Tuareg vorbei, machte dann leise zwei rasche, unhörbare Schritte und legte plötzlich dem Räuber die Hände so fest um den Hals, daß er keinen Laut ausstoßen konnte.

„Pst!"

„Gleich!" antwortete der Oberst, der mit dem Scheik in der Nähe gewartet hatte und nun herbeikam. „Was thun wir mit ihm?"

„Arme und Beine binden. Er hat keine Besinnung mehr. Wir stecken ihm mein Tuch in den Mund und lassen ihn hier liegen, bis ich auch den anderen habe."

Dies thaten sie. Dann schlichen sie sich nahe an den Lagerplatz heran.

„Hier steckt euch hinter dieses dichte Strauchwerk," sagte Steinbach leise. „Ihr könnt alles genau sehen. Ich nähere mich ihm indessen im Rücken. Wegen seiner zwei Messer ist er gefährlicher als der andere. Ich werde ihn nicht schonen. Also, paßt auf!"

Damit verschwand er im Dickicht.

Der Tuareg hatte schweigend einige Datteln verzehrt und sich mit der Hand dazu Wasser aus dem Bache geschöpft. Jetzt lauschte er aufmerksam nach der Seite hin, nach der sein Gefährte verschwunden war. Die Zeit bis zu dessen Rückkehr deuchte ihm zu lang. Er wollte sich die Zeit mit einem Gespräch vertreiben, deshalb sagte er zu Hiluja:

„Hier sind Datteln! Iß."

Sie antwortete nicht und bewegte sich auch nicht.

„Hast du gehört? Warum sprichst du nicht? Warum trotzt du? Deine Lage ist ja nicht anders geworden, als sie bereits vorher war!"

„Wo ist Haluja?" fragte sie endlich.

„O, die hat es sehr gut. Die ist verheiratet. Bald wirst du es auch sein. In Mehedia verkaufe ich dich an einen reichen Pascha, bei dem du ein Leben wie im Paradiese führen wirst."

„Elender!"

„Schimpfe nur! Später wirst du mir danken."

„Noch sind wir nicht in Mehedia!"

„Aber wir werden hinkommen, morgen bereits. Niemand wird es hindern können."

„O, ich könnte dir einen nennen, der es hindern wird."

„Hast du Fieber? Welcher Mensch könnte das sein?"

„Er folgt dir ganz gewiß. Allah hat ihn zu meiner Rettung gesandt; das weiß ich ganz genau."

„Ist Allah zu dir herabgestiegen, um dir das zu verkündigen?" spottete er.

„Ich weiß es; er rettet mich. Er hat es versprochen."

„Wem?"

„Haluja."

„Beim Teufel! Hat sie denn mit jemand gesprochen?"

„Ja."

„Mit wem? Etwa mit dem Fremden?"

„Ja. Er hat mir Rettung zugesagt, und er ist ein Mann."

Der Tuareg stieß ein lautes, höhnisches Lachen aus.

„Ja, er ist ein Mann!" höhnte er auch in diesem Augenblick. „Er ist ein solcher Mann, daß ich jetzt auf seinem Pferd sitze! Und wenn er käme, um dir zu helfen, ich würde stolz hier liegen bleiben; ich würde keine Hand regen, dieser Memme gegenüber. Ein einziger Blick würde ihn verscheuchen. Er ist betrunkener als sein Diener!"

„Das lügst du!" antwortete sie, in Zorn geratend.

„Mädchen, beleidige mich nicht!"

„O, ich fürchte dich nicht! Mehr, als du mir bereits gethan haſt, kannſt du mir doch nicht thun! Aber der Retter wird erſcheinen. Ich habe ihn nur einmal geſehen, nur eine Sekunde lang. Nur ein einziger Blick ſeines Auges iſt auf mich gefallen, und doch weiß ich, daß er ein Held iſt, vor dem du Angſt haben würdeſt."

„Soll ich dir den Mund ſtopfen? Ich wollte, er käme! Ich ſchwöre es bei Allah, daß ich mich nicht bewegen würde, ihn auch nur anzuſehen."

Da erklangen plötzlich hinter ihm die Worte:

„Da iſt er!"

Blitzſchnell fuhr er herum. Das Mädchen aber ſprang empor, und mit den Worten: „O Allah, Allah! Da iſt der Retter, da iſt er!" ſchlug ſie jubelnd die Hände ineinander. Der Tuareg war auch aufgeſprungen. Sein Gewehr hing am Sattel, doch ſchon hatte er die Griffe ſeiner Meſſer erfaßt und zückte ſie.

„Hund, du hier!" knirſchte er.

„Wunderſt du dich? Du haſt mich ja gerufen," antwortete Steinbach lächelnd.

„So mußt du ſterben!"

Bei dieſen Worten ſteckte der Tuareg den Finger in den Mund und ſtieß einen gellenden Pfiff aus.

„Du rufſt deinen Genoſſen zu Hilfe?" fragte da der Deutſche. „Ich denke, du willſt liegen bleiben und dich nicht bewegen. Du haſt es ſogar bei Allah geſchworen!"

„Trotz dieſes Schwures fährſt du zur Hölle!"

Der Tuareg hatte ſo ſprechend den Arm erhoben, ließ ihn aber unter einem lauten Schrei wieder ſinken, denn blitzſchnell hatte Steinbach ſeine Piſtole gezogen und abgedrückt. Die Kugel drang dem Tuareg in die Hand. In demſelben Moment hatte der Deutſche ihn auch bei den Hüften erfaßt, hob ihn hoch empor und ſchmetterte ihn zur Erde, ſodaß er bewußtlos liegen blieb. Er würdigte den Tuareg jetzt keines Blickes mehr, ſondern reichte dem ſchönen Mädchen die Hand und ſagte:

„Dein Glaube hat dich nicht betrogen. Du biſt frei."

Ihr Schleier hatte sich verschoben. Sie blickte mit Bewunderung zu ihm empor.

„Frei," wiederholte sie, noch gar nicht im Vollbewußtsein der Bedeutung dieses Wortes.

„Ja, frei, vollständig frei."

Da glänzten ihre Augen auf, um aber gleich nachher sich mit Thränen zu füllen.

„Ich kann hingehen, wohin ich will?"

„Allüberall hin, zu deinem Vater, und auch zu deiner Schwester, der Königin der Wüste."

Da ergriff Hiluja Steinbachs Hand, und ehe er es noch zu verhindern vermochte, hatte sie dieselbe an ihre Lippen und an ihr Herz gedrückt.

„O, du bist der Engel Allahs, den er vom Himmel sendet!" flüsterte sie bebend. „Ja, so wie du bist, sind die Engel!"

Es war ein Blick voll schwärmerischer Begeisterung, mit dem ihr Auge an seinem Angesicht hing. Er schüttelte lächelnd den Kopf.

„Ich bin nur ein Mensch, gerade wie diese hier, die du noch gar nicht bemerkt und gesehen hast."

Da drehte sie sich um, und als sie den Scheik und den Obersten bemerkte, die beide neben dem Tuareg knieten, um zu sehen, inwieweit er verletzt sei, war ihre Freude natürlich eine große. Sie reichte nun auch diesen beiden die Hände dar. Der Oberst aber meinte:

„Nun kann ich wieder heiraten!"

„Wohl nicht, mein bester Herr," antwortete Steinbach auf deutsch.

„Warum denne wohl nicht?"

„Sie gehört nun sich selbst, und ich glaube nicht, daß sie sich verkaufen wird."

„Dunderwetter! Dann kann ich ihr auch nicht dieses Muhammed es Sadak Bei schenken. Aber ich werde einmal nachsehen, ob wohl dieses Tuareg dem Mariatheresienthalersack noch bei sich haben."

Das Geld fand sich bald in einer der Satteltaschen. Der Oberst beschloß natürlich, es dem Scheik zurückzugeben, der es auch gleich an sich nahm.

Schaden genommen hatte der Tuareg nicht. Als er wieder zu sich kam, war er gefesselt, und sein Begleiter lag ebenso gebunden neben ihm. Der Scheik spie ihm nach Art der Beduinen in das Gesicht.

„Du bist ein Hund und der Sohn und Enkel eines Hundes," sagte er dabei. „Du hast die Gast=

freundschaft gebrochen und die bestohlen, deren Brot du aßest. Man wird dir deine Strafe geben. Über dich werden zu Gericht sitzen die Ältesten des Stammes und auch Hiluja und Haluja, deren Krieger du ermordet hast."

„Und ich auch," fügte Krüger Pascha hinzu. „Er hat mich betrogen und mir anstatt einer Venus oder Huri ein altes Weib gegeben. Seine Seele soll braten in alle Ewigkeit, so lange in der Hölle Feuer brennt. Bindet die beiden Hunde auf die Kamele, und laßt dieselben Galopp laufen!"

Mit einem Kamele Galopp zu reiten, war aber eine reine Unmöglichkeit. Kein Mensch hätte das aushalten können.

Es wurde nun noch längere Rast gehalten, damit Hiluja sich erholen könne, und dann kehrten die vier Männer mit ihrem wieder erbeuteten Eigentum und dem geretteten Mädchen nach dem Lager der Beduinen zurück, in dem sie bereits am Abende eintrafen. Da Steinbachs und Krüger Paschas Mission erfüllt war, so traten dieselben am anderen Morgen die Rückreise nach Tunis an, selbstverständlich nahmen sie Hiluja und deren Dienerin mit, während sie die beiden Tuaregs dem Scheik überließen, der noch am demselben Tage die Todesstrafe an ihnen vollstrecken ließ.

―――――

19. Kapitel.

Die Hauptstadt Tunis liegt nicht direkt am Meere, sondern am Ufer eines Sees, der sie von dem Meere trennt. Daher giebt es an der Küste einen besonderen Hafen, der für Tunis ganz dasselbe bedeutet wie Bremerhafen für Bremen oder Kuxhafen für Hamburg. Er heißt Goletta.

Von Tunis nach Goletta kann man zu Wagen, zu Pferde, mit dem Kahn und als Spaziergänger, in neuerer

Zeit sogar mit der Bahn gelangen. Die Straße, die nach dem Hafen führt ist stets belebt. Und besonders, wenn neue Schiffe signalisiert sind, strömen die Interessenten und Neugierigen dem Hafen zu.

Diese Neugierigen, die auch heute am Ufer standen, konnten gar nicht recht klug werden aus dem kleinen Dinge, das vor ungefähr zwei Stunden herangedampft war und sich zwischen die großen Schiffe gelegt hatte, als ob es mit ihnen ganz und gar gleichberechtigt sei.

Besonders angestaunt wurde die wunderbare, schwarz und grau karrierte Gestalt, die vorn am Buge abgebildet war. Niemand hielt es für möglich, daß es einen solchen Menschen in Wirklichkeit geben könne. Als sich aber jetzt die Kajüte öffnete und das lebendige Original dieses Bildes aus derselben hervortrat, wurde das Staunen zur starken Verwunderung.

Lord Eagle=nest zwar machte sich nicht das mindeste aus den auf ihn gerichteten Blicken und fragte den Kapitän, der sofort zu ihm getreten war, in seiner gewohnten, ruhigen Weise:

„Haben Mister Normann oder Wallert bereits Nachricht geschickt, wo sie logieren werden?"

„Noch nicht, Eure Lordschaft."

„Schadet nichts, werde es schon erfahren."

„Eure Herrlichkeit gehen an Land?"

„Ja."

„Wann dürfen wir Sie zurückerwarten?"

„Ist unbestimmt. Will einmal sehen, wie es hier in Tunis mit den Harems steht. Vielleicht hat man hier eher einen Treffer als in dem dummen Konstantinopel, wo sie einem die schönsten Weiber gerade dann wegholen, wenn man schon im Garten kauert, um mit ihnen auf und davon zu gehen. Dummes Volk!"

Er schritt darauf schnell über die Landungsbrücke nach dem Ufer und mitten in den Menschenschwarm hinein, der respektvoll vor ihm zurückwich, um ihn besser betrachten zu können.

Da gab es Mauren, Araber, Tuaregs, Tibbus, Neger, Juden, Christen aus allen Ländern, in allen Farbenabstufungen, männlichen und weiblichen Geschlechtes, in den verschiedensten und grellbuntesten Trachten und Kostümen.

Packträger, Eseljungen, Kutscher, Lohndiener und Ruderer drängten sich an ihn heran, vielleicht in der Meinung, daß dieser außerordentlich gekleidete Mann wohl auch außerordentliche Trinkgelder geben werde. Er schob sie aber alle mit dem riesigen Regenschirm von sich, und als das nicht genügte, nahm er den Schirm in die rechte, das Fernrohr in die linke Hand und schlug damit so lange zu, bis er Platz bekam.

Da Tunis so nah hinter den Wellen des Sees herüberleuchtete, und er eine Zeit lang nur auf sein Schiff beschränkt gewesen war, so wollte er seinen langen Beinen wieder einmal eine gesunde Bewegung gönnen, das heißt, zu Fuße nach der Stadt gehen.

Indem er so langsam dahinschlenderte und die Augen überall hatte, wo es etwas zu sehen gab, fiel sein Blick auch auf eine Frauengestalt, die bereits vorhin am Ufer gestanden hatte und nun, gleich ihm, die Absicht zu haben schien, nach der Stadt zu spazieren.

Sie war hoch, voll und sehr üppig gebaut, aber dennoch von jugendlich elastischen Bewegungen. Unter den seidenen Hosen blickte ein kleines, in Saffianpantoffeln steckendes Füßchen hervor. Über den runden Hüften hielt ein goldgestickter Gürtel die schlanke Taille zusammen. Die herrliche Büste, die vollen Schultern, das alles konnte von dem durchsichtigen, schleierartigen Obergewande kaum verhüllt werden. Dieses Gewand schien vielmehr da zu sein, die Schönheiten mehr zu verraten als zu verbergen. Dicht verhüllt war nur das Gesicht.

„Donnerwetter!" brummte der Lord. „Das ist eine, und was für eine! Verteufelt! Verteufelt! Wenn ich deren Harem erfahren könnte! Leider aber bin ich allein und kann nicht türkisch sprechen. Wenn Normann oder

Wallert doch da wäre! Doch nein! Die schnappten mir diese Sultana noch vor der Nase weg. Ich werde einmal versuchen, ob sie Französisch versteht. Die Prinzessinnen lernen doch alle Französisch."

Er zog im Vorübergehen den Hut.

„Bon jour, mademoiselle!"

„Bon jour, monsieur!" antwortete sie.

„Ah, Sie sprechen Französisch!"

„Wie Sie hören!"

„Dürfen Sie denn mit einem Manne reden?"

Die Gefragte schien ihn durch den Schleier erstaunt zu betrachten. Dann antwortete sie zögernd:

„Nein."

„Warum sprechen Sie da mit mir?"

„Weil Sie mir gefallen."

„Sapperment! Nicht übel!"

„O nein! Uebel sind Sie nicht."

„Richtig!"

„Aber hier ist es so auffällig, wenn ich mit Ihnen spreche!"

„Das stimmt. Eine Haremsdame — — Sie gehören doch in einen Harem?"

„Natürlich!" antwortete sie, nachdem sie ihn abermals einige Augenblicke lang betrachtet hatte.

„Hm! Giebt es nicht einen Ort, an dem wir besser miteinander sprechen können als hier?"

„Wünschen Sie das denn, Monsieur?"

„Von ganzem Herzen."

„Nun, so will ich Ihnen etwas sagen. Sie warten hier, bis ich ein großes Stück am Ufer hin bin, und winken dann einem dieser Kahnführer zu. Er wird Sie einsteigen lassen, und Sie sagen ihm nur das Wort ‚Karthago'."

„Wozu?"

„Die Ruinen von Karthago liegen da drüben. Dorthin wollen wir, denn dort sind wir unbeobachtet."

„Herrlich! Göttlich!"

"Dann, wenn der Mann rudert, wo ich am Ufer gehe, zeigen Sie auf mich und sagen zu ihm ‚beraber almak'."

"Was heißt das?"

"Mitnehmen. Er wird darauf anlegen und mich einsteigen lassen, und wir sind beisammen."

"Ja, beisammen! Verteufelt! Verteufelt! Na, laufen Sie nur jetzt hin! Ich werde meine Sache schon machen. Also winken und beraber almak. Schön!"

Sie ging weiter. Er aber bemerkte die vielen, vielen Blicke gar nicht, die auf ihm ruhten, er sah nur ihr nach und murmelte ganz entzückt:

"Ein Stelldichein in den Ruinen von Karthago! Das werden die Karthager auch nicht vermutet haben, daß ich in ihren Ruinen eine Entführung anzettele! Na, los!"

Damit winkte er einem Schiffer und stieg ein. Der Mann lächelte allerdings ganz eigentümlich, als sein Fahrgast ihm das Wort ‚Karthago' nannte und warf einen schlauen, verständnisvollen Blick auf das voranschreitende Mädchen. Er schien in diese Art von Geheimnis sehr tief eingeweiht zu sein.

"Beraber almak!" befahl der Lord, als es Zeit dazu war, diesen türkischen Befehl auszusprechen.

Sofort lenkte der Schiffer an das Ufer, und die Schöne wurde aufgenommen. Sie setzte sich dem Lord gegenüber.

Nun ging es in sehr langsamem Tempo quer über den Binnensee hinüber.

"Sie sind wohl nicht Türke?" fragte sie bald sehr unschuldig.

"Nein. Ich bin Engländer."

"O Allah! Ein Giaur!"

"Bitte, erschrecken Sie nicht darüber. Wir Christen sind keine Menschenfresser."

"Nicht? Das beruhigt mich," erwiderte sie kindlich ernst.

„Ich bin vielmehr bereit, Ihnen alles Gute zu er=
weisen. Sie dürfen mir nur Gelegenheit dazu geben."

„O Allah, die könnte ich Ihnen geben."

„Vorher aber müssen Sie mir eine Bitte erfüllen."

„Welche? Sprechen Sie!"

„Gewähren Sie mir die Seligkeit, Ihr schönes
Angesicht sehen zu dürfen. Sie sehen ja das meinige auch."

„Wissen Sie nicht, daß dies verboten ist?"

„Ich weiß es. Aber wir sind ja ganz allein."

„Der Schiffer — — —!"

„O, der ist so stumm wie die Fische im Wasser hier."

„Nun, ich will es wagen! Sie sind ein Mann,
dem man schon einen solchen Gefallen thun kann."

Sie zog darauf den Gesichtsschleier auseinander.
Neugierig erhob er das Auge zu ihr. In der That, sie
war nicht übel. Die dunklen, herausfordernden Augen
waren zwar an ihren Lidern etwas gerötet, wie man es
bei Frauenzimmern, die der Liebe huldigen, so oft findet,
aber das bemerkte der Engländer gar nicht. Der Mund
war voll, die Wange weich gerundet, die Züge hatten
etwas angenehm Schmachtendes. Das Mädchen gefiel
ihm außerordentlich.

„Nun, sind Sie zufrieden?" fragte sie.

„Ja, sehr," antwortete er in aller Aufrichtigkeit.

„Nun, dann kann ich mich wieder verschleiern."

Schon erhob sie die Hand, um die Hülle vor=
zuziehen, aber da fiel er schnell ein.

„Nein, bitte! Lassen Sie das Gesicht frei!"

„Wozu? Das war doch genug."

„Nein, das war nicht genug! Sie sind so schön,
daß man sich nicht so schnell und leicht satt sehen kann."

„Ach so! Und satt wollen Sie wohl werden?"

„Das versteht sich!"

„Was haben Sie aber davon?"

„Sonderbare Frage! Was habe ich davon, wenn
ich dürfte, und trinke so viel, daß ich satt bin? Ich
habe eben keine Schmerzen mehr im Magen!"

„So, so. Und Schmerzen haben Sie wohl?"

„Und ob! Fürchterliche!"

„Im Magen?"

„Etwas weiter oben — im Herzen."

„Und wer macht Ihnen diese Schmerzen?"

„Sie!"

„Davon weiß ich nichts. Ich bin ja so freundlich und nachgiebig gewesen, wie ich es eigentlich gar nicht sein darf."

„Gerade diese Freundlichkeit ist es, die mir Schmerzen macht, sie hat einen riesigen Appetit in mir erweckt, einen furchtbaren Hunger und Durst. Wenn ich da nicht essen oder trinken darf, so verschmachte ich wie ein Fisch, den man auf das Trockene, in die Sonne gelegt hat."

„Nun, so essen und trinken Sie!"

„Hm! Das ist bald gesagt. Dazu müßte immer erst der Tisch gedeckt sein."

„Ist er es denn nicht?"

„Es scheint fast so, doch weiß ich nicht, ob ich auch wirklich zulangen darf."

„Wer will Sie daran hindern?"

„Sie!"

„Das fällt mir gar nicht ein. Greifen Sie nur getrost zu. Aber ich sehe wirklich nichts, was Sie genießen könnten."

Sie blickte sich bei diesen Worten in scherzhafter Weise um. Er antwortete:

„Desto mehr sehe ich."

„Was denn?"

„Sie!"

„Was? Mich? Mich wollen Sie essen und trinken?"

„Am allerliebsten gleich ganz verschlingen."

„Menschenfresser!" rief sie da erschrocken, indem sie sich den Anschein gab, als ob sie schaudere.

„Halten Sie sich etwa für nicht appetitlich genug?"

„Darüber habe ich selbst kein Urteil."

„Nun, so habe ich es. Sie sind so appetitlich, so

sauber, so allerliebst, daß mein Herz eine einzige große, ungeheure Wunde ist, seit ich Sie gesehen habe."

„O Allah! Bin ich so gefährlich?"

„Ja, höchst gefährlich. Ich verlasse Sie nicht eher, als bis Sie mir das Versprechen gegeben haben, diese Wunde zu heilen."

„Das werde ich gern thun, denn Sie dauern mich."

„Welch ein Glück! Ich habe es Ihnen aber auch sofort angesehen, daß Sie ein gutes, mitleidiges Herz besitzen."

„Das ist richtig. Nur weiß ich nicht, wie ich es anfangen soll, Sie zu heilen. Vielleicht — ein Pflaster?"

„O wehe!"

„Eine Salbe? Die ist gelinder."

„Auch nicht."

„Was denn? Etwa ein — — Klystier?"

„Donnerwetter! Was fällt Ihnen ein!"

„So nennen Sie mir die Arznei selbst, mit deren Hilfe Ihr wundes Herz geheilt werden kann!"

„Es ist die Liebe."

„Die Liebe? Ah! Ist das wahr?"

„Ganz gewiß!"

„Nun, so lieben Sie doch!"

„Das thue ich ja bereits, aber meine Liebe kann mir doch keine Linderung bringen. Meine Liebe ist es ja gerade, die mir die Wunde geschlagen oder gebissen hat!"

„Welche Liebe meinen Sie denn?"

„Die Ihrige."

„O ihr heiligen Propheten und Kalifen! Meine Liebe wollen Sie haben? Die meinige?"

„Ja, gewiß!"

„Und die wird Sie heilen?"

„Natürlich! Ich werde so gesund sein wie ein Vogel in der Luft, wie ein Fisch im Wasser. In Ihrer Liebe würde ich schwimmen und fliegen und gar nicht mehr an die Wunde denken, die Sie mir beigebracht haben."

„Dann freilich bleiben Sie ungeheilt, Monsieur."

„Gewähren Sie mir die Seligkeit, Ihr schönes Antlitz sehen zu dürfen." (Seite 448.)

„Sapperment! Warum? Weshalb?"

„Weil ich Ihnen meine Liebe nicht geben kann!"

„Verteufelt, verteufelt! Ja, ich werde Ihnen wohl nicht jung und hübsch genug sein."

„Darnach frage ich nicht. Sie sind in den besten Jahren. Ich frage nicht nach Schönheit, sondern nach dem Herzen und nach dem Gemüte. Ist das gut, so ist alles andere auch gut."

„Prächtig, prächtig! Hören Sie, Sie sind nicht nur ein hübsches, sondern auch ein höchst verständiges Kind. Ich gefalle Ihnen also wohl so leidlich?"

„Ja, Sie sind nicht übel."

„Nun, warum können Sie mir denn da nicht Ihre Liebe schenken, die ich so nötig habe?"

„Das können Sie sich doch denken!"

„Hm! Haben Sie etwa schon einen Mann?"

„Nein."

„Einen Verlobten oder Geliebten?"

„Auch nicht."

„Dann verstehe ich Ihre Bedenken nicht."

„Ist es Ihnen unbekannt, daß uns die Liebe verboten ist?"

„Ich weiß es; aber dieses Verbot ist ein unsinniges. Sagen Sie einmal, ist Ihr Harem groß?"

„Ja."

„Wie viele sind darin?"

„Zwölf."

„Wer ist der Besitzer?"

„Mein Vater."

„Nun, so hat dieser alte Mann der Schönheiten genug, wenn er elf behält. Sie sagen, daß ich nicht ganz übel sei. Da begreife ich nicht, warum Sie sich nicht vollends in mich verlieben sollen."

„Das würde ich auch thun, aber es giebt da leider ein unüberwindliches Hindernis. Sie sind ein Engländer."

„Ja, gewiß."

„Und ich bin eine Türkin."

„Das ist gerade gut. Wären Sie eine Engländerin, so fiele es mir wahrlich nicht ein, mich in Sie zu verlieben. Ich will eine Türkin haben, partout eine Türkin."

„Da aber legt sich das große Hindernis dazwischen, nämlich der Glaube."

„Der? Was hat denn der mit der Liebe zu thun?"

„Sehr viel."

„Doch nur in dem Sinne, daß man an denjenigen glaubt, den man eben liebt."

„Nein. Mein Glaube verbietet mir, einen Christen, einen Ungläubigen zu lieben."

„Hören Sie, das ist Thorheit! Dieses Hindernis ist lächerlich klein; es läßt sich sehr leicht umgehen."

„Wieso?"

„Ganz einfach. Ich liebe Sie christlich, und Sie lieben mich muhammedanisch."

„Ah, daran habe ich nicht gedacht!" sagte sie im Tone des Erstaunens, das allerdings nur ein künstliches war.

„Ist das Mittel nicht gut?"

„Ganz übel scheint es allerdings nicht zu sein."

„Na, sehen Sie. Wenn Sie diesem Rate folgen, so ist alles gut. Wir bleiben beide bei unserem ursprünglichen Glauben und haben uns dabei doch so lieb, daß die Engel im Himmel sich darüber freuen sollen."

„Das — — würde angehen — vielleicht," sagte sie in nachdenklichem Tone.

„Vielleicht? Warum nur vielleicht?"

„Weil es sehr verschiedene Arten von Liebe giebt, und ich nicht weiß, welche Sie meinen."

„Na, welche soll ich denn meinen! Die richtige natürlich."

„O, eine jede Liebe ist die richtige. Da giebt es zum Beispiel die Liebe der Alten zu den Jungen —"

„Donnerwetter! An die denke ich nicht!"

„Oder der Jungen zu den Alten."

„Auch an die nicht."

„Der Geschwister zu einander?"

„Nein."

„Der Freunde?"

„Auch nicht. Das ist keine Liebe, sondern Freundschaft."

„Also die Liebe des Mannes zur Frau?"

„Ja, das ist der wahre Jakob. Diese meine ich."

„So wünschen Sie, daß ich Ihre Frau werde?"

„Ja, das wäre —— hm! Verdammt!"

„Nun, bitte, antworten Sie!"

„Mädchen, Mädchen! Muß denn gleich geheiratet sein?"

„Gleich? Nein, das ist nicht nötig. Das kann ja überhaupt gar nicht so rasch gehen."

„Richtig, sehr richtig! Ihr Weibsleute denkt immer gleich an die Hochzeit und an den Polterabend, wenn man von Liebe zu euch spricht. Du scheinst mir jedoch verständiger zu sein. Wir lieben uns und warten ganz einfach ab, was sich daraus entwickeln wird. Aber die Fahrt ist zu Ende. Was nun?"

„Wir steigen aus und gehen spazieren."

„Herrlich! Doch zuvor muß dieser Mann bezahlt werden. Wieviel hat er zu verlangen? Ich kann ihn nicht fragen, da ich nicht Türkisch verstehe."

„Geben Sie ihm fünf Francs."

„Francs? Hat man hier auch französisches Geld?"

„In der Hauptstadt gelten alle Münzen."

Sofort zog der Lord den Beutel und gab dem Ruderer die angegebene Summe.

„Merci, monsieur!" dankte dieser sehr freundlich und setzte französisch hinzu: „Amüsieren Sie sich gut, damit Ihr verwundetes Herz geheilt werde."

Der Lord erschrak, antwortete aber nichts und stieg mit dem Mädchen ans Land. Erst als sie sich eine Strecke entfernt hatten, sagte er ärgerlich:

„Dieser Kerl spricht also auch französisch?!"

„Die Gondelführer verstehen alle Französisch und Italienisch, da sie sehr viele Fremde bedienen."

„So hat er verstanden, was ich zu Ihnen sagte?"

„Alles."

„Verteufelt, verteufelt! Warum haben Sie mich nicht darauf aufmerksam gemacht?"

„Das hätte er doch gehört."

„Richtig. Na, ich mache mir nichts daraus; aber Ihnen kann es Ungelegenheiten machen."

„O nein; er kennt mich ja nicht."

Davon war nun gerade das Gegenteil der Fall; dies hätte der Engländer auch sicher vermutet, wenn er den außerordentlich pfiffigen Gesichtsausdruck gesehen hätte, mit dem der Ruderer ihnen nachblickte und dabei in den Bart murmelte:

„In das Netz gegangen! Dieser Engländer wird für den Lockvogel zu jeder Dummheit bereit sein!"

Diesseits des Wassers war die Gegend nicht sehr belebt. Man erblickte nur von weitem hier und da einen einsamen Wanderer, der in den Ruinen Karthagos, der einst mächtigen Stadt, umherstrich. Darum wagte es der Lord getrost, die Hand seiner reizenden Begleiterin zu ergreifen. Sie ließ ihm dieselbe auch willig, ja, er fühlte sogar, daß sie ihm die seinige liebevoll drückte. Das machte ihn außerordentlich glücklich und versetzte ihn in eine Laune, in der er zu jedem Opfer bereit war.

„Wohin nun also?" fragte er ungeduldig.

„Sehen Sie da drüben die Säule? An ihrem Fuße befindet sich eine kleine Hütte, wo wir eintreten können."

„Wem gehört sie?"

„Einem sehr guten Bekannten von mir."

„Alle Wetter! Darf der denn sehen, daß Sie mit einem Fremden sprechen?"

„Ja."

„Wenn er es aber Ihrem Vater sagt!"

„O nein, das thut er nicht. Er ist treu und verschwiegen, und wenn Sie ihm ein gutes Bakschisch geben, so geht er für Sie durchs Feuer."

„Wie aber haben Sie denn seine Bekanntschaft gemacht?"

„Er war meines Vaters Sklave, wurde aber später zum Lohne seiner Treue frei gegeben."

„Hat er etwa den Harem bedient?"

„Ja."

„So ist er ein Eunuch?"

„Ja. Sie werden es ihm sogleich ansehen, daß er kein eigentlicher Mann ist. Dort liegt die Hütte. Warten Sie hier ein wenig. Ich will erst einmal hingehen, um nachzusehen, ob vielleicht Fremde dort sind."

Sie ging, und er wartete.

„Ein famoses Kind!" sagte er zu sich, ihr nachblickend. „Dieser Gang, diese Hüften! Sapperment, die will ich entführen! Wie werden sich Normann und Wallert ärgern, wenn ich ohne ihre Hilfe einen so herrlichen Vogel aus dem Harem geschafft habe!"

Der Lord lehnte sich vergnügt lächelnd an einen gewaltigen, seit vielen Jahrhunderten hier liegenden Steinblock und behielt unverwandt die Hütte im Auge, in die das Mädchen soeben eingetreten war. Es währte eine ziemliche Weile, ehe er sie wieder sah. Sie erschien zusammen mit einem zweiten Mädchen und einer männlichen Person und deutete mit der Hand nach ihm. Er wurde darauf sehr angelegentlich betrachtet, und zu gleicher Zeit glaubte Lord Eagle-nest auch ein kurzes, aber kräftiges Lachen des Mannes zu hören.

„Der freut sich, daß ich komme," dachte er. „Na, dafür soll er ein gutes Bakschisch haben!"

Da kehrte auch schon seine Begleiterin zurück. Sie hatte das Gesicht entblößt und erschien dem Lord noch weit schöner als vorher. Der Grund davon mochte vielleicht das unterdrückte Lachen sein, das sie nur mit Mühe zurückhalten konnte.

„Nun, wie steht es, holdes Kind?" fragte er voller Spannung.

„Wir sind sicher. Kommen Sie."

„Das war also der Eunuche?"

„Ja."

„Aber es war ja ein Frauenzimmer bei ihm!"

„Das braucht Ihnen keine Sorge einzuflößen. Es

ist nur meine Lieblingsschwester, die ebenso wie ich einen Spaziergang nach den Ruinen gemacht hat."

„Ah! Schwester! Ist sie hübsch?"

„Sogar schön."

„Verteufelt, verteufelt! Jung?"

„Zwei Jahre jünger als ich."

„Ah! Hat sie einen Mann oder Geliebten?"

„Nein."

„Gut! Schön! Kommen Sie, kommen Sie!"

Er ergriff sie erregt bei der Hand und zog sie schnell mit sich fort. Er war wie elektrisiert. Zwei Haremsdamen anstatt nur einer! Das war ja ein Zufall, ein Ereignis, von dem er später in London mit größtem Stolze erzählen konnte. Und wenn es ihm gar gelang, alle beide zu entführen! Er sagte nichts, aber er hätte in diesem Augenblick seine Begleiterin vor Wonne um= armen mögen!

Die Hütte, der sie zueilten, war aus rohen Steinen erbaut und machte keineswegs einen anheimelnden Ein= druck. Vor der Thür stand der angebliche Eunuche, ein langer, hagerer, knochiger Kerl mit schief liegenden Augen und in eine Kleidung gehüllt, für die der Aus= druck Lumpen noch am bezeichnendsten gewesen wäre. Sein Aussehen war gar nicht vertrauenerweckend, zumal in dem Stricke, der ihm als Gürtel diente, zwei lange Messer steckten. Doch kümmerte das den Lord nicht. Es fiel ihm sogar nicht einmal auf, daß dieser Mensch, der doch ein Eunuche sein sollte, so lang und hager war, was bekanntlich die allergrößte Seltenheit bei derartigen Leuten ist.

„Sallam aaleikum!" begrüßte der unheimliche Bursche die Herannahenden und verneigte sich dabei höchst de= mütig vor dem Lord.

„Guten Tag!" antwortete dieser französisch.

Dann zog er ein Goldstück aus seiner wohlgefüllten Börse und gab es ihm. Das Gesicht des Menschen grinste förmlich vor Vergnügen. Er machte eine noch viel tiefere Verbeugung als vorher und erwiderte eben= falls französisch:

„Tausend Dank, Monsieur! Treten Sie ein in meine arme Hütte. Ich bin Ihr Beschützer und werde wachen, daß kein Mensch Sie stören soll!"

Der Brite folgte sofort der Einladung. Er mußte sich allerdings tief bücken, um durch die niedrige Öffnung zu gelangen. Das Innere der Spelunke bestand aus einem viereckigen Raume, der nichts enthielt als eine lange Strohmatte, auf der zur Verschönerung ein alter Teppich lag. In einer Ecke sah man ein paar zerbrochene Töpfe und ähnliche schmutzige Geschirrsachen, und in der anderen standen einige Flaschen und ein Weinglas.

Auf dem Teppich saß die zweite Haremsdame. Vorhin, als sie vor der Hütte stand, war sie verhüllt gewesen, jetzt aber hatte sie beinahe jede Hülle abgelegt, denn der dünne Stoff, den sie trug, ließ fast ihren ganzen Körper durchscheinen. Hätte der Lord sie so in London gesehen, so hätte er sicherlich sofort gewußt, welcher Frauenklasse sie angehörte, hier aber in Tunis machte sie auf ihn einen ganz anderen Eindruck. Das Fremde wirkte.

Sie begrüßte ihn in französischer Sprache:

„Meine Schwester hat mir von Ihnen erzählt," sagte sie mit verheißungsvollem Lächeln. „Seien Sie daher willkommen, obgleich wir uns eigentlich von keinem sehen lassen und auch mit keinem sprechen dürfen. Nur meiner Schwester wegen will ich eine Ausnahme machen, denn sie liebt Sie."

„Sie liebt mich?" fragte er, freudig überrascht.

„Ja. Sie hat es mir gestanden."

„Verteufelt, verteufelt! Ist das wahr, he, wie?"

„Ja," antwortete seine erste Bekanntschaft in gut gespielter Verschämtheit, indem sie ihre Arme um ihn schlang und ihren Kopf an seine Brust drückte.

„Mädchen, sprichst du keine Lüge?"

„Nein, o nein. Ich schwöre es dir bei Allah und seinem Propheten, daß ich dich liebe, obgleich mich noch kein Mann hat anrühren dürfen."

„Donnerwetter! Nicht übel! Ich bin dir auch gut."

„So komm und küsse mich!"

Sie hielt ihm den Mund entgegen. Das kam ihm denn doch etwas ‚spanisch' vor.

„Na, na, nicht gleich zu hitzig, Kind!" sagte er abwehrend. „Es ist doch sonderbar. Man braucht einer nur zu sagen, daß man ihr gut ist, so will sie auch gleich geherzt, gedrückt, gequetscht und geküßt sein! So sind sie alle. Alle mit einander, in England ebenso wie in Tunis. Kind, laß mich jetzt damit noch in Ruhe, und sag' mir lieber, wohin ich mich setzen soll. Du siehst ja, daß ich hier nicht stehen kann. Ich stoße sonst mit dem Kopfe die Decke und das ganze Haus ein."

„Wohin du dich setzen sollst? Welche Frage! Natürlich zwischen uns, hier auf den Teppich."

„Dorthin? Na, Kinder, solch ein orientalisches Sitzen bin ich eigentlich nicht gewöhnt, aber ich will es euch zu gefallen thun, wenn ihr mir etwas versprecht."

„Und das wäre?"

„Ihr dürft es mir nicht gar zu heiß machen."

„Habe keine Sorge! Ich verlange nicht noch einmal, daß du mich küßt."

Das klang schmollend, fast beleidigt. Er beeilte sich daher, zu antworten:

„Na, na, nur nicht alles gleich übel nehmen! Wenn du gern einen Schmatz haben willst, so sollst du einen bekommen, aber das darf doch nicht gleich losgehen, wie ein Schnellfeuer bei einem Reiterangriff."

Hierauf legte er Hut, Regenschirm und Fernrohr ab und setzte sich auf den Teppich, nahe an seine zweite Bekanntschaft heran, damit die erste auch noch Platz finden möge. Diese aber machte noch keine Miene, sich zu setzen. Sie blickte erst noch einmal zur Thür hinaus, dann sagte sie:

„Weißt du, daß es hier in Tunis Sitte ist, einen lieben Gast zu bewillkommnen?"

„Das ist überall Sitte, und ihr habt es ja auch schon gethan."

„Ganz noch nicht. Den Willkommentrunk haben wir dir noch nicht gereicht."

„Ach so! Einen Trunk! Was giebt es denn?"

„Wasser der Liebe."

„Donnerwetter! Das habe ich noch nicht getrunken. Wo habt ihr es denn?"

„Dort in den Flaschen. Willst du eine haben, damit wir mit dir trinken dürfen?"

„Ja, freilich."

„Aber der Besitzer dieser Hütte ist arm, er darf dieses Wasser der Liebe nicht umsonst geben."

„Ach so! Ich soll einen Willkommentrunk erhalten und ihn auch bezahlen. Gern. Was kostet dieses Liebeswasser?"

„Zehn Franken. Ist es dir zu viel?"

„Das kann ich natürlich noch nicht sagen, da ich nicht weiß, wie es schmeckt und was es wert ist. Aber euch zu gefallen ist es mir auf keinen Fall zu viel."

„So bezahle."

„Ah! Gleich?"

„Ja."

„Also Kredit bis zum Fortgehen giebt es nicht? Gut, hier ist das Geld, kleine Hexe."

Damit gab er ihr die zehn Franken, und sie brachte nun eine der Flaschen nebst dem Glase, füllte dieses und bot es ihm.

„Hier, trink! Allah erhalte dich recht lange unserer Liebe!"

„Trinke nur du vorher."

Da setzte sie an und leerte das Glas in einem Zuge.

„Nicht übel!" sagte er erstaunt. „Du hast einen sehr guten Zug, fast so wie mein Steuermann. Gieb deiner Schwester nun auch."

„Nein, erst kommst du. Du bist der Gast."

„Na, so gieb her."

Doch vorsichtig führte er das wieder gefüllte Glas zunächst an sein kleines Stumpfnäschen. Seine Augen zogen sich dabei zusammen, es kam ihm in diesem Moment wirklich an, als ob er niesen müsse. Doch setzte er dann das Glas entschlossen an und that einen raschen Zug. Die Folge davon war ein ganz und gar unbeschreibliches Gesicht. Kaum war nämlich der Schluck hinab, so schüttelte es ihn am ganzen Körper, er begann in einem Atem zu husten und zu niesen, und es folgte ein Ausbruch, den man geradezu vulkanisch hätte nennen können. Während ihm das Wasser in hellen Strömen über die Wangen lief, lachten natürlich die beiden Mädchen herzlich über diese Wirkung ihres Willkommens.

„Was habt ihr zu — — abzieeh! — — zu lachen, ihr Kobolde!" zürnte er. „Dieses verteufelte — — abzieeh! — verteufelte Zeug brennt ja — — abzieeh! — wie die Hölle! Und das nennt — — abzieh — das nennt ihr ein Willkommen? Woraus ist denn dieser Trank gemacht?"

„Aus Spiritus."

„Ja, das merke ich! Und aus was für welchem, Herrgott! Aber was ist noch drin in dem Spiritus?"

„Apfelsinenschalen, Koloquinten und Knoblauch."

„Koloqu — — und Knobl — — Donnerwetter, seid ihr verrückt? Dann ist es freilich kein Wunder, daß es mich zerreißen will! Und diesen Schnaps trinkst du wie ein alter Wachtmeister?"

„Meine Schwester auch. Schau!"

Das Mädchen hatte bei diesen Worten lachend das Glas der Schwester gegeben, die es auch sofort in einem Zuge leerte.

„Halte ein! Du vergiftest dich ja!" schrie da ganz entsetzt der Lord.

„O nein! Das schmeckt gut!"

„Na, meinetwegen! Euer Schlund muß allerdings beschaffen sein wie ein alter Kanonenstiefelschaft! Und das nennt ihr Wasser der Liebe?"

„Ja, so heißt es!"

„Koloquinten und Knoblauch! Zehn Francs!"

„Ist das dir etwa zu teuer?"

„Na, euretwegen nicht. Aber dürft ihr als Muhammedanerinnen denn solches Zeug trinken?"

„Natürlich, es ist ja kein Wein."

„Da wäre Muhammed doch gescheiter gewesen, wenn er euch den Wein erlaubt und diesen Höllentrank ver=

boten hätte! Wunderbar! So schöne, zarte Mädel, und bringen dieses Fegefeuer hinunter! So aber ist es im Orient, da ist eben alles anders, und man darf sich über gar nichts mehr wundern. Na, setze dich nun."

Die Angeredete nahm lächelnd an seiner anderen Seite Platz, und da der Teppich nicht sehr lang war, saßen sie jetzt alle drei sehr eng nebeneinander. Dazu kam, daß die eine sich an ihn schmiegte und die andere

diesem Beispiele folgte. Es wurde ihm wirklich doch ein wenig zu warm. Er hatte es ja nicht auf eine Liebes=scene abgesehen. Ihm lag nur daran, eine Haremsdame zu finden, die er entführen könne.

„Na, Kinder," sagte er in etwas gepreßtem Tone, „zutraulich seid ihr ja, das ist richtig. Aber wie steht es denn? Ich habe erst mit dieser da von Liebe gesprochen."

„Bei mir ist das gar nicht nötig!" meinte die zweite.

„So? Warum nicht?"

„Wenn meine Schwester dich liebt, so versteht es sich doch ganz von selbst, daß ich dich auch liebe."

„Das ist kein übler Grundsatz! Sonderbar! Bei mir daheim pflegen die Schwestern eifersüchtig zu sein. Bei euch aber könnte einer wohl gleich zwanzig Schwestern heiraten?"

„Ganz gut."

„Na ja, das ist eben wieder der Orient! Also ihr habt mich wirklich beide lieb? Hm, was ist da zu machen?"

„Heirate uns!"

„Schon? Donnerwetter! Noch nicht geküßt und schon heiraten! Ich will euch ganz aufrichtig sagen, daß ich für das schnelle Heiraten gar nicht eingenommen bin. Und für das leichte Heiraten auch nicht. Ich wünsche, daß es mir Mühe macht, eine Frau zu bekommen."

„Also sie soll dich nicht lieb haben? Du willst dir ihre Liebe erringen, erkämpfen?"

„Na, das nicht gerade. Lieb haben soll sie mich wohl. Aber ich wünsche, daß ich sie nicht kriegen soll."

„Der Vater soll dagegen sein?"

„Ja. Das Mädchen soll ganz närrisch auf mich sein, der Vater aber das Gegenteil. Ich will sie nämlich aus dem Harem entführen."

„Entführen!" kicherte das Mädchen, und die andere stimmte mit ein. „Also darum frugst du mich wohl, ob ich in einem Harem sei?"

„Ja."

„Würdest du mich entführen?"

„Das weiß ich noch nicht."

„Ich denke, du liebst mich!"

„Ja, ich bin dir freilich gut; aber das ist nicht die Hauptsache. Wenn ich dich bekommen kann, mag ich dich nicht haben. Dich zu erlangen, muß schwer sein, sehr schwer!"

Die beiden Mädchen blickten sich verständnisvoll an. Sie kämpften mit dem Lachen, das gewaltig herausplatzen wollte, doch vermochten sie noch, es zu unterdrücken.

„Es ist bei uns schwer, sehr schwer," antwortete die eine.

„Wirklich? Inwiefern denn sehr schwer?"

„Wir sind eingeschlossen."

„Das will nichts sagen, gar nichts. Übrigens sehe ich auch nichts davon, daß ihr eingeschlossen seid."

„Inwiefern?"

„Nun, ihr lauft ja hier ganz frei herum!"

„O, das ist nur zum Scheine. Wir werden von weitem sehr scharf beaufsichtigt."

„Auch das thut nichts. Ich brauche euch nur nach meiner Jacht zu führen, so ist die Entführung fertig."

„Das geht nicht so leicht, wie du denkst. Der Bei von Tunis will uns kaufen; wir sollen seine Frauen werden. Wir werden bewacht, ohne daß du es bemerkst. Du würdest mit uns dein Schiff nicht erreichen."

„Nicht? Hm, das gefällt mir."

„Ja, wir könnten nur aus unserer Wohnung in der Stadt entführt werden. Aber unser Vater ist sehr wachsam und streng. Er würde dich töten, wenn er dich dabei erwischte."

„Töten? Schön, sehr schön! Das gefällt mir!"

„Und sodann ist noch ein Hindernis vorhanden. Ich lasse mich nämlich nicht allein entführen."

„Nicht? Warum nicht? Soll ich etwa alle zwölf, von denen du sprachst, fortschaffen?"

„Nein, denn neun davon sind bereits Frauen und auch alt."

„Da mögen sie bleiben, wo sie sind."

„Aber wir drei andern, wir Schwestern, wir haben uns lieb und uns gegenseitig zugeschworen, uns nicht zu verlassen. Wer nicht gleich alle drei nimmt, der bekommt gar keine."

„Verteufelt, verteufelt! Alle drei!" schmunzelte der Lord. „Ihr seid ja die richtigen Wetterhexen!"

„Nicht wahr, diese Bedingung ist schwierig, so schwierig, daß du nun von mir gar nichts mehr wissen willst?"

„Was du denkst! Gerade diese Bedingung ist mir die allerliebste. Aber wie steht es mit der dritten Schwester? Ist sie jung?"

„Sie ist die jüngste von uns."

„Und schön?"

„Sie ist ebenso die schönste von uns."

„Gut, gut, ausgezeichnet! Also ich entführe euch alle drei."

„Giebst du uns dein Wort und deine Hand darauf?"

„Ja. Hier ist Wort und Hand. Aber, Kinder, sagt mir nun auch, warum ihr euch überhaupt entführen lassen wollt. Eigentlich kommt mir eure Bereitwilligkeit doch ein bißchen verdächtig vor."

„Wie kannst du das sagen! Der erste und eigentliche Grund ist der, daß wir dich lieben."

„Das geht, das lasse ich gelten. Weiter!"

„Zweitens ist unser Vater ein Tyrann."

„Der Esel!"

„Er giebt uns zu wenig zu essen."

„Na, sehr verhungert seht ihr nicht aus!"

„Nichts zu trinken!"

„Und doch trinkt ihr das Wasser der Liebe!"

„Heimlich, ganz heimlich nur!"

„Ach so!"

„Und drittens können wir uns mit seinen Weibern nicht vertragen. Sie sind alt und zänkisch und klatschsüchtig. Sie hassen uns, weil wir jung und hübsch sind. Darum thun sie uns so viel Ärger an, wie ihnen nur irgend möglich ist."

„Gut! Also fort von den alten Nachthauben!"

„Und endlich gefällt es uns nicht, daß wir den Bei von Tunis heiraten sollen."

„Wie? Das gefällt euch nicht? Tausend andere

würden sich darnach sehnen. Er ist ja der Reichste, Größte und Vornehmste im ganzen Lande."

"Ja, bis heute waren wir damit ganz einverstanden. Nun aber sind wir es nicht mehr."

"Warum nicht mehr?"

"Weil wir dich gesehen haben."

"Macht keine Faxen!"

"Wir lieben dich."

"Ist das wahr, he, wie?"

"Wir haben es dir ja bereits zugeschworen."

"Das ist für mich sehr erfreulich. Aber, Kinder, sagt mir doch zunächst einmal eure Namen. Ich weiß ja gar nicht, wie ich euch nennen und rufen soll."

"Das dürfen wir nicht."

"Ah, warum denn nicht?"

"Es ist uns verboten."

"Unsinn! Euch Weibern ist vieles verboten, was ihr dennoch thut. Ja, ihr thut es gewöhnlich nur deshalb, weil es eben verboten ist."

"Nenne uns lieber so, wie du willst."

"Das ist romantisch, und darum gefällt es mir. Also will ich darauf eingehen und euch die Namen geben. Da ich so zwischen euch sitze und mir dabei vorkomme wie der Erzvater Jakob, der ja auch zwei Schwestern mit sich in die Heimat nahm, so sollt ihr wie diese beiden Schwestern heißen, du rechts Rahel und du links Lea. Seid ihr damit einverstanden?"

"Ja," antworteten beide unter einem herzlichen Lachen.

Der Lord ahnte nicht, daß er gerade ihre richtigen, eigentlichen Namen getroffen hatte. Sie waren nämlich Jüdinnen, was sie ihm aber nicht verraten wollten.

"Schön!" fuhr er fort. "Nun laßt uns also einmal recht ernsthaft von unserem Vorhaben sprechen. Habt ihr vielleicht die Ansicht, daß ich euch ganz mit mir nehmen soll?"

"Ja, natürlich."

"Um euch dann zu heiraten?"

„Nun, etwa nicht?"

„Kinder, das geht nicht. Ich darf als Christ keine Türkin heiraten, und zwei darf ich vollends gar nicht heiraten. Das wäre eine schöne Geschichte. Also merkt wohl auf: Entführen will ich euch recht gern und mit dem größten Vergnügen, heiraten aber kann ich euch nicht."

„Das schadet nichts."

„Wie?" fragte er erstaunt. „Das schadet nichts?"

„Nein, gar nichts."

„Aber, Kinder, das ist doch wunderbar! Ich denke, daß ihr vor Entsetzen ganz außer euch geraten werdet, und nun sagt ihr in aller Ruhe, daß es nichts schadet!"

„Was soll denn schaden?"

„Wenn ich euch nicht heirate? Hm!"

„Es giebt doch andere, viele andere!"

„Donnerwetter!" platzte er heraus.

„Ist das nicht wahr?"

„Ja, wahr ist es. Also ihr meint, daß ich euch entführen soll, damit andere euch bekommen?"

„Ja."

„Ich soll also für andere die gebratenen Kastanien aus dem Feuer holen?"

„Willst du nicht? Dann laß uns im Harem sitzen, oder heirate uns."

„Verteufelt, verteufelt! Recht habt ihr freilich. Aber ihr dauert mich, und ich bin einmal auf dieses Abenteuer erpicht. Ich werde euch also entführen."

„Wann?"

„Das bestimmt ihr lieber selbst."

„Bald oder später? Welches von beiden ist dir lieber?"

„Sehr bald. Am allerliebsten noch heute!"

„Noch heute? Wie denkst du, Lea?"

„Hm! Wie denkst du, Rahel?"

„Ich denke, daß es schwierig sein wird."

„Ja, aber möglich ist es doch."

„Ja, wenn die anderen alle schlafen."

„Eher nicht. Aber jetzt läßt sich darüber noch gar

nichts beſtimmen. Wir ſind nicht daheim. Wenn wir nach Hauſe kommen, iſt vielleicht an der Ordnung des Harems etwas geändert."

„Was ſollte da geändert ſein?" fragte der Lord.

„Nun, vielleicht erhalten die Alten den Beſuch anderer Haremsfrauen. In dieſem Falle wäre die Entführung unmöglich."

„Ach ſo! Dann rate ich euch, nach Hauſe zu gehen und euch zu erkundigen."

„Das iſt das allerbeſte. Aber wie können wir dir Nachricht geben?"

„Das weiß ich nicht. Das müßt ihr wiſſen."

„Du haſt recht. O, wenn du doch unſern Vater beſuchen könnteſt. Dann ließe ſich alles machen."

„Empfängt er denn keine Beſuche?"

„Sogar ſehr oft. Aber leider liebt er die Ausländer nicht, und die Engländer am allerwenigſten."

„Da iſt er der größte Eſel, den es geben kann."

„Ja, ſehr politiſch iſt unſer Vater nicht — aber geizig, ſehr geizig, und das iſt vielleicht der Punkt, an dem du ihn anfaſſen könnteſt."

„Wieſo?"

„Du müßteſt ihm einiges Geld zuwenden."

„Ein Bakſchiſch geben?"

„O nein, nein! Ein Bakſchiſch giebt man nur einer untergeordneten Perſon. Damit würdeſt du ihn ſo be= leidigen und erzürnen, daß unſer Plan für immer und ewig unausführbar ſein würde."

„So wollen wir es unterlaſſen. Was iſt denn eigentlich dieſer alte Iſegrimm?"

„Juwelenhändler."

„Sapperment! Alſo reich?"

„Steinreich."

„Hm! Hat er einen Laden, ſodaß man ungeniert zu ihm gehen kann?"

„Nein. Das iſt ja eben der leidige Umſtand. Er hat ſich vom Geſchäft zurückgezogen. Er kauft und ver=

kauft nur noch aus reiner Liebhaberei. Viele von denen, die zu ihm kommen, werden fortgewiesen. Er zeigt keinem Menschen seine Schätze, seine Kostbarkeiten, thut ganz arm und bringt immer nur wenige und einzelne Sachen zum Vorschein. Das sind aber stets Seltenheiten. Wer das kennt und versteht, der ist sein Mann."

„Hm! Auch ich liebe die Raritäten."

„Wolltest du es versuchen?"

„Ja."

„Aber solche Seltenheiten sind sehr teuer!"

„Ein Königreich werden sie doch nicht kosten."

„So merke dir! Du mußt ihn bei dieser seiner schwachen Seite anfassen, du darfst nicht handeln und feilschen; dadurch gewinnst du seine Achtung und Teil= nahme. Vielleicht ladet er dich gar ein, mit in den Hof zu gehen und den Kaffee zu trinken."

„Ist das eine so große Auszeichnung?"

„Ja. Er thut das höchst selten; mit einem Franken hat er es überhaupt noch nie gethan. Erhältst du aber diese Einladung, so haben wir gewonnen."

„Ah! Wieso?"

„Wir können dir dann mitteilen, wie du uns aus dem Harem bringen kannst. Nämlich hinter dem Platze, an dem der Gast zu sitzen pflegt, ist ein für die Frauen bestimmtes Gitter. Dahinter werde ich mit den Schwestern stecken. Steht der Vater einmal auf, um sich für kurze Zeit zu entfernen, wozu wir ihm Veranlassung geben wollen, so sind wir allein und werden dir durch das Gitter den Plan mitteilen."

„Sehr gut ausgedacht! Weiberlist über alles ist! Wenn er sich aber nicht entfernt?"

„So stecken wir dir einen Zettel zu, auf dem alles betreffende zu lesen ist."

„Schön! Wie heißt er?"

„Ali Effendi. Aber du darfst keinem anderen seinen Namen nennen und auch niemand nach ihm fragen."

„Warum nicht?"

„Das würde uns vielleicht verraten. Du trägst eine auffallende Kleidung. Wenn wir drei Schwestern verschwunden sind, darf kein Mensch ahnen, wohin wir uns geflüchtet haben."

„Aber wie finde ich seine Wohnung, da ich nicht nach ihm fragen darf?"

„Du folgst uns beiden von weitem. Da, wo wir eintreten, wohnen wir natürlich."

„Richtig. Ich komme dann nach."

„Aber nicht eher, als bis es vollständig dunkel ist. Sonst sieht man uns hinter dem Gitter sitzen. Jetzt laß uns trinken und gehen."

Die Mädchen machten darauf die Flasche leer, da er sich weigerte, noch einmal zu trinken. Dann wurde aufgebrochen.

Schnell gingen sie nach dem See und ließen sich überfahren. Auch der Lord nahm einen Ruderer. Da er jetzt wußte, daß diese Leute Französisch und Italienisch verstehen, verursachte es ihm keine Mühe, sich verständlich zu machen. Bald stieg er an das Land, gleich nachdem auch die beiden Schönen den Kahn verlassen hatten, die trotz ihrer Verhüllung die Blicke vieler der Begegnenden auf sich zogen. Der Lord ahnte den Grund nicht. Wohlgefällig murmelte er vor sich hin:

„Alle, alle gucken sie auf diese beiden! Ja, sie sind sehr schön! Und wem werden sie gehören? Mir! Alle tausend Teufel! Ich habe niemals geglaubt, daß solche schöne Kinder, noch dazu tunesische Orientalinnen, sich in mich verlieben könnten! Wie es scheint, bin ich trotz alledem kein so übler Kerl."

Natürlich zog auch er die Blicke der Vorübergehenden auf sich, doch machte er sich nichts daraus, sondern folgte unverdrossen den Mädchen, die sich gar nicht nach ihm umsahen, durch mehrere der engen, winkligen Gassen und Gäßchen, bis sie in eine Thür eintraten.

Erst da wandte Rahel den Kopf und nickte ihm zu. Getreu seiner Instruktion ging er in gleichgültiger Haltung vorüber, als ob das Haus ihn nicht im mindesten interessiere, betrachtete es aber doch sehr genau.

Die Vorderfront desselben sah aus wie eine alte, baufällige, hohe Mauer. Sie hatte kein Fenster, keine einzige Offnung, als die Thür allein. Das war alles, was er erblickte. Ähnlich war auch das Nachbarhaus gebaut, neben dem ein enges Gäßchen einbog. Er ging in dieses hinein. Jedenfalls befand sich da ein Garten; doch als er jetzt näher zusah, bemerkte er, daß die Mauer desselben so hoch war, daß er nicht darüber hinweg zu blicken vermochte.

„Das ist höchst merkwürdig!" meinte er ärgerlich zu sich. „Durch die Hausthür werde ich sie nicht entführen können; also geht es nur nach hinten hinaus und durch diesen benachbarten Garten. Woher aber die Leiter nehmen, die dazu notwendig ist? Na, ich werde ja erst hören müssen, was die Mädchen dazu sagen."

Er prägte sich die Gasse und das Haus ganz genau ein, sodaß er sicher war, beide des Abends zu finden. Bis dahin war es gar nicht mehr lang. Er suchte daher ein Kaffeehaus auf, das in europäischem Stile eingerichtet war, und rauchte und trank dort so lange, bis das Licht des Tages sich zurückgezogen hatte.

Nun brach er auf. Es war ihm doch ein wenig eigentümlich zu Mute. Nicht etwa, daß er sich gefürchtet hätte; o nein, Furcht oder Angst kannte er nicht; aber er fühlte eine innerliche Spannung, die sogar einer kleinen Beklemmung ähnlich war. Und das war ja auch kein Wunder. Endlich, endlich sollte sein Herzenswunsch in Erfüllung gehen: die Entführung aus dem Serail! Und nicht nur eine sollte er entführen, sondern gleich drei wollten ihm folgen, eine immer schöner und jünger als die andere. Was würden Normann und Wallert dazu sagen!

Diese Gedanken gaben ihm so viel Selbstgefühl, daß er sich beim Verlassen des Lokales hoch aufrichtete und den Cylinderhut weit in den Nacken schob. Richtig fand er schon nach kurzem die Gasse und das Haus. Die Thür war von innen verschlossen. Er klopfte.

Er war wirklich recht neugierig auf diesen Ali Effendi, den Vater der drei Mädchen, die ihm entführt werden sollten. Erst nach wiederholtem Klopfen hörte er einen schlürfenden Schritt, dann wurde die Thür nur so weit geöffnet, als es eine eiserne Sicherheitskette zuließ, und

„Ziaret=damalar=de?" tönte es ihm dann von einer rauhen, schnarrenden Frauenstimme entgegen.

„Ich verstehe Sie nicht," gab er leise zur Antwort. „Können Sie nicht Französisch?"

„Ja. Warten Sie!"

Es wurde nun eine alte Laterne an die Thürspalte gehalten, sodaß der Schein des Lichtes auf ihn fiel, und über der Laterne kam ein häßliches, runzliges Frauen=

geſicht zum Vorſchein, das aus tiefliegenden, triefigen Augen einen forſchenden Blick auf ihn warf.

Er war natürlich von den beiden Mädchen ſchon angemeldet worden, und da ſie vergeſſen hatten, nach ſeinem Namen zu fragen, ſo hatten ſie ſeine Perſon genau beſchrieben. Die Alte hatte infolgedeſſen ihre Inſtruktion erhalten, dennoch ließ ſie ihn, als ſie ſah, daß er der Erwartete ſei, nicht ſofort ein, damit er nicht vermuten möge, daß ſie bereits von ihm wiſſe, ſondern fragte:

„Zu wem wollen Sie?"

„Zu Ali Effendi."

„Was wünſchen Sie von ihm?"

„Ich bin ein Freund von Seltenheiten und Altertümern und habe gehört, daß er eine Sammlung ſolcher Sachen beſitzt."

„Er liebt es nicht, um dieſe Zeit geſtört zu werden. Was hat er davon, wenn alle Fremden kommen, um ſeine Sachen zu ſehen, und dann wieder gehen, nachdem ſie nichts als bloßen Dank geſagt haben!"

„Das will ich ja nicht thun. Zu ſolchen Fremden gehöre ich nicht!"

„Wollen Sie etwa kaufen?"

„Ja, wenn mir etwas gefällt."

„So will ich es wagen, Sie einzulaſſen. Warten Sie da in dem Gange!"

Die Alte entfernte die Kette, verſchloß die Thür hinter ihm und enteilte dann mit der Laterne, ihn im Finſteren ſtehen laſſend. Bald darauf war es ihm, als ob er laute, lachende Frauenſtimmen vernehme.

„Das ſind jedenfalls die Weiber!" dachte er. „Es ſcheint alſo in den Harems zuweilen auch luſtig herzugehen. Das erinnert mich an meinen Beſuch bei dem Mädchenhändler Bariſcha in Konſtantinopel. Da gelangte man auch durch ſo einen dunklen Gang nach dem Allerheiligſten."

Man ließ ihn ziemlich lange warten. Endlich kehrte die Alte zurück, leuchtete ihm in das Geſicht und zeigte dabei ein Grinſen, von dem man nicht genau ſagen konnte, ob es ein verunglücktes, freundliches Lächeln oder eine höhnische Schadenfreude bedeuten solle.

„Sie dürfen kommen!"

Bei diesen Worten deutete sie ihm mit der Hand an, daß er ihr folgen solle, und führte ihn nun aus dem Hausflur nach einem schmalen Seitengange, wo sie eine Thür öffnete und ihm winkte, einzutreten. Sie selbst blieb draußen und machte die Thür hinter ihm zu.

Der Lord stand in einer kleinen, viereckigen, weiß getünchten Stube, in der sich nichts, aber auch gar nichts befand als ein alter Tisch mit zwei noch viel älteren Stühlen. Er rückte sich einen derselben zurecht, setzte sich darauf und wartete. Auf dem Tische stand ein Leuchter aus verrostetem Eisendraht, in dem ein stinkendes Talglicht brannte.

Nach einiger Zeit wurde eine zweite Thür geöffnet, und der Herr des Hauses trat ein. Er trug einen langen, fast am Boden schleppenden, großblumigen Kaftan und einen roten Fez. Er war alt, und der lang herabwallende, graue Bart gab seiner Erscheinung etwas Ehrwürdiges, was aber durch den stechenden Blick seiner kleinen Augen fast ganz wieder aufgehoben wurde.

„Achschamlar chajrola!" grüßte er, indem er sich nicht verbeugte, sondern eine vornehme, fast herablassende Handbewegung machte.

„Was heißen diese Worte? Ich verstehe nur Französisch."

„Bon soir!"

„Ah, guten Abend! Danke schön, Monsieur Ali Effendi! Verzeihung, daß ich Sie störe! Ich habe von Ihren Kostbarkeiten gehört und wollte Sie bitten, mir einiges davon zu zeigen."

„Eigentlich thue ich das nicht gern. Ich habe mein Geschäft aufgegeben."

„Weiß es, weiß es! Aber unter Kunstkennern und Liebhabern ist das doch etwas anderes."

„Ja, wenn Sie wirklich Kenner und Liebhaber wären — —?"

„Ich bin es, ich bin es!" beeilte er sich zu versichern. Im stillen aber dachte er:

„Kenner bin ich allerdings, aber nur von Frauen= schönheit, und Liebhaber auch, denn ich werde ihm seine Töchter entführen."

Der Alte betrachtete ihn vorsichtig prüfend und nickte langsam mit dem Kopfe, dann fragte er:

„In welchen Fächern sind Sie am besten zu Hause?"

„In allen."

„Nun, so will ich Ihnen einmal einige alte Münzen zeigen, die höchst wertvoll sind."

Darauf ging er wieder. Der Lord aber lehnte Hut, Regenschirm und Fernrohr in die Ecke und wartete geduldig. Als der Alte zurückkam, hatte er ein kleines, ledernes Beutelchen in der Hand, das er jetzt öffnete. Er nahm eine Münze hervor, die sehr sorgfältig in Seidenpapier eingewickelt war, entfernte das Papier und gab sie dem Briten.

„Das ist eine große Seltenheit. Kennen Sie dieselbe?"

Es war ein altes, französisches Fünfsousstück, doch mit so abgegriffenen, vielleicht auch mit Fleiß abgeschliffenen Flächen, daß absolut von der Prägung nichts mehr zu erkennen war. Der Engländer betrachtete und prüfte es aufmerksam.

„Ein altes, großes Kupferstück," meinte er.

„Ja, aber woher und aus welcher Zeit?"

„Weiß ich wirklich nicht. Ich muß aufrichtig ge= stehen, daß mich meine Kenntnisse hier verlassen."

„Nun, so hören Sie in Andacht und Ehrfurcht zu, daß dieses Stück zu den hundert Münzen gehört, die der Prophet Muhammed, den Allah segne, zum Andenken an die Eroberung von Mekka prägen ließ."

Der Engländer hatte keine Lust, zu glauben, daß Muhammed sich damals im Besitze einer Prägmaschine befunden habe, doch mußte er Ali Effendi bei guter Laune erhalten, wenn er überhaupt seinen Zweck erreichen wollte; darum sagte er im Tone der Bewunderung:

„Wirklich? Ah, dann ist diese Münze freilich von hohem Werte. Wie ist sie zu taxieren?"

„Fünfzig Francs."

Das war dem Engländer denn doch zu viel. Er gab sie zurück und sagte:

„Vielleicht ist sie es wirklich wert; aber ich bin überzeugt, daß du sie nicht verkaufen wirst."

„Warum nicht? Ich habe ihrer mehrere."

„Zeige her!"

„Hier, dieses Silberstück ist fast ebenso kostbar. Siehe es dir einmal genau an!"

Der Engländer that dies, doch waren auch bei dieser Münze alle beiden Seiten so glatt, daß man ihr unmöglich ansehen konnte, daß sie vorzeiten einmal ein österreichischer Sechskreuzer gewesen war.

„Kenne ich leider auch nicht."

„Nicht? Und doch ist sie viel wert. Muhammed der Zweite ließ sie schlagen als Andenken an seine glorreiche Eroberung von Konstantinopel."

Von dieser Gloriosität war der Münze nun freilich nichts mehr anzusehen. Dennoch fragte der Lord:

„Wieviel soll sie kosten?"

„Dreißig Francs."

„Ich glaube, auch diese Denkmünze ist dir so an das Herz gewachsen, daß du dieselbe nicht verkaufen wirst. Zeige mir andere."

Der alte Betrüger brachte nun noch drei oder vier Stück zum Vorschein, die ebenfalls einen bedeutenden Wert haben sollten; leider aber waren sie ebenso ohne alles Gepräge wie die beiden ersten. Als der Engländer auch jetzt keine Miene machte, eine derselben zu kaufen, sagte er ärgerlich:

„Ich denke, du bist Kenner und Liebhaber; aber ich sehe nichts davon."

„O doch! Ich habe nur gemeint, daß du dich nicht von diesen Münzen trennen willst."

„Warum nicht?"

„Nun, was verlangst du also, wenn ich die, welche du mir hier gezeigt hast, in Summa kaufe?"

„Ich lasse mir nie etwas abhandeln, da ich stets den geringsten Preis angebe; das mögest du berücksichtigen. Wer weniger bietet, der beleidigt mich, lieber soll er gar nicht bieten. Diese Münzen kosten hundert Francs, wenn ich sie zusammen auf einmal verkaufen kann. Da gebe ich auch noch den Beutel zu."

Der Beutel war keinen Pfennig wert; also war diese letzte Bemerkung rein lächerlich. Um des Zweckes willen, der den Lord hergeführt hatte, sagte dieser aber:

„Gut, so wollen wir nicht handeln. Ich kaufe sie."

Mit diesen Worten zog er seine Börse, zählte die verlangte Summe hin und steckte dafür den Beutel ein. Der andere strich rasch das Geld in die tiefe Tasche seines Kaftans.

„Du hast," sagte er, „ein sehr gutes Geschäft gemacht und wirst also wiederkommen."

„Nein, das werde ich nicht, da ich nicht lange in Tunis bleibe."

„So will ich dir gleich heute noch etwas zeigen, falls du noch einiges sehen willst."

„Was ist es?"

„Ein Ring, ein kostbarer Ring, den die Lieblingsfrau des Propheten getragen hat."

„Zeige ihn mir!"

Der Ring war ein einfacher goldener, vielleicht auch nur vergoldeter Reif, den der Engländer für fünfzig Franken erhielt. Dann wurden Waffen gebracht, und der Lord kaufte für schweres Geld einen Dolch, den der Kalif Abu Bekr getragen haben sollte, und die Spitze eines Pfeiles, die man angeblich dem berühmten Feldherrn Tarik aus der Wunde geschnitten hatte.

„So," sagte er dann, „jetzt habe ich, was meine Seele begehrt; nun kann ich gehen."

Er griff nach Hut, Regenschirm und Fernrohr. Der Alte konnte ihn jedoch nicht gehen lassen, da es ja in seinem Plane lag, ihn in den Hof zu bringen. Darum sagte er:

„Wenn Sie ein Fingan Kaffee mit mir trinken wollten, möchte ich Ihnen noch eine große Merkwürdigkeit zeigen, über die Sie sich freuen würden. Kommen Sie!"

Er führte den Lord darauf durch zwei kleine Stuben

hinaus in einen Hof, der nur wenige Quadratmeter Fläche hatte und rundum von einem hölzernen Gitterwerk umgeben war. Eine einzige Laterne brannte in demselben. Gerade unter der Laterne befand sich eine kleine Erhöhung, die aus einigen Brettern bestand, die auf Steinen lagen und mit einem Teppiche belegt waren.

„Setzen Sie sich hier!" bat der Alte. „Ich will den Kaffee bestellen und komme gleich wieder."

Kaum hatte sich der Engländer mit dem Rücken an das Gitter gelehnt, so wurde er durch die Öffnungen desselben angestoßen.

„Willkommen!" flüsterte eine weibliche Stimme. „Wir sind hier."

„Alle drei?" fragte er leise zurück.

„Ja."

„Schön! Also wie soll es werden?"

„Das wissen wir noch nicht genau. Wir müssen erst erfahren, wann der Vater schlafen geht."

„Sapperment! Ich muß es aber doch wissen!"

„Nur Geduld. Er wird gleich wiederkommen, und ich glaube, daß er da eine Äußerung thun wird, die uns das Gewünschte verrät. Hast du gekauft?"

„Ja."

„Das ist recht. So hat er gute Laune?"

„Es scheint so."

„Er schien mir doch noch mürrisch zu sein. Wenn du ihm noch etwas abkaufen wolltest, so wäre es gut. Er zieht sich dann sehr zeitig zurück, um das Geld zu zählen und einzuwickeln, was seine größte Freude ist. Ah, da kommt er schon. Sei höflich und gefällig zu ihm."

Als der Alte wieder sichtbar wurde, schritt hinter ihm die Frau, die dem Lord vorhin geöffnet hatte. Sie brachte Kaffee und zwei Pfeifen.

Der Alte zog dann etwas aus der Tasche, was er dem Lord überreichte.

„Hier, sehen Sie sich dies an und staunen Sie!"

„Was ist es denn?"

„Raten Sie einmal!"
„Das ist ein Bogen altes Packpapier."
„Richtig! Aber von welch' ungeheurem Werte!"
„Inwiefern?"
„Sie ahnen nicht, was darin gesteckt hat?"
„Wie könnte ich das erraten?"
„Nun, Sie sind zwar ein Ungläubiger, aber Sie wissen vielleicht, daß der Koran unser heiliges Buch ist?"
„Das weiß ich sehr gut."
„Und daß es dem Propheten von dem Erzengel Gabriel offenbart worden ist?"
„Ja."
„Der Erzengel hat es also vom Himmel heruntergebracht, und da es durch die Wolken hindurch naß geworden wäre, hat es der Engel eingewickelt."

„Donnerwetter!" stieß der Lord hervor, indem er vor Erstaunen über diese Dreistigkeit nicht nur den Mund, sondern auch die Augen so weit wie möglich aufriß.

„Fluchen Sie nicht bei einer Sache von solcher Heiligkeit!"
„Entschuldigung! Soll der Koran etwa bei der erwähnten Gelegenheit in dieses Papier eingewickelt gewesen sein?"
„Ja."
„Ah, dann giebt es in dem Himmel Muhammeds wohl eine Anzahl von Papiermühlen?"
„Spotten Sie nicht! Das darf ich als gläubiger Anhänger des Propheten nicht anhören."
„Woher sollte denn aber der Engel das Papier da oben hergenommen haben, wenn es nicht im Himmel fabriziert worden wäre!"
„Allah ist allmächtig! Er kann Papier aus nichts machen."
„Hm, das ist die gewöhnliche Erklärung!"
„Sie ist die einzig richtige. Glauben Sie etwa nicht daran?"

„Aufrichtig gestanden, will ich Ihnen sagen, daß Sie ein großer Schw— —"

Da aber wurde er durch das Gitter so kräftig in den Rücken gestoßen, daß er sich sofort unterbrach und sagte:

„Daß ich die Sache doch für möglich halte."

„Möglich? Möglich nur?"

„Nun, sagen wir, wahrscheinlich!"

„Auch das ist zu wenig. Wenn Sie mich nicht beleidigen wollen, dürfen Sie nicht den leisesten Zweifel hegen."

Noch immer schien der Lord bei seinem Unglauben beharren zu wollen, aber er erhielt jetzt schnell aufeinander zwei so dringlich gemeinte Puffer, daß ihm nichts anderes übrig blieb, als klein beizugeben.

„Wenn ich es mir recht überlege," stotterte er verlegen, „so muß ich allerdings sagen, daß ich das Papier für echt halte."

„Wollen Sie es kaufen?"

„Ich habe es noch gar nicht genau angesehen. Es ist zu finster hier!"

„O, es ist nichts zu sehen als nur das Papier."

„Keine Adresse darauf, die der Engel geschrieben hat?"

„Nein. Wozu die Adresse, da er es ja dem Propheten selbst und direkt gegeben hat!"

„Wie aber ist es in Ihre Hände gekommen?"

„Durch Erbschaft. Ich bin ein echter Nachkomme des Propheten, ein Scherif."

„Ah so! Da läßt es sich freilich erklären."

„Also wollen Sie es kaufen?"

„Wie ist der Preis?"

„Dreihundert Franken."

„Donnerwetter, ist das — —"

Er hielt sofort inne, denn zwei Fäuste bearbeiteten wiederum seinen Rücken, und so fuhr er dann fort:

„Ist das spottbillig!"

„Nicht wahr? Ein solches Heiligtum, und nur dreihundert Franken! Ich hätte das Fünffache fordern sollen. Aber was ich einmal gesagt habe, das gilt."

In diesem Augenblick kam die Alte in den Hof und meldete, daß der Nachbar gekommen sei, um wegen der Grenzmauer mit dem Herrn zu sprechen.

„Da werden wir leider gestört!" sagte dieser nunmehr hastig zu dem Engländer. „Vielleicht kann ich nicht gleich in der Minute wiederkommen. Also, werden Sie es behalten?"

„Ja," antwortete der Gefragte, der abermals einen aufmunternden Stoß erhielt.

„Schön! So verzeihen Sie meine Entfernung. Ich werde mich beeilen. Hier ist das Papier."

Er legte es dem Lord hin und ging. Kaum aber war er verschwunden, so wich hinter dem Engländer das Gitter, und eine Stimme sagte leise:

„Komm herein! Schnell!"

Gleich darauf wurde der Lord von einer Hand in die Oeffnung gezogen und von da weiter bis in eine Stube, in der ein Licht brannte. Hier sah er seine beiden schönen Freundinnen wieder. In ihrer Gegenwart befand sich noch eine dritte, die ebenfalls nicht häßlich war.

„Das hast du gut gemacht," sagte Lea freundlich zu ihm. „Sieh her. Hier ist unsere Schwester. Gefällt sie dir?"

„Ja, natürlich!"

„Und darf auch sie mitkommen?"

„Das versteht sich ganz von selbst."

„So gehen wir beide also auch mit. Komm jetzt hinaus in den Garten!"

Lea führte den Lord hierauf durch eine Thür auf ein kleines, freies Plätzchen, in dem er trotz dem abendlichen Dunkel bald einen Baum bemerkte. Diesem verdankte jedenfalls das winzige Viereck den stolzen Namen eines Gartens. An diesem Baume lehnte ein länglicher Gegenstand. Lea deutete auf ihn und sagte:

„Siehst du diese Leiter? Mit ihr werden wir heute entkommen. Nämlich hier nebenan ist der Garten des Nachbars. Wir steigen da hinüber, und dann trennt uns nur noch eine Mauer von einer engen Gasse."

„Ich kenne sie."

„Das ist gut. So brauche ich sie dir nicht zu beschreiben. In dieser Gasse erwartest du uns."

„Wann?"

„Gerade um Mitternacht."

„Sehr wohl, ich werde mich pünktlich einstellen und hoffe, daß wir nicht gestört werden."

„Das fürchte ich nicht, denn du hast den Vater in sehr gute Laune versetzt. Er wird zeitig schlafen gehen."

„Allah gebe ihm eine angenehme Ruhe! Kinder, ihr könnt wirklich froh sein, von eurem Vater fortzukommen."

„Warum?"

„Der Kerl ist ein Nichtsnutz. Er ist es gar nicht wert, so schöne, gute und brave Kinder zu haben."

„Das verstehen wir nicht."

„Nun, seine Münzen sind keinen Para wert, und mit dem Himmelspapier hat er mich vollends gar über das Ohr gehauen. Aber ich haue ihm noch viel derber über das seinige, indem ich euch entführe. Der alte Schwindler soll sich morgen wundern, wenn er so plötzlich ein kinderloser Waisenvater geworden ist. Ich verdiene mir einen Gotteslohn, indem ich euch von ihm befreie."

„O Allah! Das haben wir nicht vermutet."

„Ja, ihr könnt nichts dafür. Also um Mitternacht?"

„Ja. Du kommst doch gewiß?"

„Ganz sicher."

„So kehre jetzt wieder zu deinem Sitze zurück. Er darf nicht ahnen, daß du fortgewesen bist."

Rasch geleiteten die Mädchen den Lord zurück und schoben das Gitter wieder hinter ihm zu. Es war wohl über eine halbe Stunde vergangen, als der Alte wiederkam.

„Da bin ich endlich," sagte er anscheinend ganz echauffiert. „Die lange Unterredung war sehr notwendig, sonst wäre ich sicher eher zurückgekehrt. Wünschen Sie noch eine Pfeife?"

„Ich danke, danke! Ich habe genug!"
„Und die dreihundert Franken?"
„Erhalten Sie sofort."

Der Lord stand rasch auf, bezahlte und schob das Packpapier in die Tasche, dann brachte ihn der Wirt in den Hausgang zurück und nahm dort sehr höflich und freundlich von ihm Abschied. Nun geleitete ihn die alte Schließerin an die Hausthür, öffnete diese aber nicht,

sondern legte ihm die Hand auf den Arm und fragte leise:

„Wollen Sie mir nicht ein kleines Bakschisch geben?"

Er griff sofort in die Tasche und erfüllte die Bitte. Sie aber schien nicht zufrieden zu sein. Kopfschüttelnd hielt sie das Geldstück an die Laterne.

„Ein Frank, ein lumpiger Frank!" sagte sie verächtlich die Nase rümpfend.

„Ist das etwa nicht genug für die kleine Mühe, mich da hinaus zu lassen?"

„O, dafür wäre es schon genug, aber ich habe ja viel, viel mehr für Sie zu thun!"

„Was denn zum Beispiel?"

„Ich habe doch nicht blos Sie hinauszulassen."

„Wen denn noch?"

„Die drei Schwestern."

„Tausend Donner!" sagte er erschrocken. „Was für Schwestern meinen Sie denn eigentlich, he?"

„Sie können Vertrauen zu mir haben. Die Mädchen haben mir alles gesagt, da sie ohne meine Hilfe gar nicht hinaus in den Garten könnten."

„Ich verstehe Sie noch immer nicht."

„O, Sie verstehen mich sehr gut, das weiß ich ganz genau. Ich bin die Schließerin, ich habe die Schlüssel des Harems. Lasse ich, bevor ich schlafen gehe, die Thür nicht offen, so können sie nicht in den Garten."

„Ich begreife nicht, was Sie meinen. Von welch einer Thür sprechen Sie denn eigentlich? Was gehen mich Ihre Thüren an!"

„Mehr als Sie zugeben wollen. Sie sind ja selbst mit draußen gewesen."

„Wo draußen?"

„Im Garten, um sich die Leiter und die Mauern zeigen zu lassen, über die hinweg der Weg gehen soll."

Jetzt sah Lord Eagle=nest ein, daß ein Leugnen ihm hier nichts mehr nützen könne. Mißbilligend schüttelte er den Kopf.

„Welche Unvorsichtigkeit," meinte er ärgerlich. „Hören Sie, Sie werden doch nicht etwas verraten?"

„O nein. Ich habe die Kinder erzogen, ich liebe sie, als ob sie meine eigenen seien, und ich gönne ihnen das Glück. O Allah, könnte ich doch mit ihnen!"

„Um Gotteswillen!" stieß er unvorsichtig hervor.

„O, sie würden mich auch mitgenommen haben, aber ich fürchte mich so sehr, auf eine Leiter zu steigen."

„Das ist allerdings sehr gefährlich," sagte er schnell. „Man kann dabei ganz leicht den Hals brechen, auch die Beine und die Arme dazu. Dann liegt man da!"

„Das weiß ich, und darum verzichte ich, meine Lieblinge zu begleiten, obgleich mir das Herz brechen wird, wenn ich ohne sie zurückbleiben muß."

„Da machen Sie sich keine schweren und trüben Gedanken! Es wird ihnen sehr gut gehen, und ich werde sie veranlassen, zuweilen an Sie zu schreiben."

„Ach ja, darum wollte ich Sie bitten, das ist ja der einzige Trost, der mir bleibt."

„Haben sie Ihnen denn vielleicht gesagt, wer ich bin?"

„O nein. Dazu sind sie viel zu vorsichtig."

„Und wohin ich sie von hier aus bringen werde?"

„Auch das nicht. Ich verlange es auch nicht zu wissen, denn je mehr man mir mitteilt, desto mehr habe ich zu verschweigen, und das ist um so schwerer, je weniger man für eine solche Schweigsamkeit belohnt wird."

Die Alte hielt ihm dabei sehr bezeichnend das einzelne Frankstück hin, das sie von ihm erhalten hatte.

„Nun, wie hoch schätzen Sie denn Ihre Ver= schwiegenheit?"

„Wenigstens fünfzehn Franken."

„Ich gebe Ihnen zwanzig — —"

„O Sie guter, Sie barmherziger Herr! Für dieses Bakschisch können Sie mir alles, alles anvertrauen, und ich werde kein einziges Wort davon sagen!"

„Gut! Hier haben Sie! Aber wenn Sie nur eine einzige Silbe verraten, so komme ich zurück, um Ihnen den Hals umzudrehen, sodaß Sie sich dann zeit Ihres Lebens nur noch von hinten betrachten können, und außer= dem sprenge ich noch extra alle Ihre drei Lieblinge mit Pulver in die vierundsechzig Lüfte! Verstanden?"

Er drückte ihr dabei das Geld in die Hand und wurde nun von ihr unter vielen Danksagungen hinaus= gelassen. Drin aber lachte sie höhnisch:

„Dummer Mensch, wirst du noch bluten müssen!"

Und draußen brummte er selbstgefällig vor sich hin: "Der habe ich angst gemacht! Die sagt kein Wort, um ihre Lieblinge nicht ins Unglück zu stürzen und auch ihren eigenen Hals zu retten. Dem Alten aber sollte ich in Wirklichkeit das Gesicht in den Nacken drehen! Ein Bogen Packpapier aus dem Himmel! Welch eine Frechheit! Welch eine Unverschämtheit! Na, die Strafe kommt ja für den alten Galgenstrick schon in der Frühe."

---

20. Kapitel.

Als der Lord nach seinem Besuche im Hause des Ali Effendi so durch die Gassen und Gäßchen von Tunis dahinschlenderte und eben im Begriffe war, über einen kleinen Platz zu gehen, fiel ihm ein besser gebautes Haus auf, vor dessen Thür zwei große Laternen standen. Ueber dem Eingange befand sich eine aus großen, goldenen Lettern bestehende Inschrift. Er trat näher und las: "A la maison italienne — zum italienischen Hause. Ah, der bekannte Gasthof, in dem so viele Fremde logieren. Gehen wir einmal hinein. Vielleicht giebt es da ein Glas Porter oder Ale."

Als er in das allgemeine Gastzimmer trat, war die erste Person, die er erblickte, Wallert, sein Reisegefährte. Er setzte sich natürlich sofort zu ihm.

"Haben Sie unsere Botschaft empfangen?" fragte ihn dieser.

"Welche Botschaft?"

"Daß wir beschlossen haben, hier zu logieren?"

"Nein. Ich bin gar nicht an Bord geblieben und trete auch nur ganz zufällig hier herein."

"Das ist ein Glück. Wir haben zwei Zimmer für Sie belegt. Als ich Sie sah, glaubte ich, Sie kämen infolge unserer Benachrichtigung."

"Das ist nicht der Fall."

„Wo sind Sie denn da während der langen Zeit gewesen?"

„Pst! Geheimnis!" antwortete der Engländer mit wichtiger Miene, indem er den Finger an den Mund legte.

„Geheimnis?" lachte Wallert. „Haben Sie etwa bereits einen Harem entdeckt?"

„Ja."

„Wohl gar schon drin gewesen?"

„Ganz und gar drin!"

„Und werden eine entführen?"

„Drei sogar!"

„Spaßvogel!"

„Pah! Es ist ernst! Aber haben auch Sie irgend welchen Erfolg gehabt?"

„Leider nicht. Wir sind beim Konsul und auf der Polizei gewesen, sogar beim Limam reïssi, vergebens!"

„Wer ist der Limam Reißig?"

„Der Hafenmeister. Wir glaubten, Auskunft von ihm zu erhalten, da er bei jeder Ausschiffung zugegen ist, haben auch erfahren, daß zwei Dampfer von Konstantinopel aus vor unserer Jacht hier angekommen sind, konnten aber von diesem Ibrahim Pascha nicht die geringste Spur entdecken."

„Weil er einen anderen Namen führt."

„Er kann aber doch seine Person nicht verändern, und die Frauen, die bei ihm sind, bilden auch einen Anhalt, auf seine Fährte zu kommen."

„So bin ich also viel, viel glücklicher gewesen!"

„Wie? Hätten Sie zufällig etwas von ihm gehört?"

„Nein, das meine ich nicht. Ich sprach nur von meiner eigenen Angelegenheit. Es ging mir wie Cäsar: Ich kam, ich sah, und ich siegte."

„Natürlich in der Phantasie!"

„Oho! Sie sind wirklich ganz verliebt in mich, wenigstens zwei von ihnen, die Rahel und die Lea."

„Jüdische Namen!"

„Habe sie ihnen selbst gegeben."

„Bitte, seien wir ernst, Mylord!"

„Das bin ich ja."

„Unsinn! Sie hätten wirklich eine Damenbekanntschaft gemacht und wo?"

„Jenseits des Sees, in den Ruinen von Karthago."

„Und drei sind es?"

„Drei, volle drei Personen, eine immer schöner und jünger als die andere! Verteufelt, verteufelt! Na, warten Sie es nur ab. Sie werden den Mund aufsperren. Aber Sie kriegen keine von ihnen, keine einzige!"

Jetzt mußte Wallert einsehen, daß es dem Lord wirklich ernst sei.

„Wollen Sie die Güte haben, mir näheres mit= zuteilen?" bat er besorgt.

„Fällt mir nicht ein!"

„Selbst dann nicht, wenn ich Sie dringend ersuche?"

„Selbst dann nicht. Heute erfahren Sie nichts."

„Mylord, Sie begeben sich in Gefahr. Sie ver= stehen die Sprache des Landes nicht. Wie leicht kommen Sie da in eine Lage, der Ihre Kräfte nicht gewachsen sind."

„Meine Kräfte? O, heute habe ich Riesenkräfte! Heute hebe ich ganz Tunis aus den Angeln!"

„Sie wollen doch nicht schon heute etwas unter= nehmen?"

„Natürlich! Gerade heute schon. Es geht eben riesig schnell. Ich muß doch ein hübscher Kerl sein, so eine Art Adonis oder Amor oder Cupido."

„Aber Sie wohnen doch hier bei uns?"

„Heute nicht, sondern morgen erst."

„Ich bitte Sie um Gotteswillen — — —"

„Papperlapapp, lieber Master! Aber warten Sie. Ich werde doch noch heute hierher ziehen, um gewisse Spuren zu vernichten und um die Nachforschung von mir abzulenken. Aber nicht gleich jetzt. Ich komme erst so ungefähr zwei Stunden nach Mitternacht. Da bin ich fertig."

„Doch nicht etwa mit einer Entführung?"

„Ja freilich! Mit einer Entführung aus dem Serail, aus dem schönsten Harem, der in Tunis zu finden ist."

„Lassen Sie sich warnen! Lassen Sie sich abreden! Thun Sie nichts ohne uns!"

„Pah! Gerade ohne Sie will ich es thun, um Ihnen zu beweisen, was ich in solchen Entführungen zu leisten vermag."

„Zwei Aeußerungen von Ihnen geben mir zu denken, Mylord. Erstens nannten Sie die Namen Rahel und Lea. So heißen nur Jüdinnen, und die braucht man doch nicht zu entführen."

„Es sind drei echte Muhammedanerinnen, keine imitierten. Die beiden Namen habe ich zweien von ihnen gegeben, weil ich zwischen ihnen saß wie der Erzvater Jakob zwischen den Schafherden — wollte sagen zwischen Lea und Rahel."

„Und draußen in den Ruinen haben Sie sie kennen gelernt?"

„Ja."

„Am Tage?"

„Natürlich. In der Finsternis mache ich keine Damenbekanntschaften, weil man sich da leicht in Verschiedenem täuschen kann."

„Waren sie verschleiert?"

„Ja, später aber in der Hütte und bereits vorher entschleierten sie sich."

„Sie wurden in eine Hütte geführt? In eine unbewohnte?"

„Nein, in eine bewohnte. Ein Eunuch hauste darin. Der Kerl hatte ein gewisses Wasser der Liebe zusammengebraut aus Spiritus, Koloquinten und Knoblauch. Ich mußte, glaube ich, zehn Franken für die Flasche bezahlen, konnte aber das Zeug nicht hinunterbringen."

„Ah! Sapperment! Ein Eunuche war da? Bezahlen mußten Sie? Tranken diese Damen etwa auch?"

„Freilich! Das lief hinunter wie in die Kellerfenster."

„Dann ist es sicher! Mylord, Sie sind getäuscht worden."

„Fällt mir nicht ein!"

„Ganz gewiß!"

„Alle Teufel! Halten Sie mich etwa für dumm?"

„Nein, aber für begeistert, und die Begeisterung hat stets eine Aehnlichkeit mit dem Rausche. Man denkt und urteilt nicht so scharf wie im nüchternen Zustande —"

„Nun, Mister Wallert, ich werde Ihnen beweisen, daß ich sehr scharf gedacht und kalkuliert habe. Der Plan, den ich ausgeheckt, kann gar nicht scharfsinniger entworfen sein. Die Leiter steht bereits am Baume. Ueber zwei Mauern hinweg, und alle drei fallen mir höchst liebevoll in die Arme. Ich schaffe sie nach der Jacht und komme dann hierher. So verwische ich die Spur."

„Hat denn die Hütte da draußen in den Ruinen einen Garten, da Sie vom Baum, von der Leiter und dann auch von zwei Mauern sprechen?"

„Nein. Da draußen waren sie nur spazieren. Sie wohnen in der Stadt bei ihrem Vater, der Juwelenhändler war und sich nun zur Ruhe gesetzt hat."

„Waren Sie denn in dieser Wohnung?"

„Natürlich. Unter dem Vorwand, dem Alten einiges von seinen Raritäten abzukaufen. Ich habe da Verschiedenes — Sapperment, das muß ich Ihnen zeigen. Hier, dieses Papier soll vom Himmel kommen. Der Koran hat drin gesteckt, damit er in den Wolken nicht naß werden sollte, als der Erzengel ihn vom Himmel brachte. Diese alten Münzen wurden geschlagen zum Andenken an die Eroberung von Mekka und Konstantinopel. Diese Pfeilspitze wurde — — —"

Er fuhr lachend in seiner Erklärung fort, indem er die Gegenstände auf den Tisch legte.

„Und das alles haben Sie geglaubt?" fragte Wallert, der in seinem ganzen Leben noch nicht so erstaunt gewesen war, als in diesem Augenblick.

„Geglaubt? Was denken Sie! Fällt mir gar nicht

ein! Der Alte ist ein Spitzbube. Aber seine drei Töchter sind die reinen Engel!"

„Seine drei Töchter sind ebenso große Spitzbübinnen! Die Ruinen sind berüchtigt. Wissen Sie, wer da draußen verkehrt? Was für Damen?"

„Nun?"

„Solche, die ihre Liebe feilhalten."

„Das ist möglich, geht aber mich nichts an. Meine drei gehören nicht in diese Kategorie."

„Ich bitte Sie dringend, Verstand anzunehmen!"

„Donnerwetter! Ich habe Verstand, so viel Verstand, daß er für ein ganzes Dutzend Personen ausreicht und auch für Sie mit!"

„Ich sehe, ich muß Normann holen."

„Ist er hier?"

„Ja, auf seinem Zimmer. Oder bitte, gehen Sie lieber gleich mit hinauf!"

„Danke, danke sehr!"

„So hole ich ihn. Er mag seine Vorstellungen mit den meinigen vereinigen."

„Hilft Ihnen nichts, gar nichts!"

„Ich hoffe das Gegenteil. Entschuldigen Sie mich für einen Augenblick, Mylord."

Wallert eilte fort. Der Engländer aber warf schnell ein Geldstück für das Getränk auf den Tisch, setzte den Hut auf, raffte den Regenschirm und das Fernrohr an sich und verließ das Haus in aller Schleunigkeit. In der Eile vergaß er die Raritäten, die auf dem Tische liegen blieben. Draußen bog er um einige Ecken, und erst dann lief er langsamer.

„Glücklich entkommen!" seufzte er auf. „Dieser Teufelskerl gönnt mir wirklich den Ruhm nicht, eine dreifache Entführung bewerkstelligt zu haben. Es ist doch eine böse Welt! Sogar den besten Freunden ist nicht mehr zu trauen! Sie schnappen einem gerade die appetitlichsten Bissen weg. Ich werde aber diesen Wallert beschämen, indem ich mit einer vollständigen, glücklich und ruhmvoll vollendeten Thatsache vor ihn hintrete. O, ich durchschaue ihn: drei Mädchen; er, Normann und ich, da käme auf jeden eine; aber ich werde sie alle drei holen. Punktum!"

Er ging weiter, in der Richtung nach dem Hafen zu. Draußen vor der Stadt überholte er einen Menschen, der langsam desselben Weges ging. Eine so gekleidete Gestalt wie der Lord wäre selbst im größten Dunkel aufgefallen. Kaum war er vorüber, so hörte er hinter sich einen lauten Freudenruf und dann die Worte:

„Hambullillah! Lord Effendi! Lord Effendi!"

Verwundert blieb er stehen, drehte sich um und blickte dem Rufer in das Gesicht. Er erkannte ihn. Es war der junge Arabadschi, der Vertraute der schönen Zykyma, der ihnen in Konstantinopel bei der Entführung mit hatte helfen wollen.

„Mensch, Kerl, du hier! Alle Teufel! Ist etwa Zykyma auch mit da?"

„Burada Zykyma; burada Tschita; burada Ibrahim Pascha; burada Derwisch Osman."

„Ah, das sind ja alle! Aber wer ist denn dieser Burada? Oder ist's ein Frauenzimmer?"

Burada heißt ‚hier' oder ‚hier ist'. Der hoch erfreute Arabadschi, der natürlich den Lord nicht verstand, antwortete:

„Gel-sunler, gel-sunler!"

Das heißt: ‚Kommen Sie, kommen Sie!' Dabei deutete er nach links hinüber. Dann fragte er ungeduldig:

„Wo ist Herr Hermann Wallert?"

Der Lord schloß nur aus dem Namen, was der Frager meinte, und entgegnete:

„A la maison italienne!"

„Onu bilir-im, onu bilir-im, d. h., ich kenne es, ich kenne es!" tönte es da erfreut aus dem Munde des jungen Mannes, und rasch drehte er sich um und eilte davon, der Stadt wieder zu, um Wallert aufzusuchen.

„Billirim! Dummes Wort," brummte der Lord.

Der Lord half den drei Mädchen zur Leiter herunter.
(Seite 497.)

„Aber ist es nicht ein Wunder, den Kerl hier zu treffen? Bei Nacht und Nebel? Na, diese Freude, wenn er zu den beiden kommt! Das ist sehr gut für mich, denn da werden sie nun wohl nicht daran denken, mich zu stören. Nun haben ja auch sie ihr Abenteuer. Sie entführen ihre beiden Mädels und ich meine drei, macht fünf. Dann dampfen wir ab. Vorher aber spreche ich mit diesem Ibrahim Pascha noch ein Wort von wegen der Uhr und der Familie Adlerhorst."

Der Lord setzte rasch seinen Weg nach der Jacht fort. An Bord angekommen hörte er, daß der Kapitän ein wenig an Land gegangen sei und dem Steuermann den Befehl übergeben habe; darum wandte er sich an diesen und sagte ihm, daß er nach Mitternacht drei Damen bringen werde.

„Entführung?" fragte der Steuermann erstaunt.
„Selbstverständlich, Entführung!"
„Ah! Darf ich mit?"
„Nein. Kann niemand gebrauchen."
„Vielleicht doch meine Fäuste!"
„Auch nicht. Mache alles selbst."

Damit ging er nach der Kajüte, um den türkischen Anzug anzulegen, den er in Konstantinopel gekauft hatte. Er konnte doch unmöglich in seinem karrierten Habit eine Entführung riskieren. Bevor er die Jacht wieder verließ, wagte es der Steuermann nochmals, eine höfliche Warnung auszusprechen, erhielt aber einen scharfen Verweis. Doch er beruhigte sich um so leichter, als er überzeugt war, daß der Lord nichts ohne Normann und Wallert thun werde. Darin hatte er sich allerdings für dieses Mal getäuscht.

Um nicht dennoch von den beiden Genannten aufgesucht und getroffen zu werden, machte der Lord einen Umweg und hatte deshalb gar nicht viel Zeit übrig, als er die Stadt erreichte. Die Uhr zeigte fünf Minuten vor Mitternacht. Er war keinen Augenblick zu früh gekommen.

Diese fünf Minuten vergingen und noch fünf, noch

zehn, ohne daß er etwas sah oder hörte. Endlich war es ihm so, als ob es jenseits der Mauer ein Geräusch gegeben habe. Und richtig, da scharrte es oben leicht an dem Rand hin, als ob eine Leiter angebracht werde, und dann sah er über sich einen Kopf erscheinen.

„Pst!" machte es leise. „Bist du da?"

„Ja," antwortete er erregt und trat von der Mauer zurück, an die er sich geschmiegt hatte, um nicht so leicht gesehen zu werden. „Wer ist's?"

„Ich, Rahel."

„Und die anderen?"

„Sind noch unten. Da kommt Lea."

Die beiden Genannten setzten sich im selben Augenblick auf die Mauer, die dritte dann auch, und nun zogen sie die Leiter, die nicht allzuschwer war, drüben herauf und ließen sie hüben hinab. Der Lord aber hielt sie fest, und sie stiegen herunter, eine nach der anderen.

„Hier sind wir!" sagte Lea, indem sie beide Arme um ihn schlang. „Siehst du, daß wir Wort halten?"

„Ja, ihr seid brav und mutig. Ich glaubte bereits, daß ihr nicht kommen würdet."

„Es ging so langsam. Wir mußten an jeder Mauer die Leiter auf beiden Seiten anlegen."

„Was thun wir mit ihr?"

„Wir lassen sie hier liegen."

„Da wird man aber merken, auf welche Weise ihr entkommen seid."

„Was schadet das? Wenn man nur nicht weiß, wohin wir sind. Zurücktragen können wir sie doch nicht wieder."

„Drum wollen wir uns auch nicht länger hier aufhalten. Kommt also mit!"

Der Lord hatte keine Ahnung, daß der sogenannte Vater seinen angeblichen Töchtern höchst eigenhändig über die Mauern weggeholfen hatte, und daß bereits ein anderer in der Nähe stand, der ihn unbemerkt beobachtet hatte und nun die Leiter entfernte.

Die drei Schwestern folgten ihm schweigend bis vor die Stadt hinaus. Dann blieben sie beratend stehen, ob sie direkt oder auf einem Umwege nach der Jacht gehen sollten. Der Lord schlug das erstere vor. Er freute sich wie ein König über das gelungene Unternehmen; denn daß es jetzt noch mißlingen werde, das hielt er gar nicht für möglich. Noch waren die Mädchen unentschlossen, welcher Weg der sichere sei, da tauchte gerade neben dem Lord eine Gestalt auf und sagte auf französisch:

„Guten Abend! Was thun Sie hier?"

„Guten Abend," antwortete der Gefragte höflich, sich nicht merken lassend, daß das urplötzliche Erscheinen eines Menschen ihn erschreckt hatte. „Warum fragen Sie?"

„Weil ich ein Recht dazu habe."

„Und ich auch," meinte eine zweite Stimme an seiner anderen Seite.

Der Engländer drehte sich erschrocken um. Auch dort stand ein Mann.

„Was wollen Sie von uns, Messieurs?"

„Was thun Sie hier?" fragte der erste wieder.

„So kann ich auch Sie fragen."

„Oho! Kennen Sie uns?"

„Nein."

„Aber unsere Uniformen kennen Sie doch wohl?"

„Ich sehe sie nicht."

„Nun, so schauen Sie her."

Der Mann zog eine kleine Laterne aus der Tasche, öffnete sie und ließ ihr Licht auf sich fallen. Er trug die Uniform eines Polizeisoldaten, der andere ebenso, und jetzt tauchte noch ein dritter in demselben Gewande auf.

„Sie sind Polizisten?" fragte der Lord erstaunt.

„Wie Sie sehen. Also Antwort! Was thun Sie hier?"

„Ich gehe spazieren."

„Mit diesen Mädchen?"

„Es sind meine Frauen."

„Ah! Wer sind Sie denn?"

„Ich bin Lord Eagle-nest."

„Ein Lord? Haha! Das machen Sie einem anderen weiß!"

„Ich kann es beweisen."

„Oho! Ein Lord hat nicht drei Frauen! Ein Lord trägt auch nicht diese Kleidung. Also, woher haben Sie diese Mädchen?"

Lord Eagle=nest fürchtete sich nicht. Er hatte bisher in aller Ruhe geantwortet. Jetzt aber glaubte er, etwas weniger höflich sein zu dürfen und sagte:

„Ich glaube nicht, daß ich Ihnen Rede zu stehen habe."

„So muß ich Sie arretieren!"

„Das werden Sie bleiben lassen. Ich bin Engländer, und einen solchen arretiert man nicht ungestraft."

„Beweisen Sie es!"

„Kommen Sie mit auf mein Schiff."

„Ihr Schiff, wenn Sie überhaupt eins hätten, geht mich gar nichts an. Das Schiff ist überhaupt eine Lüge."

„Nehmen Sie sich in acht! Von einem Polizisten lasse ich mich nicht einen Lügner nennen."

„Zeigen Sie mir Ihren Paß."

„Den habe ich eben auf dem Schiffe."

„So lassen Sie ihn sich morgen bringen. Jetzt aber gehen Sie mit. Sie sind verdächtig. Ich arretiere Sie samt den Mädchen, die Sie jedenfalls geraubt haben."

„Lassen Sie das lieber bleiben! Ich gehe nicht mit."

„Das wird sich finden. Vorwärts!"

Der Mann ergriff hierauf den Lord am Arme, er=hielt aber von demselben einen solchen Boxer auf die Magengrube, daß er zur Erde stürzte. In demselben Augenblick warfen sich die beiden anderen auf den Eng=länder. Dieser hatte das vorher gesehen und empfing sie ebenfalls mit zwei wohlgezielten, regelrechten Boxer=hieben. Da wurde er plötzlich von zweien, die er bisher noch gar nicht gesehen hatte, von hinten gepackt und zu Boden gerissen. Er wehrte sich zwar gegen dieselben aus Leibeskräften, wurde aber doch überwältigt und dann an den Händen gebunden.

Das war ein stiller, lautloser Kampf gewesen. Keiner hatte dabei ein Wort gesagt. Dem Engländer konnte es nicht einfallen, zu rufen und zu schreien, und die anderen mochten auch eine triftige Ursache haben, ihre Arbeit in aller Stille abzumachen.

Derjenige, der die Laterne gehabt hatte, nahm sie wieder empor und beleuchtete den Lord. Er lachte dabei höhnisch auf.

„So, da haben wir ihn fest, und nun wollen wir sehen, ob er wirklich nicht mitgeht."

„Da ich gefesselt bin, können Sie mich freilich zwingen," antwortete der Gefangene, „ich mache Sie aber auf die Verantwortung aufmerksam, die Sie treffen wird."

„Die fürchte ich nicht. Ich thue meine Pflicht. Sie sind ein Mädchenräuber."

„Das muß erst bewiesen werden."

„Der hier kann es beweisen."

Der Sprecher erhob bei diesen Worten die Laterne und leuchtete dem einen der beiden, die den Engländer so heimtückisch von hinten gepackt hatten, in das Gesicht. Der Lord erkannte ihn sofort.

„Ali Effendi," sagte er erstaunt.

„Ja, ich bin es! Wollen Sie leugnen, daß Sie mir meine Töchter entführt haben?"

„Das wird sich finden. Aber wollen Sie leugnen, daß ich ein Engländer bin?"

„Das wird sich auch finden."

„Und" — setzte der Engländer hinzu — „da steht noch einer, der ganz gewiß weiß, daß ich ein Franke bin."

Er deutete dabei auf den fünften, auf dessen Gesicht soeben das Laternenlicht gefallen war. Es war der schiefäugige Kerl, in dessen Hütte der Lord heute nach= mittag mit den beiden Mädchen gesessen hatte.

„Ich kenne ihn nicht," antwortete dieser.

„Das ist eine Lüge. Ich habe zwar andere Kleider an, aber mein Gesicht ist nicht zu verkennen."

„Das alles ist jetzt Nebensache," erklärte Ali Effendi.

„Es fragt sich nur, ob er ein Entführer ist. Kommt her, ihr Mädchen! Gesteht die Wahrheit, dann soll euch keine Strafe treffen. Hat er euch geraubt?"

„Ja," antwortete Lea.

„Was wollte er mit euch thun?"

„Er wollte uns auf sein Schiff schaffen."

„Das ist genug. Wir wollen ein ernstes Wort mit ihm sprechen, ehe wir ihn nach der Stadt bringen. Führt ihn hinüber nach der Hütte. Ich schaffe diese ungeratenen Töchter nach Hause und komme dann nach. Er wird sich zu verantworten haben."

Ali Effendi warf den Mädchen zum Schein einige Drohungen zu und entfernte sich dann mit ihnen. Der Lord aber wurde längs des Seeufers hingeführt bis nach der Hütte, in der er heute die interessante Bekanntschaft gemacht hatte. Er sprach unterwegs kein Wort; er sagte auch nichts, als er zur Thür hineingeschoben wurde. Still setzte er sich nieder und verhielt sich zu allen Spottreden und Schmähungen so ruhig, als ob er gar nicht gemeint sei.

Es verging eine lange, sehr lange Zeit, bis Ali Effendi, der beleidigte Vater der Mädchen, zurückkehrte.

Die anderen machten ihm ehrerbietig Platz. Er setzte sich dem Gefangenen gegenüber, und seine Miene zeigte mehr Betrübnis als Zorn.

„Jetzt wollen wir dein Geschick entscheiden," begann er würdevoll. „Es wird sich hoffentlich bald zeigen, ob wir dich frei lassen oder dem Bei zum Urteilsspruch übergeben."

„Der Bei hat mir gar nichts zu sagen," entgegnete der Lord. „Der englische Resident wird mich vernehmen."

„So wirst du vorher beweisen müssen, daß du ein Engländer bist."

„Das werde ich! Wer erlaubt dir übrigens, du zu mir zu sagen, nachdem du mich in deinem Hause vorhin Sie genannt hast?"

„Ich kenne dich nicht; ich entsinne mich nicht, dich je bei mir gesehen zu haben. Du trägst die Kleider eines Moslem, und die Gläubigen sagen du zu einander. Du hast sehr gegen mich gesündigt, aber vielleicht verzeihe ich dir; vielleicht lasse ich dich frei."

„Ah! Du bist sehr barmherzig!"

„Ja, das bin ich, obwohl du es nicht verdient hast, denn meine Töchter sind mir stets gehorsam gewesen; sie haben mir niemals Sorge, sondern stets nur Freude be=

reitet; jetzt aber laden sie Schande auf mein Haupt. Und warum? Weil du sie verführt hast."

"Oder sie mich."

"Du bist alt genug und nicht der Mann dazu, dich verführen zu lassen. Du allein hast ihnen den Kopf verdreht und ihnen große und schöne Versprechungen gemacht, und du bist in mein Haus gekommen, um den Bau desselben und eine günstige Gelegenheit auszuspionieren."

"Ah, die alte Schließerin hat mich verraten!"

"Sie nicht. Allah selbst hat mich erleuchtet. Meine Töchter sind dir gefolgt. Ich traf im rechten Augenblick ein und konnte so von ihnen erfahren, daß du sie noch nicht berührt hast. Darum und weil sie selbst für dich bitten, bin ich bereit, Gnade walten zu lassen, wenn du auf die Bedingung eingehst, die ich als Vater machen muß."

"Laß sie hören! Vorher aber entferne die Fessel. Ich verhandle mit keinem Menschen, so lange ich gebunden bin."

"Ich darf dich nicht losbinden. Du hast bewiesen, daß du ein gewaltthätiger Mensch bist und den Kampf kennst, den man in England Boxen nennt."

"Ah! Ihr fürchtet euch also vor mir! Diese Polizisten sind ja bewaffnet, dieser gute Eunuch ebenfalls, und auch du hast ein Messer und ein Pistol im Gürtel."

"Dennoch bist du uns gefährlich."

"So werde ich auf keinen Vorschlag eingehen, er mag lauten oder heißen, wie er will."

"Wenn du klug bist, gehst du darauf ein."

"Nun, anhören kann ich ihn ja."

"Wer ein Mädchen entführt, ist schuldig, so viel zu zahlen, als er Beisteuer geben würde, wenn er sie zum Weibe nähme."

"Ah! Darauf läuft es hinaus!"

"Ja. Bist du reich?"

"Sehr."

"Wie viel würdest du für ein Weib bezahlen?"

„Mehrere Millionen, wenn ich es lieb habe."

Ali Effendi erschrak förmlich über diese Summe. Gerade die ungeheure Höhe derselben störte ihn am allermeisten. Es wäre ihm viel lieber gewesen, wenn der Lord gesagt hätte, daß er gar nichts für ein Weib geben würde. Er fragte daher:

„Hast du denn wirklich so sehr viel Geld?"

„Noch viel, viel mehr."

„Also mehrere Millionen würdest du für eine einzige Frau geben?"

„Ja."

„Du hast mir aber drei Töchter entführt. Das sind dreimal mehrere Millionen."

„Nach deiner Rechnung ganz richtig."

„Die wirst du aber nicht geben!"

„Warum nicht? Ich bin ein guter Unterthan und thue, was das Gesetz verlangt. Verurteilt mich der Richter dazu, so bezahle ich diese Millionen."

Das kam dem traurigen Vater anscheinend sehr unbequem. Er schüttelte mitleidig den Kopf und erklärte:

„So grausam bin ich nicht. Ich will viel, viel weniger verlangen. Bezahle jeder meiner Töchter fünftausend Franken, so lasse ich dich augenblicklich frei."

„Die gebe ich nicht."

„Warum nicht?"

„Ich bezahle nur dann, wenn der Richter mich verurteilt."

„Gieb jeder viertausend Franken."

„Keinen Centime!"

„Dreitausend!"

„Schweig! Du bemühst dich vergeblich."

„So will ich mit zweitausend zufrieden sein!"

„Ich werde dir nicht mehr antworten."

„So handelst du nicht verständig. Weißt du, daß ich dich zwingen kann?"

„Zwingen lasse ich mich nicht."

„Oho! Du befindest dich in meiner Gewalt!"

„Nein. Ich bin arretiert. Schafft mich nach der Stadt!"

Da sagte der angebliche Eunuch zu Ali Effendi: „Mache es kurz! Was nützen diese Winkelzüge! Ich habe keine Lust, mich lange mit ihm herumzuplagen."

„Gut!" antwortete der Genannte, und sich wiederum zu dem Lord wendend, fuhr er fort: „Ich will dir mitteilen, Fremder, daß diese Männer nicht Polizisten sind."

„Donnerwetter!"

„Sie sind meine Verbündeten und thun, was ich ihnen sage. Ich verlange also zweitausend Franken für jede meiner Töchter. In einer halben Stunde fordere ich Antwort. Bis dahin magst du überlegen, was das beste für dich ist. Von deiner Antwort wird es abhängen, was wir mit dir thun."

Nun erst ging dem Gefangenen ein Licht auf, und er sah sich die Leute genauer an.

„Jetzt begreife ich euch," sagte er verächtlich. „Diese ganze Sache war abgemacht. Ich bin richtig in eure Falle gegangen."

„Ja," nickte der Eunuch mit höhnischer Aufrichtigkeit. „Die Mädchen waren nur die Lockvögel. Das hättest du dir eher denken können. Jetzt weißt du, was dich erwartet."

„Das weiß ich nicht, aber was euch erwartet, darüber bin ich vollständig im Klaren."

„Nun, was?"

„Nichts erwartet euch. Ihr werdet keinen Franken erhalten."

„Das wirst du dir doch noch überlegen."

„Pah! Jetzt gefallt ihr mir erst. Ich habe mich längst gesehnt, einmal in die Hände solcher Schufte zu fallen. Da dieser Wunsch erfüllt ist, werde ich mir doch nicht etwa den ganzen Spaß dadurch verderben, daß ich mich von euch loskaufe! So eine schuftige Memme, wie ein jeder von euch, würde allerdings den Preis bezahlen, ich aber bin ein Engländer und gebe nichts."

„Wenn das nun dein Leben kostet?"

„Pah, ihr werdet mich nicht umbringen. Solche Kerle, wie ihr seid, fürchten sich vor Menschenblut. Und wenn ihr mich mordetet, so befändet ihr euch bereits am frühen Morgen in der Gewalt des Bei. Ich habe auch meine Vorkehrungen getroffen, von denen ihr nichts ahnt."

Diese Behauptung des Lords war nicht wahr. Aber die Sicherheit, mit der er sie vorbrachte, ebenso seine Furchtlosigkeit imponierten den Schurken doch gewaltig. Sie traten rasch zusammen und flüsterten eine Weile miteinander. Dann sagte Ali Effendi:

„Wir haben uns entschieden. Von unserem Entschluß bringt uns nichts ab. Ich fordere für jede Tochter eintausend Franken."

„Nicht mehr? Es ist doch wunderbar, daß du nur für deine Töchter forderst, aber nicht für diese deine Verbündeten sorgst. Pah, die Mädchen, die gar nicht deine Töchter sind, würden nichts erhalten. Ich durchschaue alles und gebe nichts, gar nichts."

„So mußt du sterben."

„Schön! Soll mich freuen, wenn es euch glückt!"

„Ich lasse dir eine halbe Stunde Zeit, weigerst du dich dann noch, so stirbst du im Wasser des Sees. Jeder wird glauben, du seiest verunglückt."

„Das geht mich gar nichts an. Was andere denken, das ist mir sehr gleichgültig. Ich selbst werde es doch nicht glauben, sondern wissen, daß ich ermordet worden bin, und das ist schließlich die Hauptsache."

Die Raubgesellen sahen sich verwundert an. Sie konnten das Verhalten und die Worte dieses sonderbaren Menschen nicht begreifen. —

21. Kapitel.

Der junge Arabadschi war, nachdem er mit dem Lord gesprochen hatte, in die Stadt gelaufen. Er hatte ganz zufälligerweise von dem italienischen Gasthause sprechen gehört, es auch gesehen und sich die Lage desselben gemerkt. Darum fand er es schnell wieder.

Versuchsweise öffnete er die Thür des Gastzimmers und blickte hinein. Da saßen die beiden von ihm Gesuchten in sichtlicher Aufregung bei den Raritäten des Lords am Tische, und Wallert erzählte soeben Normann von seiner Unterredung mit demselben. Kaum aber erblickten sie den eintretenden Arabadschi, so sprangen sie augenblicklich von ihren Sitzen empor.

„Du! Du da!" rief ganz erregt Normann, indem

er auf den treuen Diener zusprang. „Herrgott! Ist auch Tschita hier?"

„Ja," antwortete der Gefragte, glücklich lächelnd.

„Und Zykyma auch?" erkundigte sich Wallert schnell.

„Auch sie. Und Ibrahim Pascha und der Derwisch sind ebenfalls hier."

„Also hat dieser Steinbach doch recht gehabt! Aber sage, kommst du nur zufällig her?"

„Nein, ich suchte euch."

„Du wußtest, daß wir hier sind?"

„Ich erfuhr es vor einigen Minuten von dem schwarzgrauen Effendi."

„Dem Lord! Wo hast du ihn getroffen?"

„Draußen vor der Stadt. Er ging nach dem Hafen."

„Gott sei Dank! So hat er doch blos Scherz gemacht, ist nicht in der Stadt geblieben, sondern hat, jedenfalls um seine Effekten zu holen, die Jacht aufgesucht. Hast du Zeit?"

„Für euch immer."

„So komm' mit hinauf in mein Zimmer. Hier sind wir zu sehr beobachtet, und du sollst uns doch von jenem Abend in Konstantinopel ausführlich erzählen, an dem ihr so plötzlich verschwunden waret."

Die beiden Freunde rafften schnell die zurückgelassenen Sachen des Lords zusammen und begaben sich nach oben, wo sie ungestört von dem, was ihnen so sehr am Herzen lag, sprechen konnten. Der Arababschi erhielt vorgesetzt, was vorhanden war, rührte aber nichts an. Er hatte vollständig genug an der Freude, die beiden Herren so unerwartet hier gefunden zu haben.

„Also zunächst," sagte Normann „— doch, wir haben dich noch gar nicht nach deinem Namen gefragt."

„Mein Name ist Said, das bedeutet der Glückliche, der Gesegnete."

„Ja, Glück bringst du uns, und wir segnen dich dafür. Das stimmt zu deinem Namen. Nun aber er=

kläre uns das plötzliche Verschwinden des Pascha mit euch allen."

„O, Effendi, ich hatte keine Ahnung davon und die Frauen auch nicht. Erst später haben wir vieles begriffen, was uns unbekannt war. Der Pascha war schon am Tage draußen gewesen und hatte den Derwisch mitgebracht, den Allah verdammen möge. Sie hatten dann mit dem Verwalter heimlich und lange zu thun, und später erfuhren wir, daß sie zusammengepackt hatten. Es ging ganz plötzlich fort, als ihr im Garten wartetet, und wir mußten mit."

„Konntet ihr uns denn gar keine Nachricht geben?"
„Das war unmöglich.

„Als ich auf meinem Wachtposten im Hofe erfuhr, daß eure Anwesenheit verraten sei, befanden sich die Häscher bereits unterwegs im Garten. Ich wollte mit, um ihnen voranzueilen und euch ein Warnungszeichen zu geben, aber der Pascha schickte mich hinauf zu den Frauen, die wie tot, ganz ohne alles Leben, dalagen."

„Tot? Herrgott! Was war mit ihnen geschehen?"
„Eben das erfuhr ich auch erst später. Der Pascha, der geglaubt hatte, daß sie sich sträuben würden, war, um kein Aufsehen zu erregen und weil es ihm an der Zeit fehlte, Zwang gegen Widerstand zu setzen, auf den Rat des Derwisches zu einem weisen Manne gegangen, der alle Arzneien der Erde kennt. Von ihm hatte er ein Pulver erhalten. Wenn man dies durch ein kleines Röhrchen in ein Licht bläst, so fällt die Person, die hinter dem Lichte steht, wie tot um und erwacht erst am anderen Tage. Mit diesem Pulver war der Pascha zu den Frauen gegangen. Er hatte nur Tschita und deren Mutter getroffen und beide betäubt, da Zykyma noch im Garten war. Die beiden Leblosen wurden dann in das Nebenzimmer geschafft, und erst als der Pascha ohne Licht zurückgetreten war, Zykyma die Leiter erstiegen hatte und hereingelassen war, da wurde auch ihr

dann das Pulver in das Gesicht geblasen, sodaß sie ebenfalls umfiel."

"Ah!" nickte Normann. "Daher also der Schrei, den wir aus ihrem Munde hörten und das Aufflammen eines blitzähnlichen Lichtes."

"Natürlich hatte Zykyma nun kein Zeichen geben können," fuhr der Arabadschi fort. "Und da sie im Garten gewesen war und der Pascha Verdacht geschöpft hatte, befahl er, ihn zu durchsuchen. Ich aber mußte zu den leblosen Frauen, um sie nach den Sänften tragen zu helfen. Kaum fand ich Zeit, meine wenigen Sachen zu holen, so ging die Reise fort, durch die Stadt, auf das Schiff und hierher. Es war mir also ganz unmöglich, ein Zeichen zu geben. Hätte ich es dennoch versucht, so wäre es aufgefallen, und ich hätte euch nur verraten. Das aber wollte ich nicht."

"Ganz richtig. Du hast sehr klug gehandelt. Aber wie war es mit den Frauen? Gott, wie müssen sie nach ihrem Erwachen erschrocken gewesen sein! So nahe der Rettung, und doch wieder verloren'"

"Herr, es ist nicht zu beschreiben!"

"Wie verhielt sich Zykyma?"

"Fast wie ein Mann. Sie sprach während der ganzen Reise kein Wort, weder mit dem Pascha noch mit dem Derwisch. Sie war nur glücklich, ihren Dolch wieder zu besitzen, um sich verteidigen zu können."

"War er ihr verloren gegangen?"

"Der Pascha hatte ihn ihr abgenommen, als sie ohne Besinnung war. Er glaubte nun, sie in den Händen zu haben, aber er ahnte nicht und ahnt auch noch heute nicht, daß ich ihr Verbündeter bin. Schon am ersten Tage habe ich ihm den Dolch gestohlen und Zykyma wiedergebracht. Nun konnte sie sich doch wieder verteidigen, er fürchtet das furchtbare Gift und wagt es jetzt nicht, die beiden Frauen anzurühren."

"Und Tschita?"

"O, mit ihr war es schlimm, sehr schlimm! Denn

Zykyma ist wie die Frau des Edelfalken, Tschita aber wie das süße Weibchen des Kolibri. Ihre Thränen sind unaufhörlich geflossen. Sie hat nach Paul Normann Effendi gejammert ohne Aufhören, und Allah machte es gnädig, daß ihr gekommen seid, denn sonst würde es nicht lange dauern, so wäre ihr Leben mit den letzten ihrer Thränen dahingeschwunden."

„Herr, mein Heiland, so kommen wir also noch zur rechten Zeit!" knirschte Normann. „O, mit diesem Pascha werde ich Abrechnung halten."

„Das kannst du, und das sollst du. Er muß sehr große Sünden auf seinem Gewissen haben. Ich möchte nur wissen, was Tschitas Mutter mit ihm hat. Es ist, als wenn er an ihr ein ganz entsetzliches Verbrechen begangen hätte."

„Wieso?"

„Als sie ihn in dem Augenblick, als er gekommen war, um ihrer Tochter Tschita das Pulver in das Gesicht zu blasen, zum ersten Mal erblickte, da ging eine furchtbare Veränderung mit ihr vor. Sie, die Stumme, wollte schreien und sprechen und sprang auf ihn ein, als ob sie ihn erwürgen wolle. Seit dieser Zeit geht sie keinen Augenblick von ihrer Tochter fort, und wenn der Pascha sich dieser nähert, so wirft sie sich auf ihn, schlägt ihn mit den verstümmelten Armen und giebt Töne von sich wie eine Tigerin, der man die Kehle zusammenschnürt."

„Entsetzlich! Hier muß ein Geheimnis obwalten."
„Ganz gewiß."
„Welches durchaus ergründet werden muß."
„Zykyma will dies. Sie giebt sich alle Mühe, aber ich glaube nicht, daß es ihr gelingen wird."
„Weshalb ist der Pascha hier?"
„Ich weiß es nicht. Der Derwisch und ich, wir beide müssen den Palast des Bei bewachen und auch den Bardo, das ist das Schloß draußen vor der Stadt, in dem der Bei wohnt. Wir wechseln in dieser Wache ab.

Früh treten wir an, und erst spät am Abende kehren wir zurück."

„Worauf sollt ihr achtgeben?"

„Auf die Konsuln der Franken. Wir müssen aufschreiben, welcher von ihnen den Bei besucht, wann er kommt und wann er wieder geht."

„Kennst du den Zweck eurer Wache?"

„Nein."

„Wo wohnt der Pascha?"

„Vor der Stadt, an der Straße nach dem Bardo zu. Er hat sich dort ein kleines Häuschen gemietet."

„So ist er mit den Frauen allein?"

„O nein. Er hat sich zwei Männer gemietet, die sie sehr streng bewachen müssen."

„Und nun die Hauptsache: Wie nennt er sich hier in Tunis?"

„Hulam und giebt vor, Kaufmann aus Smyrna zu sein."

„So, das ist alles, wonach wir augenblicklich fragen können. Hast du uns vielleicht noch etwas zu sagen?"

„Etwas Wichtiges nicht. Wohnt ihr stets in diesem Hause?"

„Ja, natürlich so lange wir überhaupt hier bleiben."

„So erlaubt, daß ich komme, um euch Nachricht zu bringen!"

„O gewiß! Wer werden es dir gut lohnen. Gehst du jetzt nach Hause?"

„Ja."

„Wir gehen natürlich mit!"

„Nein, nein. Das dürft ihr nicht."

„Warum nicht?"

„Des Nachts sind die Wächter doppelt aufmerksam und doppelt argwöhnisch."

„Da hast du sehr recht; aber sollen die Frauen ewig in dieser Hölle wohnen?"

„Ich bitte euch, mir die Sorge zu überlassen. Ich werde bereits morgen am Vormittage zu euch kommen, um euch zu sagen, ob es mir möglich gewesen ist, etwas zu thun. Der Pascha ist eine giftige Schlange, die vernichtet werden muß. Aber der Löwe, der diese Schlange mit einem einzigen Schlage seiner Tatze töten kann, ist bereits hier in Tunis."

„Wer wäre das?"

„Der große, stolze Effendi, der mit euch vom Kirchhof in Stambul kam, als Hermann Wallert Effendi gefangen werden sollte."

„Wie? Steinbach? Der ist hier?"

„Ich weiß seinen Namen nicht; aber mir ist bekannt, daß er gegen meinen Herrn, den Pascha, kämpft, und daß er ihn besiegen wird."

„Wo hast du ihn gesehen?"

„Gestern, im Bardo. Er kam mit dem Obersten der Leibwache aus der Wüste, und beide gingen sogleich zu Muhammed es Sadak Bei, bei dem sie volle drei Stunden gewesen sind. Ich stand im großen Hofe des Schlosses und sah den Fremden gehen. Der Bei begleitete ihn bis an das Thor und legte ihm zum Abschied die rechte Hand auf die Schulter; das ist der große Segenswunsch, der Gruß, den der Bei nur einem Manne giebt, der sein Herz besitzt."

„So scheint er Steinbach wohlzuwollen?"

„Ganz sicher; denn ich erfuhr nachher, daß der Bei von Tunis diesem Steinbach Effendi seine beste Stute zum Ritte in die Wüste geliehen habe."

„Das ist allerdings fast unglaublich. Und das alles hast du vielleicht deinem Herrn sofort erzählt?"

„Kein Wort."

„Wirklich?"

„Es ist so, wie ich dir sage. Ich hasse den Pascha. Ich diene ihm nur, um Zykima aus seiner Hand zu befreien. Ich hatte mir sogar einmal vorgenommen, ihn zu töten, da aber lernte ich euch kennen, und weil ihr klüger und stärker und mächtiger seid als ich, so überlasse ich euch die Befreiung meiner Herrin und werde euch dabei helfen, so viel, wie es mir möglich ist."

"Du bist ein braver Bursche. Sage uns, wenn du einen Wunsch, eine Bitte hast. Und jetzt, nachdem du uns dein Herz ausgeschüttet hast, iß und trink."

Said langte zu. Als er endlich aufbrach, war Mitternacht vorüber.

"Was wird dein Herr sagen, wenn du so spät kommst?" fragte Normann.

"Er wird meinen, daß ich ein sehr aufmerksamer Diener sei, denn ich werde zu meiner Entschuldigung von irgend einem Besuche erzählen, der so lange Zeit bei dem Bei gewesen ist."

"Das ist klug. Kannst du uns nicht wenigstens das Haus beschreiben, in dem Ibrahim Pascha wohnt?"

"Wenn man von der Stadt aus nach dem Bardo geht, so liegt es rechts. Es ist das erste gleich hinter der großen, alten Wasserleitung und steht mitten in einem Garten, der von einer Mauer umgeben ist. Die Frauengemächer befinden sich oben im Giebel, der nach der Stadt blickt. Morgen werde ich euch sagen, wann ihr es euch ansehen könnt, ohne euch zu verraten."

Said ging. Als er fort war, stand Normann von seinem Platze auf, breitete die Arme aus und ließ einen Jodler hören, so kräftig und volltönig, als ob er sich vor der Thür einer Tyroler Sennhütte befinde:

"Jetzt geh i zum Seiler
Und kaf ma an Strick,
Binds Diandl am Buckl,
Trogs überall mit!"

"Alle Wetter! Bist du des Teufels?" lachte Wallert. "Was sollen die ehrsamen Gäste dieses afrikanischen Gasthauses von uns denken, wenn du so schreist!"

Normann schüttelte nur den Kopf und antwortete:

Der Bei legte beim Abschied die Hand auf Steinbachs
Schulter. (Seite 513.)

„Wenn drob'n auf de Latscha
Der Auerhahn balzt,
Kriegt mein Diandl a Busserl,
Was grad a so schnalzt!"

„Mensch, schweige, sonst erklärt dich der Wirt für verrückt, und wir müssen noch heute aus dem Hause!"

Der enthusiastische Sänger nickte zwar zustimmend mit dem Kopfe, fuhr aber doch fort:

„Die Gams hat zwa Krikel,
Der Jäger zwa Hund,
Mei Schatz hat an G'sichterl
Wie a Semmel so rund!"

„Nun laß mich aus! Wenn du Tschitas Gesicht mit einer Semmel vergleichst, so behaupte nur um Gotteswillen nicht länger, ein Maler zu sein!"

„Ja, du hast recht, sie ist viel, viel schöner! So schön, daß mir gleich ein anderes Schnadahüpfl einfällt. Horch!

„Und a frischer Bu bin i,
Thu gern etwas wag'n,
Und i thät um an Busserl
Gleich an Purzelbaum schlag'n."

Da wirklich, da wurde angeklopft; die Thür öffnete sich, und die hübsche italienische Zimmerkellnerin steckte den Kopf herein und fragte:

„Wünschen die Herren vielleicht etwas, da Sie so laut rufen?"

Wallert lachte laut auf. Normann aber trat auf sie zu, öffnete die Arme und sang:

„Juchheirassassa,
Und wenn d'willst, will i a,
Und wenn d'willst, so sag ja,
Denn desweg'n bin i da."

Aber sie fuhr schnell zurück und machte die Thür zu.

„Du bist ja ganz ausgewechselt!" meinte Wallert.

„Du, der ernste, bedächtige Mensch, verirrst dich in Schnadahüpfl!"

„Habe ich etwa nicht Ursache dazu?"

„Ach freilich, ja wohl!"

„Tschita wiedergefunden! Tschita, Tschita, denke dir, Tschita!"

Dabei umfaßte Normann den Freund und wirbelte ihn im Zimmer herum, daß alles wackelte und krachte.

„Und Zykyma, Zykyma, die ich für meinen Bruder befreien muß! Ach, wenn doch nicht immer so viel Geduld von einem verlangt würde! Ich liefe am liebsten gleich heute abend noch hin!"

„Ich auch!"

„Wirklich? Ist's dein Ernst?"

„Ja."

„Na, so wollen wir!"

„Dieser Steinbach ist doch ein Teufelskerl mit dem Wink, den er uns gegeben hat. Wir sind ihm wirklich riesigen Dank schuldig! Komm!"

Sie waren beide unendlich glücklich, und sie mußten ihren Jubel zurückdrängen; es galt, auf diesem Wege außerordentlich vorsichtig zu sein. Um aber nicht etwa wieder mit Said zusammenzustoßen, machten sie einen anderen Weg, als den dieser jedenfalls eingeschlagen hatte.

---

22. Kapitel.

Said war langsam seines Weges fortgegangen. Da, als er außerhalb der Stadt angelangt war, hörte er plötzlich in einiger Entfernung vor sich Stimmen, deren Klang auf etwas Ungewöhnliches deutete. Er lauschte, und bald sah er das Licht einer Laterne aufleuchten und hörte folgende Worte:

„Ich bin Lord Eagle-nest."

Da die früheren Worte französisch gesprochen worden

waren, hatte er sie nicht verstanden. Das Wort ‚Lord' aber fiel ihm auf. Er schlich sich daher eiligst hinzu, legte sich auf den Boden nieder und wurde nun Zeuge der Arretur des Engländers.

Behutsam folgte er den Leuten, die den Lord abführten, bis an die Hütte, in die sie alle hineingingen. Er selbst trat an die Oeffnung, die als Fenster diente, und blickte hinein. Da sah er den Lord gefesselt am Boden sitzen. Said begriff den Vorgang zwar nicht vollständig, aber doch das eine, daß der Lord sich in augenscheinlicher Gefahr befinde. Das war genug für ihn. Hatte er bereits so viel Zeit versäumt, kam es auf noch eine Stunde auch nicht an. Sofort eilte er also nach der Stadt und zwar nach dem Gasthofe. Dort erfuhr er zu seinem Erstaunen, daß die beiden Freunde trotz der späten Zeit noch ausgegangen seien.

Von ihnen hatte er Beistand erwartet. Was war nun zu thun? Said durfte, wenn er wirklich Hilfe bringen wollte, keine Minute versäumen. Zur Polizei also!

So rannte er denn nach dem Palaste des Bei, wo, wie er wußte, zu jeder nächtlichen Stunde Kawassen genug zu finden waren. Er war so klug, dort keinen Namen zu nennen; er wußte ja nicht, auf welche Weise der Engländer in diese gefährliche Lage gekommen war. Said hatte drei Frauenzimmer dabei gesehen, da war es jedenfalls besser, das Wort ‚Lord' gar nicht auszusprechen.

Darum berichtete er nur, daß ein Mann von Mördern angefallen und nach einer Hütte in den Ruinen geschleppt worden sei, um dort abgewürgt zu werden, und bot sich der bewaffneten Macht als Führer an.

Er mußte seinen Bericht erst mehrere Male umständlich wiederholen, ehe man ihm rechten Glauben schenkte; dann aber machte sich ein Tschausch-sabtieh (Polizeifeldwebel) mit zehn seiner Untergebenen, die er bis unter die Nase bewaffnete, sofort auf den Weg, um die Mörder abzufangen.

Der Befehlshaber fing es dabei gar nicht übel an.

Er machte nämlich einen Umweg, um von der Seite zu kommen, von woher diese Leute keine Störung erwarteten. Es war ja sehr leicht möglich, daß sie einen Sicherheits= posten ausgestellt hatten.

Bald näherten sich die Polizisten, ohne bemerkt zu werden, der Hütte, wo ihr Anführer, nachdem er durch die Fensteröffnung geblickt und den Gefesselten erkannt hatte, Said mit den geflüsterten Worten: „Es ist gut! Du hast die Wahrheit gesagt und kannst nun gehen!" entließ.

Said seinerseits war gar nicht unzufrieden mit dieser Weisung und ging. Er konnte nun zu seinem Herrn, der sicher nicht eher zur Ruhe ging, als bis er ihm Bericht erstattet hatte.

Der Polizist hörte durch das Fensterloch jedes Wort, das im Innern der Hütte gesprochen wurde. Soeben sagte einer, den er nicht sehen konnte:

„Jetzt ist die halbe Stunde vorüber. Also sag', was du beschlossen hast!"

Der Gefangene antwortete nur dadurch, daß er einen verächtlichen Blick nach der Richtung warf, aus der die Stimme erschollen war.

„Giebst du tausend Franken für eine jede meiner Töchter oder nicht?"

„Nein!"

„Du unterzeichnest dein Todesurteil!"

„Hätte ich nur meine Hände frei, so wollte ich noch etwas ganz anderes zeichnen, nämlich euch, ihr Schurken!"

„Ganz wie du willst! Anstatt nachzugeben, beleidigst du uns. Du sagst, daß wir gar nichts empfangen würden; aber wir werden uns wenigstens das nehmen, was du bei dir trägst. Sucht ihn aus!"

Der Lord sprang schnell vom Boden auf, obgleich seine Hände gefesselt waren. Der Schiefäugige faßte ihn beim Arme, aber der Engländer schleuderte ihn von sich ab und trat ihm mit dem Absatze so auf den Unterleib, daß er zusammenbrach.

„Erstecht ihn! Erschießt ihn! Schlagt ihn tot!" erklangen dann die zornigen Rufe im Innern.

Da aber krachte die Thür unter den Kolbenstößen zusammen, und zehn Gewehrläufe wurden sichtbar.

Die Insassen der Hütte stießen einen Ruf des Schrecks aus; der Engländer aber meinte ruhig:

„Hm! Ja! So etwas lag mir in den Gliedern. An das Ersäufen habe ich gar nicht geglaubt."

Da trat auch schon der Polizist unter dem Schutze der Waffen seiner Leute herein, musterte die Anwesenden und sagte erstaunt:

„Du hier, Jacub Afir? Zu welchem Zwecke machst denn du solche Spaziergänge?"

Diese Frage war an den sogenannten Ali Effendi gerichtet, und zwar in französischer Sprache. Das war gar nicht zu verwundern, da sich das tunesische Militär meist aus Franzosen rekrutiert. Der Engländer hatte die Frage also wohl verstanden.

„Jacub Afir?" rief er. „Ist das etwa der Name dieses Mannes hier?"

„Ja," bestätigte der Polizist.

„Er heißt nicht Ali Effendi?"

„Der? Das sollte er wagen! Will der Kerl etwa gar ein Effendi sein?"

„Ja. Mir gegenüber hat er sich für einen Juwelenhändler ausgegeben und sich Ali Effendi genannt."

„Hund von einem Juden! Das wagst du?!"

„Es ist nicht wahr! Es ist nicht wahr!"

„Nicht? Ich brauche gar keinen Beweis! Du hast heute gelbe Pantoffel an und einen roten Fez auf dem Schädel, elender Hallunke, wer erlaubt dir, die Kleider eines Moslem zu tragen?"

„Es ist ein Versehen, ein reines Versehen!"

„Ein Versehen? Bei dir ist so etwas kein Versehen, sondern das Zeichen, daß du irgend einen Streich ausgeführt hast. Und ihr drei Hallunken, woher habt ihr den Polizeirock? Euch Gauner kenne ich. Haben sich diese Menschen etwa für Polizisten ausgegeben?"

„Ja," antwortete der Engländer. „Sie haben mich arretiert und hierher geschafft."

„Weshalb?"

„Dieser Mann behauptet, ich hätte seine drei Töchter entführt."

„Drei Töchter! Welch eine Bosheit, welch eine Lüge! Dieser jüdische Giaur hat gar keine Töchter, sondern beherbergt Dirnen, die er verkauft. Mit ihnen legt er seine Schlingen. Wir haben es längst gewußt; aber er war zu schlau, sich fangen zu lassen. Heute aber ist er uns in die Hände gelaufen, und wir werden ihn nicht wieder loslassen. Bindet ihn und zwar mit demselben Stricke, mit dem er diesen Mann gebunden hat."

„Das dürft ihr nicht! Das könnt ihr nicht! Ich bin unschuldig!" jammerte der Jude.

„Gebt ihm eins aufs Maul, wenn er nicht still ist! Und bindet auch die anderen!"

Diese beteuerten natürlich alle ihre Unschuld und brachten die unsinnigsten Beweise vor. Der Polizist aber antwortete:

„Eure Ausreden helfen euch nichts. Ich habe mit meinen eigenen Ohren gehört, daß dieser Mann für jedes der drei Mädchen tausend Franken geben sollte, und weil er es nicht that, sollte er getötet werden. Das ist mir genug. Wer aber bist du?"

„Ich bin ein Engländer," antwortete der Lord, an den diese Frage gerichtet war.

„Ein — Engländer? In dieser Kleidung?"

Man sah und hörte es dem Polizisten an, daß er es nicht glaubte.

„Er lügt, er ist kein Engländer," rief da der Jude, der hoffte, dadurch seine Lage zu verbessern.

„Kannst du beweisen, daß du einer bist?" fragte der Polizist.

„Ja."

„Womit?"

„Das brauchen diese Kreaturen nicht zu erfahren. Mein Name ist zu gut für sie. Komm mit heraus vor die Thür; so will ich es dir beweisen. Vorher aber siehe diesen Ring hier an."

Der Lord zog dabei seinen Siegelring und gab dem Polizisten denselben zur Ansicht.

„O Allah!" rief der Mann. „Ein Diamant von solcher Größe! Du mußt reich, sehr reich sein, fast so reich wie der Engländer, der heute mit seiner Jacht im Hafen angekommen ist."

„Wer sagte dir, daß er so reich sei?"

„Zwei Männer im italienischen Hause, die von ihm sprachen. Ich hatte ihnen ihre Pässe zu bringen."

„Wohl Normann Effendi und Wallert Effendi?"

„Ja. Kennst du sie?"

„Sie sind ja mit meiner Jacht gekommen. Ich bin jener Engländer, von dem sie gesprochen haben."

„So bist du wohl inkognito spazieren gegangen?"

„Ja, ich thue das sehr gern."

„Nun, da bedarf es keiner Beweise weiter. Du bist rekognosciert und kannst gehen, wohin du willst. — Alle tausend Teufel!" fügte dann der Polizist erschrocken hinzu, da ihm einfiel, daß er ja den Lord noch immer dutzte. „Bitte um Verzeihung, Mylord! Ich war einmal in dieses dumme Du hineingeraten. Also Sie können gehen, doch bitte ich um das Versprechen, sich zu stellen, falls Sie Ihr Zeugnis gegen diese Bande ablegen sollen."

„Ich werde mich stellen. Aber ehe ich gehe, will ich Ihnen doch ein kleines Andenken hinterlassen."

Damit zog der Lord seine Börse und gab einem jeden Polizisten ein Goldstück, ihrem Vorgesetzten aber fünf. Sie starrten ihn eine ganze Zeit an. Eine solche Generosität war ihnen noch niemals vorgekommen. Dann aber brach ein heller Jubel los, und der Anführer salutierte und rief mit Emphase:

„Ja, ja, Sie sind der Lord! Sie können kein

anderer sein! Nur ein Engländer, der mit einer Jacht spazieren fährt, kann so ein Bakschisch geben! Allah gebe Ihnen ein Leben, zehntausend Jahre lang! Diese Hunde hier aber werden wir dahin bringen, wohin sie gehören. Sie werden sofort die Bastonnade empfangen, und ich verspreche Ihnen, daß sie womöglich bereits früh beim Tagesgrauen gehenkt werden sollen!"

Das war nun freilich sehr überschwenglich, bewies aber einen außerordentlich guten Willen. Dieser schien auch schnell in Thaten überzugehen, denn als der Engländer sich entfernte, vernahm er noch eine längere Zeit hindurch aus der Hütte her laute Schmerzensschreie, die jedenfalls nicht durch eine sehr zarte Behandlung der Gefangenen hervorgerufen wurden.

Am Seeufer blieb der Lord stehen, blickte unschlüssig nach links und nach rechts und schüttelte brummend den Kopf.

„Verteufelt, verteufelt! Das war eine fatale Geschichte. Ging mir bald an das Leben! Möchte nur wissen, wem ich diese Rettung zu verdanken habe! Na, ich werde es morgen erfahren und den Betreffenden belohnen. Wenn alle Entführungen in dieser Weise ablaufen, so können meinetwegen alle Harems zu Schwartenwurst zerhackt werden, ich beiße sicher nicht hinein! Jetzt aber will ich machen, daß ich nach Hause komme! Ich habe Ruhe nötig!"

Er wanderte darauf dem Hafen entgegen. Bald aber blieb er stehen, schlug sich mit der Hand an die Stirn und sagte:

„Das geht nicht. Ich bin blamiert! Auf das Schiff kann ich nicht. Dort warten sie auf die drei Mädels, und wenn ich allein komme, so lachen sie mich aus! Ich werde also lieber nach dem italienischen Hause gehen."

Er drehte sich um und schritt stracks der Stadt entgegen. Noch aber hatte er die ersten Häuser derselben nicht erreicht, so blieb er abermals kopfschüttelnd stehen.

„Verteufelt, verteufelt! Ist das eine dumme Geschichte! Dort darf ich mich auch nicht sehen lassen. Da habe ich diesem Mister Wallert gegenüber mit der dreifachen Entführung so dick gethan. Und statt zu erwischen, bin ich selbst beinahe entführt, das heißt erwischt und eingesperrt worden. Wallert hatte mit seiner Warnung recht. So ein junger Mensch ist doch heutzutage gescheiter als ein alter. Früher war das ganz anders. Da waren die Alten dümmer als wir Jungen. Also auf dem Schiff bin ich blamiert und im Gasthofe bin ich blamiert. Wo lasse ich mich nun lieber auslachen, hier oder dort? Ich werde mir das doch ein bißchen überlegen. Vielleicht gehe ich weder auf die Jacht noch nach dem Gasthause. Hier ist ein schöner, breiter Fahrweg. Die Sterne funkeln so schön, viel heller, als es heute in meinem Kopfe gefunkelt hat; die Luft ist so rein und lau. Ja, ich gehe ein bißchen spazieren, damit ich auf andere Gedanken komme."

Der Lord befand sich auf der nach dem Bardo führenden Straße und schlenderte langsam auf derselben hin. Er stieß hin und wieder ein zorniges Brummen oder Knurren aus. Er war im höchsten Grade mit sich unzufrieden, bis ihm ein Gedanke kam:

„Ja, so ist es, so! Ich habe zu abgeschlossen gelebt und bin deshalb ein ganz dummer Kerl geblieben! Steinreich und seelensgut, aber unerfahren, ungewandt im Leben. Ich habe auf meinem Geldsacke gesessen und bin also nichts als eben auch so ein alter Sack geworden, ohne geistige Proportion und intellektuelle Gliederung. Hol's der Teufel! Das muß anders werden! Und was giebt es da für ein Mittel? Na, was denn anders, als eine Heirat, so eine richtige Gemütsheirat. Ja, ich brauche eine Frau, die mich derb in die Schule nimmt, die mir die Motten und Marotten gehörig ausklopft, aber das alles in Liebe und mit Verstand, nicht etwa mit dem Besenstiel und dem Nudelholz. Es muß eine Frau sein, die einem mit Liebe um den Bart streicht, aber sich doch nicht fürchtet, wenn es nötig ist, dem Manne auch einmal die Wahrheit auf der sanften Flöte vorzublasen Nur auf dem Rumpelbasse darf sie mir

nichts vorbrummen oder gar auf der Klarinette vorschmettern."

In diesen Gedanken ging er weiter, ihnen hing er nach, und zwar mit solch innerem Vergnügen, daß er gar nicht auf die Gegend achtete, in der er sich befand.

Und endlich blieb er stehen, erhob den Arm wie zum Schwur und rief so laut, als ob er sich vor einer zahlreichen Versammlung befände, der er diesen Entschluß amtlich mitteilen müsse:

„Ja, hört es alle, alle: Ich heirate, ja, ich heirate!"

„Wen denn?" erklang es da plötzlich hart vor ihm.

Der Lord ließ den Arm erschrocken sinken. Aus dem Dunkel der Nacht tauchte eine männliche Gestalt vor ihm auf und trat zu ihm heran. Der Engländer hatte französisch gesprochen, der andere auch, und doch trug dieser letztere, wie der Lord sah, orientalisches Gewand.

„Wer hat hier zu fragen?" meinte der Lord.

„Ich. Das hören Sie ja."

„Freilich höre ich es. Aber mit welchem Rechte fragen Sie?"

„Nun, allerdings nur mit dem Rechte der Neugierde. Da Sie so laut ausschreien, daß Sie heiraten wollen, so wollte ich gern wissen, wen."

„Das geht Sie nichts an."

„Da haben Sie freilich recht. Aber Sie tragen unsere Kleidung und sprechen doch französisch."

„Sie ebenso."

„Na ja. Ich bin nämlich ein Franzose."

„Ich auch."

„Halte es aber für besser, mich der hiesigen Tracht zu bedienen."

„Ich ebenso."

„Also sind wir Landsleute! Was sind Sie denn?"

„Schiffer."

„Ah so! Matrose?"

Dem Lord war seine Antwort ganz zufällig in den Mund gekommen. Er hielt es nicht für notwendig, die Wahrheit zu sagen. Darum erklärte er weiter:

„Matrose eigentlich nicht. Ich habe aber einen Kahn und rudere die Leute vom Hafen nach der Stadt."

Er hatte sich während seines Spazierganges, um die Phantasie anzuregen, eine Cigarre angebrannt. Jetzt entfernte er die Asche, hielt sein Gesicht nahe an dasjenige des Unbekannten und that einige kräftige Züge. Dadurch wurde das Gesicht des andern beleuchtet, während der Lord vorsichtigerweise seine Hand so gehalten hatte, daß der spärliche Lichtschein nicht auf das seinige fallen konnte. Der Angeleuchtete trat rasch zurück und sagte in unwilligem Tone:

„Was thun Sie da?"

„Ich leuchte sie an," antwortete der Gefragte trocken.

„Das ist nicht nötig."

„O ja! Man will doch sehen, mit wem man spricht."

Sein Ton war ein unbefangener, aber das war nur erkünstelt, denn er war eigentlich im höchsten Grade betroffen, hatte er doch soeben einen Menschen erkannt, den er hier am allerwenigsten vermutete, nämlich den Derwisch Osman. Das eigenartige Gesicht desselben war gar nicht zu verkennen, obgleich er jetzt nicht die Kleidung der Derwische trug. Natürlich nahm der Lord sich in acht, nicht auch selbst erkannt zu werden. Vielleicht war es dann möglich, etwas von ihm zu erfahren.

„Sie haben aber doch nichts davon, wenn Sie auch mein Gesicht sehen," meinte der Derwisch. „Ich bin Ihnen doch unbekannt."

„Freilich. Uebrigens habe ich Ihr Gesicht, trotzdem ich es erleuchtete, gar nicht sehen können. Eine Cigarre ist leider keine Fackel."

„Zu welchem Zwecke spazieren Sie denn eigentlich hier herum?"

„Hm! Aus unglücklicher Liebe."

„Was heißt das?"

„Na, sie mag mich nicht."

„Ach so! Wer ist sie denn?"

„Die Tochter eines Schiffers. Weil ich Christ bin, hat sie mir einen Korb gegeben."

„Und nun laufen Sie in finsterer Nacht herum und fangen Grillen? Das hilft zu nichts."

„Freilich, freilich! Was soll ich aber sonst fangen?"

„Es gäbe schon etwas anderes zu fangen, wenn Sie nur wollten."

„Was denn?"

„Ein Bakschisch, ein gutes Bakschisch."

„Ein Schiffer ergreift jede Gelegenheit, ein Trinkgeld zu verdienen. Soll ich Sie irgend wohin rudern?"

„Nein. Es ist etwas anderes. Haben Sie Zeit?"

„Wie lange?"

„Ein Stündchen ungefähr."

„Wenn es nicht länger ist, so stehe ich zur Verfügung."

„Schön. Aber ich muß vorher wissen, ob Sie verschwiegen sind."

„Unsereiner muß das ja sein."

„Gut, so kann ich Ihnen mein Geheimnis mitteilen."

Der Derwisch trat näher und sagte in vertraulichem Tone:

„Ich habe nämlich auch eine."

„Eine Cigarre? So, so!"

„Unsinn! Ich meine eine Geliebte."

„Ach so! Sie mag Sie wohl auch nicht?"

„Im Gegenteile, sie mag mich, aber es hat dennoch seine Schwierigkeiten. Sie ist nämlich Muhammedanerin. Vom Heiraten kann natürlich da keine Rede sein, aber so ein bißchen tändeln und scharmieren — Sie verstehen mich?"

„Sehr gut."

„Sie sind Frauenliebhaber?"

„Und ob!"

„So bin ich vielleicht im stande, Ihnen Trost und Ersatz zu bieten. Nämlich die meinige ist in einem Harem."

„Donnerwetter!"

„Es sind eine ganze Menge der allerschönsten Mädchen da. Das wäre wohl auch etwas für Sie!"

„Ich bin auf der Stelle dabei, auf der Stelle!"

„Die Schöne hatte mich für heute bestellt. Ich sollte über die Mauer steigen und in den Garten kommen.

Ich stellte mich auch ein, vor einer halben Stunde. Aber denken Sie sich mein Pech: Die Mauer war zu hoch!"

„Das ist allerdings sehr dumm!"

„Nun sitzt sie drinnen im Gartenhause, und ich bin draußen. Ich mußte gehen und traf da glücklicherweise auf Sie, denn Sie sind ungewöhnlich lang."

„Ah, ich verstehe!"

„Wenn ich Ihnen auf die Schulter steige, so kann ich ganz gut hinüber. Wollen Sie mir helfen?"

Der Lord vermutete natürlich sofort, daß es sich nicht um ein Liebesabenteuer, sondern um irgend eine Schurkerei handle, und freute sich außerordentlich, den Schuft hier getroffen zu haben und von ihm zum Vertrauten gewählt worden zu sein. Doch hielt er es für klug, sich dies nicht merken zu lassen, sondern die Einwilligung vielmehr zögernd zu geben. Darum antwortete er:

„Hm, etwas Angenehmes ist es nicht."

„Wieso?"

„Ich helfe Ihnen hinüber, und während ich dann auf Sie warten muß, befinden Sie sich da drin im Gartenhause im siebenten Himmel. Das ist ärgerlich."

„Ah, Sie verlangen auch ein Stück Himmel?"

„Natürlich."

„So sehr natürlich ist das nun freilich nicht. Die meinige ist bestellt. Aber sie weiß doch nicht, daß ich Sie mitbringe. Wie kann da noch eine zweite da sein! Uebrigens werden Sie ja für das Warten entschädigt. Denken Sie doch an das Trinkgeld, das ich Ihnen versprochen habe!"

„Ach so! Ja, das ist wahr. Wieviel bieten Sie?"

„Wieviel verlangen Sie für die Stunde?"

„Das möchte ich lieber Ihnen überlassen?"

„Gut. Ich gebe zwei Franken."

„Zwei? Donnerwetter, müssen Sie da reich sein! Ich wollte einen halben Franken verlangen."

„So sehen Sie also, daß ich sehr gut bezahle. Nun sagen Sie, ob Sie einwilligen."

„Ja, natürlich! Zwei Franken! Da mache ich mit. Und wenn Sie mir gar versprechen, daß ich so eine aus dem Harem bekommen soll, da gehe ich durchs Feuer."

„Sie sollen bestimmt eine haben, aber für heute ist es nicht möglich. Sie müssen warten bis morgen, da gehen wir zusammen wieder hin."

„Einverstanden. Aber nun sagen Sie mir auch, wer und was Sie sind, da Sie es ja von mir wissen."

„Das ist eigentlich nicht nötig. Bei Haremsliebschaften giebt es immer Gefahr, und da ist es besser, wenn man sich gar nicht kennt. Uebrigens bin ich nicht hier wohnhaft. Ich bin Tourist und nehme dieses kleine Abenteuer mit, um eine Erinnerung an Tunis zu haben. Diese einheimische Kleidung habe ich natürlich nur angelegt, um nicht als Ausländer erkannt zu werden, wenn man mich ertappt und ich also zur Flucht gezwungen sein sollte."

„So sind Sie eigentlich wohl ein vornehmer Herr?"

„Ja. Doch kommen Sie!"

„Wird die Schöne denn bis jetzt gewartet haben?"

„Gewiß. Sie hat mir versprochen, eine volle Stunde auf mich zu harren. Aber wie kommen Sie als Franzose dazu, hier auf dem See Bahira Kahnführer zu sein? Das ist doch eigentlich befremdend."

„Ganz und gar nicht! Es giebt ja Franzosen hier wie Sand am Meere."

„Das ist freilich wahr. Folgen Sie mir!"

Der Derwisch schritt voran und von der Straße links ab. Da lagen die dunklen Massen eines umfangreichen Gebäudes oder vielmehr eines ganzes Komplexes von Häusern, und es fuhr dem Engländer sofort durch den Sinn, ob dies nicht vielleicht der Bardo, die Residenz des Bei von Tunis, sein möge.

Der Derwisch führte ihn rasch an der tiefen Seitenfläche dieser Gebäude hin und dann eine lange, lange Mauer entlang. Hierauf blieb er stehen, deutete empor und sagte leise:

Die Insassen der Hütte stießen einen Ruf des Schreckens aus.
(Seite 520.)

"Hier ist die Stelle. Gerade hier liegt hinter der Mauer das Gartenhaus."

Der Lord blickte an der Mauer empor und entgegnete:

"Ja, Sie allein können da nicht hinüber. Wenn Sie aber auf meine Achseln steigen, so ist es leicht."

"Dazu habe ich Sie eben mitgenommen."

"Jetzt aber sehe ich, daß ich eigentlich nicht zu warten brauche, bis Sie zurückkommen."

"Warum nicht?"

"Die Mauer ist ja gar nicht so hoch, daß Sie mich auch nachher brauchen. Sie können ganz gut herabspringen."

"Denken Sie? Ah, das ist köstlich! Hören Sie, guter Freund, mit besonderer Weisheit und Pfiffigkeit sind Sie wohl nicht ausgerüstet?"

"Was soll das bedeuten?"

"Nun, es gehört doch gar nicht viel Gehirn dazu, um einzusehen, daß ich Sie brauche, um auch von drüben auf die Mauer kommen zu können."

"Ah so! Das ist allerdings wahr."

"Also Sie müssen mit hinüber in den Garten, und dazu habe ich ein gutes Mittel bei mir. Ich nahm einen Strick mit. Ich habe ihn mir um die Hüften gebunden. Sie helfen mir hinauf und nehmen dann das eine Ende des Strickes fest in die Hände. Ich klettere drüben an demselben hinab und halte so fest, daß Sie hier hinaufklettern und drüben hinabspringen können. Ganz auf dieselbe Weise kommen wir später wieder herüber."

"Aber Sie haben da eine Tasche mit, wie ich sehe!"

"Es stecken einige Geschenke für die Geliebte darin. Also, wollen wir beginnen?"

"Ja. Ich werde die Hände hinten falten, Sie treten da hinein, und dann auf die Achseln. Kommen Sie!"

"Da muß ich Ihnen zunächst meine Tasche zum Halten geben. Ich ziehe sie dann an dem Stricke empor. Aber seien Sie höchst vorsichtig damit. Es sind einige Kleinigkeiten drin, die sehr leicht zerbrechen."

Der Lord hatte die Tasche schon ergriffen; es galt

ja, zu erfahren, was sich in derselben befand. Sie hatte keinen Bügel, sondern war oben offen. Er griff, als der Derwisch über die Mauer kletterte, schnell hinein und fühlte einen ziemlich langen und starken Holzbohrer,

einen runden Wickel, den er für eine Rolle feinen Drahtes hielt, mehrere Nadeln von der Gestalt der Haarnadeln, nur länger und auch stärker, eine Blechkapsel in Form einer viereckigen und kaum einen Zoll hohen Schachtel und noch einige Gegenstände, über deren Natur und Zweck er nicht so schnell klar werden konnte.

Schon nach wenigen Augenblicken war der Lord dem Derwisch nachgeklettert und hatte den Boden jenseits der Gartenmauer glücklich erreicht.

„Da bin ich," sagte er. „Was nun weiter?"

„Weiter nichts, als daß Sie hier warten, bis ich wiederkomme. Ich gehe in diesen Kiosk."

Der Kiosk stand ganz in der Nähe. Man konnte ihn trotz der Dunkelheit deutlich sehen.

„Steckt sie denn drin?" fragte der Lord, scheinbar sehr neugierig.

„Ja."

„Da hätte sie aber doch herkommen können!"

„Sie hat gar nicht bemerkt, daß ich da bin."

„Hm! Wenn ich sie mir doch einmal ansehen dürfte!"

„Was Ihnen einfällt! Eine Haremsbewohnerin läßt sich doch nur von dem Geliebten betrachten. Morgen oder übermorgen, wenn wir wiederkommen, können Sie die Ihrige, die sie mitbringen wird, genug angaffen."

„Ja, wenn sie wirklich eine mitbringt!"

„Dafür werde ich sorgen."

„Schön! Halten Sie Wort!"

„Was ich verspreche, das halte ich auch. Also bleiben Sie hier stehen und seien Sie vorsichtig, daß Sie nicht erwischt werden!"

„Sapperment! Es wird doch niemand kommen!"

„Es giebt allerdings Gartenaufseher hier, doch glaube ich nicht, daß es einem von ihnen einfallen wird, die Runde zu machen. Sollte dennoch jemand kommen, so legen Sie sich einfach auf den Boden nieder, um nicht gesehen zu werden. Bedenken Sie, wenn man Sie erwischt, so kann auch ich nicht wieder hinaus!"

Mit diesen Worten schlüpfte der Derwisch mit unhörbaren Schritten fort. Der Lord lauschte ein kleines Weilchen. Die tiefe, nächtliche Stille wurde von keinem Laute gestört.

„Sonderbares Abenteuer!" dachte er. „Dieser Halunke hat sicherlich kein Mädchen drin. Er bezweckt etwas ganz anderes. Wozu hat er den Bohrer? Wozu sind Draht und Nadeln bestimmt? Was befindet sich in der Blechkapsel? Ich werde doch nicht hier stehen bleiben, sondern werde sehr vorsichtig sein müssen. Aber ich will einmal lauschen. Vielleicht bemerke ich etwas."

Er legte sich auf den Boden nieder und kroch auf

Händen und Füßen nach dem Gebäude hin. Dort angekommen lauschte er mit angestrengtem Gehör, aber ohne allen Erfolg. Er befand sich an der hinteren Seite des kleinen Gebäudes, das nur aus Holz bestand. Sollte er um die Ecke kriechen, um den Eingang zu erreichen? Nein, das durfte er nicht. Der Derwisch hätte ihn bemerken können und dann seinerseits Argwohn gefaßt. Er blieb also liegen. Und das war gut, denn nach einiger

Zeit vernahm er gerade da, wo sich sein Kopf befand, ein leises, eigentümliches Geräusch. Es war jedenfalls mit dem Bohrer verursacht. Er legte nun das Ohr an die Stelle und hielt die Hand daran. Richtig! Jetzt fühlte er die Spitze des Instrumentes, die diesseits durch das Holz drang. Der Derwisch hatte ein Loch gebohrt.

„Zu welchem Zwecke?" fragte sich der Lord.

Da wurde der Bohrer zurückgezogen, und als der Engländer von neuem vorsichtig tastete, fühlte er, daß der ihm bekannte dünne Draht erschien und von dem Derwisch durch das Loch gesteckt wurde. Letzterer schob so lange von innen, bis sich viele Meter des Drahtes außen befanden, dann hörte er auf.

„Eine Drahtleitung!" sagte der Lord zu sich. „Wozu? Hat er etwa eine gefährliche Absicht? Ich muß aufpassen."

Er lauschte wieder. Da vernahm er leise Schritte. Der Derwisch hatte den Kiosk verlassen. Der Lauscher hatte kaum Zeit, eine kurze Strecke zurückzukriechen, so war der andere bereits da, um an der Stelle, wo sich das Loch befand, niederzukauern. Was er da that, konnte der Lord nicht sehen.

Nach einigen Minuten schlich sich der Derwisch wieder in das Gebäude. Schnell kroch nun der Engländer hin und untersuchte die Stelle mit den Fingern. Der Draht war zur Erde niedergelenkt und da mit Hilfe einer der erwähnten Nadeln festgesteckt worden. Er hatte von dort aus dann eine genügende Länge, um bis zur Mauer und über diese hinweggeführt zu werden.

„Jetzt errate ich, was er will," dachte der Lord. „Dieser Mensch will das Gartenhäuschen in die Luft sprengen. Doch auf welche Weise? Nun, der Sprengstoff befindet sich jedenfalls in der Kapsel. Aber der Draht ist doch keine Lunte: er brennt nicht. Soll es mit Elektrizität geschehen? Hm, ein Derwisch und Elektrizität! Das paßt ja gar nicht zusammen. Was will ein solcher Kerl davon verstehen!"

Es war gut, daß er aufmerkte, denn nach bereits

sehr kurzer Zeit kam der Genannte wieder und setzte seine heimliche Arbeit fort. Der Engländer war schnell zurückgewichen, blieb ihm aber, immer auf der Erde liegend, so nahe, daß er ihn so leidlich beobachten konnte. Und richtig! Der Derwisch befestigte den Draht an mehreren Stellen bis zur Mauer hin in den Boden. Jetzt war es für den Lord Zeit, sich zurückzuziehen, und rasch kroch er an der Mauer entlang bis zu der Stelle hin, wo er hatte warten sollen. Nach kurzer Frist kam der Derwisch.

„Nun, haben Sie etwas Verdächtiges bemerkt?" fragte er.

„Nein. Es ist niemand gekommen. War sie da?"

„Ja. Sie war eben im Begriff, fortzugehen, und da sie bereits sehr lange gewartet hatte, konnte sie nicht länger bleiben."

„Haben Sie von mir gesprochen?"

„Ja."

„Nun, wie steht es?"

„Gut. Sie bringt eine mit."

„Wann?"

„Morgen abend. Wir sollen um Mitternacht kommen."

„Das ist gut. Gehen wir jetzt?"

„Noch nicht gleich. Damit die Mädchen auf eine bequemere Weise wie wir über die Mauer gelangen können, wollen wir jetzt dieses Stückchen Draht hier an der Mauer empor und drüben wieder hinabführen. Verstanden?"

„Hm! Ja! Ich sehe aber wirklich nicht ein, wie Sie damit Ihren Zweck erreichen wollen."

„Nun, das ist doch ganz einfach! Morgen abend befestigen wir an diesem Draht, der ja nur oberflächlich von den leicht wieder zu entfernenden Nadeln an der Mauer festgehalten werden soll, eine Strickleiter, die von den Mädchen bequem in den Garten hereingezogen werden kann. Kommen Sie. Einige Schritte von hier geht es am besten."

Der Lord gab sich den Anschein, als wenn er den geheimen Zweck, den der Derwisch verfolgte, nicht durch=

schaute, und so wurde denn mit seiner Hilfe der Draht an der Mauer emporgezogen, mit einigen Nadeln in die Ritzen befestigt, und dann stiegen beide Männer empor, um ihn drüben herabzulassen und abermals anzustecken. Er war so dünn, daß er allerdings nicht leicht bemerkt werden konnte, selbst am Tage nicht. Hinauf und drüben hinab kamen sie natürlich auf dieselbe Weise, wie sie vorher in den Garten gelangt waren. Die Tasche erhielt der Engländer jetzt nicht mehr in die Hand.

„So!" meinte der Derwisch, als sie fertig waren. „Jetzt haben wir unsere Vorbereitungen getroffen und können gehen. Morgen kommen wir wieder."

Der Lord folgte einer augenblicklichen Eingebung. Er zog sein Klappmesser aus der Tasche, machte es auf und steckte es mit der Klinge in eine Mauerspalte, um die Stelle sicher wieder finden zu können. Er nahm sich vor, nach dem italienischen Hause zu gehen und Normann und Wallert herzuführen.

Schnell schritten sie nunmehr vorwärts und kamen an dem Hause vorüber, das Ibrahim Pascha gemietet hatte und in dem auch der Derwisch wohnte. Das wollte dieser aber nicht merken lassen. Darum führte er seinen Begleiter schweigend weiter bis zu der Wasserleitung, die selbst in ihren Resten noch Zeugnis giebt von der Großartigkeit der Unternehmungen früherer Jahrhunderte. Da blieb er stehen und sagte:

„Jetzt müssen wir uns trennen. Hier unter diesem Mauerbogen, unter dem wir stehen, wollen wir uns kurz vor Mitternacht treffen. Ist es Ihnen so recht?"

„Natürlich," antwortete der Lord, der sehr wohl wußte, daß er hier vergebens warten würde.

„So sollen Sie jetzt die verabredete Bezahlung erhalten," sagte der Derwisch und griff in die Tasche. Da hörten sie plötzlich, während er noch nach dem passenden Gelde suchte, ein Geräusch, das sich ihnen aus der Richtung des erwähnten Hauses näherte. Es waren die Schritte zweier Personen.

„Es kommen Leute!" flüsterte der Derwisch. „Man braucht uns nicht zu sehen. Verhalten Sie sich ruhig und drücken Sie sich an die Mauer, bis sie vorüber sind!"

„Ducken wir uns lieber ganz nieder. Das ist besser."

Kaum hatten sie dies gethan, so kamen auch schon die beiden Männer, zum Erstaunen des Lords sich halb= laut in deutscher Sprache unterhaltend, näher. Auch die

Stimmen schienen ihm bekannt zu sein. Er horchte daher gespannt auf.

„Jetzt kann man sich wieder eine Cigarre anbrennen," sagte der eine. „Hast du Feuer?"

„Ich, gleich — da!"

Im selben Augenblick blitzte ein Wachshölzchen auf und beleuchtete die Gesichter der beiden, die kaum zehn Schritte entfernt von den zwei Verborgenen stehen ge= blieben waren. Was der Lord bei dem Klange ihrer

Stimme vermutet hatte, wurde jetzt zur Gewißheit; er erkannte Normann und Wallert. Obwohl er nun von ihnen nichts zu befürchten hatte, so blieb er doch um des Derwisches willen ruhig. Dieser war bei dem Anblick der Gesichter zusammengezuckt.

„Allah, Allah!" entfuhr es ihm. „Diese Kerle, diese —"

Er hatte es zwar nicht laut gesagt, aber Normann drehte sich doch um.

„Hörtest du?" fragte er leise Wallert. „Mir war es, als ob hier jemand gesprochen hätte."

„Pah! Die Luft streicht durch den Mauerbogen. Komm, gehen wir!"

Die Freunde entfernten sich darauf langsam nach der Stadt zu. Jetzt fuhr der Derwisch aus seiner kauernden Stellung empor.

Er befand sich in einer solchen Aufregung, daß er dem Lord gegenüber gar nicht daran dachte, daß er vorsichtig sein müsse. Er that zwei, drei rasche Schritte vorwärts, blieb dann wieder stehen und sagte in fliegender Eile:

„Ah, sie waren da, sie waren hier! Was haben sie gewollt? Wie haben sie es erfahren? Ist etwa gar etwas geschehen? Ich muß das wissen! Hölle und Teufel! Was mache ich? Ich muß ihnen nach und muß doch auch — — in das Haus!"

Da kam ihm ein Gedanke. Rasch fragte er den Lord:

„Zwei Franken haben Sie sich bereits verdient. Wollen Sie sich noch zehn weitere verdienen?"

„Wenn ich kann, ja. Zehn Franken! Das ist ja für mich ein Vermögen!"

„Gut, so folgen Sie diesen beiden Männern heimlich nach. Ich muß wissen, wo sie wohnen. Laufen Sie, laufen Sie! Fort, fort!"

Mit diesen Worten schob der Derwisch den Lord vorwärts. Letzterer ging, aber als er sich so weit entfernt hatte, daß er von jenem nicht bemerkt werden konnte, blieb er stehen und brummte:

„Verteufelt, verteufelt! Was thue ich? Ich wollte doch dem Kerl nachschleichen, um zu erfahren, wo er sich aufhält. Und nun jagt er mich fort. Was thue ich? Diese zwei finde ich ja sicher, aber ihn — — Donnerwetter! Er will ja in ein Haus und hatte es so eilig! Da steht er ganz gewiß nicht mehr dort unter dem Bogen, um sich von mir belauschen zu lassen. Es ist also doch am besten, ich laufe den beiden nach."

Das that er denn auch. Als der Lord Normann und Wallert erreichte, traten diese zurseite. Sie hatten seine eiligen Schritte gehört und wollten ihn vorüber lassen. Er aber blieb stehen und sagte lachend:

„Halt, Kerle! Heraus mit dem, was ihr habt! Das Geld oder das Leben!"

„Was der Teufel!" antwortete Normann. „Der Lord!"

„Wirklich! Der Lord!" fiel Wallert ein. „Wo um aller Welt willen kommen Sie denn her?"

„Wenn ich es Ihnen sage, werden Sie staunen."

„Wohl von der berühmten Entführung der drei Mädchen?"

„Nein. Die ist leider verunglückt, dafür aber ist mir etwas anderes desto besser gelungen. Raten Sie, wen ich getroffen habe."

„Das wäre Zeitverschwendung. Sagen Sie es selbst."

„Den Derwisch."

„Den? So?"

Das klang allerdings gar nicht etwa sehr überrascht. Darum zürnte der Lord:

„Den? So? Das ist Ihre ganze Antwort?"

„Was sollen wir denn sagen?"

„Die Hände über dem Kopf zusammenschlagen sollen Sie vor Verwunderung."

„Fällt uns nicht ein."

„Nicht! Sapperment! Ich finde den Kerl, den **wir** so eifrig suchen, und das ist Ihnen so gleichgültig!"

„Was ist da weiter? Wir haben noch weit mehr gefunden."

„So? Was denn?"

„Das ganze Nest, den Pascha mit den Mädchen."

„Alle Teufel! Wo denn?"

„In dem Hause da hinter der Wasserleitung."

„Sapperment! Da, also da wohnt er! Ah, darum sagte er, daß er in das Haus müsse!"

„Wer?"

„Der Derwisch. Er hat Sie gesehen."

„Doch nicht!"

„Ja. Ich stand dabei. Er wollte Ihnen nach, besann sich aber dann anders und schickte mich. Ich soll zehn Franken erhalten, wenn ich ihm sage, wo Sie wohnen."

„Sie schickt er uns nach, Sie?"

„Ja; ich sage es doch!"

„Das ist freilich wunderbar! Er kennt Sie doch."

„Er hat mich nicht erkannt; es war zu dunkel dazu, und ich trage ja türkisches Habit. Ach, ich habe ein Abenteuer erlebt und mich so klug verhalten! Sie werden staunen, im höchsten Grade staunen!"

„So kommen Sie und erzählen Sie."

„Gern. Aber vorher sagen Sie mir, was Sie hier so spät in der Nacht vor der Stadt wollen."

„Wir sind eben im Garten des Paschas gewesen."

„Wie, im Garten des Paschas? Haben Sie jemand gesehen?"

„Nicht nur gesehen, sondern sogar gesprochen."

„Die Damen etwa? Tschita und Zykyma?"

„Ja."

„Das müssen Sie mir erzählen. Rasch, rasch."

„Natürlich sollen Sie es hören. Vielleicht ist es aber notwendig, daß Sie uns vorher Ihr Erlebnis erzählen. Also kommen Sie und berichten Sie es uns, indem wir nach der Stadt gehen."

„Nach der Stadt gehen wir nicht. Wir müssen anderswo hin. Hier auf der Straße dürfen wir nicht bleiben, sonst könnte dieser Halunke es merken. Biegen wir also hier links ab. Ich werde Ihnen gleich erklären, warum dies notwendig ist." —

23. Kapitel.

Die beiden Freunde hatten nur die Absicht gehabt, sich über die Lage des abseits von der Straße, mitten in einem Garten gelegenen Hauses zu unterrichten, in dem die beiden Mädchen abgeschlossen gehalten wurden. Aber als sie es erreicht hatten, war es ihnen doch nicht möglich gewesen, sogleich wieder umzukehren.

„Gehen wir einmal rund herum?" fragte Wallert.

„Ja, meinetwegen. Aber ganz leise, damit der Wächter uns nicht hören kann."

„Willst du denn hinein?"

„Hm, wenn es möglich wäre, ohne bemerkt zu werden, dann ja. Denke dir, dort steckt Tschita, und hier stehe ich. Giebt es da etwas zu erklären?"

„Freilich nicht. Mir geht es ja ganz ebenso. Aber der Wächter! Vielleicht befindet er sich gerade hier in der Nähe."

„Das ist nicht zu erwarten. Der Harem liegt, wie wir gehört haben, an der Giebelseite, die nach der Stadt gekehrt ist. Dort also wird er sich aufhalten."

„Dann könnte man vielleicht etwas wagen."

So sprechend griff Normann entschlossen zwischen den Latten der Gartenpforte hinein und entfernte den Riegel. Dies gelang ohne alles Geräusch. Dann schob er die Thür rasch und kräftig auf. Da gab es zwischen den Angeln einen schrillen, pfeifenden, weithin dringenden Laut. Beide erschraken.

„Das ist dumm! Nun ist's aus; wir müssen fort!" meinte Wallert.

„Nein, gerade nicht. Schnell hinein!"

Rasch drängte Normann den Freund in den Garten, machte die Thür unter ganz demselben Geräusch zu, schob den Riegel vor und zog dann Wallert hastig eine ganze Strecke mit sich fort.

„So!" flüsterte er. „Jetzt wieder in das Gras und so eng in den Zaun hineingeschmiegt, wie es nur irgend möglich ist."

Sie hatten sich kaum niedergelegt, so nahten Schritte.

Der Wächter ging an ihnen vorüber, und zwar so nahe, daß sie ihn hätten bei den Beinen fassen können. Er begab sich nach der Thür, um diese zu untersuchen, dann kehrte er langsam nach der Giebelseite des Hauses zurück.

Die beiden Freunde bewegten sich nunmehr vorsichtig auf den Händen und Beinen vorwärts, längs des Zaunes hin und konnten nun bald den Giebel des Hauses erblicken, wegen der Entfernung und der nächtlichen Finsternis allerdings nur in dunklen Umrissen.

„Bleibe hier!" flüsterte Normann. „Ich werde mich einmal näher wagen! Aber verhalte dich ganz ruhig, bis ich zu dir zurückkehre!"

Er kroch darauf dem Gebäude entgegen. Es dauerte nicht lange, so vernahm er ein Räuspern, das ihm sagte, wo der Wächter sich befand. Er hielt es für das klügste, sich gerade nach dieser gefährlichen Richtung zu wenden.

Da, wo außerhalb des hohen, dichten Heckenzaunes, der den Garten umschloß, die Grasnarbe von dem rings um das Haus führenden Sandwege begrenzt wurde, saß der Wächter auf einer steinernen Bank. Das war höchst fatal! Normann bewegte sich trotzdem bis fast an diese Bank. Es war ihm jetzt möglich, die Einzelheiten des Hausgiebels zu unterscheiden.

Er bemerkte eine Art Veranda, die auf zwei hölzernen Säulen ruhte. Ueber ihr gab es zwei Läden, von denen der eine verschlossen, der andere aber offen zu sein schien, was er aus dem verschiedenen Dunkel der beiden viereckigen Stellen schloß. Jetzt kehrte Normann, da die Körperhaltung des Wächters erwarten ließ, daß er keine

Lust habe, seinen jetzigen Platz ohne Veranlassung auf=
zugeben, zu dem Gefährten zurück.

„Endlich! Hast du Günstiges gesehen?"

„Beides, Günstiges und Ungünstiges. Es giebt dort eine Veranda, die nicht schwer zu erklettern ist. Oben habe ich einen offenen Laden bemerkt."

„Ah! Wir können also hinauf und hinein!"

„Nicht so hitzig! Der Wächter sitzt gerade dort auf einer Bank."

„Das ist dumm!"

„Das ist im Gegenteil sehr gescheit von ihm, für uns aber leider unbequem. Wenn man nur gewiß wüßte, daß sie da oben auf dieser Seite wohnen."

„Der Arabadschi hat es ja gesagt, und der wird es doch wohl wissen."

„Nun, dann muß der eine die Aufmerksamkeit des

Wächters auf sich ziehen, indessen klettert der andere hinauf. Wollen wir?"

„Gewiß, wir sind einmal da. Ich wage alles!"

„Nun, so gehe du! Du hast Tschita oben, während Zykyma meine Geliebte nicht ist. Das giebt den Ausschlag."

„Gut, ich nehme diese Entscheidung an."

„Ich schleiche mich indes nach der anderen Seite und mache dort einiges Geräusch. Kommt der Wächter, so verstecke ich mich schnell. Unterdessen bist du oben."

„Auf diese Weise aber ist es möglich, daß er dich sieht."

„Nein, das ist nicht notwendig. Du mußt ihn, wenn er einmal die Bank verlassen hat, wenigstens fünf Minuten lang beschäftigen, indem du nach ihm mit Steinen wirfst, die hier genug auf dem Rasen herumliegen. So viel Zeit brauche ich."

„Und wie erfahre ich, wenn du wieder herab willst?"

„Ich werde dir ein Zeichen geben, das ihm nicht auffällt. Ich kann das Zirpen des Heimchens sehr täuschend nachahmen."

„Gut, dieses Zirpen wird seinen Verdacht nicht erwecken. Also, beginnen wir! Es ist bereits weit nach Mitternacht, und wir müssen die Dunkelheit benutzen."

„Ich begebe mich zunächst nochmals hin zu ihm. Das wird eine Minute in Anspruch nehmen. Dann wirfst du."

Normann kroch nun wieder nach der Bank, da er in der nächsten Nähe derselben am allersichersten zu sein glaubte, und streckte sich unmittelbar hinter ihr in das Gras. Nun brauchte er nicht lange zu warten, so schien sich auf der anderen Seite des Hauses etwas durch die Büsche zu bewegen, und gleich darauf hatte auch Wallert einen Stein hineingeworfen. Sofort sprang der Wächter auf und horchte. Schon nach wenigen Minuten erfolgte ein zweiter Wurf und ein abermaliges Rascheln in den Zweigen. Da brummte der Wächter leise etwas in den Bart und entfernte sich.

Kaum sah ihn Normann um die Ecke des Hauses verschwinden, so sprang er nach der einen Säule. Drei, vier haſtige Griffe, und er war oben! Dann legte er ſich ſofort platt auf die Deckung nieder, da es ohne Geräuſch nicht abgegangen war.

Das war ſehr gut, denn einen Moment ſpäter kehrte der Wächter eiligſt zurück, blieb lauſchend ſtehen, blickte hinauf, ging dann hin und her und brummte ſo vernehmlich, daß Normann es oben hörte.

In dieſem kritiſchen Augenblick warf Wallert von neuem, und der Wächter begab ſich ſogleich abermals nach der anderen Seite. Nun richtete ſich Normann auf. Er hatte vorhin ganz richtig geſehen. Es gab hier oben in der That zwei Läden, einen geöffneten und einen verſchloſſenen. An dem erſteren erſchien ſoeben etwas Weißes.

„Iſt jemand da?" fragte eine unterdrückte Frauenſtimme in türkiſcher Sprache.

„Ja," antwortete er. „Die Rettung iſt da. Wer biſt du?"

„Zykyma," erklang es leiſe.

„Tritt zurück!"

Die weiße Geſtalt verſchwand ſofort von der Oeffnung, und einige Augenblicke ſpäter war Normann eingeſtiegen, blieb aber noch einen Moment am Fenſter ſtehen und blickte hinunter. Gerade jetzt kam der Wächter zurück und patrouillierte unten auf und ab.

Nun erſt wandte ſich Normann nach dem Innern des Raumes. Zykyma ſtand bei ihm. Sie flüſterte:

„Normann Effendi! Allah ſei geprieſen in alle Ewigkeit. Wo iſt Wallert Effendi?"

„Unten im Garten. Er hatte dafür zu ſorgen, daß euer Wächter mir Zeit zum Klettern gab. Wo iſt Tſchita?"

„Im Nebenraume. Sie ſchläft."

„Und du nicht?"

„Wir haben bis ſpät gewacht, denn wir hatten die frohe Botſchaft vernommen, daß ihr in Tunis ſeid."

„Wohl von Said?"

„Ja. Dann legten wir uns zur Ruhe. Tſchita ſchlief bald ein. Sie hatte ja ſo lange nicht geſchlafen, nur stets gewacht, um zu weinen. Auch mich wollte der Schlaf ergreifen, da hörte ich das Klappen der Gartenpforte und ahnte sogleich, daß ihr es sein würdet. Ich stand daher wieder auf, ohne aber Tschita zu wecken, und nun sehe ich dich vor mir! O, ihr Heiligen, jetzt können wir wieder Hoffnung haben!"

"Nicht nur Hoffnung, sondern Gewißheit. Aber darf ich nicht mit Tschita sprechen?"

"O wie gern, doch ich muß erst zu ihr. Sie würde sonst vor Glück laut aufschreien und dich verraten. Hier ist mein Zimmer und drüben das ihrige. Warte hier."

Zykyma trat in die Nebenstube, während Normann stehen blieb. Sein lauschendes Ohr vernahm gleich darauf heimliche Stimmen, dann einen unterdrückten Laut, und dann — huschte es zu ihm herein! Zwei weiche, warme Arme legten sich um ihn, ein Köpfchen drängte sich an seine Brust, doch ohne einen Laut, ein Wort hören zu lassen.

Da schlang auch er die Arme um sie und flüsterte:

"Tschita! Meine Blume, meine Wonne, meine Seligkeit! Endlich, endlich habe ich dich wieder! O, nun ist alles, alles gut. Du Aermste, was mußt du gelitten haben!"

Tschita antwortete nicht, aber ihr Körper erbebte an dem seinen unter dem Schluchzen, das sie kaum zu unterdrücken vermochte.

"Sprich ein Wort, nur ein einziges!" bat er.

Sie schmiegte sich fester an ihn, aber antworten konnte sie nicht. Da wartete er, bis diese erste Aufregung vorüber war, und sagte:

"Jetzt soll uns nichts wieder scheiden! Gehst du mit mir?"

"Nein, das ist unmöglich. Ich könnte die Mutter nicht mitnehmen."

"Warum nicht?"

"Sie glitt heute aus und fiel die Stiege hinab, sodaß sie nicht stehen und gehen konnte. Der Arzt

„Ja," antwortete Normann. „Die Rettung ist da.
Wer bist du?" (Seite 547.)

mußte geholt werden, er hat sie verbunden und verboten, daß sie heraufgeschafft werde."

„O weh, o weh! Hat er nicht gesagt, wann sie geheilt sein wird?"

„Nein. Ich wollte bei ihr bleiben, aber — —" Tschita stockte.

„Du durftest wohl nicht?"

„O, ich hätte gedurft, aber ich kann nicht. Zykyma ist doch oben, und ich muß bei ihr sein, da sie den Dolch hat."

Jetzt wußte Normann, was die Geliebte meinte. Der Dolch war ja die einzige Waffe gegen die Zudringlichkeit, gegen die Leidenschaft Ibrahim Paschas!

„Meine arme, arme Tschita! Wie fürchterlich ist es doch, die Sklavin eines solchen Menschen zu sein! Wie bin ich erschrocken, als ich in Konstantinopel zu Barischa kam und hörte, daß du verkauft seist!"

Nun gab es ein Erzählen, ein Klagen und Trösten. Die Herzen der beiden flossen über, flossen ineinander.

Zykyma war drüben geblieben. Sie gönnte der Liebe ihre Rechte. Erst als die beiden ruhiger geworden waren, nahm sie teil an dem Gespräch.

Normann erfuhr nun, daß auch draußen vor den beiden Giebelstuben ein Wächter liege. Dennoch hielt er es, trotzdem ja keine Gewalt angewendet werden durfte, für nicht gar zu schwer, fortzukommen, und bedauerte nur, daß die Mutter krank geworden sei. Für den Augenblick war leider nichts zu thun. Es wurde aber ausgemacht, daß Said morgens Nachricht nach dem italienischen Hause bringen solle. Erst dann wollten die Freunde bestimmen, was zu thun sei.

Wie gern wäre er noch da geblieben, aber als Normann jetzt einen Blick hinauswarf, sah er am östlichen Himmel die ersten grauen Streifen des Tages erscheinen. Er mußte fort, denn die Gefahr, in der er sich befand, verzehnfachte sich mit jeder Sekunde, die er länger blieb.

So trat er denn an den Laden, hielt die Hand an

ben Mund und ahmte das mit Wallert verabredete
Zeichen nach. Es dauerte gar nicht lange, so stand der
Wächter unten von seiner Bank auf und verschwand
hinter der Ecke des Hauses.

Noch einmal drückte Normann die Geliebte an sich und
flüsterte „Lebe wohl!"

Dann schwang er sich hinab und sprang in weiten
Sätzen über den Kiesweg hinüber in das Gras, wo er

sich sofort niederwarf, da in demselben Augenblick der Wächter wieder erschien. Von hier aus kroch er nach dem Zaune. Wallert war noch nicht dort, kam aber bald herbei.

„Gott sei Dank!" sagte er aufatmend. „Mir war angst um dich. Das dauerte ja eine Ewigkeit."

„Ich denke, daß es nur eine Minute gewesen ist."

„Nun, wie steht es?"

„Du erfährst es, aber zunächst fort von hier."

„Ohne sie mitzunehmen?"

„Ja, leider. Komm."

In wenigen Minuten waren sie um die nächste Gartenecke verschwunden und in eiligstem Laufe endlich unter dem Bogen der Wasserleitung angelangt, wo sie, wie wir vorhin erzählt haben, von dem Derwisch erkannt wurden. Dann kam ihnen der Engländer nach, um sie zu ihrem Erstaunen hinter den Garten des Bardo zu führen. Als sie nun hörten, weshalb er dies thue, stimmten sie ihm vollständig bei, und kaum hatte der Lord, mit der Hand an der Gartenmauer des Bardo hinstreifend, das Messer entdeckt, so beschlossen alle drei, ehe sie noch im Bardo bei der Wache eine Anzeige machten, die Mauer zu übersteigen, um die zweifellos verbrecherischen Vorbereitungen des Derwisches im Garten einer genauen Prüfung zu unterwerfen.

Der Lord machte, wie er sich ausdrückte, auch jetzt die Leiter und warf beiden, als sie sich oben befanden, behend den Gürtel zu, den er trug. Er hielt sich an dem einen Ende desselben fest, sie zogen beide an dem andern, und so kam auch er hinauf. Dann sprangen sie hinunter in den Garten.

Nachdem sie sich durch kurzes Lauschen überzeugt hatten, daß sich niemand in der Nähe befinde, führte der Engländer sie nach der Stelle des Kiosk, in die der Derwisch das Loch gebohrt hatte, und begaben sich sodann in das Innere des Kiosk.

Bei dem Scheine eines Zündholzes sahen sie sich in

einem vollständig fensterlosen Raume. Es gab dort keine Oeffnung, als nur diejenige der Thür. In der einen Wand befand sich eine Nische, und vor derselben stand eine hölzerne Erhöhung, auf der ein Kissen lag. Sonst war nichts vorhanden, als der Teppich, der den ganzen Fußboden bedeckte.

„Das scheint kein Lusthaus zu sein, kein gewöhnliches Gartenhaus," meinte der Lord.

„Nein," antwortete Normann. „Das ist vielmehr ein Bethaus. Die Nische giebt die Kiblah an, die Richtung nach Mekka, nach der jeder Betende das Gesicht zu wenden hat. Auf dieser Erhöhung scheint der Beter zu knieen. Da nur eine einzige sich hier befindet, so möchte ich fast behaupten, daß dieses Bethaus auch nur von einem einzigen benutzt wird. Und der wäre natürlich — —?"

„Der Bei," antwortete Wallert.

„Ganz gewiß. Gegen ihn also würde der Anschlag gerichtet sein, wenn überhaupt ein solcher geplant wird. Sehen wir einmal, wie hier der Draht verläuft!"

Mit Hilfe immer neu angebrannter Zündhölzer fanden sie bald die Stelle, an der der Draht in das Innere trat, er führte unter dem Teppiche nach der Erhöhung hin. Diese befand sich nur einen Viertelmeter über dem Boden und war, wie bereits erwähnt, mit einem Kissen belegt. Unter ihr endete die Drahtleitung, und zwar, wie sie vermutet hatten, in der Blechkapsel, die so lag, daß sie von keinem Menschen bemerkt werden konnte.

„Na, was sagen Sie nun?" fragte der Lord.

„Ein Mordanschlag," meinte Normann, „ganz sicher ein Mordanschlag, und zwar gegen den Bei gerichtet."

„Gott sei Dank, daß ich den Halunken getroffen habe! Nun müssen wir unbedingt Anzeige machen."

„Ja, und zwar sofort. Man kann nicht wissen, wann die That beabsichtigt ist. Wir dürfen nicht zu spät kommen."

„Und bei wem machen wir die Meldung?"

„Das wird sich finden, nachdem wir uns vorher erkundigt haben, wer hier noch wach ist. Kommt! Wir gehen direkt nach dem Schlosse, hier geradeaus, dorthin, wo wir ein brennendes Licht bemerken."

Der Garten war sehr groß und prächtig, wie die drei Verbündeten trotz der Dunkelheit, die noch immer herrschte, bemerkten. Sie hatten eine ziemliche Weile zu gehen, ehe sie an der hinteren Front eines der zum Schlosse gehörigen Gebäude anlangten. Die wenigen Fenster, die es da gab, waren ohne alle Ordnung verteilt, doch sahen sie bald, daß eines derselben erleuchtet war. Es lag zu ebener Erde und war durch eng aneinander gereihte Holzstäbe geschlossen, durch die man kaum in das Innere zu blicken vermochte.

Der Lord war der erste, der hineinschaute. Er fuhr erstaunt zurück:

„Alle Wetter! Wen sehe ich da!" sagte er.

„Wen?"

„Gucken Sie nur hinein!"

Die beiden folgten seiner Aufforderung.

„Ah, Steinbach! Ist das möglich?" fragte Wallert erstaunt.

„Das wird er uns schon erklären. Gut, daß er es ist. Wunderbar! Er spielte in Stambul eine bedeutende Rolle, und hier wohnt er bei dem Bei! Klopfen wir an!"

„Halt! Ueberlassen Sie das mir!" bat der Lord.

Dann klopfte er an die Stäbe. Gleich darauf öffnete sich ein Fensterflügel, und eine Stimme erkundigte sich:

„Wer ist da draußen?"

„Drei arme, deutsche Handwerksburschen."

Auf diese Antwort hin ward die Jalousie ein Stück aufgezogen, dann näherte sich der Kopf Steinbachs der Oeffnung und fuhr fast mit dem Gesichte des Lords zusammen.

„Sapperment!" rief der Deutsche. „Wer ist — ah, ist das möglich! Mein Retter aus dem Wasser des goldenen Hornes! Lord Eagle-nest?"

„Ja, der bin ich, Mister Steinbach."

„Hier im Bardo?"

„Wie Sie sehen."

„Wie kommen Sie zu dieser Zeit in das Schloß?"

„Ueber die Mauer gestiegen."

„Nicht doch!"

„Warum nicht? Meinen Sie etwa, daß wir darüber geflogen seien?"

„Nein. Eine Schwalbe sind Sie nicht."

„Aber ein Star zuweilen, nicht? Na, wir haben Ihnen etwas Hochwichtiges zu sagen. Lassen Sie uns ein!"

„Wie? Wer ist noch draußen?"

„Meine beiden jungen Freunde, die mir bei Ihrer Rettung mit halfen."

„Normann und Wallert? Schön! Ich komme gleich. Bitte, gehen Sie bis zur nächsten Thür an der Mauer hin."

Sie thaten das, und bald kam Steinbach, um zu öffnen und sie in sein Zimmer zu führen.

„Hier wohne ich als Gast des Bei," erklärte er den Freunden. „Seien Sie mir willkommen und sagen Sie mir, wie es möglich ist, Sie hier zu sehen."

„Wie es möglich ist?" fragte der Lord. „Nun, Sie brauchen ja nur die Augen aufzumachen."

„Richtig!" lachte Steinbach. „Aber Sie dürfen meine Frage nicht so streng wörtlich nehmen. Daß Sie über die Mauer gestiegen sind, war doch nur ein Scherz."

„Nein, es ist die volle Wahrheit. Wir kommen, um den Bei vor einem Mordanschlage zu warnen."

„Sind Sie des Teufels?"

„Schwerlich. Es handelt sich wirklich um einen Mordanschlag. Der Bei soll in die Luft gesprengt werden."

„Unglaublich!"

„Es ist wahr."

„Wann soll es geschehen?"

„Während des Gebetes."

„Wo?"

„Im Garten."

„Von wem?"

„Von dem Derwisch Osman!"

„Sie meinen doch denjenigen, den wir in Konstantinopel gemeinschaftlich kannten?"

„Ja. Er ist mit Ibrahim Pascha hier."

„Ich weiß es. Aber bitte, erklären Sie sich deutlicher, sonst denke ich wirklich, daß ich mich im Traume befinde."

Der Lord erzählte nun ausführlich seine Erlebnisse, und sein Bericht brachte einen bedeutenden Eindruck hervor.

„Das ist ihm zuzutrauen," versetzte Steinbach dann, „und zwar nicht nur ihm allein, sondern auch dem Pascha. Ah, wenn es so ist, wie Sie sagen, Mylord, so haben Sie dem Bei das Leben gerettet und werden auch mir einen außerordentlichen Dienst erwiesen haben. Also im Kiosk es Sallah ist es!"

„Was heißt dieses Wort?"

„Kiosk des Gebetes. Der Mord ist für nachmittag drei Uhr geplant, anders nicht."

„Wie können Sie das wissen?"

„Es ist allbekannt, daß der Bei nur das Dreiuhrgebet in dem Kiosk verrichtet. Sobald der Muezzin von dem Minaret zum Gebete ruft, betritt der Bei den Kiosk und befindet sich eine volle Viertelstunde daselbst. Die Mörder haben also volle fünfzehn Minuten Zeit zur Vollbringung ihrer schwarzen That."

„Ah, wie gut ausgedacht! Der Anschlag könnte also gar nicht mißlingen."

„Ja, und der Mörder würde nie entdeckt. Wir brauchen uns eigentlich nicht zu beeilen, aber ich werde trotzdem den Bei sofort kommen lassen."

„Wie, Sie wollen ihn wecken?"

„Ja."

„Dürfen Sie das?"

„Unter diesen Umständen werde ich es wagen."

„Und er soll hierherkommen?"

„Gewiß. Gehe ich zu ihm, so errege ich Aufsehen. Wir müssen die Sache in aller Heimlichkeit untersuchen, sonst ist es möglich, daß der Mörder erfährt, daß er verraten ist. Erlauben Sie!"

Steinbach warf einige Zeilen auf ein Stück Papier, couvertierte und versiegelte es und klatschte dann in die Hände. Ein Schwarzer erschien und verbeugte sich demütig. Er erhielt das Schreiben und einen leisen Befehl, worauf er sich schnell entfernte.

Das war besorgt, und nun brachte Steinbach das Gespräch auf die privaten Angelegenheiten der Anwesenden und erfuhr dabei, was sie erlebt hatten, nachdem er an jenem Abende im Hafen von Konstantinopel von ihnen gegangen war. Noch hatten sie dies Thema nicht beendet, so klopfte es an eine Thür, die nach einer Nebenstube führte. Steinbach brannte ein Licht an und begab sich hinaus. Dort stand im Dunkel der Bei Mohammed es Sadak in ganz gewöhnlicher Kleidung. Er hatte sich heimlich herbeigeschlichen.

„Hier ist dein Brief," sagte er, die Zeilen zurückgebend. „Warum lässest du mich mitten in der Nacht wecken und auf Umwegen zu dir kommen?"

Der Bei sah bei diesen Worten nicht gut gelaunt aus. Selbst sein bevorzugtester Günstling hatte nie gewagt, ein solches Ansinnen an ihn zu stellen. Steinbach antwortete jedoch ruhig:

„Es gilt dein Leben, o Herrscher! Und wenn du nicht heimlich kämest, würden wir den Mörder vielleicht nicht ergreifen."

„Mein Leben? Den Mörder? Höre ich recht?"

„Du hörst recht. Ich habe dir gesagt, daß jener Ibrahim Pascha unter fremdem Namen hier ist, um dich und deine Absichten auszuforschen. Du hast gemeint, ihn nicht fürchten zu müssen. Du hast gezaudert, die Wege zu gehen, die ich dir zu deinem Heile und zum Heile deines Volkes empfehlen mußte. Du wirst heute erkennen, daß ich recht gehabt habe. Ibrahim Pascha will dich ermorden, mitten im Gebete."

„Beweise es."

„Du sollst dich mit eigenen Augen überzeugen."

Steinbach berichtete nun, was er von dem Lord und dessen Begleitern gehört hatte. Der Bei nahm diesen Bericht in aller Ruhe entgegen. Dann sagte er:

„Laß uns nach dem Kiosk gehen, wir beide allein!"

Die drei warteten unterdessen. Sie hatten gemeint, daß der Bei zu ihnen kommen werde, um sie zu befragen, aber sie irrten sich. Schon saßen sie wohl eine Stunde in dem Zimmer, und der Tag war bereits angebrochen, als endlich Steinbach zurückkehrte.

„Schön, daß Sie kommen!" empfing ihn der Lord. „Ich dachte wirklich, wir sollten hier sitzen bleiben, bis wir fest angewachsen seien. Leute, die solche Nachrichten bringen, pflegt man mit mehr Aufmerksamkeit zu behandeln."

„Je nach den Umständen. Der Herrscher ist nicht

unaufmerksam gegen Sie. Er hat mich beauftragt, Sie zu grüßen."

"Zu grüßen? Ist das alles?"

"Einstweilen, ja."

"Nun, dann grüßen Sie ihn von mir wieder, und sagen Sie ihm, daß ich mit ihm fertig bin!"

"Schön, das werde ich thun."

"Und ich verabschiede mich."

"So schnell? Ich hoffte doch, daß Sie den Kaffee mit mir trinken würden!"

"Trinken Sie ihn, mit wem Sie wollen! In Zukunft soll es mir sehr gleichgültig sein, ob man irgend einen in die Luft sprengen will oder nicht."

Der Aerger des Lords machte einen so komischen Eindruck, daß Steinbach darüber lachen mußte.

"Was, Sie lachen auch noch?" rief der Beleidigte. "Das ist mir denn doch zu viel! Ich meine es gut, und muß mich dafür verlachen lassen! Adieu! Wir sehen uns wohl nie wieder, Mister Steinbach!"

"O doch! Am Vormittage noch!"

"Fällt mir nicht ein!"

"Wie! Wollten Sie sich etwa nicht bei diesem interessanten Verhöre einfinden?"

"Bei welchem Verhöre?"

"Sie wissen wohl, daß der Bei ein strenger und gerechter, aber auch ein außerordentlich schneller Richter ist. Er überläßt die Rechtsprechung nicht gern anderen. So wird er auch heute über die Ereignisse dieser Nacht bereits am Vormittage aburteilen."

"Was für Ereignisse?"

"Nun, es hat einer drei Haremsdamen entführt!"

"Donnerwetter!"

Der Lord entfärbte sich.

"Und auf das Schiff schaffen wollen."

"Hol's der Teufel!"

"Ah, Mylord, das sind Sie!" lachte Normann.

"Laßt mich mit dieser Geschichte in Ruhe! Sie ist

vorüber. Ich hätte dabei den Hals brechen können, habe ihn aber nicht gebrochen, damit könnt ihr euch gerade so zufrieden geben, wie ich!"

„Was Sie betrifft, ja, aber was diesen Juden und seine Helfershelfer anbelangt, so wird ihnen kurzer Prozeß gemacht werden. Dazu aber müssen auch Sie verhört werden."

„Unsinn! Ich will gar nicht verhört werden! Wer etwas erfahren will, mag die Schurken selber fragen."

„Bitte, überlegen Sie! Sie sind nach den Gesetzen aller Länder und Völker gezwungen, Auskunft zu erteilen. Etwa nicht?"

„Geht mir mit diesen Ländern und bleibt mir auch mit diesen Völkern vom Leibe! Das Verhör ist öffentlich. Niemand braucht zu wissen, in welcher Weise ich mir einen Spaß gemacht habe."

„Es ist allerdings einiges dabei, was am besten verschwiegen werden möchte. Aber gerade darum sollen Sie den Kaffee hier bei mir trinken."

„Was hat der Kaffee mit dieser Angelegenheit zu thun?"

„Und nach dem Kaffee wird der Bei erfreut sein, Sie bei sich zu empfangen, um sich die betreffenden Erlebnisse von Ihnen selbst erzählen zu lassen."

Das brachte sofort die gewünschte Wirkung hervor.

„Ah! So pfeift der Spatz?" meinte der Lord.

„Ist das etwa falsch gepfiffen?"

„O, im Gegenteile sehr richtig, sehr richtig! Wer wird bei dieser Audienz noch zugegen sein?"

„Kein Mensch. Der Bei will nur Sie hören, und nach Ihrer Darstellung wird er sein Urteil abwägen."

„Ist kein übler Kerl, dieser Bei von Tunis, kein übler Kerl, wahrhaftig! Na gut, trinken wir also den Kaffee hier im Bardo. Aber wie steht es denn mit dem Kiosk des Gebetes? Wir müssen uns doch überzeugen, daß in dieser Angelegenheit —"

„Bitte, bitte," fiel Steinbach ihm ins Wort. „Das ist besorgt. Der Bei hat sich mit eigenen Augen überzeugt, daß er Ihnen wahrscheinlich sein Leben zu verdanken haben wird. Er wird Sie wahrscheinlich selbst ersuchen, für heute in dieser Sache Stillschweigen zu üben. Jetzt aber wollen wir sehen, ob der Kaffee fertig ist."

Er klatschte abermals in die Hände, und augenblicklich wurde der braune Trank von Mokka gebracht, und zwar von wem? — Von Hiluja vom Stamme der Beni Abbas!

Da sie keinen verhüllenden Mantel trug, war ihre Schönheit bis ins einzelne zu erkennen.

„Tausend Donner!" entfuhr es dem Engländer, und seine Augen drohten die Araberin zu verschlingen. Er folgte ihren anmutigen Bewegungen mit unverwandten Blicken, und dann, als sie wieder fort war, holte er tief, tief Atem und fragte:

„Himmelelement! Gehört die dem Bei?"

„Nein."

„Wem denn?"

„Niemand?"

„So ist sie frei?"

„Vollständig!"

„Darf ich fragen, wer ihr Vater ist, und wo ihre Verwandten sich befinden?"

„Viele Tagereisen tief in der Wüste."

„Ah! Ich hoffe doch, daß sie noch einmal hereinkommt!"

„Ja, wenn sie die Tassen holt."

„Dann werde ich sie fragen, ob sie mit mir nach London abdampfen will —"

„Gefällt sie Ihnen?"

„Welche Frage! Das ist ja die reine Göttin! Ich bin weder ein junger Bursche, noch ein alter Weibernarr, aber für einen Kuß von der gäbe ich —"

„Nun, wieviel?"

„Mich selber!"

„Da werden Sie sich wohl behalten müssen."

„Wieso?"

„Sie verschenkt oder verhandelt weder ihre Küsse, noch wird sie mit nach London fahren."

„Wissen Sie das so genau?"

„Ja."

„Sapperment! Ich bin Lord Eagle=nest, verstanden? Und ich habe mir heute nacht vorgenommen, mich zu verheiraten."

„Mit einer Araberin?"

„Sogar mit einer Hottentottin, wenn sie mir gefällt."

„Ich kann Ihnen dennoch keine Hoffnungen machen. Dieses Beduinenmädchen fährt mit mir nach Egypten."

„Oho! Mit Ihnen?"

„Ja."

„Ah, ich verstehe! Sie geben Sie natürlich nicht her."

„Sie verstehen mich falsch. Sie wurde in der Wüste gefangen, während sie zu einer Schwester nach Egypten wollte, ich befreite sie und werde sie, da ich ja nach Egypten muß, zu dieser Schwester bringen. Das ist aber auch alles. Sie steht unter meinem Schutze."

„So, so! Na, vielleicht muß ich auch nach Egypten. Wer kann wissen, was passiert! Versteht sie Französisch oder Englisch?"

„Nein, kein Wort, sondern nur Arabisch."

„O wehe! Und von dem Arabischen verstehe wieder ich kein Wort. Das ist fatal, höchst fatal!"

Steinbach erzählte nun ausführlicher, in welcher Weise er die Bekanntschaft Hilujas gemacht hatte. Er war noch nicht fertig, so erschien ein Bote des Bei, um den Engländer abzuholen. Dieser folgte ihm mit einer Art Grauen vor dieser Unterredung, die eigentlich etwas von reumütiger Privatbeichte an sich hatte.

Aber als er dann später wiederkehrte, strahlte sein Gesicht vor Freude. Er hatte die Versicherung erhalten, daß gewisse Seiten seines gestrigen Erlebnisses gar nicht in Erwähnung gebracht werden sollten. Um seine Güte voll zu machen, hatte der Bei seine über hundert Jahre alte Staatskarosse anspannen lassen, um ihn und die beiden Deutschen nach dem italienischen Hause fahren zu lassen.

Als sie dort ankamen, fanden sie Said, den Arababdschi vor, der bereits seit längerer Zeit auf sie gewartet hatte. Er brachte von Tschita und Zykyma die Botschaft, daß sie um Mitternacht kommen sollten, um die beiden Freundinnen abzuholen, da diese ihre Vorbereitungen danach treffen würden.

„Und Tschitas Mutter?" fragte Normann. „Ist sie denn so schnell hergestellt?"

„Gesund ist sie nicht. Der Arzt sagt, sie habe sich die Hüfte verstaucht, und es sei da vielleicht eine Blutung eingetreten."

„Die Hüfte verstaucht, die Hüfte? Hm, da also steht es mit der Frage schlecht, ob die Patientin bereits heute schon mit uns gehen kann."

„Der Pascha hat gesagt, daß sie heute abend herauf zu ihrer Tochter geschafft werden soll, um in die Pflege derselben zu kommen. Vorher will er mit Tschita und Zykyma einen Spazierritt unternehmen."

„Wohin?"

„Zufälligerweise weiß ich das, da ich sie begleiten muß. Es soll hinaus nach dem Bade l'Enf gehen."

„Das ist ein Seebad. Was will er da mit ihnen?"

„Ich weiß es nicht. Er verfolgt wohl den einzigen Zweck eines Spazierrittes: er will ihnen eine Freude machen, sodaß sie gute Laune bekommen und freundlicher gegen ihn sind, als bisher. Denn er hat noch nicht ein einziges Lächeln auf ihren Lippen zu sehen, oder ein freundliches Wort aus ihrem Munde zu hören bekommen."

„Das mag sein. Hat er vielleicht gesagt, wann er zurückkehren würde?"

„Nein. Aber es läßt sich denken, daß er bereits vor nacht wieder da sein wird."

Diese Voraussetzung war allerdings sehr falsch.

Daß Said das nicht wußte, lag daran, daß er nicht der Vertraute des Paschas war. Der Derwisch war da viel besser unterrichtet, als der kleine, brave Arababschi.

---

24. Kapitel.

Als der Derwisch Normann und Wallert gesehen hatte und nach dem Hause gegangen war, um zunächst zu erfahren, ob etwas Besonderes geschehen sei, hatte er zunächst den Wächter des Gartens befragt. Die Antwort desselben hatte ihm zu denken gegeben, und er ließ daher eine Papierlaterne anbrennen und, unter Vermeidung allen Aufsehens, den Garten untersuchen.

Dabei wurden denn auch die Spuren der beiden Freunde entdeckt.

Jetzt begab er sich schleunigst zu dem Pascha, der

noch nicht zur Ruhe gegangen war, da er soeben erst den Bericht Saids entgegengenommen und diesen dann verabschiedet hatte. Derselbe wunderte sich nicht wenig, den Derwisch noch so spät bei sich zu sehen. Seine Verwunderung aber wurde zur Bestürzung, als er hörte, wen dieser gesehen habe.

„Wallert! Der Bruder Tschitas!" stieß er hervor. „Das ist nicht möglich!"

„Soll ich etwa meinen Augen nicht trauen?"

„Dennoch irrst du dich!"

„Oder auch meinen Ohren nicht? Ich hörte sie sprechen."

„So müssen sie gleich nach uns Konstantinopel verlassen haben. Sollten sie etwa gar auf der Jacht ihres Freundes, des Engländers, hier angekommen sein?"

„Das ist möglich."

„Man muß sich davon überzeugen. Ich werde sogleich ein Pferd nehmen und nach dem Hafen reiten, um zu forschen, ob diese Jacht etwa vor Anker liegt."

„Du wirst sehr vorsichtig sein müssen."

„Ich berühre die Stadt gar nicht, sondern ich reite um sie herum."

„Wäre es nicht besser, vorher die Rückkehr meines Gefährten abzuwarten, damit wir erfahren, wo diese beiden Menschen ihre Wohnung aufgeschlagen haben?"

„Ja, das wollen wir."

„Die Wächter werden dann während unserer Abwesenheit doppelt aufpassen müssen."

„Das ist nicht nötig. Der Tag ist nahe, die Halunken werden jetzt nicht zurückkehren, und wir dürfen den Mädchen auch nicht durch eine so verschärfte Wachsamkeit verraten, daß wir alles wissen. Also du meinst, daß einer von ihnen oben gewesen ist?"

„Ganz gewiß. Ich erkannte seine Stapfen im Sande. Und oben stand der eine Laden offen."

„Tausend Teufel! So ist wohl gar die Flucht verabredet worden! Was meinst du?"

„Was sonst? Vielleicht wissen sie jetzt sogar, daß sie Geschwister sind. Ein Glück, daß die Stumme nicht auch mit oben war. Da wäre wohl die Flucht schon bewerkstelligt worden."

„Nun möchte ich auch glauben, daß diese Schurken in Konstantinopel bei mir im Garten gewesen sind."

„Das läßt sich mit Bestimmtheit vermuten."

„Vielleicht haben die Mädchen schon dort entführt

werden sollen; wir aber sind noch im letzten Augenblick dazwischen gekommen. Wie aber war es ihnen nur möglich, über das Wasser und die hohen Mauern in den Garten zu gelangen?"

„Wer weiß es! Vielleicht haben sie einen Helfershelfer."

„Hölle und Tod! Wohl etwa hier auch!"

„Ich möchte es glauben. Wie wäre es ihnen sonst so schnell gelungen, unseren Aufenthalt zu entdecken?"

„Wer sollte es sein?"

„Ich nicht!"

„Ich natürlich auch nicht. Von den beiden Wächtern ist es auch keiner, denn ihnen sind sie ganz unbekannt. So bliebe also nur Said, der Arabadschi übrig."

„Ich wüßte keinen andern."

„Aber gerade ihm möchte ich nicht mißtrauen. Sollten hinter seinem offenen, ehrlichen Gesicht die Lüge und der Verrat stecken? Das ist unmöglich!"

„So begreife ich dich nicht. Gerade solchen freundlichen, glatten Gesichtern ist am allerwenigsten zu trauen. Du schenkst ihm zu viel Vertrauen und Freiheit; du läßt ihn Dinge wissen, von denen er eigentlich keine Ahnung haben sollte."

„Ah! Ich werde ihn prüfen; ich werde ihn auf die Probe stellen, und wehe ihm, wenn er die Probe nicht besteht. Er darf nichts von dem ahnen, was wir erfahren haben. Hast du heute auf deinem Wachtposten vielleicht noch etwas Wichtiges erfahren?"

„Erfahren nicht, aber gethan habe ich etwas, was wohl viel wichtiger ist, als alles, was wir bisher erfahren haben."

„Was?"

„Das kann ich dir auch später sagen. Jetzt möchten wir gehen. Mein Bote könnte zurückkehren und nicht warten wollen, wenn er mich nicht unter dem Mauerbogen findet."

Sie gingen. Vorher aber überzeugte sich der Pascha,

daß Said sich zur Ruhe begeben hatte, und befahl den beiden Wächtern die verschärfteste Vorsicht an.

Als sie den Bogen der Wasserleitung erreichten, befand sich der Bote, nämlich der Lord, natürlich noch nicht da. Er hatte ja gar nicht die Absicht, wiederzukommen.

„Vielleicht hat er die beiden sehr weit begleiten müssen," meinte der Derwisch, „da kann er freilich noch nicht hier sein."

„So warten wir. Ich muß unbedingt wissen, wo diese Menschen wohnen. Unterdessen kannst du mir sagen, was du so sehr Wichtiges gethan hast. Bezieht es sich auf unsere hiesigen Absichten?"

„Natürlich. Ich dachte daran, daß du bereits zweimal bei dem Bei gewesen bist —"

„Leider umsonst!"

„Und daß er wohl auch seine Gesinnung nicht ändern wird. Es giebt hier einen uns feindlichen Einfluß, der uns um so schädlicher ist, als wir ihn nicht kennen. Wir haben auch keine Zeit, lange Nachforschungen anzustellen, da es mit unseren Erfolgen so große Eile hat."

„Der Thronfolger ist unserer Angelegenheit günstiger gesinnt, als der Bei."

„Hast du mit ihm gesprochen?"

„Ja, heute am Tage."

„Ahnt er, wer und was du bist?"

„Vielleicht. Ich mußte ihn doch erraten lassen, daß ich nicht ein gewöhnlicher Handelsmann bin. Er hat mich mit großer Freundlichkeit behandelt und baldigst wieder bestellt. Er scheint den Bei nicht zu lieben. Stände er am Ruder, so kostete es mich ein Wort, und meine Sendung würde glücken."

„So stelle ihn doch an das Ruder!"

„Ich?" fragte der Pascha erstaunt.

„Ja, du!"

„Wie soll ich das thun?"

„Indem du dem jetzigen Herrscher das Ruder nimmst."

„Bist du toll? Das könnte nur mit Hilfe einer

Palastrevolution geschehen, und dazu besitze ich weder die Zeit, noch den nötigen Einfluß."

„Palastrevolution! O Allah!"

Diese Worte waren in einem sehr verächtlichen Tone gesprochen. Darum fragte der Pascha fast zornig:

„Welchen Ton erlaubst du dir! Weißt du vielleicht ein besseres Mittel?"

„Ja, ein Mittel, das augenblicklich wirkt."

„So sage es!"

„Den — Tod!"

„Teufel! Der Herrscher hat keine Lust, zu sterben."

„Stirbt der Mensch etwa nur dann, wenn er Lust dazu hat?"

„Nein; aber er ist kräftig, gesund!"

„Stirbt man nur an einer Krankheit?"

„Meinst du vielleicht — Mord?"

„Fürchtest du dich vor diesem Worte?"

„Nein; das habe ich genugsam bewiesen!"

„Ja, du stammst aus einer guten, harten Wurzel! Dein Vater war ja in Kurdistan geboren, wo ein Eimer Menschenblutes keinen Piaster wert ist. Doch jetzt bist du nicht mehr in den thatkräftigen Jahren der Jugend. Jetzt ist dir der Geruch des Blutes zuwider."

„Oho! Wenn ich erreichen kann, was ich erreichen will, so ist mir jedes Mittel recht."

„Nun, was zauderst du da?"

„Ich müßte wissen, daß es durch kein anderes Mittel zu erreichen ist. Und sodann darf ich nichts thun, was gegen den Willen dessen ist, der mich gesandt hat."

„Willst du da erst lange fragen? Wer kann dir die That nachweisen?"

„Wie soll sie geschehen?"

„Es giebt verschiedene Arten, zu sterben."

Der Pascha schwieg. Die Stimme des Versuchers hatte den richtigen Punkt getroffen. Er überlegte. Erst nach einer längeren Pause sagte er:

„Du bist ein Teufel, aber auch so klug und listig wie der Gebieter der Hölle."

„Es bedarf keiner außerordentlichen List, um zu wissen, daß man die Erbschaft eines Menschen desto früher macht, je eher er stirbt."

„Aber das ist ein Mord!"

„Wo denkst du hin! Es giebt keinen Mord!"

„Wieso?"

„Die Schicksale und das Ende des Menschen sind im Buche des Lebens verzeichnet seit Anbeginn. Da giebt es keine Aenderung. Wenn Allah seit Ewigkeit bestimmt hat, daß Mohammed es Sadak Bei von meiner Hand sterben soll, so bin ich kein Mörder, wenn ich ihn töte, sondern ich erfülle nur den Willen des Allmächtigen."

„Du sprichst von dir? Willst etwa du den Streich führen?"

„Warum nicht! Aber was habe ich davon?"

„Viel, sehr viel!"

„Was bietest du?"

„Was wirst du fordern?"

„Einen Teil der Gewalt, die dir zufällt."

„Meine Gnade würde dich beleuchten."

„Bedenke, wenn du deine jetzige Aufgabe so schnell erledigst, so stehen dir alle Würden offen. Der Vezier hat nie eigentlich die Gunst des Großherrn besessen; wenn der Herrscher von Tunis jetzt stirbt, so fällt der Großvezier und sämtliche Minister und Beamte der hohen Pforte mit ihm. Neue steigen empor, und unter diesen Neuen wirst du einer der Ersten sein."

„Das ist sicher; das weiß ich ebensogut, wie du es mir sagst."

„Werde ich dein Sekretär sein, wenn du Minister wirst?"

„Ja."

„Schwöre es!"

„Das habe ich eigentlich nicht nötig, denn ich habe dir noch niemals mein Wort gebrochen; aber ich will dir dennoch den Schwur bei dem Barte des Propheten leisten."

„Gut! Paß auf, was heute geschieht!"

„Darf ich es nicht vorher wissen?"

„Du darfst es wissen, wenn du mir versprichst, mich nicht dabei zu stören und mir auch nicht abzureden."

„Ich gebe dir dieses Versprechen unbedenklich."

„Hast du einmal von den ‚Freunden der Patrone' gehört?"

„Ja."

„Nun, was?"

„Es giebt mehrere heimliche Verbindungen, zu denen besonders Derwische und Softas (Studenten) gehören. Eine dieser Verbindungen nennt ihre Glieder ‚Freunde des Giftes', die andere giebt den Ihrigen den Namen ‚Freunde der Patrone'. Die eine Verbindung schafft ihre Feinde durch Gift beiseite, während die andere jeden, der ihr im Wege steht, in die Luft sprengt."

„So ist es."

„Und du? Bist du etwa Mitglied?"

„Ich bin ein Freund der Patrone."

„Ich danke dir. Was aber hat diese Verbindung mit unserer Aufgabe zu schaffen? Soll etwa der Bei von Tunis in die Luft gesprengt werden?"

„Warum nicht? Die Patrone liegt bereits an ihrer Stelle. Ich habe sie heute in der Nacht in das Gartenhaus des Gebieters gebracht."

Er erzählte ihm so viel von dem Ereignisse, wie er für nötig hielt.

„Wie aber willst du sie entzünden?" fragte dann der Pascha.

„Das ist sehr leicht. Es bedarf nur eines einzigen elektrischen Funkens. Hier im Innern meines Turbans habe ich ein kleines Fell. Und diese Scheide meines Messers ist von Glas und mit einem Stoffe überzogen, den ich nicht kenne; vielleicht ist es Pech oder Harz. Will ich die Patrone entzünden, so reibe ich die Messerscheide recht kräftig mit dem Felle und halte sie dann an den Draht, der zur Patrone führt. Der Funke springt über, und sie zerplatzt in demselben Augenblicke."

„Das giebt eine Explosion, die auch dich vernichten kann."

„Da brauchst du gar keine Sorge zu haben. Die Patrone wirkt nur auf ganz kurze Entfernung, aber um so kräftiger. Uebrigens befindet sich ja die Gartenmauer zwischen mir und meinem Opfer."

„Aber der Knall wird dich verraten!"

„Wieso?"

„Man wird herbeieilen, sobald man ihn hört, und dich ergreifen."

„Wird man denn wissen, daß ich die Ursache bin? Ich gehe spazieren. Wenn der Muezzin von dem Minaret herabruft: ,Auf, ihr Gläubigen, rüstet euch zum Gebete,' tritt der Bei in sein Gartenhaus und kniet auf das Kissen nieder. Ich lustwandele langsam an der Mauer hin, und im Vorübergehen berühre ich den Draht. Wer will so schnell herbeieilen und auch so schnell die Drahtleitung entdecken, daß er sagen könnte, ich sei der Thäter? Und selbst dann, wenn man mich ergreift, wird man nichts bei mir finden, womit man beweisen könnte, daß ich den Funken erzeugt habe. Doch jetzt genug hiervon! Sage mir kurz und bündig, ob du mit meinem Vorhaben einverstanden bist oder nicht."

„Ich bin einverstanden, sobald ich die Sicherheit habe, daß ich bei dem Bei meine Absicht nicht erreiche."

„Soll ich etwa warten, bis man die Patrone entdeckt?"

„Nein. Ich werde noch während des Vormittags zu ihm gehen; das ist das dritte Mal. Giebt er mir da keine Antwort, so magst du dein Werk thun."

„Gut, so soll es sein. Aber der Tag ist bereits angebrochen, und mein Bote kommt nicht zurück."

„Vielleicht verrät er dich?"

„Der? Ihm hatte Allah kein Gehirn gegeben. Ein Dummkopf ist niemals ein Verräter. Er hat das Geschick nicht gehabt, die beiden Männer im Auge zu behalten, und sie also verloren. Nun getraut er sich natürlich nicht zurück zu mir."

„Wie aber, wenn er dich durchschaut hat und das mit der Drahtleitung zur Anzeige bringt!"

„Das fällt ihm nicht ein. Ich habe ihm eine Haremsfrau versprochen, und er glaubt an sie, wie an seine Seligkeit. Doch horch! Man spricht bereits das Morgengebet. Jetzt kannst du ein Tier bekommen, um nach dem Hafen zu reiten und nach der Jacht zu sehen."

„Und was thust du?"

„Ich gehe nach Hause, um die Schönheiten deines Harems bis zu deiner Rückkehr zu bewachen."

Der Derwisch ging zurück. Der Pascha aber schritt der Stadt entgegen, in der sich bereits das Leben zu regen begann. Ein Eselsjunge hielt schon am alten Thore. Der Pascha stieg auf und ritt nach dem Hafen.

Richtig, da lag die Jacht, die er kannte!

Anstatt direkt zurückzukehren, ritt er nach Norden zu. Erst zwischen den beiden Vorgebirgen Busaid und Chamart hielt er an. Wunderbarer Weise lag dort ein Langboot, wie man sie auf Dampfern hat, am Lande, und dabei saßen zwei türkische Matrosen, ihre Pfeifen rauchend. Sie schienen ihn zu kennen, denn bei seinem Erscheinen sprangen sie schnell auf und verbeugten sich tief.

„Wo ist der Steuermann?" fragte er.

„Dort hinter dem Felsen schläft er."

„Soll ich etwa selbst gehen, um ihn zu wecken?"

Da sprang der eine der Matrosen eilig fort und kehrte bald darauf mit dem Genannten zurück, dessen Gesicht, trotzdem es jetzt verschlafen aussah, einen ungemein pfiffigen Ausdruck hatte.

„Was befiehlst du, o Pascha?" fragte er.

„Habt ihr stets hier gelegen?"

„Ja. Du hattest es ja befohlen."

„Das ist recht. Melde dem Kapitän, daß er die Anker lichten und um die Halbinsel Dakhul fahren soll.

Wahrscheinlich muß ich Tunis heimlich verlassen. In diesem Falle reite ich per Kamel nach der anderen Seite, wo ihr mich nördlich von dem Orte Klibiah am Vorgebirge al Melhr wahrscheinlich schon beim Aufgange der Sonne auf euch warten sehen werdet. Ihr nehmt mich im großen Boote auf, denn ich werde Personen bei mir haben, die sich weigern dürften, mit an Bord zu gehen."

„Und wenn du nicht da bist, Herr?"

„So bin ich in Tunis geblieben, und ihr kehrt dorthin zurück oder haltet hier Wache wie bisher."

Jetzt kehrte er befriedigt nach Hause zurück. Er hatte dafür gesorgt, daß er, im Falle der Anschlag mit der Patrone mißlingen sollte, Gelegenheit zur schleunigen Flucht behielt. Das war die Hauptsache.

Zu Hause angekommen, fand er Said, den Arababschi, bereits wieder munter. Er sagte ihm, daß er heute am Nachmittage einen Spazierritt nach dem Seebade l'Enf mitmachen müsse. Auch das war eine Vorbereitung zu der vielleicht nötigen Flucht. Said sowohl, als auch die beiden Mädchen sollten keineswegs ahnen, daß sie wieder zur See gehen müßten.

Natürlich machte sich der Arababschi sogleich auf, um auch Normann und Wallert mitzuteilen, daß dieser Ritt nach dem Bade beabsichtigt werde. Auch davon, daß die Stumme heute abend nach oben geschafft werden solle, hatte er gehört, und teilte es den beiden Freunden ebenfalls mit. Leider war dies aber nur ein kluger Coup des Paschas gewesen. Dieser hatte vielmehr die Absicht, nur mit den Mädchen fortzugehen, falls er zur Flucht gezwungen sei, und die Alte, die ihm ungemein lästig war, zurückzulassen.

Das teilte er dem Derwisch mit, und dieser stimmte bei, nur aus einem anderen Grunde, als der Pascha meinte.

„Jetzt aber werde ich mich langsam nach der Stadt begeben," sagte der Pascha, „da der Bei heute in seinem Palaste zu Gericht sitzt und vorher Audienz erteilt. Da soll es sich entscheiden, ob wir die Patrone platzen lassen oder nicht. Bewache du unterdessen das Haus."

Er ging. Der Derwisch blickte ihm nach, machte eine höhnische Geberde und murmelte:

"Selbst wenn es mißlänge, würdest du diese beiden herrlichen Geschöpfe nur für mich retten. Tschita muß mein Weib werden. Sie muß — muß — muß! Ihre Mutter wollte es nicht sein, nun wird die Tochter an ihre Stelle treten. Du aber, Ibrahim Pascha, bist mein Sklave und Werkzeug. Du willst Minister werden, und ich werde es sein. Du arbeitest für mich, und wenn ich die Früchte genieße, werde ich dir die Schalen an den Kopf werfen. Laufe hin!"

Und der Pascha lief hin. Er dachte nicht, welch einer Begegnung er jetzt entgegengehe.

Er fand das Vorzimmer des Bei bereits von vielen Leuten besetzt. Sie alle wollten mit dem Herrscher sprechen. Ein jeder hatte sein eigenes Anliegen. Davon aber hütete er sich zu sprechen. Der Gegenstand der leise geführten Unterhaltung war vielmehr das Ereignis, das sich heute in der Nacht mit dem berüchtigten Juden Jakub Afir zugetragen hatte. Er und seine Spießgesellen waren gefangen genommen. Das gab einen Rechtsfall, der gewiß Tausende von Zuschauern im Hofe des Palastes versammeln würde.

Auch dieser Gegenstand war endlich trotz des Interesses, das er bot, erschöpft. Die Zeit verging, und doch wurde keiner vorgelassen. Man fragte neugierig, was der Bei denn jetzt so notwendig zu thun und zu besprechen habe. Es mußte sich jedenfalls um eine Person oder Sache von allergrößter Wichtigkeit handeln.

Endlich schien die lange Unterredung zu Ende zu sein. Die beiden Stimmen im Audienzzimmer des Herrschers näherten sich dem Ausgang, und man hörte den Bei sagen:

„Also sind wir in jeder Beziehung einig. Sie könnten bereits abreisen, wenn ich Sie nicht so gern noch für kurze Zeit bei mir sehen möchte. Wollen Sie meinem Tunis noch einige Zeit schenken?"

„Einige Tage wohl, wenn Sie befehlen. Länger aber zu verweilen, ist mir nicht erlaubt."

„Wann sehen wir uns also wieder?"

„Nun, dann nach —"

„Hm, ja! Nach dem Gebete! Allah geleite Sie!"

Die Vorhänge wurden darauf auseinander geschoben, und beide Sprecher erschienen, der Bei, um seinen Gast bis zur Thür zu geleiten, und letzterer, um sich mit einer tiefen Verbeugung zu verabschieden.

Bei dem Anblicke dieses Mannes wich das Blut aus Ibrahim Paschas Wangen. Er sah ja Steinbach, den Mann, den er in den Fluten des Goldenen Hornes ertrunken wähnte! War er es denn wirklich? Unmöglich! Es war jedenfalls ein anderer, der nur eine so ungemeine Aehnlichkeit mit dem Ertrunkenen besaß.

Da aber erblickte auch Steinbach den Pascha, und über sein schönes Gesicht glitt ein unbeschreibliches Lächeln. Schnell trat er an ihn heran und fragte in türkischer Sprache, während er mit dem Bei französisch gesprochen hatte:

„Du hier? Wie ist das möglich?"

Der Pascha nahm sich zusammen, heuchelte so viel Gleichgültigkeit, wie ihm möglich war, und antwortete:

„Kennst du mich?"

„Jedenfalls doch!"

„Ich dich nicht."

„Wie? Hätten wir uns nicht gesehen?"

„Nein. Wo willst du mich gesehen haben?"

„In Stambul."

„Da war ich nie."

„Wie heißt du?"

„Ich bin der Kaufmann Hulam aus Smyrna."

„Ah, nicht Ibrahim Pascha aus Stambul?"

„Nein."

„Das ist dein Glück, denn sonst hätte ich dich sofort als Mörder gefangen nehmen lassen. Nimm dich in acht, daß diese Aehnlichkeit dich nicht noch in großen Schaden bringt."

Steinbach ging darauf.

Der Bei hatte, zwischen den Vorhängen stehen bleibend, das Gespräch mit angehört. Er wandte sich in sein Zimmer zurück, und die Audienz begann.

Es war dem Pascha angst geworden. Bald lief es ihm heiß, bald kalt über den Körper, und er fragte sich, ob es nicht besser sei, Tunis sofort zu verlassen.

Aber konnte er sich jetzt von hier entfernen, ohne erst recht den Verdacht eines bösen Gewissens auf sich zu laden?

Zudem wurde sehr bald sein Name genannt, und er mußte bei dem Herrscher eintreten. Dieser saß, eine kostbare Wasserpfeife rauchend, auf einem Kissen, die Arme auf seidene Rollen gestützt. In der Linken hielt er, scheinbar nur spielend, einen geladenen Revolver. Sein Auge ruhte mit scharfem, finsteren Blicke auf dem Eintretenden, der sich so tief verneigte, daß er fast zur Erde fiel.

„Du warst bereits bei mir," sagte der Bei. „Was willst du heute wieder hier?"

„Ich wollte dich um die Gnade bitten, dich meiner Frage in Großmut nochmals zu erinnern."

„Welcher Frage?"

„Ob es dir angenehm sein würde, wenn der in Stambul weilende Großvezier dir durch einen privaten Bevollmächtigten gewisse Wünsche vortragen lassen würde."

„Der Großvezier hat mit mir nur amtlich zu verkehren. Er hat nicht zu wünschen, sondern zu bitten. Wer sollte denn der Bevollmächtigte sein, falls ich die Lust hätte, auf diesen Vorschlag einzugehen?"

„Der Großvezier würde ihn bestimmen."

„Nicht ich? Der Großvezier ist mir wirklich sehr gnädig gesinnt! Vielleicht würde er dir diese Angelegenheit anvertrauen. Nicht wahr?"

„Das ist möglich."

„So müßtest du also nach Stambul, um dir deine Instruktionen zu holen! Das dauert mir zu lang."

„Vielleicht bin ich bereits im Besitze der Instruktionen."

„So hast du mit dem Großvezier gesprochen?"

„Ja."

Da ging ein verächtliches, stolzes Lächeln über das Gesicht des Herrschers, und er sagte:

„Vermelde dem Großvezier meinen Respekt, aber zugleich auch, daß es mich sehr wundert, daß er sein Vertrauen nicht klügeren Leuten schenkt!"

„Herr!" stammelte der Pascha.

„Ja, sage ihm das! Soeben hast du geleugnet, in Stambul gewesen zu sein, und mir gestehst du ein, mit dem Vezier gesprochen zu haben —"

„Das geschah nicht in Stambul."

„Lüge nicht! Der Großvezier hat Stambul seit seinem Amtsantritt nicht verlassen! Warum übrigens beleidigt er mich mit dir? Bist du wirklich nur Kaufmann, so ist es eine Beleidigung, dich zu mir zu senden. Bist du aber mehr, so ist es eine ebenso große Beleidigung, es mir zu verheimlichen."

„Herr, ich habe zu gehorchen!"

„Ja, du bist der Sklave deines Herrn, und darum soll dich mein Zorn nicht treffen. Aber hüte dich, hier in meinem Lande etwas zu thun, was gegen meinen Willen und gegen meine Gesetze ist. Der Vezier könnte dich nicht schützen, denn du bist nicht offiziell von ihm bei mir beglaubigt und an mich empfohlen. Ich rate dir, der Kaufmann Hulam zu bleiben und als solcher in Frieden deines Weges heimwärts zu ziehen. Das wird das beste sein. Sehen wir uns wieder, so ist es gewiß nicht mehr so in Frieden wie jetzt. Nun kannst du gehen. Ich halte dich nicht!"

So etwas war dem Pascha noch niemals geboten worden. Er kochte vor Wut und — schwerer Besorgnis. Seine Wut war um so größer, als er dieselbe nicht einmal merken lassen durfte. Er mußte sich mit dem unterthänigsten Lächeln und in größter Demut verleugnen. Dann ging er. Aber wie er durch das Vorzimmer in den Hof und dann aus dem Palast hinaus gekommen war, das mußte er selbst nicht mehr. Er hätte vor Grimm die ganze Menschheit erwürgen mögen.

Als er zu Hause ankam, fand er den Derwisch natürlich von der größten Neugierde erfüllt.

„Nun, wie ist es gegangen? Was hast du beschlossen?" fragte der Freund der Patronen.

„Er muß sterben."

„Ah! Also doch?"

„Ja, und zwar noch heute."

„Natürlich."

„Und noch einer!"

„Noch einer? Du bist in einem Zorne, wie ich ihn an dir noch niemals bemerkt habe."

„Ist es ein Wunder? Er hat mich wie einen Hund behandelt! Nein, nicht wie einen Hund, sondern wie ein giftiges Ungeziefer hat er mich fortgewiesen."

„Wie ist das gekommen? Mohammed es Sadak Bei ist doch als ein milder, freundlicher Mann bekannt."

„Der andere ist schuld! Aber darum soll auch er mit sterben, auch er!"

„Wer?"

„Jener Mensch, von dem ich glaubte, daß er tot sei, ertrunken im Goldenen Horn. Jener Mensch, den wir durch den Wärter des Leoparden beobachten ließen; jener Mensch, der mich hinderte, auf dem Gottesacker Wallert festzunehmen; jener Mensch ———"

„Der, der ———!" rief der Derwisch, im höchsten Grade betroffen.

„Ja, der!"

„Der lebt noch?"

„Welche Frage! Er lebt nicht nur noch, sondern ist mir auch hier bei dem Bei zuvorgekommen. Er hat einen glänzenden Sieg davongetragen, wie ich mit meinen eigenen Ohren anhören mußte. Und dann trat er voller Hohn zu mir und examinierte mich, wie ein Richter den Verbrecher ausfragt."

„Erzähle doch!"

„Was giebt es da zu erzählen! Sie müssen beide sterben!"

„Ganz recht! Aber ich möchte doch erfahren, was sich begeben hat. Nur dann weiß man, was zu thun nötig ist."

„So höre!"

Ibrahim Pascha erzählte. Der Derwisch hörte aufmerksam zu. Dann sagte er:

"Jetzt ist mir alles klar. Dieser Mann ist mit Normann und Wallert hier angekommen. Er weiß, wo wir wohnen, er weiß jedenfalls auch, daß diese beiden gestern abend hier im Garten gewesen sind. Er ist mit

im Komplott. Er will dir deine Frauen mit ent= führen."

"Das soll ihm nicht gelingen! Er muß ebenfalls sterben. Erst der Bei und dann er."

„Gut, mir ist das recht! Aber wie steht es nun mit unserer Sicherheit?"

„Wie soll es da stehen! Thun kann mir kein Mensch etwas. Mein Paß lautet auf Hulam aus Smyrna. Ich fliehe nun erst recht nicht, es müßte denn dein Anschlag gegen den Bei mißlingen. Der Nachfolger will mir wohl, er billigt unsere Pläne, und mit seiner Hilfe werde ich über diese Menschen triumphieren. Aber zur etwaigen Flucht muß ich dennoch alles vorbereiten. Bestellen wir uns also die Tiere, die wir zum Ritt bedürfen."

„Wirst du den Ritt auch unternehmen, wenn der Anschlag gelingt?"

„Das weiß ich nicht."

„Es wird besser sein. Die Vorbereitungen sind dann einmal getroffen. Es würde auffallen, wenn du es nicht thätest. Du reitest nach dem Meere spazieren und kehrst des Abends zurück."

Sie trafen nunmehr ihre Vorbereitungen, ohne sich um das Ereignis zu bekümmern, das einen großen Teil von Tunis auf die Beine brachte: Der Bei hielt nämlich Gericht über den Juden Jakub Afir und seine Verbündeten. Auch die Mädchen mußten mit herbei.

Die Einleitung bestand darin, daß ihnen allen zunächst die nackten Füße zwischen zwei Bretter geschraubt wurden und sie auf die Sohlen die Bastonnade erhielten — die Männer im offenen Hofe, jeder zwanzig Hiebe und die Mädchen in einem abgeschlossenen Raume je zehn Streiche. Das stärkte ihre Bereitschaft zum Geständnisse.

Wunderbarer Weise gelang es dem Beherrscher, die Vernehmung so zu leiten, daß der Engländer nicht im mindesten blamiert wurde. Es dauerte nur kurze Zeit, so war eine vollständige Beichte abgelegt.

Das Urteil lautete eigentümlich: Konfiskation des sämtlichen Eigentumes, diese verstand sich ja im Lande Tunis, und da es einen Juden betraf, ganz von selbst. Sodann wurden den Männern Kopfhaar und Bärte glatt abrasiert, eine ganz entsetzliche Schande. Und zu-

Jetzt befahl der Beherrscher, daß alle, Männer sowohl wie Frauen und Mädchen, nach der algerischen Grenze geschafft und da hinübergestäupt wurden.

„Denn," erklärte er, „töten will ich diese Hunde und Hündinnen nicht, da ihnen Allah ja einmal das Leben gegeben hat. Gefangen setzen mag ich sie auch nicht, denn sonst müßte ich sie ernähren, und ich habe bessere und bravere Unterthanen, die der Nahrung und Kleidung mehr wert sind, als diese Verbrecher. Darum jage ich sie aus dem Lande hinaus. So bin ich sie los. Kommen sie aber zurück, so lasse ich sie peitschen, bis sie tot sind. So lautet mein Spruch und Urteil. Allah sei gelobt jetzt und in alle Ewigkeit."

Normann und Wallert hatten dieser interessanten Gerichtsverhandlung mit beigewohnt. Als sie vorüber war, war auch der Vormittag zu Ende gegangen. Sie begaben sich nun nach dem italienischen Hause, um da zu speisen, und dann sollten sie zu Steinbach nach dem Bardo kommen und den Engländer mitbringen, der sie im Gasthause erwartete, da er nicht Lust verspürte, Zeuge der Gerichtssitzung zu sein. Im Bardo wollten sie bei der Festnehmung des Derwisches zugegen sein.

Als der Engländer hörte, welches Urteil über seine Feinde gefällt worden sei, schmunzelte er vergnügt vor sich hin:

„Wenn das alle Monarchen so machten, so gäbe das eine ganz famose Herüber= und Hinüberschieberei der Verbrecher. Na, mögen drüben die Herren Franzosen sehen, was sie mit diesem Juden anfangen! Ich entführe ihm sicher keine Odaliske wieder!"

---

25. Kapitel.

Das Nachmittagsgebet der Muhammedaner fällt ganz genau auf die dritte Stunde. Bereits um zwei Uhr erschien der Pascha bei Tichita und Zykyma, um ihnen zu befehlen, sich bereit zum Spazierritte zu halten.

„Reitet meine Mutter mit?" fragte die erstere.

„Wie sollte sie?" antwortete er. „Sie kann ja nicht aufstehen. Wie könnte sie auf dem Kamele sitzen!"

„So bleibe ich auch da."

„Du wirst mit reiten. Ich befehle es dir!"

„Ohne meine Mutter nicht!"

„Dieser Spazierritt ist eine Gnade, die ich euch erweise. Seht ihr das nicht ein, so seid ihr keiner weiteren Gnade wert, und ich werde euch strenger halten. Ich wollte deiner Mutter erlauben, heute abend wieder zu euch zurückzukehren. Nun aber mag sie unten bleiben. Wer meine Güte zurückweist, dem biete ich sie nicht wieder an."

Das traf Tschita ins tiefste Herz. Sie besann sich nicht lange, sondern entschied:

„So reite ich mit. Aber wenn heute abend die Mutter nicht bei uns ist, so sollst du erfahren, daß auch wir Frauen einen Willen und die Kraft dazu haben, ihn zur Geltung zu bringen."

„Ah! Du willst mir drohen?"

„Ja, ich drohe dir! Und nun handle danach. Wer aber wird uns bedienen, da die Mutter krank ist und wir keine Frauen haben?"

„Bedient euch selbst. Das übrige wird Said thun."

Das war den beiden Mädchen nur willkommen.

Nach einiger Zeit trat Said ein und meldete ihnen, daß der Pascha noch einmal für einige Minuten ausgegangen sei.

„Wo ist der Derwisch?" fragte Zykyma.

„Auch fort."

„Wird er mit reiten?"

„Ja. Wir reiten alle."

„Das ist auffällig. Warum alle? Sieht das nicht wie eine Abreise aus?"

„Diesen Verdacht habe auch ich bereits gehabt."

„Ist es da nicht besser, wir verlassen gleich jetzt das Haus und suchen die Freunde auf?"

„Das geht nicht. Die beiden Wächter stehen unten. Sie sind bewaffnet bis an die Zähne. Ich bin allein gegen sie und müßte im Kampfe unterliegen. Außerdem gehört ihr dem Pascha. Er kann es beweisen und euch in jedem Augenblick zurückfordern. Wartet bis heute abend.

„Die Freunde werden kommen und euch nach dem Schiffe bringen. Seid ihr dort, dann ist alles gut."

„Aber wenn der Pascha uns betrügt?"

„Ich glaube doch nicht, daß er die Absicht hat, von Tunis abzureisen. Ich weiß, daß er hier noch viel zu thun hat. Ich hörte es gestern."

„Das gebe Allah!" sagte Tschita. „Wenn er mich hier weglockte ohne meine Mutter, so müßte ich sterben, würde aber vorher ihn töten."

„Uebrigens," meinte Said lächelnd, „bin ich auf alles gefaßt. Ich habe den Freunden gesagt, daß wir nach dem Bardo wollen. Sie werden uns nachfolgen, wenn wir nicht zurückkehren, und ich werde dafür sorgen, daß sie erfahren, wohin wir gehen. Ihr dürft keine Sorge haben."

Der Derwisch war noch eher fortgegangen als der Pascha. Letzterer wollte sich überzeugen, ob die Patronen ihre Schuldigkeit thun würden. Doch fiel es ihm gar nicht ein, sich in Gefahr zu begeben, sondern er machte einen Umweg um den Bardo herum. Hinter dem Garten desselben gab es ein dichtes Gebüsch. Dieses suchte er auf, um dort Zeuge des Vorganges zu sein.

In diesem Augenblick gab der Gebetausrufer das Zeichen. Die Muhammedaner haben nämlich keine Glocken. An Stelle derselben dienen Bretter, an die geschlagen wird. Das Holz derselben giebt einen weithin hörbaren, wohltönenden Klang.

So war es auch jetzt, als die Schläge erschallten und der Muezzin hoch oben auf dem Minaret stand und rief:

„Haï el Moslemim es salah — wohlan, ihr Gläubigen, zum Gebete!"

Da kniete gewiß ein jeder gläubige Muselmann nieder, um sein Gebet zu sprechen. Der Derwisch aber that es nicht, und ebensowenig der Pascha. Letzterer hielt vielmehr den Blick mit unendlicher Spannung auf ersteren gerichtet. Dieser kam langsam näher. Er hatte das

Messer in der Hand und schritt bedächtig und würdevoll hart an der Mauer entlang.

Da blieb er für einen kurzen Augenblick stehen und erhob die Hand.

„O Allah! Jetzt!" entfuhr es dem Pascha.

Aber, obwohl er Auge und Ohr anstrengte, sah und hörte er nichts. So erging es auch dem Derwisch. Er erwartete, den lauten Knall der Explosion zu vernehmen es erfolgte aber nicht das geringste Geräusch.

Was war das? Woran lag die Schuld? Hatte er vielleicht seine Sache nicht richtig gemacht? Er sah sich nach rechts, links und rückwärts um. Kein Mensch befand sich in Sicht. Er untersuchte den Draht. Dieser war in Ordnung. Schnell zog er nun das Fell unter dem Turban hervor, begann es zu reiben, verbarg es wieder, als er glaubte, daß es genug sei, und berührte dann den Draht mit dem Messer — keine Wirkung!"

„Hölle, Tod und Teufel!" fluchte er. „So versuche ich es zum dritten Male!"

Und abermals zog er das Fell hervor und begann es zu reiben, da — stieß er einen lauten Ruf des Schreckens aus. Im selben Augenblick nämlich sprangen vier Männer von der Mauer herab und hatten ihn sofort in ihrer Mitte.

„Was thust du hier?" fragte der erste.

Der Derwisch starrte ihn wortlos an. Es war Steinbach.

„Nun, antworte!" befahl dieser.

„Was geht es dich an!" stotterte der Gefragte, mit entsetztem Blick die anderen drei, Normann, Wallert und den Engländer betrachtend.

„Das geht mich wohl etwas an!" lachte Steinbach. „Ich habe geglaubt, du seiest ein Derwisch!"

„Das bin ich auch!"

„Lüge nicht! Gehörtest du zu diesem frommen Orden, so würdest du jetzt zur Stunde des Gebetes hier an der Erde knieen und Allah deine Seele schenken."

„Haft du mir etwa zu sagen, was ich thun soll?"

Der Derwisch war der festen Ueberzeugung, daß ihm nichts bewiesen, also auch nichts gethan werden könne. Das gab ihm den Mut zurück, und darum sprach er die Frage in beinahe höhnischem Tone aus.

„Nein, das habe ich dir nicht zu sagen," antwortete Steinbach. „Aber verbieten kann ich dir, was du nicht thun sollst."

„Du hast mir weder etwas zu befehlen, noch zu verbieten! Laß mich gehen!"

Der Derwisch wandte sich, um weiter zu schreiten; aber Steinbach ergriff ihn am Arme und sagte:

„Warte noch eine Weile! Ich möchte sehr gern wissen, was du hier in der Hand hast. Ah, ein Fell. Und hier? Ein Messer! Mit Harz und Bernsteinsand belegt? Mensch, wen willst du denn elektrisieren?"

Der Derwisch erschrak.

„Elektrisieren?" fragte er. „Was ist das?"

„Das weißt du nicht? So muß ich es dir erklären. Man reibt nämlich das Messer mit dem Fell und hält dann ersteres hier an diesen Draht. Das nennt man elektrisieren."

„Das verstehe ich nicht. Was geht mich der Draht an!"

„Dann fährt der elektrische Funke im Drahte weiter bis in den Kiosk des Gebetes, wo die Patrone liegt, und zerschmettert den Herrscher von Tunis."

„Ich weiß aber gar nicht, was du redest, und was ihr überhaupt wollt!"

„Ja, du bist sehr unwissend. Aber lernbegierig bist du auch, und das söhnt uns mit deiner Dummheit aus. Du hast so gern wissen wollen, wo diese beiden Effendis wohnen. Jetzt kannst du es erfahren."

„Ich habe nichts wissen wollen. Ich kenne die beiden gar nicht; ich mag sie auch nicht kennen!"

„Und doch hast du ihnen heute nacht einen Boten nachgesandt. Nicht?"

„Nein. Ich weiß nichts davon."

„Jeben Sie ihm einer Klaps vor das Kopf auf die Nase,"
ermahnte der wackere Oberst von der Mauer herab.
(S. 591.)

„Lüge nicht! Wir wissen es genau."

„Ich rede die Wahrheit."

„Nun, so müssen wir dir diesen Boten vorstellen."

„Ja, bringt ihn mir nur. Ich werde euch beweisen, daß er die Unwahrheit sagt!"

„Na, da steht er."

Steinbach deutete dabei auf den Lord. Der Derwisch machte jetzt ein Gesicht, dessen Ausdruck gar nicht zu beschreiben war.

„Der?" fragte er. „Dieser Engländer?"

„Aha! Vorhin kanntest du diese Effendis nicht, und jetzt weißt du auf einmal, daß der eine von ihnen ein Engländer ist! Frage ihn, wo er heute nacht gewesen ist. Nur mußt du französisch sprechen, da er das Türkische nicht versteht."

Der Derwisch gehorchte ganz unwillkürlich und fragte französisch:

„Wo wollen Sie in letzter Nacht gewesen sein?"

„Hier, bei Ihnen. Im Garten," lachte der Lord. „Ich hoffe, daß Sie meine Stimme noch kennen. Wenn Sie sich meiner noch erinnern, so beabsichtigten wir uns heute abend die versprochene Haremsfrau zu holen."

„Verdammter Kerl!" rief da der Derwisch aus und schlug mit den geballten Fäusten auf Wallert und Normann ein, um sie zum Weichen zu bringen und sich also eine Lücke zur Flucht zu bahnen. Aber Steinbach faßte ihn sofort beim Kragen und schleuderte ihn mit solcher Gewalt an die Mauer, daß er wimmernd zusammenknickte und sich nur langsam emporrichten konnte.

„Bleib nur, Bursche!" sagte er dabei. „Wir haben noch ein Wörtchen hinzuzufügen. Hollah, Herr Oberst!"

Da wurde oben auf der Mauerkante das gerötete Gesicht Krüger Paschas sichtbar, der einen Strick herabließ, an dem der Derwisch festgebunden werden sollte. Diesem kam erst jetzt das Bewußtsein seiner gefahrvollen Lage. Er bäumte sich empor, brüllte vor Wut laut auf, und schlug, stampfte und biß wie ein wütendes Tier um sich, um dem Stricke zu entgehen.

„Jeben Sie ihm einer Klaps vor das Kopf auf die Nase," ermahnte der wackere Oberst von der Mauer herab.

Diese Ermahnung war jedoch überflüssig. Steinbach hatte dem Mörder bereits die Hände um den Hals gelegt und drückte ihm die Luftröhre zusammen. Der Strick wurde ihm dann in einer Schlinge um den Körper unter die Arme gelegt, und nun zogen ihn einige Krieger des Bei empor und in den Garten hinein. Für die drei Deutschen und den Engländer ließ man eine Leiter herab, auf der sie wieder in den Garten zurückgelangten.

Hier sah es noch weit gefährlicher für den Derwisch aus, als draußen. Da standen wohl an die fünfzig zu der Wache des Bei gehörige wilde Gestalten, die sofort einen Kreis um den Gefangenen schlossen, sodaß an ein Entkommen desselben gar nicht zu denken war.

„Hat ihm seines Verbrechens zum Jeständnisse jebracht?" fragte Krüger Pascha.

„Nein. Er hat nichts gestanden."

„Jut! So werden man ihn dem Munde öffnen."

Der Oberst gab jetzt einen Wink, und augenblicklich war die ominöse Bank vorhanden, die zur Ausübung der Bastonnade dient. Diese Bank, auf die man den Delinquenten legt, hat eine Lehne, an der die Beine emporgezogen und so befestigt werden, daß oben die nackten Fußsohlen eine wagerechte Lage erhalten. In dieser Weise wurde auch der Derwisch angeschnallt. Er sträubte sich aus Leibeskräften, was ihm aber nichts nützte.

„Wollen Sie ihm jetzt schon die Bastonnade geben lassen?" fragte Normann den Obersten der Leibwache.

„Ja, in Natürlichkeit und Verständnisse!"

„Ehe er vor den Bei gebracht wird?"

„Ja. Was leugnet, dem muß jehauen werden. Verstanden?"

So wurde denn der Derwisch festgeschnallt, und zwar derart, daß er sich nicht zu bewegen vermochte.

Vor seinen Füßen, die natürlich entblößt worden waren, stand der Dschezzar, zu deutsch eigentlich Henker. Doch hat in Tunis das Amt eines Henkers ganz und gar nicht den anrüchigen Beigeschmack wie bei uns, sondern es ist im Gegenteil eine der höchsten Befugnisse, die nur einem solchen Manne erteilt wird, von dessen Treue der Herrscher vollständig überzeugt ist.

Krüger Pascha führte das Verhör auf türkisch.

„Warst du heute nacht hier im Garten?" fragte er.

„Nein."

„Zwei Hiebe!"

Sofort erhielt der Derwisch auf jede Sohle einen Hieb.

„Ja, ich war da!" schrie er.

„Hast du den Draht gelegt?"

„Nein."

„Zwei Hiebe!"

Wiederum wurden die Hiebe so gegeben, daß einer hart neben dem andern zu sitzen kam, und da bei jedem einzelnen die Haut der Fußsohle aufsprang, so war der Schmerz ein ganz entsetzlicher.

„Halt!" brüllte der Delinquent. „Ich habe ihn gelegt."

„Auch die Patrone?"

„Nein."

Ein Wink von Krüger Pascha, und der Henker schlug abermals zu.

„O Allah, Allah! Ich habe auch die Patrone gelegt."

„Wozu?"

„Ich wollte mir einen Spaß machen."

„Welchen Spaß?"

„Ich wollte sehen, ob es knallt."

„Weiter nichts?"

„Nein."

„Du wolltest nicht den Bei, den Beherrscher der Gläubigen dieses Landes, töten?"

„Nein."

„Vier Hiebe!"

Kaum aber hatte der Derwisch den zweiten Hieb, so brüllte er:

„Halt, halt! Ja, ich wollte ihn töten!"

Der gegenwärtige, augenblickliche Schmerz wirkte mehr, als die Furcht vor der grausamsten Strafe, die erst später erfolgen konnte.

„Hast du Mitschuldige?"

„Nein."

„Zwei Hiebe!"

Die Fußsohlen waren bereits zerstört. Da rief der Derwisch, als der Henker eben zum Hiebe ausholte:

„Halt ein! Ja, ich habe einen Mitschuldigen."

„Wer ist es?"

„Ibrahim Pascha."

„Woher ist derselbe?"

„Aus Stambul."

„Wo wohnt er?"

„Drüben im Hause an der Wasserleitung."

„Hast du noch andere Vertraute?"

„Nein."

„Noch zwei Hiebe!"

„Bei Allah und dem Propheten, nur der Pascha weiß davon!"

Der Henker wollte zuschlagen, aber Steinbach ergriff ihn am Arme und sagte zu Krüger Pascha:

„Er hat wohl keinen Vertrauten weiter. Das glaube ich, beschwören zu können!"

Da befahl der Oberst in der Sprache des Landes, den Gefangenen in gefesseltem Zustande in das sicherste Loch des Gefängnisses zu werfen. Dann machte er selbst sich an der Spitze einer Anzahl Leibscharen auf, auch den Pascha festzunehmen, und die drei Deutschen und der Engländer eilten ihm voraus. — —

Der Pascha hatte erst ganz verwundert den Kopf geschüttelt, als er den Derwisch so erfolglos arbeiten sah. Aber als die vier Männer so plötzlich von der Mauer herabgesprungen kamen, war er ebenso erschrocken wie sein Verbündeter.

Er hörte natürlich die Worte nicht, die gesprochen wurden; aber er erkannte die Personen ganz genau.

„O Muhammed! O, ihr Kalifen!" knirschte er. „Das sind diese Hunde! Wie kommen sie hierher? Sollte der Mann, der ihm geholfen hat, alles verraten haben? Wenn ihm nicht jetzt noch die Flucht gelingt, so ist er verloren."

„Bei allen Teufeln und Geistern der Hölle!" stöhnte er. „Sie ziehen ihn empor. Er ist gefangen!"

Schon wollte er fliehen, und doch wartete er noch. Es war ja niemand mehr zu sehen. Da, bereits nach wenigen Augenblicken ertönte ein schriller Schrei, dem ein weiterer folgte! Ibrahim wußte genug.

„Er erhält die Bastonnade! Sie verhören ihn!" murmelte er ängstlich. „Sie werden ihn fragen, ob noch andere davon wissen, und er wird mich nennen; er wird mich verraten, denn kein einziger Mensch der Welt kann dem Schmerze widerstehen, wenn der Stock bis auf den Knochen durch die Sohle dringt. Fort, fort! In wenigen Minuten werden sie mich holen. Dann wäre es zu spät!"

Wie von Furien gehetzt rannte er davon. Er machte keinen Umweg. Nur nach Hause, möglichst bald nach Hause! Nur keinen Augenblick verlieren! Zu seinem Glücke achtete niemand auf ihn. Er atmete auf, als er, bei seinem Hause angekommen, bemerkte, daß sämtliche Tiere bereit standen. Zwei Minuten später saßen die beiden Mädchen in den Kamelsänften und die Männer auf den Pferden. Nur einer fehlte noch.

„Beim Teufel! Wo ist Said?" brüllte der Pascha.

„Hier!" antwortete der Genannte, indem er aus dem Hause stürzte und in den Sattel sprang.

„Das ist dein Glück! Vorwärts!"

Ganz ungewöhnlicher Weise lenkte der Pascha jetzt so ein, daß er an der Westseite der Stadt hinritt. Dann wandte er sich dem sogenannten neuen Fort zu. Auf diese Weise wich er den belebteren Gegenden aus, sodaß es schwer und fast unmöglich wurde, durch Nachfrage zu erfahren, welche Richtung er genommen habe.

Von dem neuen Fort zu dem Bade l'Enf ist es gar nicht weit. Es fiel dem Pascha selbstverständlich nicht ein, in dem kleinen Orte, den er als Ziel des Spazierrittes angegeben hatte, anzuhalten, sondern es ging im Galopp hindurch, quer über das Thal Suttun hinweg nach dem größeren Orte Soliman zu.

Im Süden des Golfes von Tunis zieht sich die Halbinsel Dakhul in der Richtung von Südwest nach Nordost in die See hinein. Da es dem Pascha unmöglich war, zu Wasser von Tunis aus zu entkommen, hatte er den Plan gefaßt, auf dieser Halbinsel bis nach einer ihrer Spitzen zu reiten. Dort erwartete ihn morgen früh das Boot, das er bestellt hatte. Gelang es ihm, dasselbe zu erreichen, so war er gerettet.

Um der Frauen willen durfte er nicht daran denken, jetzt nur einen Augenblick anzuhalten, und so war es den Reiterinnen, so lange die Kamele in ihrem schnellen Tempo blieben, unmöglich, aus den Sänften herabzukommen. Zykyma und Tschita ahnten ihr Schicksal wohl und riefen einander zu.

Ihre beiden Wächter waren jedoch gut instruiert. Selbst zu Pferde sitzend hatte jeder von ihnen eins der beiden Kamele am Halfter, sodaß es den beiden Mädchen unmöglich war, von dem Rücken ihrer Tiere herabzuspringen.

Als man das Städtchen Soliman erreichte, gebot der Pascha:

„Haltet nicht an, sondern reitet durch. Ich komme nach."

Er selber jedoch blieb mit Said, der das für den Derwisch bestimmte Pferd neben dem seinigen am Zügel führte, halten, um einige zufällig in der Nähe stehende Männer zu fragen:

„Wer weiß den besten Weg nach Klibiah?"

„Ich," antwortete der eine.

„Willst du mein Führer sein?"

„Was bietest du?"

„Mache eine Forderung!"

„Gieb fünfzig Piaster!"

„Du sollst sie haben und dieses Pferd dazu nebst Sattel und Lederzeug, wenn du augenblicklich aufsteigst und mit mir kommst!"

„Gieb das Geld!"

Der Pascha zog den Beutel. Unterdessen sprang Said ab und machte sich an seinem Sattel zu schaffen.

„Was hast du abzuspringen?" fragte ihn der Pascha barsch.

„Diese Wächter verstehen nicht, ein Pferd zu satteln. Der Gurt ist viel zu weit geschnallt."

„Nun, so mach' schnell! Wir haben keine Zeit!"

Mit diesen Worten hatte sich der Pascha bereits in Bewegung gesetzt und der neu engagierte Führer mit ihm. Said aber raunte jetzt schnell den zurückbleibenden Männern zu:

„Ich habe euch etwas zu sagen. Kommt nachgelaufen."

Da sah sich der Pascha auch schon nach ihm um, stieß einen Fluch aus und sagte zornig:

„Ich denke, du hast den Sattel bereits fester gemacht!"

„Du ließest mir doch keine Zeit dazu!"

„So mache schnell und folge! Ich kann deinetwegen nicht die Kamele so weit vorankommen lassen."

Dann ritt der Pascha mit dem Führer weiter. Das hatte der brave Arabadschi nur gewollt. Kaum war sein Herr hinter der Ecke des Gartens, an dem sie hinritten, verschwunden, so saß der Sattel auch wieder fest, und Said sprang auf. Anstatt aber dem Pascha zu folgen, jagte er bis zu den Männern zurück, die ihm nachgelaufen waren und sagte hastig zu ihnen:

„Der dort hat hundert Piaster bekommen. Wollt ihr zweihundert oder dreihundert oder noch mehr verdienen?"

„O Allah! Das ist ja ein ganzer Reichtum!"

„Wollt ihr ihn? Macht schnell!"

„Ja, ja. Was werden wir da thun müssen?"

„Ihr sollt nach dem Bade l'Enf gehen. Dorthin werden Reiter kommen, die fragen, wohin wir geritten sind Sagt ihnen, daß wir nach Klibiah reiten, und wenn diese Reiter nicht bald kommen, so läuft einer von euch schnell in die Stadt nach dem italienischen Hause und fragt nach ihnen. Sie heißen Normann Effendi und Wallert Effendi. Es ist auch ein Engländer bei ihnen. Ich heiße Said. Habt ihr verstanden?"

„Ja. Wer aber bezahlt uns?"

„Genannte Herren. Sie werden euch so viel geben, wie ich euch gesagt habe, und sogar noch mehr, wenn ihr dafür sorgt, daß ihr sie schnell findet. Thut es ja. Ich verspreche euch bei Allah und dem Barte des Propheten, daß ihr das Geld bekommen werdet."

„Da du schwörst, so wollen wir es thun. Wir werden gleich alle Wege besetzen, sodaß sie uns nicht entgehen können, und einer mag nach der Stadt in das italienische Haus reiten. Du aber folge den Deinen in Allahs Namen!"

Said wandte jetzt um und jagte dem Pascha nach, so schnell sein Pferd nur zu laufen vermochte. Er hatte das Seinige gethan. Zwar fragte er sich, ob er nicht selbst hätte nach der Stadt reiten können. Aber einmal hätte sein Herr die Absicht dieser Flucht sofort verraten und dann gewiß seine Tour geändert, und ferner hielt er es auch für besser, bei den Mädchen zu bleiben, denn es stand zu erwarten, daß er ihnen von Nutzen sein konnte.

Als er den Pascha erreichte, empfing dieser ihn zwar mit grollenden Vorwürfen; der brave Kerl aber machte sich nichts daraus und lachte fröhlich vor sich hin, daß ihm seine Absicht so gut gelungen war.

---

26. Kapitel.

Die Freunde waren, wie bereits erwähnt, dem Obersten der Heerscharen mit seiner Truppe vorangeeilt. Als sie das Haus des Paschas erreichten, war es verschlossen. Sie klopften. Gleich darauf wurde von innen auch geklopft. Es war die Stumme, die mit ihren händelosen Armen nicht hätte öffnen können, selbst wenn sie den Schlüssel, den der Pascha wohlweislich eingesteckt hatte, besessen hätte.

Sie gingen nun um das Gebäude herum und stiegen

durch einen offenen Laden des Erdgeschosses ein. Die Stube, in der sie jetzt standen, war leer. Von da aus traten sie in den fast dunklen Hausflur. Dort fanden sie die Stumme.

„Wer bist du?" fragte Steinbach dieselbe.

Sie antwortete durch einige unartikulierte Laute.

„Herr Gott!" sagte Normann. „Das ist Tschitas Mutter! Weib, wo ist deine Tochter?"

Sie deutete nach der Thür.

„Fort?"

Sie nickte.

„Ah, also doch spazieren?"

Sie nickte abermals.

„Nicht wahr, nach dem Bade l'Enf?"

Ein drittes Nicken bejahte auch diese Frage. Steinbach hatte indessen die Thür untersucht, und als er dieselbe verschlossen fand, eine im Hausgange lehnende Gartenhacke ergriffen und mit ihr die Thür gesprengt. Da kam auch bereits der brave Oberst mit seinen kriegerischen Begleitern heranmarschiert.

„Haben ihm schon jearretiert?" fragte er.

„Nein. Er ist fort."

„Was? Ihm ist fort? Wohinüber und herunter?"

„Er ist mit seinem Harem nach l'Enf spazieren."

„Wie, ihm geht spazieren? Ihm, den Verbrecher? Na, wir werden ihm jetzt sogleich einem Hindernis in den Weg legen."

„Wollen Sie ihm nach? Das will doch noch überlegt sein. Vielleicht untersuchen wir erst einmal, ob es sich wirklich bloß um einen Spazierritt handelt."

Sie begannen darauf die Zimmer zu durchsuchen. Da ertönte plötzlich ein Schrei, von dem es gar nicht möglich schien, daß er von einem Menschen ausgestoßen sein könne, und als sich die Männer umblickten, sahen sie die unglückliche Frau vor Wallert stehen. Ihre ganze Gestalt zitterte vom Kopfe bis zu den Füßen; ihre Augen schienen aus den Höhlen treten zu wollen, und in ihrem

Gesicht lag ein Ausdruck angstvollen Entzückens, der gar nicht zu beschreiben war.

„Was wollen Sie?" fragte Wallert dieselbe, sich in diesem Augenblicke unwillkürlich der deutschen Sprache bedienend.

Ein zweiter, noch lauterer Schrei war die Antwort. Dann lachte die Stumme ganz glückselig auf, und zugleich stürzten ihr große, dicke Thränen aus den Augen.

„Mein Heiland!" meinte jetzt Normann. „Sollte sie vielleicht gar Deutsch verstehen! Fast scheint es so!"

„Oah! Oah!"

„Sie verstehen Deutsch?"

„Oah! Oah!"

„Sind Sie vielleicht gar eine Deutsche?"

Die Stumme nickte wohl zwanzig Mal und antwortete wieder:

„Oah, oah!"

„Himmel! Tschitas Mutter eine Deutsche!"

„Eing, eing, eing, eing!"

„Sie hat keine Zunge; sie kann nicht sprechen. Soll dieses Wort vielleicht ‚nein' bedeuten?"

Abermals nickte die Unglückliche.

„Oah, oah!"

„Sie sprechen also nicht deutsch?"

„Oah, oah!"

„Also doch! Worauf bezieht sich dann dies Nein? Ah, ich nannte Sie Tschitas Mutter! Sind Sie das etwa nicht?"

„Eing, eing, eing!"

„Nicht! Also nicht! Sie armes, beklagenswertes Wesen, fassen Sie sich, sammeln Sie sich. Beherrschen Sie Ihre Aufregung! Wir müssen uns durchaus verständlich machen. Das ist gerade in diesem Augenblick wohl von allergrößter Wichtigkeit. Ist Tschita eine Türkin?"

„Eing, eing!"

„Was denn? Doch nicht etwa eine Deutsche?"

„Oah, oah!"

„Mein Jesus! Ist das möglich!"

„Oah, oah!"

„Wenn Sie nicht ihre Mutter sind, was sind Sie dann?" fragte er weiter. „Eine Verwandte?"

„Eing, eing!"

„Nicht? Also eine Dienerin?"

„Oah, oah!"

Die Stumme machte mit ihren Armen eine Bewegung, als ob sie sich ein Kind an die Brust lege.

„Ah! Sie waren Tschitas Amme?"

„Oah, oah!"

„So kennen Sie ihre Eltern?"

Sie nickte. Ihr Gesicht drückte eine unendliche Spannung aus. Es war ja das erste Mal nach langen Jahren, daß sie sich über das verständlich machen konnte, was ihr so bergeschwer auf dem Herzen gelegen hatte.

„Wer ist Tschitas Vater?"

Da gab die Unglückliche eine Antwort, die wohl keiner der Anwesenden erwartet hätte. Sie deutete nämlich mit dem Armstumpf auf Wallert, kniete vor ihm nieder und legte ihre Lippen auf seine Hand, um sie zu küssen. Das geschah in einer Weise, daß allen die Thränen in die Augen traten.

„Sie irren," nahm jetzt Normann das Wort. „Dieser junge Mann kann doch nicht Tschitas Vater sein."

„Eing, eing!" antwortete die Stumme, also „Nein, nein!" Und doch fügte sie sofort hinzu: „Oah, oah," also „Ja, ja!" indem sie fortgesetzt auf Wallert hindeutete.

„Ah, Sie wollen wohl sagen, daß er Tschitas Vater sehr ähnlich sieht?"

Die Stumme that jetzt förmlich einen Sprung vor Freude, so gut verstanden worden zu sein. Normann aber fuhr fort:

„Das ist doch jedenfalls nur ein Zufall."

Da stellte sich die Frau vor Wallert hin, sah ihn genau an und schüttelte höchst demonstrativ den Kopf.

„Nicht? Meinen Sie etwa gar, daß er verwandt mit Tschitas Vater sei?"

„Oah, oah!"

„Wunderbar! Aber halt, da kommt mir ein Gedanke! Konnten Sie früher schreiben?"

Sie nickte.

„Nun, da könnten Sie vielleicht mit dem Arme die Bewegung des Schreibens gegen die Wand machen und uns so verständlicher werden. Wie hieß also der Vater von Tschita?"

Sofort trat die Stumme an die weißgetünchte Wand und schrieb mit dem rechten Arme in großen Lettern:

„Adlerhorst."

Es läßt sich nicht beschreiben, welchen Eindruck dieses Wort auf die Freunde machte. Wallert schrie laut auf:

„Adlerhorst? Und wie war sein Vorname?"

„Alban," schrieb sie.

„O du barmherziger Gott! Ist das möglich? Wärst du etwa Sarah, die jüdische Amme?"

„Oah, oah, oah!" nickte sie, ganz entzückt. —

„O Gott! O Gott! Tschita ist meine Schwester, meine Schwester!"

Wallert schlug die beiden Hände an die Wand, stemmte den Kopf darauf und weinte bitterlich.

Alle waren tief ergriffen. Doch sagte keiner ein Wort, selbst die nächst Beteiligten nicht. Aber Sarah trat zu ihm heran, kniete abermals nieder, nahm den Saum seines Rockes zwischen ihre Arme und küßte ihn.

Dann näherte sich ihm auch Normann, legte ihm die Hand auf die Schulter und sagte:

„Lieber Hermann, fasse dich! Das, was du erfahren hast, ist ja nicht traurig."

„Nein, traurig nicht, gar nicht!" antwortete Wallert unter weiter strömenden Thränen. „Ich weine ja auch nicht vor Schmerz, sondern vor Entzücken."

Und nun erst ließ sich auch der Engländer hören:

„Alle Wetter! Adlerhorst! Adlerhorst heißen Sie?"
„Ja, Mylord."
„Und Alban von Adlerhorst war Ihr Vater?"
„Ja."
„Aber, Mensch, sind Sie denn bei Troste! Dann

sind Sie ja mein Cousin; ich suche Ihre Familie, Sie suchen mit, und dennoch verschweigen Sie mir, daß wir eigentlich in einen und denselben Taubenschlag gehören!"

„Ich mußte es. Vielleicht darf ich Ihnen später einmal die Gründe mitteilen. Nur die Ueberraschung hat mich fortgerissen, meinen Namen zu nennen."

„Na, Junge, so laß dich nur noch ein wenig weiter fortreißen, nämlich an mein Herz! Komm her! Jetzt endlich habe ich einen von den Finken gefangen! Nun wird man ja auch wohl erfahren, wo die anderen umherfliegen!"

Mit diesen Worten zog der Lord Wallert an sich und küßte ihn herzlich. Dann fragte er:

„Ist diese Sarah vielleicht auch deine Amme gewesen?"

„Nein. Die Eltern waren in Adrianopel, während wir uns in der Heimat befanden. Mutter hatte das kleinste Schwesterchen und die Amme mitgenommen. Vater reiste für einige Tage nach Konstantinopel, ist aber nie wiedergekehrt. Dann war plötzlich auch Mutter fort, ebenso das Schwesterchen und die Amme."

„Sapperment! Wohin?"

„Wir wußten und wissen es auch heute nicht. Jetzt höre ich zum ersten Male wieder von ihnen."

„So hoffe ich, daß wir ihnen allen, die uns noch fehlen, auf die Spur kommen. Sarah wird uns erzählen müssen. Sie hat viel, viel zu berichten. Augenblicklich allerdings ist keine Zeit dazu, denn wir müssen uns jetzt vor allem um den Pascha und ganz besonders um Tschita bekümmern. Wehe ihm, wenn er ihr ein einziges Haar zu krümmen wagte!"

Es gehörte eine große Selbstbeherrschung dazu, die soeben erlebte Scene so rasch abzubrechen und die Wißbegierde bis auf später zu beherrschen; aber die Sorge that das ihrige. Und so wurde zunächst das Haus durchsucht.

„Von Effekten findet sich gar nicht viel vor," meinte Steinbach, als man damit fertig war. „Ich möchte fast glauben, daß der Pascha geflohen ist."

„So müssen wir ihm nach," rief Normann.

„Das ist auch meine Ansicht."

Da ließ Sarah einen lauten Ruf hören und deutete nach einem weißen Zettel, der neben ihrem Lager lag, und an den sie erst in diesem Augenblick gedacht hatte. Steinbach hob ihn sofort auf, entfaltete ihn und las:

> „Wir brechen so rasch auf, daß ich an eine Flucht glaube. Kehren wir heute abend nicht zurück, reiten wir vielmehr von l'Enf noch weiter, so werde ich dort für Nachricht sorgen.
>
> Said."

Diese Zeilen waren in Eile und türkisch geschrieben.

„Der Treue! Wieviel haben wir ihm bereits zu danken!" meinte Normann erfreut. „Jetzt bin ich überzeugt, daß der Pascha die Flucht ergriffen hat."

„Und auf welchem Wege meinst du?" fragte Wallert.

„Nicht zur See, sondern zu Lande. Für den Augenblick war dies für ihn wohl das sicherste. Wir müssen unbedingt sofort nach l'Enf."

„Gewiß. Aber was wird hier mit Sarah?"

Da sagte Krüger Pascha:

„Diesem Sarah wird bei meinen Weibern das Wohnung und dem Logis finden."

Dieser Vorschlag war gut. Die Stumme sollte einstweilen in dem Harem des Obersten Aufnahme finden. Letzterer versprach auch für Pferde zu dem beabsichtigten Ritt zu sorgen, und so begab man sich denn nach dem Bardo zurück, nachdem jedoch zuvor eine hinreichende Anzahl von Trabanten in das Innere des Hauses postiert worden war, um, falls die Bewohner doch zurückkehren sollten, den Pascha sofort festzunehmen.

Da die Trabantengarde des Bei aus lauter Kavallerie bestand, so gab es gute Pferde in Hülle und Fülle. Der Oberst stattete nun zunächst noch dem Beherrscher von Tunis einen kurzen Bericht ab, dann setzte sich die aus den Deutschen, dem Engländer, dem Obersten und zehn seiner Reiter bestehende Kavalkade in Bewegung.

Durch die Stadt im Trabe, ging es dann draußen im Galopp weiter.

Die Scene in dem Hause an der alten Wasserleitung hatte doch mehr als eine Stunde in Anspruch genommen. Es war bereits fünf Uhr geworden, als die Reiter nach l'Enf kamen, wo sie, da alle Krüger Pascha kannten, von den dortigen Bewohnern sehr neugierig betrachtet wurden.

„Der Oberst der Leibscharen!" sagte plötzlich ein Mann laut, der mit unter den Gaffern stand. „Das können die Erwarteten nicht sein."

Sofort parierte Steinbach sein Pferd und fragte:

„Erwartet ihr vielleicht Reiter aus der Stadt?"

„Ja."

„Was für welche?"

„Einen gewissen Normann Effendi; den Namen des anderen habe ich vergessen. Auch ein Engländer soll mit dabei sein."

„Nun, dann sind wir es."

„So kennst du Said?"

„Allerdings. Habt ihr eine Botschaft von ihm?"

„Wir sollen euch sagen, daß sein Ritt nach Klibiah geht. Sie haben in Soliman einen Führer gewonnen, dem sie hundert Piaster gaben, und ein Pferd nebst Sattel und Lederzeug dazu."

„Und hat Said euch Geld versprochen?"

„Ja."

„Wieviel?"

„Wenigstens dreihundert Piaster."

„Hier hast du sie."

Steinbach zog seine Börse. Aber der Lord, der dies sah, erhob Widerspruch und rief sofort:

„Halt! Das geht nicht! Die Gesellschaftskasse habe ich. Ich habe diesen Mann nicht verstanden. Ist seine Botschaft etwas wert?"

Es wurde ihm nun alles erklärt.

„Gut," meinte er darauf. „Diese Leute sollen fünfhundert Piaster haben. Ein Pferd kann ich ihnen leider nicht geben. Da mögen sie sich einen Affen oder eine Meerkatze kaufen."

Der Ritt, der nun eine sichere Direktion hatte, wurde sogleich fortgesetzt, und zwar in fortwährendem Galopp, denn die Verfolgten hatten schon zwei Stunden Vorsprung. Glücklicher Weise aber befanden sich bei der Truppe des Obersten einige Leute, die die Halbinsel so genau kannten, daß sie selbst des Nachts ihres Weges vollständig sicher waren.

Es ging zunächst nach Soliman und von da nach Mazera. Am späten Abend gelangte man dann nach El Abeïd, wo das Flüßchen gleichen Namens in das Meer geht. Hier waren die Verfolgten vor über einer Stunde durchgekommen und dann nach Bir el Dschedi weitergeritten. Einer der Wegkundigen fragte jetzt:

"Müssen wir wirklich nach Klibiah?"

"Ja. So lautet unsere Weisung."

"Aber mir scheint, der Pascha hat einen Führer, der nicht gern auf schlechten Wegen reitet. Er wird wahrscheinlich nach Dschedi und von da ganz sicher nach Sidi Daud gehen. Dann streicht er quer über die Halbinsel hinüber nach dem Ziele und bleibt dabei doch stets auf sehr guten Pfaden, wenngleich er auch einen großen Umweg macht und einen richtigen rechten Winkel reitet."

"Können wir den nicht abschneiden?"

"Ganz gut, wenn ihr eine Anstrengung nicht scheut."

"Wenn es nur das ist, dann immer zu."

"So reiten wir jetzt hinauf in die Berge. Dort fließt das Wasser des Adieb ganz gerade in der Richtung, die die unsrige ist. Dem Thale dieses Flüßchens folgen wir und sind dann noch vor Tagesanbruch in Klibiah."

Nach einer kurzen Beratung wurde dieser Vorschlag angenommen. Es stellte sich bald heraus, daß er ein sehr vorteilhafter war. Die Truppe langte bereits zwei Stunden vor Tagesanbruch am Ziele an.

Leider aber hatte der Pascha zwar den Namen Klibiah dem Führer genannt, aber es war gar nicht seine

Absicht gewesen, bis ganz nach diesem Orte zu reiten, denn er wollte das Boot ja etwas weiter nördlich am Vorgebirge al Melhr erwarten. Da hätten die drei Freunde und der Oberst mit seiner Truppe nun in alle Ewigkeit warten können, um ihn in Klibiah abzufangen.

Glücklicher Weise aber langte gerade beim grauenden Tage ein Botenreiter aus Sidi Daud an, der dem inmitten des Ortes kampierenden Oberst und seinen Begleitern berichtete, daß eine kleine Truppe von zwei Kamelen und vier Pferden gestern spät am Abend von Daud abgeritten sei und nun am Vorgebirge al Melhr lagerte. Er hatte sie von der Höhe aus gesehen.

Da rief Steinbach:

„O weh, sie kommen gar nicht nach hier! Wie es scheint, erwarten sie ein Schiff."

„Ich sah allerdings Dampf," bemerkte der Bote.

„Alle Teufel! Weit davon?"

„Noch oberhalb des Vorgebirges Aswad."

„Und wie weit liegen die Reiter von hier?"

„Ich bin zehn Minuten geritten."

„Und die Richtung des Ortes?"

„Zwischen diesen beiden Hütten geradeaus."

Da sprang Steinbach mit den Worten „Rasch auf, wir haben keine Zeit zu verlieren!" eiligst in den Sattel, und die anderen folgten sofort seinem Beispiele. Wie vom Sturmwinde gejagt, flogen die Reiter nun zum Orte hinaus und in der angegebenen Richtung weiter in ein enges Thal hinein, das emporführte und dann oben auf der Höhe flach verlief.

Als sie oben ankamen, sahen sie das Meer unter sich weit, weit nach allen Richtungen sich ausdehnen. Aber was sie noch sahen, das war ein türkischer Dampfer, der nahe dem Lande beigedreht hatte und, langsam mit den Wogen treibend, auf die Rückkehr des Bootes wartete, das er nach dem Lande geschickt hatte.

Dieses Boot hatte angelegt. Am Ufer aber hielten zwei Kamele und fünf Pferde. Fünf Männer standen dabei und zwei Frauen, und diese letzteren befanden sich augenblicklich in einer sehr unangenehmen Lage, denn sie wurden gerade jetzt von den Männern auf das Brett gedrängt, das von dem Boote nach dem Lande gelegt worden war.

Einer der Männer stieß einen lauten Ruf aus, sicherlich hatte er die Verfolger erblickt und gab nun einen befehlenden Wink hinüber nach dem Schiffe zu, der auch sofort verstanden wurde. Man war jedenfalls auf so etwas schon vorbereitet gewesen, denn es wurde schnell ein breites Segeltuch gelüftet, und gleich darauf kam unter demselben der Lauf einer Deckkanone zum Vorschein. Die Freunde sahen es wohl.

„Sie sind es. Wir kommen fast zu spät!" rief Normann. „Ich glaube gar, man will auf uns schießen!"

„Einen solchen Verstoß gegen das Völkerrecht wird man nicht wagen," antwortete Steinbach. „Wir befinden uns ja nicht im Kriege. Wir wollen nur einen entlaufenen Verbrecher fangen. Drauf also, im Galopp!"

Sie gaben den Pferden die Sporen und schossen von der Höhe hinab. Die Mädchen waren inzwischen in das Boot gedrängt worden. Jetzt erst die zu spät nahende Hilfe erblickend, streckten sie die Arme aus und schrieen laut um Hilfe. Schon aber sprang auch der Pascha ihnen nach, und auch Said folgte. Dann wurde das Boot eingezogen und die Ruder setzten sich unter einem lauten Gelächter, das vom Boote aus und auch vom Schiffe her erscholl, in Bewegung.

Da brausten die Verfolger heran, allen voran Steinbach und hinter ihm her Normann.

„Halt! Wieder anlegen!" rief ersterer.

Man antwortete mit Lachen.

„Leibgarde des Bei von Tunis! Ich gebiete Halt!"

Abermaliges Gelächter.

Die Bootsleute wußten ja, daß sie jetzt in Sicherheit seien. Da aber sprang Steinbach vom Pferde, warf die Büchse weg, und dann — es war fast wahnsinnig zu nennen — nahm der riesenhafte Mann einen Anlauf. Ein gewaltiger Sprung darauf, wie ihn kaum der beste Cirkuskünstler fertig bringt, und er flog vom Lande aus über die wohl sechs Meter breite Wasserfläche in das Boot hinein!

„Euren Raub sollt ihr doch hergeben, ihr Hunde!" rief er und ergriff bei diesen Worten das nächste der beiden Mädchen, Tschita, hob sie empor und that, ehe man ihn noch festzuhalten vermochte, mit ihr einen Sprung weit in das Wasser hinein, dem Lande zu.

Er war nicht der einzige Kühne gewesen. Normann, von seinem Beispiel angefeuert, war ihm gefolgt. Auch er erreichte in gewaltigem Sprunge das Boot, aber gerade in demselben Augenblick, als Steinbach wieder heraussprang. Das Fahrzeug hatte sich dadurch gesenkt, und Normann verlor das Gleichgewicht. Zudem hatten die Bootsleute ihre Fassung, die ihnen vor Erstaunen über eine solche Kühnheit verloren gegangen war, wieder erlangt. Ehe Normann noch das Gleichgewicht wieder erhielt, bekam er einen kräftigen Schlag vor die Brust und stürzte ins Wasser.

„Fort, fort!" brüllte der Steuermann.

Die Ruderer legten sich ins Zeug.

„Halt, halt! Ich muß Tschita wieder haben!" rief da der Pascha. „Zurück ans Land!"

„Daß sie dich und uns ergreifen! Fort, sage ich!"

Das Boot gab dem Drucke der Ruder nach und schoß davon. Da brüllte der Oberst laut auf vor Aufregung und schrie:

„Hund! Mörder! Schießt ihn nieder!"

Seine Leute waren abgestiegen. Sie legten sofort die Gewehre an, um zu gehorchen. Im selben Augenblick aber duckte sich der Pascha hinter Zykyma nieder. Nicht er also, sondern sie wäre von den Kugeln getroffen worden. Und zur Warnung krachte ferner der erste Kanonenschuß vom Dampfer her.

Gerade jetzt stieg Steinbach aus dem Wasser und

Steinbach hob Tschita empor und sprang mit ihr ins
Wasser. (Seite 610.)

legte Tschita, die ohnmächtig war, auf das Trockene. Sofort aber wandte er sich wiederum nach dem Boote und rief, die Situation schnell erfassend, hinüber, sodaß Zykyma es hören mußte:

„Zykyma, sei getrost! Wir holen dich doch!"

Auch Normann stieg an das Land. Es gab nun sowohl auf dem Boote, als auch am Lande eine höchst aufregende Scene. Der Pascha wollte nicht auf Tschita verzichten und sah sich doch dazu gezwungen. Die Soldaten des Bei aber riefen alle Verwünschungen, die ihnen einfielen, den Entkommenen zu, und Normann und Wallert knieten bei dem ohnmächtigen Mädchen. Plötzlich rief der Engländer:

„Verteufelt, verteufelt! Hätte ich meine Jacht hier, hätte ich meine Jacht hier!"

„Ja. Diesen Ausgang hätten wir ahnen müssen," antwortete Steinbach, „so wären wir zu Ihnen an Bord gegangen und hätten dann auch Zykyma erhalten."

„Ich hätte das Boot in den Grund gedampft."

„Na, wir bekommen sie doch noch! Das weiß ich gewiß! Wir müssen uns jetzt eben in das Unvermeidliche finden."

„Ja. Dort schleppen sie Zykyma gerade zur Schiffstreppe hinauf."

„Ein mutiges Mädchen! Es jammert nicht. Es winkt uns mit den Händen zu."

„Ein Glück, daß der treue Sadi bei ihm ist! Der wird uns schon eine Spur verschaffen. Herr Oberst, was thun wir jetzt?"

„Uns werden diesen verdammter Hunden nachzujagen dem Galopp reiten," antwortete dieser und deutete dabei auf die beiden Wächter und den Führer, die sich unterdessen mit den Kamelen und allen Pferden still aus dem Staube gemacht hatten. Seine Leute saßen im Nu auf und jagten ihnen nach, sie einzuholen.

Er selbst zog sich mit Steinbach und dem Lord von Tschita zurück, die sich jetzt zu regen begann. Als sie die Augen öffnete und ihr Blick auf Normann fiel, flüsterte sie:

„Paul!" Dann schlossen sich wiederum die Lider.

„Tschita, meine Tschita!" entgegnete er bebend. „Schläfst du?"

„Ich träume!"

„Nein, du träumst nicht. O, blicke mich an!"

„Ists Wahrheit?" fragte sie, jetzt die Augen wieder auf ihn richtend.

„Wahrheit, süße, glückliche Wahrheit! Ich habe dich wieder, dich, mein Leben, meine Seligkeit!"

Tschita fühlte vor Wonne nicht, daß ihr Gewand naß war. Sie schlang die Arme um den Geliebten und zog ihn an sich.

„Jetzt weiß ich es," flüsterte sie. „Du hast mich aus ihrer Mitte geholt."

„Leider ich nicht."

„Wer sonst?"

„Steinbach, der dort steht."

„Dort! Wir sind nicht allein?"

Sie fuhr empor. Sie hatte nur im augenblicklichen Impulse gehandelt. Jetzt, da sie die anderen Männer erblickte, erglühte sie vor Scham und Verlegenheit.

„Kommen Sie, Oberst," sagte da Steinbach zu diesem. „Wir wollen in das nächste Dorf reiten und sehen, ob wir ein trockenes Gewand für unsere Gerettete bekommen."

Dann sprengten beide Herren fort. Der türkische Dampfer aber wandte seinen Bug wieder der offenen See zu.

„Zykyma, wo ist sie?" fragte jetzt Tschita erschrocken.

„Dort auf dem Schiffe."

„O Allah! Habt ihr sie nicht retten können?"

„Nein, leider nein. Aber wir werden sie sicher noch retten. Weißt du, wohin der Pascha fährt?"

„Nach Egypten."

„So folgen wir ihm. Und du, meine süße Tschita,

fürchte dich nicht vor meinem Freunde Wallert hier. Er steht dir so nahe wie ich, ja, noch viel näher."

„Wie meinst du das? Und wo ist meine Mutter? O, wie habe ich nach ihr gejammert."

„Wirst du die Neuigkeit ertragen können? Die Stumme ist nicht deine Mutter."

„Nicht meine Mutter?" fragte Tschita erstaunt.

„Nein, sondern nur deine Amme."

„O nein, nein! Woher wolltest du das wissen?"

„Sie hat es uns selbst gesagt. Wir haben gestern mit ihr gesprochen. Sie versteht unsere Sprache, sie ist eine Deutsche."

„Eine Deutsche! O Allah!"

„Sie hat uns gesagt, wer deine Eltern sind. Du hast einen Bruder, der dich sehr lieb hat."

„Einen Bruder?"

Tschita schloß die Augen und faltete die Hände. Dann flüsterte sie:

„Wo lebt er, wo ist er?"

„Hier ist er, neben dir. Mein Freund hier ist dein Bruder."

Da öffnete sie die Augen, blickte Normann und dann Wallert an und sagte, während ihre Wange wie vorher erbleichte, als sie aus dem Wasser gekommen war:

„O Allah! Ich sterbe — ich sterbe!"

Dann legte sie ihren Kopf an Normanns Brust und wurde ohnmächtig; doch war es die Ohnmacht der Freude, an der noch niemand gestorben ist! —

---

*) Wer die weiteren Schicksale der handelnden Personen kennen lernen will, der lese: „Die Königin der Wüste" von Karl May.